NZZ **LIBRO**

Martin Meyer

# Hanno Helbling

**Hommage an einen
vielseitigen Gelehrten**

**NZZ Libro**

Dieses Buch erscheint gleichzeitig als Neujahrsblatt
der Gelehrten Gesellschaft in Zürich auf das Jahr 2020, 183. Stück
(Fortsetzung der Neujahrsblätter der Chorherrenstube Nr. 241)

Bibliografische Information der Deutschen Nationalbibliothek

Die Deutsche Nationalbibliothek verzeichnet diese Publikation
in der Deutschen Nationalbibliografie; detaillierte bibliografische Daten
sind im Internet über http://dnb.d-nb.de abrufbar.

© 2020 NZZ Libro, Schwabe Verlagsgruppe AG

Lektorat: Marcel Holliger, Zürich
Umschlag: Katarina Lang, Zürich
Gestaltung, Satz: Gaby Michel, Hamburg
Druck, Einband: Kösel GmbH, Altusried-Krugzell

Dieses Werk ist urheberrechtlich geschützt. Die dadurch begründeten
Rechte, insbesondere die der Übersetzung, des Nachdrucks, des Vortrags,
der Entnahme von Abbildungen und Tabellen, der Funksendung, der Mikroverfilmung oder der Vervielfältigung auf anderen Wegen und der Speicherung in Datenverarbeitungsanlagen, bleiben, auch bei nur auszugsweiser
Verwertung, vorbehalten. Eine Vervielfältigung dieses Werks oder von Teilen
dieses Werks ist auch im Einzelfall nur in den Grenzen der gesetzlichen Bestimmungen des Urheberrechtsgesetzes in der jeweils geltenden Fassung
zulässig. Sie ist grundsätzlich vergütungspflichtig. Zuwiderhandlungen unterliegen den Strafbestimmungen des Urheberrechts.

ISBN 978-3-03810-445-2

www.nzz-libro.ch
NZZ Libro ist ein Imprint der Schwabe Verlagsgruppe AG.

«Als käme es auf die Dauer an und nicht darauf, dass etwas einmal da gewesen ist.»
(12. Oktober 1999)

# Inhalt

**Vorwort** 9

**Auftakt** 11
Erste Begegnung 11 · Zwischen Journalismus und Historie 16
Ein eingeschworenes Team 24

**Anfänge** 32
Begegnung mit Ranke 34 · Texte für die NZZ 40

**Redaktor NZZ** 46
Als Christ denken? 56 · 1968 – keine Wegmarke 60
Ferner Blick auf eine Mondlandung 65 · Wilhelm Tell
für die Schule 68

**Chef des Feuilletons** 75
Manchmal schwierig, selektiv gesellig 81 · «Dialog» mit
Max Frisch 88 · Nenne mir, Muse ... 93 · Mitglied einer
Akademie 102 · Politik der Päpste 105 · Kalifornien rief 113
Boten einer Krankheit 114 · Preisträger der Akademie 120
Veränderungen in der Redaktion 127 · Citoyens und
Gegeninstanzen 132

**Exkurs: Vita domestica** 137
Haus mit Musik 140 · Erneuerungen, Abschied 146

**Die späteren Jahre: Zürich, Rom** 153
Bandbreite und Tiefenschärfe 159 · Boito und die Duse 168
Weltgefühl und Geschichtsbild 171 · Nachdenken über
Joseph Ratzinger – und Thomas Hürlimann 177

Öffnung eines Verliesses  183  ·  Harold Nicolson vor dem Fernseher  189  ·  Millennium  195  ·  Jacob Burckhardt, in schiefem Licht  200  ·  Das letzte Jahr  206

**Bildteil**  209

**Hanno Helbling – Artikel aus der NZZ**  225
Gedenkblatt für Federico Chabod  225  ·  In jedem Fall psychosomatisch  228  ·  Ideologisierung, Entideologisierung, Reideologisierung  230  ·  Denkender Darsteller der Geschichte. Zum fünften Band des Burckhardt-Werks von Werner Kaegi  233
Eine ungeliebte Autorin?  237  ·  Ostern für Weltchristen  239
Wider die Gegner von Feindbildern  242  ·  Hitlers Enkel  244
Seitenthema  247  ·  «In Piazza»  249  ·  Neuste Mode  251
Wiedererwachen. Eine Schreibübung  253  ·  Gescheiterte Aufklärung?  255  ·  Der Welthistoriker. Zum 100. Todestag Leopold von Rankes  257  ·  Vermittelte Künste. Zur Erinnerung an Willi Schuh  263  ·  Schuld ohne Sühne  269  ·  Die tiefen Häuser. Von römischen Spaziergängen  272  ·  Erdbebenkunde  275

**Lebensstoff – Fragment einer Autobiografie**  279
Dorf  279  ·  Stadt  285  ·  Provinzen I  292
Provinzen II  298  ·  Provinzen III  311

**Editorische Nachbemerkung**  313

**Bibliografie**  314

**Personenregister**  318

**Danksagung**  325

**Anmerkungen**  326

# Vorwort

Dieses Buch porträtiert einen massgeblichen Schweizer Intellektuellen der zweiten Hälfte des 20. Jahrhunderts. Hanno Helbling (1930–2005) trat hervor als Historiker, Journalist, Publizist, Übersetzer, Schriftsteller und Herausgeber – und prägte mit seinen vielseitigen Aktivitäten das kulturelle Geschehen weit über Landesgrenzen hinaus. Insbesondere als Redaktor und Chef des Feuilletons der Neuen Zürcher Zeitung hatte Helbling eine wichtige Position inne, die er stets mit höchstem Sachverstand und brillanter Stilistik bespielte. Darüber hinaus kam eine Vielzahl von historischen und kirchenpolitischen Schriften zustande, die bis heute Wirkung zeigen. Früh etablierte sich Helbling auch als Übersetzer: aus dem Englischen, aus dem Französischen und vor allem aus dem Italienischen. Auch hier setzte er Massstäbe.

Eine Biografie im strengen Wortsinn war nicht beabsichtigt. Dafür war die Quellenlage zu wenig ergiebig. Auch hätte eine so ausgelegte Vita wohl kaum der Person und der Persönlichkeit Helblings entsprochen, der zwar sehr viele Charakterzüge und Eigenschaften auf sich vereinigte, diese aber immer nur selektiv und dosiert hervortreten liess. Entsprechend blieb auch mehr als nur ein Rest von Geheimnis um ihn herum.

Mit dem Attribut einer «Hommage» ist der Sache am besten Gerechtigkeit getan. Sie wurde wesentlich inspiriert aus einer engen Arbeitsbeziehung am Feuilleton der NZZ über achtzehn Jahre hinweg. Das hiess aber auch: Das Persönliche – und damit immer auch Subjektive – durfte und sollte nicht zu kurz kommen. Dass Helbling der Letzte gewesen wäre, der sich über einen Blick in den Spiegel des reinen Positivismus gefreut hätte, wissen immer noch alle, die ihn kannten. Dass es also – umgekehrt – auch Freude machte, dieses Buch zu schreiben, war ein angenehmer Nebeneffekt. Die Hauptsache war: die vertiefende Geschichte – «histoire intellectuelle» – eines ausserordentlichen Manns.

Zürich, im Herbst 2019                                          Martin Meyer

# Auftakt

## Erste Begegnung

Hanno Helbling lernte ich im Frühsommer 1974 kennen. Ich war damals noch Student der Philosophie, der Geschichte und der deutschen Literatur an der Universität Zürich und wollte mich nun über diesen Radius hinaus in die Öffentlichkeit bemerkbar machen. Schluss mit Bummeln und Italienreisen. Also rief ich den Chef der Feuilleton-Redaktion der NZZ an, stellte mich als Schüler von Professor Hermann Lübbe vor und fragte, ob ich für die NZZ eine Rezension des damals viel diskutierten Buchs *Analytische Philosophie der Geschichte* besprechen dürfe. Der Verfasser, Arthur C. Danto, war kein Linker, sondern ein Liberaler, der zeigen wollte, dass die Geschichte keinem Plan des Weltgeists folgt, sondern allenfalls von den Historikern und erst um einiges später «gemacht», will sagen in eine Ordnung gebracht wird. Doch Helbling wollte gar nichts zu dem Buch wissen. Nachdem er den Namen Lübbe gehört hatte, schien ihm alles recht zu sein.[1] Er fragte lediglich noch, wie viel Platz ich brauche, was ich generös fand. Schnell machte ich mich ans Werk, und als dieses fertig war, rief ich wieder an und bat darum, es persönlich abliefern zu dürfen. Auch dies wurde genehmigt. Ich erschien bei sommerlichen Temperaturen in meinem einzigen Anzug, einem schweren Wintertuch, an der Falkenstrasse 11, wo man mich eine Viertelstunde warten liess, bis mich eine Dame zum Büro des grossen Manns führte. Meine Uhr zeigte halb vier.

Erste Begegnungen können nicht nur entscheidend sein oder werden. Sie verraten auch, wie die Wellen laufen: Sympathie, Neutralität oder bereits Distanz. In diesem Fall war für meinen Teil Sympathie angesagt, die auf lockere Weise erwidert wurde. Hanno Helbling hatte sich erhoben, um sich rasch und unauffällig wieder hinter den Schreibtisch zu setzen. Sommerlicht fiel durch die Filter der Jalousien. Viel war nicht zu erkennen. Im Hintergrund lief eine Bücherwand über die volle Länge. Sah so das Büro eines Journalisten aus? Es glich viel eher der Stube eines Gelehrten. An einer Wand hing seitwärts ein kleines Porträt Jacob Burckhardts in Form einer Fotografie. Alles passte zusammen. Hier wurde gedacht.

Ich hatte mich vorbereitet – auf ein längeres Gespräch zum Thema, vielleicht auf ein Verhör, denn was mir zuvor über Helbling zugetragen worden war, klang ambivalent. Dieser Mann von bestürzender Intelligenz sei zugleich ein gewandter Ironiker, hiess es, überdies greife er nicht selten in die Fächer des Sarkasmus, und wer ihm keck vorbeikomme – aber wie wäre mir solches und unter meinen Umständen jemals in den Sinn gekommen? –, sei verloren. – Ein Gespräch fand nicht statt, ein Verhör noch weniger; auf meine Frage, ob ich bei seiner Zufriedenheit vielleicht wieder einmal zur Feder greifen dürfe – ich hatte mir bewusst einen vornehm-altväterischen Ton vorbereitet, ohne schon zu wissen, dass mein Gegenüber diesen Trick sofort durchschauen würde –, verblüffte mich der Chef mit der Antwort: Er habe mir eine halbe Stelle anzubieten, eine Stelle als Halbtagesredaktor im Feuilleton der NZZ, nicht weniger und gerade jetzt.

Das war und blieb ein tolles Stück. Erst später und nach und nach realisierte ich, dass Helbling auch ein Spieler war: nicht nur ein Skatspieler, sondern vor allem ein Spieler mit Situationen, Möglichkeiten und Menschen. Hätte ich mich nicht bewährt, wäre ich schnell und lautlos verschwunden. Niemand ausser mir hätte noch jemals gewusst, dass ich eine Minute oder zwei bei der NZZ beschäftigt gewesen war. Da ich aber einen Draht zu diesem Schwierigen gefunden hatte, was gar nicht in meiner Absicht gelegen hatte, wollte er's mit dem Studenten probieren, ihn einweisen in die Mysterien des Feuilletons der NZZ, und schauen, wie sich Herr Meyer – wie er mich noch mehr als zehn Jahre lang nannte – entwickeln würde.[2] Glück hatte ich auch insofern, als die Danto-Rezension offenbar Gefallen gefunden hatte, denn sie erschien in voller Länge noch sechs Wochen vor meinem Arbeitsbeginn am 1. September 1974, auf einer halben Druckseite der Beilage «Literatur und Kunst», die damals als das höchste der Gefühle wahrgenommen wurde, wenn eine oder einer das Privileg gefunden hatte, dort abgedruckt worden zu sein.

Ich berichte die Geschichte so ausführlich, weil sie einen wichtigen Charakterzug Helblings illustriert: die schnelle, aus Instinkt und Ahnung gezogene Entscheidung. Das sollte sich gar nicht zu selten wiederholen. Der Mann, der später zum Jäger wurde und Rehe erlegte, jagte schon vorher Momente und Konstellationen. Auch sah Helbling «sein» Feuilleton – und übrigens bis zuletzt – nicht nur als eine Anstalt der allergrössten Seriosität zur Beglückung Zürichs und der Welt mit Bildung, Horizont und Stil, sondern periodisch auch als eine Spielwiese für heitere bis hintersinnige Experimente, denn eigentlich war man doch unter sich.

Unter sich sein, unter sich bleiben: Das war nun allerdings nicht unbedingt das herkömmliche Rezept für journalistisches Tun und Gewissen. Zugleich stimmte es insofern, als Helbling – immer noch ziemlich in der Art seines Vorgängers, des grossen Werner Weber – ein Publikum vor sich sah, das er zu wichtigen Teilen jederzeit zu individualisieren und mit Namen einzeln aufrufen zu können glaubte. Wenn er eine bestimmte Glosse verfasste, hatte er beispielsweise den damaligen Ordinarius für ältere deutsche Literatur Max Wehrli vor Augen, der ihm vielleicht beim letzten Mahl der Zürcher Gelehrten Gesellschaft den Anstoss hierzu geliefert hatte, worauf am übernächsten Tag wohl auch das herbeigewünschte Dankeskärtchen aus der Feder von Max Wehrli auf dem Schreibtisch lag und eine sanft ironische Färbung präsentierte, die Helbling, dem Gefährten, wie die Herren damals noch gegenseitig von sich sagten, selbst wenn sie sich insgeheim gehasst hätten, gezeigt hätte, dass Wehrli nicht nur verstanden, sondern gleich noch einen Zug weitergespielt hatte.

So war das, und so blieb es noch länger, im Milieu des Zürcher gebildeten Bürgertums, in das Hanno Helbling nicht aus alter Herkunft hineingeboren worden war, dem er sich aber souverän assimilierte, obwohl er es auch ein wenig missbilligte: weil es ihm als Institut der schweren Regeln und der Freiheitsbeschränkung erschien oder

*Erste Begegnung*

sagen wir: der Barrieren, sein, Helblings Leben, so zu leben, wie es ihm eben passte und als richtig schien, obwohl er ja nicht viel anderes als ebendies tat und dabei auch auf die Bewunderung mancher Bürgerlicher zählen konnte, die auch gerne so souverän aufgetreten wären, doch nicht über Hanno Helblings Intelligenz und Desinvoltura verfügten. Desinvoltura, ein Wort, das Helbling bei Ernst Jünger gefunden hatte und dann zu lieben begann, meint die unbedenkliche Gelassenheit, das zu denken oder zu tun, was man nur vor sich selbst zu verantworten hat – oder hätte.

Im Frühherbst 1974 war Helbling gerade 44 Jahre alt geworden. Mir kam er als reife Persönlichkeit vor, er selbst fühlte sich jung und strotzte vor Kraft. Als Kind hatte er die damals noch berüchtigte Kinderlähmung überstanden. In der Pubertät begannen sich ein paar Verwachsenheiten zu manifestieren. Tatsache ist, dass ich diese Deformationen niemals wahrnahm; niemals. Es war nicht nur der gute Schneider an Londons «Savile Row» (zuerst Mr. Cottrell, dann Mr. Parker), der ihn so kleidete, dass stets alles perfekt sass und floss. Es war vor allem eine grosse Ausstrahlung von innen nach aussen, mitunter ein Leuchten, ich kann es nicht anders formulieren, was dafür sorgte, dass Hanno Helblings äussere Erscheinung mit seiner Persönlichkeit vollkommen konvergierte. Wer suchte, konnte immer etwas finden, und Helbling hatte nicht nur Freunde, aber wer ehrlich blieb, musste sich immer wieder sagen: «Voilà un homme.»

Der recht junge Hanno Helbling war also der Chef des Feuilletons der NZZ. Neben ihm arbeiteten: Hansres Jacobi, Redaktor für Theater und Literatur, Richard Häsli, Redaktor für bildende Kunst, Andres Briner, Redaktor für Musik, und Andreas Oplatka, damals und bis Anfang 1977 ebenfalls Redaktor für Literatur. Helbling war im Sommer 1973 auf den Posten des Chefs gelangt. Vorher und über lange Jahre hatte Werner Weber, der schon damals längst legendäre Kritiker der Literatur, das Feuilleton geleitet. Weber hatte nun jedoch auf Betreiben seines Mentors und Freunds Emil Staiger an die Universität Zürich gewechselt, wo er als Ordinarius für die Verbreitung ebendieser Literaturkritik sorgen sollte.[3] Webers Vorgänger war ebenfalls ein bekannter, ja in seiner Zeit berühmter Mann gewesen: Eduard

Korrodi, und auch Korrodi hatte während Jahrzehnten für die NZZ gearbeitet.[4] Das war die Linie, die es zu beachten galt, das stolze Gehäuse, in dem man sich feierlich und auch einmal mit einem geschützten Lachen bewegte, als Chefredaktor thronte der Aussenpolitiker Fred Luchsinger, ein Mann von Autorität, der auch grimmig werden konnte; Luchsingers Vorgänger war der ebenfalls legendäre Willy Bretscher gewesen, der die Zeitung seit 1933 als unbestechlicher Patron gegen die totalitären Mächte unserer Nachbarschaft geleitet und eingesetzt hatte – auch hier also viel Gewissen, viel Geist, viel Substanz.[5]

Ich spürte damals sofort die Stunden des Aufbruchs nach der langen Ära Weber. Hanno Helbling war erst ein Jahr im Amt. Er wollte verändern. Er hatte Ende der Fünfzigerjahre im Auslandressort der NZZ volontiert, dann seine historischen Studien in Italien und Deutschland fortgesetzt und darauf kurze Zeit unzufrieden und glücklos beim Zürcher Verlag Fretz & Wasmuth als Lektor gearbeitet. Seit dem 11. Oktober 1962 berichtete er aus Rom über das Zweite Vatikanum; bald fand die wohlwollend-kritische Stimme des Protestanten aus den Herzkammern der katholischen Kirche viel Gehör und Applaus. Seit 1960 im Feuilleton tätig, wurde Helbling mit dem Datum des 1. Januar 1964 zeichnender Redaktor im Ressort.[6] Sein Vorgänger im Fachgebiet war Jakob Welti gewesen, ein gebildeter, sympathisch-umgänglicher und vielseitiger Kollege, das Fachgebiet hiess: Geschichte, Kulturgeschichte, Theologie. – Veränderung betraf die Leitung und mehr noch den Fokus. Weber hatte straff geführt, jeden Tag um neun Uhr früh die Sitzung angesetzt, regelmässig freie Mitarbeiter auch ohne viel Einverständnis der Fachredaktoren publizieren lassen und gesetzten Stil alter Schule um sich gelegt. So konnte man ihn auch als einen Kommandanten wahrnehmen, der nur gegenüber Helbling nahe freundschaftliche Neigungen zuliess: Die beiden waren Mitglieder einer Zunft, Weber auf der Meisen, Helbling bei der Schmiden, sie verkehrten in der Gelehrten Gesellschaft, die lediglich vierzig Mitglieder umfasste, woran sich bis heute nichts geändert hat, sie hatten und pflegten gemeinsame Freunde, vor allem Professoren und Gymnasiallehrer, da und dort Anwälte und

Mediziner, den Stamm der alten und der neueren Zürcher, die jedoch in der Regel ebenfalls alt sein wollten, was von einer Mehrheit der alten Zürcher auch irgendwie, wenn auch gelegentlich seufzend, akzeptiert wurde.

Für einen freien Geist wie Hanno Helbling war Webers Regime «à la longue» gleichwohl nicht die ideale Wirkstätte gewesen. Nach neun gemeinsamen Jahren hatte sich das Verhältnis abgekühlt. Weber regierte auch gegen Helbling mehr in der Vertikalen, überdies hatte er nicht allzu viel Ohr für Ironie – und noch weniger für diejenige des Kollegen. Weiter: Während Werner Weber Samstag für Samstag seine literarischen Kritiken und Betrachtungen ins Blatt setzte, die Leserschaft entzückte und dabei erst noch die Disziplin eines Sisyphos bewies, schweifte der Jüngere hochgesinnt durch Geschichte, Theologie und Kulturbewusstsein: immer auf höchstem Niveau, doch lieber für die «happy few», die sich Zeit und Kraft nahmen, die Texte sorgfältig zu studieren, um sie danach hoffentlich verstanden zu haben. Im Januar 1964 schrieb der 33-Jährige auf der Titelseite seiner Zeitung «unter dem Strich», wie es damals hiess, weil dort das Feuilleton jeweils seinen Platz finden durfte, über eine Dante-Interpretation aus der Perspektive Victor Hugos, um dabei immer tiefer und tiefer und geradezu besorgt in die Geschichte des Papsttums mitsamt seinen geheimnisvollen Verwerfungen hinabzutauchen.

## Zwischen Journalismus und Historie

Für Hanno Helbling waren Stelle und Stellung eines Feuilleton-Redaktors der NZZ damals kein in Erfüllung gegangener Lebenstraum. Letztlich schlug das Herz noch für die Wissenschaft – mindestens bis zur Wachablösung an der Spitze des Ressorts, vermutlich auch noch ein paar Jahre darüber hinaus. Der Historiker, der nach kurzem, sehr energischem Studium der Geschichte, Literatur und Philosophie an der Universität Zürich bei Leonhard von Muralt über Rankes historischen Stil promoviert und bald eine Schrift über mittelalterliches Geschichtsdenken nachgelegt hatte, sah sich während dieser Zeit in der Rolle des möglichen Professors, des akademischen Geists an seiner Alma Mater. Er hoffte auf einen Ruf, der niemals kommen würde, weil Helbling manchen prospektiven Kollegen wohl einfach zu klug und auch ein wenig zu hochfahrend gewesen wäre, auch wenn sich sein Freund und Studienkollege Peter Stadler periodisch für ihn verwandte.[7] Es war deshalb spezielle Ironie, dass sich Webers und Helblings berufliche Wege nur deshalb endlich trennen konnten, weil jener auf den Sommer 1973 in das erwähnte Ordinariat geholt wurde, womit sich immerhin für diesen die Türe zur Nachfolge bei der NZZ auftat – nicht weit und breit, aber Hauptsache: passierbar. Zwar hatte Chefredaktor Luchsinger erkannt, dass Hanno wohl kaum der Mann werden würde, das Feuilleton klar «journalistischer» aufzustellen. Er hatte sogar kurz erwogen, einen Journalisten von aussen als Nachfolger Webers zu holen: den weitläufig urbanen und global vernetzten François Bondy, der tatsächlich fast nur journalistisch dachte, obwohl er wahrlich kein brillanter Schreiber war. Am Ende liess er's bleiben. Bei Bondy wären andere Unwägbarkeiten hinzunehmen gewesen, mit Helbling war man sicher, man wusste, was man hatte, und was man so erhielt, war viel: Intelligenz, Bildung, sprachliche Virtuosität. Die Zeiten standen auf Wandel, die Achtundsechziger hatten ihre Feuerchen gelegt, es wurde demonstriert und randaliert. Veränderungen waren angesagt.

Auch deshalb liess Fred Luchsinger über die vermittelnden Dienste seines Stellvertreters Eric Mettler den politischen Korrespondenten Andreas Oplatka, der eben noch aus Skandinavien berichtet hatte, gegen seine Pläne ins Feuilleton wechseln, wo der studierte Germanist dafür zu sorgen hätte, die Literaturkritik anders und vor allem griffiger zu gestalten. Leise ermüdet von Werner Webers ungezählten «Samedis», hoffte der oberste Chef damit eine notwendige Wandlung eingeleitet zu haben. So war Oplatka mit 32 Jahren schon etablierter oder sich etablierender Redaktor für Literatur, als ich am 1. September 1974 mein eigenes Büro direkt neben dem seinen bezog, und ich tue ihm auch an dieser Stelle nicht unrecht, wenn ich sage, dass Oplatkas Freude an dem neuen Job begrenzt war. Obwohl er sich bei Thomas Mann bestens auskannte und auch so manche

Zeile aus dem *Rosenkavalier* zu zitieren wusste, wollte Oplatka dem Temperament nach über Politik berichten, weshalb er die vereinbarten drei Jahre Dienst im Feuilleton absass, um danach sofort wieder als Korrespondent zu wirken und nach Paris zu wechseln.

Helbling ging als Chef statt den Weg der Revolution jenen der Evolution. Er zerschlug zum Beispiel Werner Webers Sitzungspräsenzsystem. Nun kam man nur noch zweimal in der Woche zusammen, um zu planen und zu koordinieren. Zweitens erhielten die Kollegen deutlich mehr Freiheiten, ihre Fachgebiete autonom zu bespielen. Drittens wurde nach Oplatkas Abgang das weite Gebiet der Literatur neu geordnet und anders verteilt. Vom Winterthurer Landboten kam Marianne Vogt, die seit dem 1. Januar 1977 in der NZZ für Schweizer und deutsche Literatur zuständig sein sollte. Österreich, Osteuropa und Russland lagen literarisch in den Händen von Hansres Jacobi. Ich selber begann neben der Philosophie die englischsprachigen Literaturen zu betreuen. Helbling wandte sich den romanischen Literaturen zu, womit endlich auch jener Schriftsteller in seinem Hafen vor Anker gehen durfte, den zuvor leidenschaftlich Werner Weber gehegt hatte – der aber wie kein anderer Aura und Gewicht in Helblings Universum besass: Marcel Proust.

Dass Helbling ein Proustomane war, ging mir rasch auf. Wiederum war es Glück und Zufall, dass ich mich als Student durch die *Recherche du temps perdu* gelesen hatte, bevor ich bei der NZZ anfing. Nun gab ein Wort das andere. Als wir nämlich nach einem Abend des kammermusikalischen Zusammenspiels im Hause Helbling auch auf Thomas Mann zu reden kamen und ich forsch einwarf, dieser grosse Prosameister zeige doch da und dort seine Begrenztheit und dies ganz im Unterschied zu Proust, da hatte ich, ohne es irgend gewollt zu haben, wiederum Helblings Kopf und wohl auch einen Teil seines Herzens erreicht: Ich gehörte dazu.

An der Statur des Chefs gab es freilich nichts zu deuten. Niemand sollte versuchen, seine überragende Intelligenz zu unterschätzen, auch wenn es um Formalien und bürokratische Abläufe ging. Darüber hinaus begann der Chef allmählich und dann schneller damit, das Feuilleton als Teil seiner selbst zu begreifen. Damit hat es folgende und nicht ganz nebensächliche Bewandtnis: Es gab die Pflicht, und es gab die Kür. Die Pflicht bestand darin, dass die Feuilleton-Redaktion wie jede andere Redaktion, die das Tagesgeschehen referierte, die Berichterstattung pflegte: über Ausstellungen und Ereignisse aus der Welt der Kunst, über Aufführungen aus der Welt von Theater und Musik, aus der Welt der Literatur über neu erschienene Bücher und so weiter. Sogar die Theologie sollte zur Sprache kommen, wo immer sie noch selbst von sich reden machte, was sie damals – seit den Sechziger- und bis in die späten Achtzigerjahre – noch eifrig tat, bevor sie allmählich zu erlöschen begann. Helbling hatte sein Interesse für theologische und religiöse Themen schon während des Studiums entdeckt, als Stipendiat in Neapel gefestigt und als vom Blatt bestellter Referent über das Zweite Vatikanum auch einer breiteren Öffentlichkeit zu vermitteln verstanden.

Seit er aus Rom rapportiert, analysiert und kommentiert hatte, wurde er rasch eine Autorität auch auf diesem Gebiet, und es war ihm gar nicht ungelegen, dass er das protestantische Zürich etwas in Verblüffung versetzte, wenn er hermeneutisch raffiniert über die Feinheiten und Distinktionen schrieb, die unter Papst Johannes XXIII. in der katholischen Kirche als Wille zu Aufbruch und Reform hervortraten. Manche Leser meinten damals, der junge Referent werde periodisch päpstlicher als der Papst. War es im Innersten vielleicht gar eine Reverenz an die Herkunft der eigenen Familie, die bis zur offiziellen Konversion des Vaters Carl Helbling zum Protestantismus katholisch gewesen war (in seiner Seele war Carl ein Agnostiker), so demonstrierte es nach aussen nichts anderes als Kompetenz im Umgang mit der schwierigen Materie, Gerechtigkeit für das Bemühen der römischen Kirche, die endlich Frischluft suchte, und viel Verständnis für eine Bewegung aus gemeinsamen Bedürfnissen, die Ökumene zu befördern: von Rom aus bis in die kleine Schweiz, die schliesslich auch damals immer noch von unsichtbaren, aber durchaus spürbaren Linien und Territorien zwischen dem protestantischen und dem katholischen Lager geprägt war.

Dies – dies besonders – zählte für Hanno Helbling ebenfalls zum Pflichtstoff, wie seine ureigene Domäne, die Historie, auch nicht zu kurz kam. – Daneben freilich: die Kür. Werner Weber hatte sie meisterlich vorgeschrieben, ja vorgelebt, mit seinen Digressionen und Feuilletons, die nicht selten die Vorlagen der Literatur hinter sich liessen, um Landschaften oder Wanderungen zu schildern, die Jahreszeiten des Zürcher Oberlands oder Begegnungen mit Zeitgenossen. Helbling spannte den thematischen Bogen weiter. Er brachte eine Intellektualität herbei, die manchmal – etwa in einem Feuilleton über die Stadt Dresden, damals noch tief in der Ostzone versunken – sofort verstanden werden konnte, manchmal – in einem anderen Feuilleton über die Feindesliebe mit Blick auf Max Frisch – ein wenig hermetisch blieb. Zugleich ermunterte er auch andere, ihre Gedanken und Reflexionen in Worte zu fassen, vielleicht dachte er dabei an die französische Tradition des «dix-neuvième», als die Zeitungen für den Kulturteil das Atmosphärische inszenierten, mit Sicherheit dachte er an Proust, der ja als Schriftsteller just so begonnen hatte, mit Impressionen, mit Introspektionen, mit Spiegelungen des Transitorischen, der flüchtigen Momente im Ziehen der Zeit.

So, «à la manière de Proust», wurde unser Feuilleton jenseits aller Chronistenpflicht zu Teilen das Feuilleton unseres Chefs, der dabei grosszügiger als sein Vorgänger verfuhr: Jede und jeder, die etwas Artiges poetisch erschrieben hatten, durften mit Hanno Helblings Gunst rechnen, er hatte und wollte kein Monopol auf ein Terrain, das mir zeit seiner Regentschaft immer wieder wie der gut bestellte Garten eines wohltätigen Duodezfürsten erscheinen konnte. Unter den engeren Kollegen fand dies nicht nur Beifall, es wurde gelegentlich als frivol und unberechenbar empfunden, während ich doch manches lernte, eine Zeitlang Helblings Stil fast obsessiv nachahmte, was ihn keineswegs störte: Er liebte Ähnlichkeiten, wenn sie für authentisch befunden wurden; es wäre ihm niemals eingefallen, dass hier ein junger Mann gekommen war, ihn bei gewissen Themen und Motiven so nachzuahmen, dass die Leser tatsächlich denken können konnten, es handle sich dabei auf freche Weise um eine Karikatur des Vorgesetzten, was ja ohnehin niemals beabsichtigt war.

Chefredaktor Luchsinger gefielen solche Ausflüge weniger. Gegenüber dem Chef des Feuilletons hielt er sich in der Regel zurück.

Kam es doch zu Zusammenstössen, so war, bevor die letzte Stufe der Eskalation zu zünden gewesen wäre, eine merkwürdige Abwehrregel vereinbart worden. Sie bestand darin, dass sich Fred Luchsinger und Hanno Helbling auf Lateinisch verfasste Postillen zustellten, die angeblich den Vorteil hatten, dass sie bereits *in statu nascendi* dazu geeignet waren, Dampf abzulassen. Bevor man gegeneinander richtig wütend werden konnte, musste man den Konjunktiv und die Sperrungen beachten, was erhebliche Konzentration verlangte. Luchsinger, der seine Doktorarbeit (bei Werner Kaegi) über den Basler Buchdruck im Zeitalter des Humanismus vorgelegt hatte, war sattelfest; dasselbe galt für den Historiker Helbling, der sich im lateinischen Mittelalter hervorragend auskannte.

Und wenn hier schon vom Schreiben und von den Schreibarten berichtet wird: Zu den faszinierendsten Erlebnissen meiner ersten Monate zählte die Beobachtung, dass Helbling fast ausschliesslich von Hand schrieb. Zwar stand in seinem Büro eine elektrische Schreibmaschine, die aber nur für Amtliches oder für besonders formell gehaltene Briefe gebraucht wurde, während die anderen Briefe in ein schon damals altertümlich wirkendes Diktiergerät gelangten. Was hingegen die journalistisch-literarische Produktion betraf, so pflanzte sie mein Chef ausschliesslich mit der Hand unter Zuhilfenahme eines Kugelschreibers auf einen linierten Block, den es für alle Redaktoren, die ihn wollten, in zwei Formaten gab: A4 und A5 quer. Weil er aber seine so geschriebenen Texte nicht mehr abschreiben liess, sondern direkt in die Setzerei gab, wo sie ohne Murren entgegengenommen und an die Setzer weitergereicht wurden, musste der Verfasser darauf achten, so lesbar wie möglich zu schreiben. Seine Handschrift wurde wie zur Kinderschrift, sie erhob sich in grossen Lettern, die der Verfasser so auf den Schreibblock malte, dass zwischen jeder Linie eine freie Linie verblieb: Verbesserung der Lesbarkeit durch nützlichen Abstand.

Ich habe mir später erzählen lassen, dass sich dieses Ritual genauso abspielte, seit Hanno Helbling an der NZZ war und für sie schrieb – sogar dann, wenn der Theaterkritiker Helbling, den es ebenfalls gab, nachts zu Hause die Premiere des Zürcher Schauspielhauses rezensierte, die zeitig fertig sein musste, damit sie die Leserschaft am nächsten Tag zur Kenntnis nehmen konnte. Er habe, so berichtete einmal seine erste Frau, Barbara Helbling, geborene Gloor, in Hannos Anwesenheit, dafür den Block A5 quer verwendet, der zwei Vorteile besass: Erstens war eine Seite – Zeilenabstand! – schnell voll, sodass der Schreibende das Gefühl erhielt, zügig voranzukommen, auch wenn er bloss zwei Sätze produziert hatte; zweitens konnten die Seiten, wenn sich Hanno in seinen Gedanken vertan hatte, weggerissen und zu Boden geworfen werden, worauf Hanno auf einer neuen Seite des Formats A5 quer nochmals und erfolgreich angesetzt habe. – Auch andere Redaktoren der NZZ schrieben damals und noch länger von Hand – so auch Chefredaktor Fred Luchsinger, der beim allmählichen Verfassen seiner Leitartikel etliche Zigarren verrauchte, fast wie sein Vorgänger Willy Bretscher, den man geradezu einen Zigarrenkettenraucher nennen durfte, was Bretscher gleichwohl oder erst recht nicht daran hinderte, erst mit 95 Jahren aus dieser Welt zu scheiden. Der Clou bestand aber darin, dass Helbling zwar nicht der Einzige, aber einer der sehr wenigen war, die ihre wirklich handgefertigten Manuskripte in die Setzerei schickten, wofür im Haus ein kleiner Lift zur Verfügung stand, den man an Seilen hinaufoder hinunterkurbelte. Alle anderen liessen ihre Manuskripte von den Sekretärinnen abtippen, und die grosse Mehrheit benutzte seit den frühen Siebzigerjahren die Schreibmaschine; wenn es hoch kam, war diese bereits eine elektrische, die leise brummte und leicht zitterte, wenn sich der Hammer mit dem betreffenden Buchstaben ins Papier drückte.

Hanno Helbling erwirkte wie bisher jeder, der eines Tages als Chef des Feuilletons antreten durfte, einen Neubeginn. Nicht und niemals einen grundsätzlichen Neubeginn, dafür hätte sich die 1780 gegründete NZZ nicht hergegeben. Aber manches wurde doch anders, zum Beispiel insbesondere auch die Beilage «Literatur und Kunst», die als Supplement der Samstags- und also Wochenend-Ausgabe eingefaltet war. Über die letzte Zeit seiner Ära hinweg hatte Werner Weber immer an der Spitze der ersten Seite dieser Beilage mit seinen «Samedis» aufgemacht. Das hatte ihm hohe Visibilität verschafft, doch zugleich den Nachteil gehabt, dass es schwierig bis unmöglich gewesen war, geschlossene, thematisch komponierte Beilagen aufzuziehen. Helbling verzichtete seinerseits auf den prominenten Platz, und sofort wandelte sich das Gesicht der Beilage «Literatur und Kunst», erhielt es einen grosszügigeren, moderneren, ja weltmännischen Anstrich. Der Gerechtigkeit halber sei allerdings festgehalten, dass danach nicht wenige Leserinnen Webers stets fein gezeichnete Feuilletons vermissten. Man kann nicht alles haben.

Helbling leitete auch andere formale Veränderungen ein, die damit immer auch auf die Inhalte Einfluss hatten. Es betraf dies etwa die Konzertkritiken, die stets wieder anders gruppiert wurden, ohne dass sie jemals den Enthusiasmus des Chefs für dieses Genre gefunden hätten, es betraf sogenannte kleine Chroniken oder jene, die unter dem Titel «Kunst in Zürich» liefen, es betraf die Oberlänge von Artikeln, die kürzer gehalten sein sollte, und anderes mehr. Hier und anderswo erwies sich Hanno Helbling als professionell sachlicher Vorgesetzter, dessen Reformen alle sinnvoll waren. Hinzu kamen aus den verschiedenen Abteilungen des Feuilletons neue freie Mitarbeiter mit neuen Ideen und Schreibweisen, die grosse Freiheit genossen, auch wenn sie nicht durchwegs der Bewunderung des Feuilletonchefs gewiss sein konnten. Hanno Helbling war und blieb ein kaustisches Temperament, vor seinen Ansprüchen fand nur wenig – und manchmal auch einmal das Falsche – ungeteilten Beifall, bei fortschreitender Amtsdauer wurde Helbling milder, aber er hatte kraft seiner Art einfach zu viel Freude an zugespitzten Urteilen und Verdikten, als dass er zum schläfrigen Ireniker geworden wäre.

Wie stand er zu seinen Kolleginnen und Kollegen? Über längere Zeit hinweg war die Gruppe der Frauen an der NZZ überschaubar. Ins Feuilleton war, wie erwähnt, per 1. Januar 1977 Marianne Vogt eingezogen, die dann den Kunsthistoriker Franz Zelger heiratete und sich fortan Marianne Zelger-Vogt nannte. Auch im Lokalressort und im Ressort der verschiedenen Beilagen begannen mehr und mehr Frauen zu arbeiten. Aber die Redaktion der NZZ blieb doch noch länger ein Männerklub – ein Klub mehr oder weniger selbstbewusster Herren Redaktoren, die wussten, dass sie nicht nur die wichtigste bürgerlich-liberale Stimme der Schweiz intonierten und repräsentierten, sondern dass diese Stimme auch weit hinaus in die Welt gelesen und gehört wurde.

## Ein eingeschworenes Team

Die NZZ war ein Weltblatt, damals, in den Fünfziger- und Sechzigerjahren, vermutlich das einzige Weltblatt deutscher Sprache, auch wenn die *Frankfurter Allgemeine Zeitung* und die in Hamburg erscheinende Wochenzeitung *Die Zeit* nicht schliefen. Das lag an Verschiedenem. Erstens war die Schweiz auch zwischen 1933 und 1945 ein freies Land geblieben. Zweitens hatte ihre wichtigste Zeitung seit 1933 und bis zum deutschen Zusammenbruch einen unnachgiebig klaren Kurs gegen den Nationalsozialismus gefahren, der stärkste Beachtung gefunden hatte. Drittens verfügte dieses Blatt über exzellente Journalisten – neben dem Chefredaktor Willy Bretscher insbesondere über den damaligen Chef des politischen Teils, Albert Müller, über profilierte Ressortleiter und beschlagene Korrespondenten. Viertens konnten auch die Emigranten in England oder in Übersee diesen Köpfen vertrauen. Fünftens war und blieb die NZZ der Vatikan des Liberalismus und des Wirtschaftsliberalismus über die Grenzen der Schweiz hinaus.

Eine verschworene Truppe: Das war sie, als Hanno Helbling zur NZZ stiess, klein und überschaubar und selbstbewusst und exzentrisch, kaum einer, der sich im Durchschnitt verlor, jeder, ob Redaktor, Ressortleiter oder Korrespondent, ein Charakter, manche urban und auch Spässen nicht abgeneigt, andere mehr nach innen gekehrt, kantig, kauzig, mit immensem Fleiss bei der Sache, die Dossiers waren heilig und wurden niemals von anderen angerührt, das ganze Ambiente besass etwas von Kloster oder Orden, wie viel später noch Alfred Cattani begeistert in Erinnerung rief, als sich die Zeiten bereits geändert hatten. Helbling passte zweifellos dazu. Wenn er mir im Rückblick von acht oder zehn Jahren die Stimmung schilderte, war er gleich wieder mittendrin, der eine Kollege hatte einen zweiten Mantel, den er im Büro so drapierte, dass alle glauben sollten, er, der Kollege, sei noch anwesend, während er bereits in der Kronenhalle sein Bier bestellte, ein anderer setzte seinen verlorenen Hut auf die Spesenrechnung, was moniert wurde, worauf der Hutträger neu ansetzte, den Hut wegliess, doch auf dieselbe Summe kam und zuunterst auf dem Formular anfügte: «Hut inbegriffen». Franz Eduard Aschinger, Redaktor für Finanzthemen, sei damals nur erster Klasse geflogen, der Korrespondent Rudolph P. Hafter habe in der Nähe von Paris ein Rennpferd und Damen unterhalten, als der Korrespondent Hans E. Tütsch nach Paris ins Haus der Zeitung übersiedelte, musste dort ein Lift eingebaut werden, denn Tütsch hatte ein schwaches Herz, bald darauf wurde im Lift ein Telefon angebracht, denn Tütsch hatte weiterhin ein schwaches Herz, man konnte nie wissen – und so fort.

So war Hanno Helbling in der NZZ sozialisiert worden. Nach der jährlichen Generalversammlung der AG für die Neue Zürcher Zeitung, die in den Sechzigerjahren noch im Zunfthaus zur Meisen stattfand und erst später ins Grandhotel Dolder dislozierte, war die Truppe weitergezogen ins Hotel Gotthard an der Bahnhofstrasse, wo der Hotelier Caspar Manz den nimmersatten Herren die ersehnten Austern servierte. Alle Formen von Durst wurden schnell gestillt. Andere gesellige Vergnügungen brachte das Zürcher Sechseläuten, ein Brauch mit Umzug und Verbrennung eines Schneemanns in Form einer überlebensgrossen Puppe aus Holz und Papier, womit jeweils der Frühling eingeläutet wird. Helbling war Schmidenzünfter, sein Vorgänger Weber war Meisenzünfter, Willy Bretscher gehörte der Gesellschaft zur Constaffel an; nachdem man bei jedem Wetter durch die Innenstadt mitmarschiert war, traf man sich abends bei Umtrunk und mancherlei geistreichen Witzeleien. Es konnte reichlich spät werden.

Ein weiteres Gremium, in welchem Hanno damals gerne verkehrte, war die Zürcher Gelehrte Gesellschaft: eine aus dem 19. Jahrhundert stammende Vereinigung von Professoren, Gymnasiallehrern und weiteren Honoratioren der Stadt, die höchstens vierzig Mitglieder umfasst, die Neuen können erst gewählt werden, wenn die Alten das Zeitliche gesegnet haben. Damals und noch bis in die Neunzigerjahre des 20. Jahrhunderts war es übrigens gar nicht einfach, Mitglied zu werden; ein aufwendiges Losverfahren entschied über drinnen oder draussen. Mir kam es immer so vor, dass mein Chef die Mitgliedschaft ausgesprochen genoss – die «Gelehrte», wie sie die Eingeweihten nennen, war das einzige Gremium, dem Hanno Helbling nicht Adieu sagte und den Rücken kehrte, als er im Januar 1995 für die meisten seiner Freunde und Bekannten völlig überraschend alles liegenliess, sein bürgerliches Dasein in Zürich Hottingen aufgab und nach Rom zu seiner Gefährtin und späteren Frau Christina Viragh übersiedelte. Davon später mehr.

Mit manchen Kollegen der NZZ war Helbling lose befreundet – etwa mit dem Redaktor Ferdinand Hurni, der für die arabische Welt zuständig war; mit dem Redaktor Cyrill Schwarzenbach, der Afrika betreute; mit Eric Mettler, dem Chef der Auslandredaktion, in dessen Haus in Uetikon die Familie Helbling hie und da die Sommerfrische genoss; im Feuilleton-Ressort mit den Kollegen Briner und Jacobi, zu denen Hanno freilich später ein wenig auf Distanz ging. Hurni und Briner waren Partner für die Hausmusik, die an der Florastrasse im Seefeldquartier aufgeführt wurde. Jacobi war die verlässliche Seele, die immer hilfsbereit und freundlich blieb. Mag sein, dass sich Hanno über die meisten Kollegen eine Spur mokierte, doch als junger Redaktor suchte und fand er Anschluss, und erst der Chef des Feuilletons liess dem Kommentieren freieren Lauf – ich hörte manches Interessante, immer wieder auch Skurrile, Helbling wurde kritischer, auch weil er sah und studieren konnte, wie sich gewisse Kollegen aus ihren unauffälligen Anfängen zu Gewohnheitstieren eingewickelt hatten und damit auf den Spott des scharfen Beobachters trafen. Ein Tag, der wie der andere verlaufe, sei ein verlorener Tag – so steht es in einer von Helblings Erzählungen, als Maxime, an der er sein eigenes Leben ausrichtete und mit der er andere mass.[8]

Komplexer war das Verhältnis zu Fred Luchsinger.[9] Dieser, Jahrgang 1921, eine unbestrittene Autorität auf dem Feld der Aussenpolitik, einst als Korrespondent in Bonn auch kritischer Vertrauter Konrad Adenauers, war aus einfachen Verhältnissen ins höchste Amt der NZZ aufgestiegen: Der Vater war Gärtner in St. Gallen gewesen. Nach einem Volontariat auf der NZZ-Auslandredaktion stiess er zu deren Team und erhielt darauf den Posten des politischen Korrespondenten für die Bundesrepublik, worauf er von 1955 bis 1963 aus Bonn berichtete. 1963 kehrte Luchsinger ins Haus NZZ zurück, 1966 übernahm er die Leitung der Auslandredaktion, und per 1. Januar 1968 wurde er vom Verwaltungsrat der AG für die Neue Zürcher Zeitung auf Vorschlag seines Vorgängers Willy Bretscher zum Chefredaktor ernannt. Bretscher hatte seine Autorität mit diplomatischer Souplesse orchestriert. Als ich Helbling einmal fragte, was neben Bretschers politischem Kompass sein Besonderes sei – Bretscher hatte damals immer noch ein geräumiges Büro im dritten Stock an der Falkenstrasse 11 –, hiess es lakonisch: sein Savoir-faire. Gleichzeitig bekannte mir Helbling, dass man – und also auch er – vor Chefredaktor Bretscher durchaus Angst gehabt haben konnte.

Luchsinger präsentierte sich als Chef mit Ecken und Kanten, der rasch einmal aufbrauste, doch dafür – nicht ganz immer – auch wieder vergass. Er hatte einen gelegentlich etwas derben Humor und durchaus Sinn für Spässe, so lange sie nicht auf seine und der NZZ Kosten liefen. Der imposante Auftritt täuschte viele darüber hinweg, dass sich hinter der Fassade eine sensible Seele verbarg, die es etwa auch zu den schönen Künsten zog. Von Musik und bildender Kunst verstand Luchsinger weniger, doch in der Literatur war er gut beschlagen und in seinem ureigensten Fach, der Geschichte und namentlich der Zeitgeschichte, ohnehin. Spät vertraute er mir bei Gelegenheit an, dass er am liebsten Redaktor im Feuilleton der NZZ geworden wäre – eine unerwartete Konfession dessen, der doch überall als der «homo politicus» par excellence wahrgenommen wurde. Helbling respektierte den Kollegen, und er respektierte auch den Vorgesetzten – vielleicht mit gewissen Vorbehalten, seitdem ihm klar wurde, dass auch sein eigenes Feuilleton nicht den ungeteilten Beifall des Chefredaktors fand. Vorher hatten die beiden periodisch über Werner Weber geschmunzelt oder gelästert, dessen subtile Explorationen allmählich das Unzeitgemässe streiften. Nachher erschien Luchsinger das Feuilleton noch immer zu verspielt oder zu gestrig:

für die Schar der Gymnasiallehrer unter den Lesern gemacht, wie er Helbling einmal reichlich barsch auf den Kopf zusagte, worauf dieser in Wallung geriet und replizierte, sein Vater sei auch «nur» Gymnasiallehrer gewesen, worauf sich Luchsinger entschuldigte, aber vermutlich keinen fundamentalen Gesinnungswandel vollzog.

Richtig war, dass sich damals nicht nur das Feuilleton, sondern die ganze Zeitung an ein ziemlich vertrautes Publikum richtete. Der grösste Teil der Auflage wurde in den Grossraum Zürich geliefert, die Schweiz und das Ausland waren ordentlich, aber nicht flächendeckend in die Breite vertreten. Willy Bretschers Diktum, dass ein Intelligenzblatt wie die NZZ wohl niemals mehr als etwa hunderttausend Exemplare vertreiben werde, weil es nicht mehr Leute gebe, die unser Blatt verdienten, geisterte als Bonmot auch dann noch in den Gängen des Hauses, als diese Marke deutlich überschritten war. Etwas Wichtigeres kam hinzu. Die NZZ sollte zwar durchaus in der überblickbaren Vielzahl ihrer schreibenden Stimmen wahrgenommen worden, doch diese Stimmen sollten zugleich dafür sorgen, dass stets auch der Monolith erkennbar blieb: Die NZZ war und blieb das Gegenteil einer Forumszeitung, sie war und blieb eine Meinungszeitung, aber diese spezielle Meinungszeitung wuchs zumindest in der Theorie zusammen zu einem Block: im politischen Teil wünschbar klar gegen alles Linke, im Wirtschaftsteil klar für den Liberalismus, für die Innenpolitik damals noch unbeirrt aufseiten des Freisinns. Dass die Kultur nicht und niemals in ein solches Schema weltanschaulicher Deutlichkeit passen würde, war zu akzeptieren, es war die Teilmenge im grossen Insgesamt, die freilich kaum je für Ungemach sorgte, denn zugleich hatten die Herren des Feuilletons keinerlei Mühe, sich dem bürgerlich-liberalen Kurs ihres Arbeitgebers zu verpflichten. Das galt auch für mich. Und schliesslich kam noch hinzu, dass die meisten Journalisten gleich nach ihrem Hochschulabschluss eingestellt wurden. Es gab damals fast keine Quereinsteiger aus anderen Medien; die Ausnahmen wurden dann noch länger wie fremde Vögel beargwöhnt.

Für Fred Luchsinger waren seine Leitartikel immer auch ein Führungsinstrument nach innen. Mochte der eine oder andere Kollege die Dinge insgeheim etwas anders betrachten, so änderte das nach aussen wenig bis nichts. Der Kompass stand, das Schiff hielt Kurs, es hatte seit 1933 Kurs gehalten, es blieb nach 1945 auf Kurs, es blieb nach 1968 auf Kurs, daran würde sich so schnell nichts ändern. Im dunklen Jahr 1933 hatte der frisch gekürte Chefredaktor Willy Bretscher einen kürzeren Artikel geschrieben, in welchem sich dieser erzliberale Kopf gegen lokale Unruhen von links und rechts verwahrte. Der Artikel trug den Titel *Wehret den Anfängen!*. Fünfunddreissig Jahre später titelte sein Nachfolger identisch, als er die erste Randale der frischgebackenen Achtundsechziger kommentierte. Kaum ein Leser hätte diesen Konnex noch herzustellen gewusst, aber im Langzeitgedächtnis der NZZ war nichts verloren. Luchsingers Philippika wurde sogleich zum gefundenen Fressen für jene, denen die Bürgerlichkeit der NZZ ohnehin verdächtig war oder wurde, auch und gerade wenn sie selber bürgerlichen Verhältnissen angehörten. Während sich der Schriftsteller Max Frisch in seinen diversen Häutungen auch als politisch anpassungsfähig erweisen sollte, konnte er sich doch darauf verlassen, dass ihn der mediale Lieblingsgegner in Sachen politischer Konstanz nicht enttäuschen würde.

Um den Eindruck der Geschlossenheit zu erhöhen, kam folgendes grafische Instrument zum Einsatz. Alle Redaktoren der NZZ besassen ein Kürzel. Dieses Zeichen aus mindestens zwei und höchstens drei Buchstaben stand für den Mann. Der NZZ-Mann signierte nie – nur in ganz ausserordentlichen Ausnahmefällen – mit seinem Namen. Er signierte mit seinem Kürzel. Fred Luchsinger signierte seine Kommentare mit *F. L.*[10] Willy Linder, der Chef der Wirtschaftsredaktion, signierte seine Kommentare mit *Ld.* Kurt Müller, der Leiter des Ressorts Innenpolitik, signierte seine Leitartikel mit *K. M.*, was ihm den Spitznamen «Kilometer» eintrug. Werner Weber hatte seine «Samedis» mit *Wb.* signiert und wurde von den Kollegen, wenn er's nicht hörte, meistens auch so gerufen: «Webe». Und Hanno Helbling signierte seine Texte mit dem Kürzel *Hg.* Das liess an eine Handgranate denken, was nicht einmal völlig falsch gewesen wäre. Es versteht sich von selbst, dass bei solcher Verdichtung der Schreibperson auf eine Pseudosilbe viel Scharfsinn darauf verwendet werden musste,

*Ein eingeschworenes Team*

ein Kürzel zu finden und zu erstellen, das den eigentlichen Namen nicht allzu sehr versteckte. Dennoch kam es zu kuriosen Verrenkungen, die dafür sorgten, dass man kaum noch wusste, dass sich kein anderer als Andres Briner, der Musikredaktor, hinter seinem zweiten Kürzel *nd.* verbarg. In einem Anfall von Einfallsreichtum hatte Briner diese beiden Konsonanten aus seinem Vornamen herausoperiert.

Die Kürzel funktionierten so lange, als die Redaktion der NZZ für den durchschnittlich interessierten Leser überblickbar blieb. Sie konnten in solchem Milieu von Intimität sogar eine Spur elitären Standesbewusstseins legen. Wer aber – so dachten wir uns damals – nicht wisse, welche Koryphäe sich hinter der Signatur *fh.* verberge oder besser: zur Kenntnis bringe, sei selber schuld. Am Ende – so durften wir wähnen – verdiene es dieser Leser gar nicht, in gedanklich vertraute Beziehung zu Ferdinand Hurni, dem Redaktor für den Nahen und Mittleren Osten, zu treten. – Später wurde die Redaktion erweitert, verdoppelt, gar verdreifacht, sodass es sogar im Hause selbst zunehmend schwieriger geworden wäre, sich die vielen Kürzel und ihre Träger zu merken. Seit den Neunzigerjahren wurden sie zuerst sachte, dann entschiedener zurückgedrängt und schliesslich für alle längeren Artikel abgeschafft. Die Leserschaft atmete auf, die Redaktion sah sich beim vollen Namen erkannt und auf neue Weise geschätzt, der Atavismus war beseitigt.

Hanno Helbling durchlief oder vielmehr durchmass solche und andere Entwicklungen mit der ihm eigenen Gelassenheit. Fürs Formale blieb er wie damals fast alle Kollegen den Traditionen verhaftet. Wenn er redigierte, was er schnell und mit Meisterschaft tat, lag nicht selten ein Lächeln auf seinem Gesicht. Ich konnte es nur so verstehen, dass sich dieser starke Geist den meisten Texten und ihren Autoren ein wenig überlegen fühlte. Danach brachte er die Manuskripte zu dem kleinen Warenlift aus Holz, legte sie auf den Boden der Transportkiste, liess diese unter knarrenden Geräuschen am Seil in die Setzerei laufen, wo sie der Chefmetteur in Empfang nahm und an die Setzer weiterreichte, und zog sich wieder in sein Büro zurück, wo es im Sommer so schattig war, dass man ihn, am Pult sitzend oder auf seiner Liege lesend, zunächst kaum erkannte.

Praktisch das ganze Berufsleben hindurch blieb Helbling seiner Zeitung verbunden: von den ersten Versuchen als freier Mitarbeiter über die Arbeit des jungen Dienstredaktors in der politischen Redaktion und die Position als Redaktor für Geschichte und Theologie im Feuilleton bis zum Posten des Chefs des Feuilletons und schliesslich als Kulturkorrespondent und Rezensent in Rom, wo er im Februar 2005 im Alter von vierundsiebzig Jahren nach heftiger Erkältung an einer Herzschwäche verschied. Helbling besass neben dem Sinn für das Bewährte und Gewohnte zugleich sowohl für den Kopf wie für das Herz eine Unabhängigkeit, die ihn mal eher diskret, manchmal auch deutlicher in andere Richtungen zog. Der politische Kompass war auf jenen der NZZ getrimmt, später artikulierte sich der Kommentator auch da und dort einmal mehr linksliberal, das Bürgerliche zog ihn teils an, teils brachte es Helblings Vorbehalte zur Geltung, und je älter er wurde, umso mehr stieg er aus den Fesseln des Konformismus, probierte mit feinen Schritten etwas Aufstand. Weil Helbling aber ein Zauberer der Diskretion war, merkten wenige, worum es da oder dort ging oder gegangen wäre oder hätte gehen müssen.

Zum Abschluss dieser Ouvertüre noch dies: Hanno Helbling strömte fast durchwegs Ruhe aus – nach aussen, nach innen, wie immer man blickte und schätzte. So gab er manchen Zeitgenossen auch den Eindruck desjenigen, der es gerne mit der Musse hatte: mit einer fast epischen Gemächlichkeit. Für sein Arbeiten wäre keine Einschätzung falscher gewesen. Dieser äusserlich unauffällige und leise Mann war unter solchen Schichten ein Arbeiter, in summa ein besessener Arbeiter, der zwar für die Zeitung stets das zu schreiben wusste, was im Augenblick oder darüber hinaus Sache war, doch daneben und darüber eine Vielzahl von Büchern verfasste, eine Vielzahl von Übersetzungen aus verschiedenen Sprachen gab, eine Vielzahl von Beiträgen, Vorträgen und anderen Manifestationen für das Gewissen intellektueller Öffentlichkeit leistete. «Homme de lettres» – das sagt sich gern und leicht; für Helbling meinte es das unentwegt tätige Leben, das durchwegs nach energischer Gegenwart und Gegenwärtigkeit verlangte. Aus dem Rückblick wäre Hanno Helbling, wie man heute rasch und gerne sagt, ein wahrer Athlet gewesen.

# Anfänge

Hanno Helbling wurde in eine Bürgerfamilie hineingeboren. Die Vorfahren von Vaters Seite stammten aus dem Kanton St. Gallen und wählten später die Stadt Rapperswil am Zürichsee zu ihrem Heimatort. Als Hanno Helbling 1985 das 148. Neujahrsblatt der Zürcher Gelehrten Gesellschaft vorlegte – er war bereits 1963 Mitglied der ehrwürdigen Gesellschaft jener Vierzig geworden –, zeichnete er anhand von Briefen und weiteren Dokumenten die Geschichte dieses Zweigs durch das 19. Jahrhundert nach. Der Titel des Essays: *Eine Bürgerfamilie im 19. Jahrhundert. Sozialgeschichtliche Streiflichter.*[11] – Allerdings ist zu wissen: Die Quellenlage wird schwieriger, je näher wir Helblings eigenen Zeiten kommen. Hannos Vater, Carl Helbling (1897–1966), war der Sohn des Apothekers Justus Amand Konrad Helbling. Er wuchs in seiner Geburtsstadt auf, promovierte 1922 als erster Doktorand mit einer Arbeit über Thomas Mann *(Die Gestalt des Künstlers in der neuern Dichtung)*, zog dann mit seiner jungen Familie nach Zuoz im Engadin, wo er am Lyceum Alpinum Deutsch und Geschichte unterrichtete, liess sich darauf in Zürich nieder, vergass die katholische Herkunft, die hier der Laufbahn hinderlich hätte werden können, gab statt dessen diskret den Agnostiker, wirkte in Zürich am öffentlichen Literargymnasium Rämibühl als Lehrer für deutsche Sprache und Literatur und nahm bis zu seinem Tod auch eine Honorarprofessur an der Universität Zürich für das Fach Mittelschulpädagogik wahr. Er präsentierte als Herr, gerne im Dreiteiler mit goldener Uhrkette, galt als väterlich streng, rauchte nicht selten ein schweres Kraut und starb, noch nicht siebzigjährig, vermutlich daran. Der Sohn hielt den Vater in Ehren, der Vater verfolgte nicht ohne Stolz die Schritte des Sohns, der wie er selber an der Limmatstadt

Karriere machte und in den Ritualen der älteren Zürcher Gesellschaft bald und noch länger mit Gusto heimisch wurde.

Am 18. August 1930 kam Hanno in Zuoz zur Welt. Seine Mutter war eine geborene Lesch, ihr Bruder, Hannos Onkel, war der Schriftsteller und Librettist Walter Lesch.[12] Seine um drei Jahre ältere Schwester Monica wurde ebenfalls in Zuoz geboren. Die Verwurzelung im Engadin war und blieb stark. Einmal sagte mir Hanno, das Engadin wäre, wenn es ihm jemals ganz miserabel ginge oder würde, der letzte Zufluchtsort. So weit musste es nicht kommen. – Mit dem Umzug nach Zürich 1938 begann die Zeit der Primarschule, dann jene des hochbegabten Gymnasiasten, der sich besonders in Griechisch, Latein, Deutsch und Geschichte hervortat. Eine Erkrankung an Kinderlähmung war gemeistert worden, hinterliess aber Spuren im Wuchs des Körpers. Helbling ging mit diesem Handicap nach aussen souverän um – so souverän, dass es, ich habe es erwähnt, für Unkundige kaum zu erkennen war. Nach innen und für die Selbstwahrnehmung waren freilich periodisch Prüfungen des Zweifels und der Unsicherheit zu überwinden. Daraus resultierte eine gewisse Härte oder Disziplin im Umgang mit sich selbst, der Wille, sich nicht vorschnell zu schonen, der Entschluss, das Reiten und relativ spät auch noch das Jagen zu erlernen: Der hochreflektierte Mensch wurde mit Schillers Unterscheidung zum «Naiven», der freudig und mitunter episch davon erzählte. Als ich ihn einmal auf die Jagd im Zürcher Unterland begleiten durfte oder sollte, kam nichts zustande. Mir war der Gedanke horrend, dass der Chef die Flinte anlegen und einen unschuldigen Rehbock erlegen würde, bei dessen Abfuhr ich noch hätte helfen müssen, und dieser Gedanke einer geradezu apotropäischen Energie bewirkte vielleicht, dass wir zwar auf dem Hochsitz sassen, über Wiesen und Wälder spähten, während uns bald die Dämmerung umschlich und es nach Goethe zu klingen begann, indessen das Wild mit weisem Gespür für das ungleiche Gespann auf dem Gerüst zuverlässig reagierte und sich nicht einmal von hinten zeigte. Hanno nahm mich niemals mehr mit, weder hatte ich Eignung zum Jäger bewiesen, noch hatte ich sein Weidmannsheil unterstützt – im Gegenteil. Das reichte.[13]

*Anfänge*

Der Student Helbling belegte an der Universität Zürich die Fächer Geschichte, deutsche Literatur und Philosophie. Seine Lehrer in Historie waren Leonhard von Muralt für die neuere Geschichte, Marcel Beck für jene des Mittelalters und Ernst Meyer für jene der Antike. Bei Emil Staiger studierte Helbling Germanistik, in der Philosophie stand Hans Barth parat, ein politischer Kopf, der vorher, von 1929 bis 1949, als Feuilleton-Redaktor der NZZ tätig gewesen war und damals mutig gegen den Totalitarismus von rechts und links geschrieben hatte. Hanno studierte gründlich und schnell. Bereits damals bewies er eine sichere Auffassung.

Zum Freundeskreis zählten auch Peter Stadler, ein Kommilitone, der dann seit den späten Sechzigerjahren als Professor für Neuere Geschichte in Zürich wirkte, oder Gerhard Frick, der bald am Freien Gymnasium Zürich die Fächer Geschichte und Deutsch unterrichten sollte. Der junge Helbling fand ein Ambiente vor, das seinen Neigungen entsprach, die Seminare waren von überschaubarer Grösse, auch den Professoren lag daran, dass die Studenten eher früher als später promovierten, ihre Autorität war unangefochten und wurde nur in intellektuellen Disputen auf die Probe gestellt, für Hanno war und blieb damals und noch lange die Geschichte das Zentrum, ja das Herz seines Arbeitens, und natürlich konnte er sich eine akademische Laufbahn durchaus vorstellen, wofür er seit der Doktorarbeit einige Beweise vorzulegen begann.

## Begegnung mit Ranke

Das Thema der von Leonhard von Muralt betreuten und mit summa cum laude angenommenen Dissertation lautete: *Leopold von Ranke und der historische Stil*. Nicht mehr, nicht weniger, mit lateinischer Lakonik hingesetzt. Die Arbeit lag bereits im Sommer 1953 auch als Buch in der von von Muralt betreuten Reihe *Zürcher Beiträge zur Geschichtswissenschaft* vor und wurde von dem Verlag Dr. J. Weiss, Affoltern am Albis, publiziert. Der Umfang entsprach mit 196 Seiten der damals üblichen Länge. Der Verfasser war noch keine dreiundzwanzig. Ich besitze ein Exemplar, das die Widmung «Jakob Job sehr herzlich von seinem Hanno H.» trägt, Ort und Datum zeigen Rapperswil am 30. Juli 1953.

Das war eine Ouvertüre. Mehr bereits gelehrte Abhandlung als ein «rite de passage», sorgfältig geschrieben, umsichtig strukturiert, von Wiederholungen nicht ganz frei, nicht immer leicht zu lesen, mit viel Nachdenklichkeit: Hier noch ganz aus den Texten gezogen, aus Rankes monumentalem Werk, das der grösste Historiker deutscher Sprache über viele Jahrzehnte entwickelt hatte und schliesslich noch als rüstiger Greis bis über die 90 hinaus mit einer Summa, ja einem Bekenntnis gekrönt haben wollte – mit seiner *Weltgeschichte* in neun Bänden, von denen drei dann postum publiziert wurden.

Dass jede Epoche direkt zu Gott sei, macht wohl den berühmtesten Ausspruch dieses aussergewöhnlichen Forschers und Lehrmeisters. Leidenschaftslos, analytisch, weitblickend, abwägend und doch im Innersten auch ein Mann des religiösen Gedankens, überschlug Ranke nicht nur die Jahrhunderte; er leuchtete sie aus bis in die Tiefen der Ereignisgeschichte, der prägnanten Momente, der Schicksalswenden. So führt ein gewaltiger Bogen von den frühen *Geschichten der romanischen und germanischen Völker von 1494 bis 1514* über *Die römischen Päpste in den letzten vier Jahrhunderten* und die *Deutsche Geschichte im Zeitalter der Reformation* bis zu einer preussischen, einer englischen, einer französischen Geschichte, einer *Geschichte Wallensteins*, einer Monografie über die französischen Revolutionskriege, dem Werk über *Hardenberg und die Geschichte des preussischen Staats von 1793 bis 1813* und zum grossen Finale der erwähnten *Weltgeschichte*. Die erste Gesamtausgabe, noch grösstenteils zu Rankes Lebzeiten erschienen, umfasst über fünfzig Bände. Sie stand schon bald und in schönem Erhaltungszustand in Helblings Bibliothek.

Natürlich konnte der junge Doktor Helbling dies nicht alles gelesen oder gar bewältigt haben. Aber die Sicherheit im Umgang mit den Texten erwies sich von Anfang an, und indem der Autor einerseits eine chronologische, anderseits eine eher systematische Linie zog, sollte sich nach und nach enthüllen, was es mit dem «historischen Stil» des Titels auf sich hatte. – Damals war Ranke noch längst kein des Positivismus verdächtiger Historiker. Professoren und ihre Schüler zog es zu seinen Schriften wie zu seiner Vita, die das 19. Jahrhundert reich und bewegt abdeckte und die damit ihrerseits im Kontext des so bunten Säkulums zu situieren und zu deuten war. Helblings Doktorvater Leonhard von Muralt war mit Ranke tief vertraut. Mehr noch: Der nach aussen etwas spröde Mann mit vollendetem Auftreten interessierte sich nicht nur für die Stoffe, sondern auch für ihre Organisation, nicht nur für die Geschichte als Vergangenheit, sondern auch für Geschichte als Historiografie, als Methode, Wille und Absicht, sodass zu seiner Zeit auch noch unbefangen von Geschichtsphilosophie gesprochen werden konnte, ohne dass diese als fragwürdiger Historizismus im Sinn Poppers zu verwerfen gewesen wäre. Geschichtsphilosophie: Das war im Kreis der Zürcher Schule der Fünfzigerjahre ein legitimes heuristisches Prinzip, mindestens der Weltgeschichte einen gewissen Sinn abzugewinnen, und sei es nur vor dem Hintergrund einer Idee von Fortschritt und Bewusstwerdung vom Früheren zum Späteren, vielleicht auch und in Nachbarschaft zu Norbert Elias als Prozess vielschichtiger Zivilisierungen des Menschlichen und des Menschen.

Dieses Theorem enthüllt sich Zug um Zug auch in Helblings Dissertation. Der «historische Stil» ist nicht nur Rankes persönliche und über die Jahrzehnte ständig verfeinerte Weise, die Geschichte zum Sprechen zu bringen. Er ist nicht nur – bis in die feinsten Verästelungen einer wortgewaltigen Diktion – das Mittel, die Sachen so zu erzählen, wie es eigentlich gewesen. Er ist nicht nur die variantenreiche Rhetorik als «mise en scène», die den Leser nicht mehr loslassen soll. Er ist zuletzt und vielleicht dann vordringlich die Bewegung des Weltgeschehens an sich, ein wie immer redigierter Verlauf als teils offene, teils geheime «Schrift», welche zu ihrer Lesbarkeit ermuntern soll. So folgt der Interpret dem Vorbild: manchmal wie ein Schatten, wenn es darum geht, möglichst genau, möglichst detailliert aus einzeln Wichtigem den Rhythmus von Rankes Denken, am Ende gar von Rankes Dasein als Wissenschafter und Mensch herauszuhören. Die Dissertation war das Gegenteil einer ideologiekritischen Bilanzierung aller denkbaren Mystifikationen im Fragen nach der «Wahrheit» der Geschichte. Sie rekonstruierte vielmehr mit der Genauigkeit eines Lesens bis buchstäblich zwischen die Zeilen, was Ranke dachte und meinte, als er sein kapitales Werk verfasste.

Höchst konsequent beleuchtete Helbling die Bedeutung, die Luther als geschichtliche und religiöse Gestalt für den jungen Ranke erhielt. Denn in Luther fand das Christentum – die glänzendste und folgenreichste Erscheinung abendländischer Geschichte – keineswegs zufällig, sondern mit innerer Notwendigkeit den entscheidenden Fortsetzer ins neuzeitliche Bewusstsein von Welt an sich. Nicht ohne Pathos heisst es deshalb mit Blick auf Rankes frühe Schriften: «Man könnte sagen: noch seien die Dinge nicht vom Grunde her gesehen, in welchem alles mit allem zusammenhängt, noch seien die historischen Beziehungen mehr geahnt als erlebt, noch der Blick zu wenig auf das Universale gerichtet; so tritt das Einmalige der Situation, Begebenheiten und Charaktere überdeutlich hervor – geschildert aus der staunenden und geniessenden Schau dessen heraus, der sich über weite Zeiträume hinweg zurückwendet. Nicht wachsende Distanz ebnete später solche Überhöhungen ein, sondern das zunehmende Gefühl für einen Rhythmus der Weltgeschichte, ein über den einzelnen Wechsel hinaus Fortwirkendes – die ‹Empfindung von Vergangenheit und Gegenwart in eins›, nicht als gelegentliche Stimmung, sondern als Weltgefühl – und anderseits die Ahnung des steten Bezuges des einzelnen auf den Sinn der Geschichte im Ganzen: ein Gefühl, aus dem das einzelne doch immer wieder zum Leben erwachen konnte, mit wechselnder Kraft der Farbe und des Tones; die ‹Weltgeschichte› ist dafür der gültigste Beweis.» (Ranke, S. 60)

Es gibt in der Dissertation keine einzige Stelle, die Rankes Bedürfnis nach einer Gesamtdeutung des Weltgeschehens vor dem Hintergrund göttlichen Waltens infrage gestellt hätte. Die Dinge vom Grund her sehen, in dem alles mit allem zusammenhängt: Diese Formel war für den jungen Helbling nichts, was nach Widerspruch oder kritischer Aufklärung gerufen hätte. Mehr noch: Man kann – wie weitere Arbeiten zeigen werden – darauf bauen, dass der Interpret sich dieses Bedürfnis seinerseits zu eigen machte: nicht mehr mit der Optik eines spätromantisch-christlichen Historismus oder aus dem Fundus von Hegels geschichtsphilosophischen Überzeugungen, sondern in der gleichsam geläuterten Form protestantisch-zwinglianischer Askese, die dennoch nicht einfach bei der reinen Gnadenlehre für die erschaffene Welt stehenbleiben will, sondern etwas mehr verlangt: wenigstens die Ahnung der Idee einer geordneten Schöpfung, das wie immer gefährdete Vertrauen in ihren möglichen Plan und dessen Architekten. Anders gesagt: Mit der Schrift zu Ranke war schon beinah alles da, was Helbling bald dafür einnehmen konnte, religiöse, theologische und kirchliche Themen aufzugreifen, zu kommentieren, weiterzuentwickeln, von den Sechziger- bis in die Achtzigerjahre, hier insbesondere im aufmerksam abwägenden Verhältnis zur katholischen Weltkirche der Päpste und ihrer Berufung.

Schon ein Jahr darauf erschien Helblings zweite Schrift. Sie trug den Titel *Goten und Wandalen* sowie den Untertitel *Wandlung der historischen Realität*. Entstanden war diese «Studie», wie sie der Autor bezeichnete, zur Zeit der Arbeit an der Dissertation, und zwar als Beitrag zur «Lösung» der vom Preisinstitut der Universität Zürich gestellten Aufgabe «Geschichtliche und literarische Bedingungen der traditionellen Vorstellung von Goten und Wandalen».[14] Das Thema führte Helbling «auf die grundsätzliche Frage des Verhältnisses von unmittelbarem Erleben und nachträglicher Deutung des Geschehens […] anhand einer Auswahl aus dem gegebenen Stoff», wie es in einer kurzen Vorbemerkung für die 1954 im Verlag Fretz & Wasmuth vorgelegte Publikation hiess.

Das Buch – die Preisschrift – gliedert sich in zwei Teile. Im ersten Teil berichtete der Verfasser auf knapp dreissig Seiten über das geschichtliche Bild, das Goten und Wandalen in der Spätantike fanden. Der zweite Teil leistete dasselbe «im Spiegel der neueren Literatur» mit etwas über vierzig Seiten, wobei diese Literatur oder Rezeption recht grosszügig den Zeitraum vom späteren 17. bis zum Ende des 19. Jahrhunderts umfasste. Noch deutlicher als in der Arbeit über Ranke liess sich Helbling auf die Bedingungen und Bedingtheiten der Geschichtsschreibung ein: auf jenen Blick historischer Vergegenwärtigungen, der diese auswählt, akzentuiert, deutet und in je eigene Erzählungen fasst. Für die antike Literatur bedeutete dies eine gründliche Lektüre der Kirchenväter, aber auch etwa Cassiodors und Prokops. Für die neuere Historiografie mitsamt ihren «literarischen» Ablegern zog Helbling etwa Montesquieu, Grotius, Marmontel, ausführlicher Gibbon, Chateaubriand, Herder, Friedrich Schlegel und Felix Dahn heran. Seine Untersuchung, so beteuerte er, solle «von jedem Urteil über die ‹historische Richtigkeit› der behandelten Ansichten» nach Möglichkeit frei bleiben. Anders gesagt, während er für die Studie über Ranke doch dessen Maxime, wissen zu wollen, wie es eigentlich gewesen, ohne grosse Einwände aufgegriffen hatte, zeigte er hier ein anderes, vielleicht auch schärferes Problembewusstsein: Geschichte, wie sie sich ereignet haben mag, ist immer ein Produkt aus den Perspektiven ihrer Erzähler. Sie ist durchwoben von Standpunkten und Interessen, von Überzeugungen und Optionen, und wenn die Goten und die Wandalen seit der Epoche der Aufklärung eine differenziertere, auch gerechtere Wahrnehmung erfuhren als aus der Zeitgenossenschaft ihrer gelehrten Beobachter, so spielten sie zugleich andere und neue Rollen, etwa im aufkeimenden Nationalismus des 19. Jahrhunderts bei rivalisierenden Darstellungen zwischen deutschen und französischen Gelehrten.

Geschichte ist das Vergangene menschlicher Taten. Gleichzeitig ist sie das Produkt erzählten Wissens. Dieses wiederum erhält seine Beglaubigung einerseits durch die Quellen, anderseits durch die Geisteskraft derer, die sie zur Darstellung führen: der Historiker. Helbling hatte in der Schrift über Ranke dessen Apologie seines Amts zitiert – der Historiker erfülle eine grandiose Pflicht, die ans Heilige rühre. Er selber entwickelte bald Ironie, die Pathos und Hymnus auf Distanz brachte, ohne dass er damit jemals die eigene Zunft und deren Aufgaben relativiert hätte. Die Bewunderung für Jacob Burckhardt, die spätere Freundschaft mit Golo Mann, selbst die argwöhnische Faszination durch Arnold Toynbee, manches mehr – Helbling kannte wie wenige die Würde wie die Last der Geschichtsschreiber, deren Zunft ihm bis zuletzt sehr nahe blieb.

Damals war er Historiker und nichts anderes. Mitte der Fünfzigerjahre befand er sich zu weiteren Studien in München und in Italien. In Rom und Neapel besuchte er Kurse des bedeutenden Historikers

Federico Chabod, dem er 1966 in einem Essayband des Titels *Umgang mit Italien* ein verehrungsvolles «Bild des Lehrers» widmete. Man lernt daraus, dass Chabod, geboren 1901 in Aosta, verstorben 1960 in Rom, ein überragender Forscher war, ebenso ein Mann der genauen Kenntnisse aus den Quellen wie ein philosophischer Kopf, bewandert auf vielen Gebieten, im Zweiten Weltkrieg engagierter Liberaler und schliesslich noch Partisanenführer, seit 1947 Professor für Neuere Geschichte an der Universität Rom, gleichzeitig Leiter des von Benedetto Croce gegründeten Istituto per gli studi storici in Neapels Palazzo Filomarino. Sehr viel, zu viel Arbeit, ein unzeitig früher Tod.[15]

Wenn Helbling später – nie ausführlich, selten ausgelassen – von diesen Lehr- und Wanderjahren erzählte, schwang doch die Erinnerung an eine Lebensfreude mit, die den jungen Mann erstmals mit dem Süden und seiner Leichtigkeit im Dasein bekannt, bald vertraut machte. Damals schien es immer noch ausgemacht, dass der Historiker beim Fach bleiben, eine akademische Laufbahn einschlagen würde, dass er dazu den Fleiss und einen speziellen Esprit aufbrachte, der an der Universität Zürich oder auch anderswo einschlüge.

## Texte für die NZZ

Andere Wege begannen sich anzubieten. Am 19. September 1954 veröffentlichte die NZZ in ihrer Beilage «Literatur und Kunst» der Sonntagsausgabe einen Artikel aus Helblings Feder, in welchem sich dieser nun auch als Interpret von Literatur versuchte. Am Zürcher Schauspielhaus wurde T. S. Eliots Komödie *Der Privatsekretär (The Confidential Clerk)* gegeben, die Redaktion des von Werner Weber geleiteten Feuilletons hatte hierzu eine kleine Diskussion eröffnet, Hanno Helbling verfasste eine kluge Betrachtung, die zeigen sollte, wie sich ein Grundthema Eliots – das menschliche Unvermögen, das volle Gewicht der Wirklichkeit zu tragen und zu ertragen – auch in dem aufs Komödiantische gestimmten Stück des Meisters kunstvoll entwickle. Mit diesem nicht durchwegs einfach zu lesenden Text eröffnete sich der studierte Historiker die freie Mitarbeit als Essayist und Rezensent für eine Schweizer Tageszeitung.

Die NZZ war damals das Intelligenzblatt par excellence im deutschen Sprachraum. Sie hatte kaum vergleichbare Konkurrenz, wurde im Inland, aber auch in Deutschland und Österreich, in Europa und selbst in Übersee eifrig gelesen und kommentiert: eine durch und durch liberale Stimme, die während den Jahrzehnten von Faschismus und Nationalsozialismus weder den Kopf noch die Moral verloren hatte, woraus ihr eine überragende Reputation erwachsen war. Die Beilage «Literatur und Kunst» bewegte sich auf hohem, mitunter auf höchstem Niveau. Kunsthistoriker, Professoren der Literaturgeschichte, Philosophen, Theologen von Reputation gaben sich hier ein Stelldichein, nicht selten mit Aufsätzen, die über mehrere Druckseiten laufen durften. Leser ohne Bildung und Geduld wären auf dieser Plattform verloren gewesen.

Der junge Mitarbeiter bewegte sich auf angestammtem Gebiet, wenn er über Historisches schrieb – über den Briefwechsel des Herzogs Carl August von Weimar, über Schriften von Ranke und Treitschke, über Bismarck als Briefschreiber oder über das Thema Geschichtsschreibung und Politik, das «unter dem Strich» und also in klassischer Feuilletontradition über mehrere Folgen laufen durfte. In der Ausgabe vom 18. Februar 1955 liess die Zeitung über einen Vortrag berichten, den der noch nicht 25-jährige Historiker am 28. Januar in der Zürcher Antiquarischen Gesellschaft gehalten hatte. Helbling hatte über die *Casus sancti Galli* des Mönchs Ekkehard des Jüngeren referiert, die als die wichtigste Quelle zur Geschichte des Klosters St. Gallen angesehen werden dürfen. Drei Jahre später, 1958, präsentierte der Böhlau-Verlag, Köln und Graz, diese *Geschichten des Klosters St. Gallen* des Ekkehard, aus dem Lateinischen übersetzt und erläutert von Hanno Helbling, eine weitere gelehrte Arbeit also, über 200 Seiten hinweg und durchsetzt von Fussnoten, ein Testat, mit dem sich der Editor auch als Mediävist von Kompetenz präsentieren wollte.

Aus der Wahl der Stoffe für die NZZ wurde so ersichtlich, was Helbling damals beschäftigte, ohne dass er schon die Möglichkeit einer Berufung für den Journalismus ins Auge gefasst hätte: Geschichte,

Weltgeschichte, das Verhältnis von Historie und Sinnschreibung, das Geschichtsdenken grosser Geschichtsforscher, aber auch Theologie und Literatur wie bei Dante oder Philosophie als Mystik wie bei Meister Ekkehard. Diese ersten Texte gaben sich streng, vertieft, dicht, mitunter auch ein wenig hermetisch, und wenn der Verfasser – nämlich in der Beilage «Literatur und Kunst» vom 25. September 1955 – über T. S. Eliots «Gedankenlyrik», wie er's bezeichnete, sich ausliess, so porträtierte er damit insgeheim auch ein Stück weit sich selbst. Die eigene Handschrift wurde insofern darin erprobt, als der Leser teilhaben können sollte an dem kunstvollen «work in progress» des Schreibens als Arbeit im Denken und Nachdenken, als ständiges Skizzieren und Reflektieren mit Thesen und Antithesen, Einwürfen und Anspielungen, Fragen und Antworten, die freilich immer wieder und weit über den Rand der Seite hinaus zu neuen Fragen einladen mussten, auffordern wollten, ein schon hier doch recht gewaltiges Selbstgespräch ohne Ende.

Ein Artikel des Titels *Rom als Studienzentrum* vom 28. April 1956 berichtete über einige Lehr- und Forschungsinstitutionen der Ewigen Stadt, von denen der Autor direkte Kenntnis hatte: Damals betrieb er dort, wie oben erwähnt, sowie in Neapel und kürzer auch in München intensive Studien zu Geschichte und Geschichtstheorie, die schliesslich 1958 in der Schrift *Saeculum Humanum. Ansätze zu einem Versuch über spätmittelalterliches Geschichtsdenken* mündeten, die zu Neapel «nella sede dell'Istituto Italiano per gli studi storici» herausgegeben wurde. Im Vorwort, das mit Ort und Datum «Zürich, im Winter 1956/57» signiert ward, trug Helbling den Dank an seinen Lehrer Federico Chabod vor. Das Buch selbst behandelte mit genauer Kenntnis vieler Quellen die Wandlungen des Zeitbewusstseins im 13. Jahrhundert, gab Auskunft über das Verhältnis von Mystik und Geschichtlichkeit und widmete sich schliesslich ausführlich dem sogenannten Wiederholungsgedanken, einer geschichtsphilosophischen Reflexionsfigur im Rückgriff auf die Bedeutung Kaiser Konstantins und des antiken Christentums auch für die spätmittelalterliche Politik, deren Auftrag und deren Legitimation. Anders gesagt: Nichts soll verloren sein, alles findet Anschlüsse zu Früherem und erzeugt daraus Gegenwart wie Künftiges, einen mächtigen Zusammenhang von Kultur im weitesten Sinn – so könnte man nicht nur das von Helbling hier traktierte Thema formaliter zusammenfassen, sondern auch sein damals behutsam artikuliertes Selbstverständnis im Umgang mit der Geschichte, ja seinen Charakter wie seinen Tätigkeitssinn als Historiker.

Noch keine dreissig, hatte Helbling also bereits drei Bücher verfasst und eine anspruchsvolle Edition besorgt: wohl durchaus im Dienst der Chance einer akademischen Laufbahn, die damit für den Schüler von Leonhard von Muralt, Ernst Meyer und Marcel Beck stetig näher rückte. Die weiteren Proben in der NZZ unterstrichen dieses Konzept. Helbling interpretierte Friedrich Schlegels berühmtes Wort vom Historiker als einem rückwärtsgewandten Propheten vor dem Hintergrund eines Gedankens des Schweizer Germanisten Beda Allemann zur frühromantischen Wissenschaftsmethodologie; er rezensierte auf der Seite «Hinweise auf Bücher» der NZZ vom 9. Dezember 1957 Rudolf Bultmanns Edinburger Vorlesungen des Titels *History and Eschatology;* leistete sich ein Divertissement mit einem Porträt der Stadt Bristol wie der Theatertruppe *The Bristol Old Vic* mit dem Beitrag in der Beilage «Literatur und Kunst» der NZZ zum «Theater in vier Sprachen» der Zürcher Junifestwochen von 1958; vertiefte sich bald danach wieder in Fragestellungen zu einer Gesamtdeutung der europäischen Geschichte; rapportierte über eine Tagung in Cerisy in der Normandie zu Fragen des Verhältnisses von Kultur und Geschichtswissenschaft mit Blick auf das Werk von Arnold Toynbee, an der neben anderen die Philosophen Lucien Goldmann, Paul Ricœur und Raymond Aron ihre Bühne hatten; und würdigte – wir schreiben bereits den Mai 1959 – den grossen Historiker Johannes von Müller anlässlich seines 150. Todestags.

Die allererste Übersetzung aus Helblings Hand war schon 1950 erschienen. Es handelte sich bei der Vorlage um eine Kindergeschichte von Jacques Prévert, denen Fotografien von Ylla beigefügt waren: *Der kleine Löwe*. War das nun zwar ein Auftragswerk für den jungen Studenten gewesen, das der Verlag Fretz & Wasmuth an ihn herangetragen hatte, so gab es zugleich einen ersten Hinweis auf

Hannos Liebe zum Tier. 1956 folgte als zweite Probe die Übersetzung des Romans *The Claws of Mercy* des englischen Erzählers John Harris, der fürs Deutsche nun *Schwarz und Weiss* heissen sollte – kein unpassender Titel: Ein junger Engländer «begegnet in einem afrikanischen Bergwerk den Schönheiten und Gefahren des dunklen Erdteils», wie der Klappentext verhiess. Man darf annehmen, dass es sich dabei ebenfalls um eine Brotarbeit handelte. Der Stipendiat in Italien und Deutschland war zurück in Zürich und musste sich um eine Stelle kümmern, die Universität hatte vorderhand nichts zu bieten. Er erhielt sie bei Fretz & Wasmuth. Wie mir Hanno viel später erzählte, funktionierte der Job zur gegenseitigen Unzufriedenheit. Der Intellektuelle fand kein geeignetes Terrain, und der Verlag hätte sich wohl einen entschiedeneren Assistenten gewünscht. 1955 hatte sich Hanno mit einer Kommilitonin, der Historikerin Barbara Gloor, verheiratet; aus der Ehe gingen in der Folge die Kinder Niklaus, Regine und Ursula hervor.[16] Barbaras Vater war ein renommierter Professor der Medizin an der Universität Zürich und besass neben seiner grossen Villa an der Ecke Asylstrasse und Steinwiesstrasse auch ein Dreifamilienhaus im Stadtkreis Hottingen. Die Schwiegereltern hielten das junge Paar eine Zeitlang über Wasser, erfreulich war die Lage nicht. Sie änderte sich erst und allerdings grundsätzlich, als der freie Mitarbeiter für die NZZ per 1. Januar 1958 als Volontär und Dienstredaktor in die Auslandredaktion des Blatts aufgenommen wurde. Jetzt wurde es ernst.

Chef dieser Redaktion war damals noch Albert Müller, der auf Wunsch des seit 1933 amtierenden Chefredaktors Willy Bretscher bereits 1934 von der *Thurgauer Zeitung* zur NZZ gekommen war: ein Mann der klaren Linie, zuerst gegen den Totalitarismus von rechts, darauf – im Kalten Krieg – von links, ein brillanter Leitartikler, der seine Texte nicht selten in mehreren Fortsetzungen über den Tag oder die Tage erscheinen liess; damals und bis in die späteren Sechzigerjahre präsentierte sich die Zeitung ihrer Leserschaft mit drei Ausgaben pro Tag. Helbling sollte nun vor allem das Handwerk lernen – redigieren, kürzen, die Texte zum Satz vorbereiten, die Seiten «umbrechen», wie es damals hiess, dazu die recht komplexe Organisation des Wochenprogramms im Gleichklang mit den Eingaben und Bedürfnissen der Korrespondenten. Die NZZ war legendär auch durch ihr exzellentes Netzwerk an politischen und wirtschaftlichen Berichterstattern quer über den Globus. Die Männer, die diese anspruchsvolle Tätigkeit versahen, waren häufig Individualisten, immer Charakterköpfe, die viel Freiheiten besassen und meist selbst darüber entscheiden durften, worüber, wie und wie intensiv berichtet wurde. Mit manchen Korrespondenten pflegte Hanno dann eine lose Freundschaft, etwa mit Hans W. Tütsch, der auch in Paris und zuletzt in Washington stationiert war, mit Eric Mettler, der aus London über das Vereinigte Königreich schrieb und später als Nachfolger von Fred Luchsinger zum Chef der Auslandredaktion ernannt wurde, oder mit Theodor Wieser, der aus Bonn und später aus Rom rapportierte. Wichtige Figuren der Auslandredaktion waren neben Müller Urs Schwarz, Erich Streiff und Cyrill Schwarzenbach, drei originelle Persönlichkeiten mit viel Selbstbewusstsein, mit denen Helbling ebenfalls verkehrte.

Doch sein Herz schlug nicht für die grosse Politik. Er wollte ins Feuilleton. Vermutlich waren Weichen bereits gestellt worden. Bewährte er sich in seiner Lehrzeit, so stand dem Wechsel nichts mehr entgegen. Und so geschah es auch: 1960 konnte Helbling von der Auslandredaktion ins Feuilleton wechseln. Aber es sollten noch weitere vier Jahre vergehen, bis er das sogenannte Zeichnungsrecht erhielt: den Titel, die Rechte und die Pflichten eines vollamtlichen Redaktors der NZZ im Ressort Feuilleton. Die akademischen Pläne waren damit nicht völlig begraben. Aber weder boten sich von der Universität Zürich her passende Gelegenheiten, noch fand der junge Redaktor genügend Zeit, sich weiterhin mit grösseren wissenschaftlichen Arbeiten hervorzutun. Zwar erschien 1963 die erste Auflage einer knappen Geschichte der Schweiz, doch darauf folgte längere Zeit nur wenig mehr. Hanno war im Journalismus angekommen, wenn auch in einem Journalismus à la NZZ.

# Redaktor NZZ

Zu Beginn der Sechzigerjahre war die Redaktion der NZZ überschaubar. Die sogenannten zeichnenden Redaktoren – deren Namen auch im kleinen Impressum aufschienen – blieben unter sich mit einem Bestand unter dreissig Kollegen. Der erweiterte Redaktionsstab wurde über die Jahre hinweg ausgebaut, umfasste aber damals ebenfalls weniger als dreissig Mitarbeiter. Der Anteil der Redaktorinnen stand zu Beginn gegen null, 1973 zählte man sechs Damen neben 59 Herren. Hinzu kam das Netz der Korrespondenten, für den Kanton Zürich, für die Schweiz, für das Ausland als die weite Welt. Man war unter sich, die meisten kannten sich, es herrschte eine Atmosphäre der Solidarität. An der Spitze des Blatts wirkte Willy Bretscher, der von 1925 bis 1929 für die NZZ aus Berlin berichtet hatte und 1933 im Alter von erst 36 Jahren zum Chefredaktor befördert worden war. Von 1951 bis 1967 gehörte Bretscher auch dem schweizerischen Nationalrat an. In dieser Zeit erlaubte, ja förderte das Milizsystem das Mitwirken auch von NZZ-Journalisten in der parlamentarischen Politik durch die und in der Mitgliedschaft der Freisinnig-Demokratischen Partei als des Organs der Liberalen in der Schweiz.

Auch Hanno Helbling war Mitglied der FDP. Er war zwar nicht «tout court» ein Liberaler im Sinn des damals auch in der Zeitung vorherrschenden und in der Wirtschaftsredaktion besonders prägnant repräsentierten Ordoliberalismus. Aber sein Eintreten für eine Gesellschaftsordnung in Freiheit war gesetzt, auch wenn Hanno Sympathien für die sozialen Werte des Ausgleichs und der Gerechtigkeit zwischen den Schichten hegte. Helbling gehörte der ersten Generation an, die den Zweiten Weltkrieg und die Schrecken des deutschen Totalitarismus nicht mehr mit vollem Bewusstsein erlebt hatte. 1945 war er fünfzehn Jahre alt – alt genug, um in Umrissen und Ahnungen begreifen zu können, was sich noch kurz zuvor mitten in Europa zugetragen hatte; zu jung, um das ganze Ausmass der Katastrophe sowie das nicht immer gradlinige Verhältnis der Schweiz zum damaligen Reich voll abzuschätzen.[17] Dieser Erlebens- und Erfahrungsmangel – wenn man von einem Mangel sprechen mag – sollte sich noch um einiges später bemerkbar machen: Weder der Historiker noch der Redaktor und Publizist liess sich in der Folge ausführlicher auf das finstere Thema par excellence der Zeitgeschichte ein, das doch noch lange und mitunter wieder stärker nachdröhnte: auf den Nationalsozialismus und sein Gefolge.

Zu den Prämien des promovierten oder «zeichnenden» Redaktors zählte, dass das Archiv der Zeitung sämtliche Artikel in einer Fiche zu führen begann. Es handelte sich hierbei – und noch bis in die Neunzigerjahre des 20. Jahrhunderts – um ein System von Karten im Format A5, auf denen die Mitarbeiter des Archivs jeden Text eines Redaktors verzeichneten: mit der Schreibmaschine dessen Titel und Untertitel, mit einem in blauer Tinte druckenden Stempel das Datum des Erscheinens. So wurde kontinuierlich Buch geführt und zugleich gewährleistet, dass interne wie externe Nutzer einen Artikel relativ leicht finden konnten. Überdies besassen die Chefarchivare ein phänomenales Gedächtnis, das zumal bei komplizierteren Recherchen rasch auf die Sprünge half.

Der allererste Eintrag auf dem System der Karteikarten mit der im Kopf der Fiche ausgewiesenen Überschrift «Helbling, Hanno Dr.» verzeichnete unter dem Datum des 16. Januar 1964 folgende Spezifikation: «‹Propyläen-Weltgeschichte›. Der fünfte Band». Der 34-jährige Redaktor eröffnete also seine Wanderjahre mit einer Rezension der genannten Geschichte. Und so ging es auch weiter: Historisches aus dem Mittelalter oder aus dem 19. Jahrhundert, Besprechungen, Betrachtungen, Glossen, unter der Überschrift *Vom Mythos zum Understatement* ein Text über die Schweizer Geschichte im Spiegel der Landesausstellung von 1964, ein Essay zum 100. Geburtstag von Ricarda Huch – und zwei Themenkreise, in denen sich Helbling mit Leidenschaft zu bewegen begann: der eine die Oper in ihren Inszenierungen quer über den europäischen Kontinent; der andere die Politik der Kirchen, Religion und Theologie in der modernen Welt und namentlich in den Institutionen des Katholizismus. Während sich aber der Musikreferent mit Berichten aus Bayreuth oder München, aus Aix-en-Provence oder Salzburg und periodisch auch aus seiner Stadt Zürich im Stil des kenntnisreichen Amateurs bewegte – was von dem gestrengen Redaktor für Musik Willi Schuh wenn nicht wirklich gefördert, so wenigstens toleriert wurde –, erwarb sich der Journalist über das Christentum in dessen wechselnden Gestalten sehr rasch eine exzellente Reputation. Es gelang ihm in kurzer Zeit, zu einer Autorität zu werden, die zwar auch gefürchtet wurde, der aber selbst die Gegner – allzu reformfreudige Sozialtheologen hier, aufs Beharren in den Strukturen versessene Traditionalisten da – zum Respekt verführte.

Helblings frühe Stunde schlug mit dem Zweiten Vatikanum. Das grosse Konzil zu Rom, eröffnet am 11. Oktober 1962 und beendet am 8. Dezember 1965, fand in ihm einen geradezu idealen Chronisten. Man bedenke auch heute noch oder wieder: Helbling trug diese Ereignisse bis in ihre subtilsten Verflechtungen in das zwinglianisch bestimmte Zürich, er liess den Katholizismus im Erzblatt der protestantischen Liberalen als windungsreiches Abenteuer aufscheinen, er sah, hörte und wog, lobte und kritisierte und verstand, verglich, forderte (sanft) und verwarf (behutsam), bis dieses Mammutunternehmen in seiner Bedeutung, in seinen Chancen, in seinen Begrenzungen, dann wohl auch in seinen Vergeblichkeiten für eine zunehmend säkular werdende Wirklichkeit erkannt war.

Helbling wurde mit dem Beginn des Konzils im Oktober 1962 als Korrespondent der NZZ nach Rom entsandt. Dort weilte er für die wichtigen Ereignisse und Beschlüsse, als Unterkunft diente das hinter der Piazza di Spagna gelegene Hotel Eden mit Terrassenblick auf die Kuppel des Petersdoms, das seinem Namen durchaus entsprach. Keine Frage, dass der Berichterstatter die grundsätzlichen Ziele des Zweiten Vatikanums lebhaft begrüsste: Reformen in der Kirche, Anpassung der dogmatischen Gehalte an die Zeit, Verständnis für andere Religionen und ihre Gemeinschaften im Geist einer neuen Ökumene und für die Liturgie wie für die Seelsorge wachsende Nähe zur christlichen Gemeinde. Papst Johannes XXIII. war als volksnaher Oberhirte angetreten, dem die praktische Theologie am Herzen lag. Helbling gab ihm viel Kredit, auch wenn er sich eine etwas intellektuellere Statur gewünscht hätte. Als nach Roncallis Tod im Juni 1963 Paul VI. zum Nachfolger auf dem Stuhl Petri gewählt wurde, ging dieser Wunsch in Erfüllung: Montini, ein nachdenklicher, diskreter, nach vielen Seiten hin besorgter und zugleich immer wieder auch entschlossener Amtsträger, fand Helblings Sympathie und Verständnis auch und gerade dann, wenn er gegen allzu reformfreudige Tendenzen in seiner Kirche das Grundsätzliche katholischer Lehre verteidigte.

Es kann hier nicht darum gehen, das an sich schon komplexe und immer wieder auch kontroverse Konzilsgeschehen aus allen Perspektiven nachzuzeichnen, die Hanno im Geist seiner sehr austarierten Gerechtigkeit für die verschiedenen Parteien respektierte. Einzelnes bedarf gleichwohl der Hinweise. Helbling rapportierte nicht nur aus Rom, sondern auch in Zürich, insgesamt sogar häufiger aus dem Haus der NZZ an der Falkenstrasse. Zweitens schrieb er regelmässig auch über die Rezeption der Ereignisse und Ergebnisse in der Schweiz wie in Deutschland – so etwa im Februar 1964 anlässlich einer Tagung in München, bei welcher es um das Laientum in seiner neuen Würde oder darum ging, dass die Gläubigen im Zug des Konzils stärker als Mithandelnde im Gottesdienst einbezogen sein sollten. Drittens dienten die journalistischen Arbeiten als Vorlagen oder Präparationen einer Reihe von Büchern, in denen ihr Verfasser mit weiterem Atem über die Entwicklungen Rechenschaft ablegte: erstmals 1966 mit der Schrift *Das Zweite Vatikanische Konzil – ein Bericht*, ein Jahr darauf mit einem Essay des Titels *Die evangelischen Christen und das Konzil* im Echter-Verlag Würzburg, 1969 mit dem als «Skizze» bezeichneten Essay *Kirchenkrise,* 1976 mit dem Büchlein *Dauerhaftes Provisorium. Kirche aus der Sicht eines Weltchristen* und schliesslich 1981 in analytischer Kulmination solcher Bestrebungen mit dem gewichtigen Buch *Politik der Päpste. Der Vatikan im Weltgeschehen 1958–1978*.

Der Weltchrist in der Weltkirche: Dieses Junktim könnte tatsächlich ausdrücken, dass sich Helbling in den Sechziger- und Siebziger-, vielleicht noch in den frühen Achtzigerjahren als Mann des partizipativen Denkens in Sachen Theologie und Religion verstand. Er nahm das Thema ernst. Am christlichen Glauben fesselte ihn wohl weniger das Angebot der Heilsgewissheit im Revers gegen den Sündenfall in die irdischen Dinge als das geistig-moralische Gehäuse in seinen theoretischen Voraussetzungen wie in den praktischen Folgerungen: durch die Zeiten der Hochkultur von der Spätantike bis in die Gegenwart – und dort nun auch in den gesellschaftlichen und politischen Realitäten von und für Menschen, die glaubten und zugleich zu zweifeln begannen, die Antworten suchten und zugleich das Fragen verlernten, die Solidaritäten anerkannten und doch zunehmend auch im Hedonismus sich zerstreuten. Die katholische Kirche aber hatte für Hannos «curiosité intellectuelle» den deutlichen «Vorteil» vielfältigen Beobachtens und Interpretierens: dass sie weit über die Auslegung des Worts hinaus über eine einzigartige Institution verfügte, die ihrer Macht und Autorität, ihres Geheimnisses und ihrer Politik gewahr blieb und zugleich jedenfalls für den europäischen Kontinent doch mehr als nur eine Ahnung davon spürte, dass es mit dieser Macht und ihren Verbindlichkeiten bald nicht mehr gar zu weit her sein könnte. Daher Begriff und Auslegung der «Krise».

Im April 1964 hielt Hanno Helbling in Brunnen am Vierwaldstättersee einen Vortrag an einem Kurs für Pfarrer der schweizerischen evangelischen Diaspora. Dieses Referat unter dem Titel *Das Konzil und die christliche Kirche* druckte die NZZ in zwei Teilen in ihrer Morgen- und Mittagausgabe vom 10. April in extenso ab – ein grosses, hochreflektiertes, möglicherweise auch einschüchterndes Stück des Beweises, dass Helbling bereits zu den besten, sichersten und konstruktivsten Kennern der Materie gehörte. Aus dem bisherigen Verlauf des Konzils werde ersichtlich, dass das Christentum an sich – «in einer vorwiegend und zunehmend nichtchristlichen Welt» – sich in der Situation der Diaspora befinde. Von daher gewann das Thema des Konzils – Christentum und Gegenwart – seine ebenso bedrängende wie spannende Dynamik. Interessanter aber als die aus ihrer Geschichte gezeitigten Spaltungen der christlichen Kirche in die

Trias von Katholizismus, Protestantismus und Ostkirche erschienen deshalb nun andere Herausforderungen. Nämlich, es gelte, das Christentum per se in seinen grundsätzlichen Wahrheiten vorzuweisen, daraus eine Vervollkommnung des geistigen und moralischen Lebens zu gewinnen, Solidarität unter den christlichen Konfessionen zu erzeugen und dabei auch ganz praktische Herausforderungen wie das Problem der Mischehe zu lösen. Helbling wollte den evangelischen Pfarrern zeigen, dass deren Argwohn gegenüber einem dogmatisch verhärteten Katholizismus spätestens seit den Bemühungen des Zweiten Vatikanums an Berechtigung verloren habe, während es umgekehrt vor allem darauf ankomme, die christliche Welt auf ihrem gemeinsamen Grund gegen die Kräfte der Verweltlichung zu stärken: «Wenn das Christentum heute so unmittelbar wie nur je einer nichtchristlichen Aussenwelt gegenübersteht, wenn die Christianisierung der Ökumene noch und erst recht wieder ein universales Ziel darstellt, so liegt die Fülle und Dringlichkeit eines überkonfessionellen Programms offen zutage.»

Letztlich ergab sich fast alles Weitere aus diesem – bereits schwierig gewordenen – Auftrag, den Menschen insbesondere der abendländischen Kulturen ihre glaubensmässigen Voraussetzungen wieder zu vergegenwärtigen und zu beleben: ein interessanter hermeneutischer Spagat, in welchem sich der Historiker Helbling mit dem praktischen «Theologen» zusammenfand. – Am 24. April 1964 durfte der Berichterstatter «bedeutende Fortschritte der Konzilsarbeit» vermerken – das allgemeine Priestertum, die Mariologie, die Taufe, das Abendmahl, aber auch die Würde des irdischen Daseins oder das Leben in der Familie: überall würden Türen geöffnet und Schranken beseitigt. Dass solcher Optimismus möglicherweise überzogen war, wollte der Kommentator (noch) nicht wahrnehmen. Auf derselben Kopfblattseite der NZZ konnte die Inlandredaktion einen kultursoziologisch interessanten Erlass des Bundesrats melden: den Übergang zum Werbefernsehen.

Besonders charakteristisch für Helblings Mischung aus Analyse und diskreter Empathie präsentierte sich ein ausführlicher Kommentar in der Morgenausgabe der NZZ vom 20. Juni 1964. Vor einem

Jahr, am 21. Juni 1963, war der Kardinal-Erzbischof von Mailand, Giovanni Battista Montini, zum Papst gewählt worden. Helbling nahm den Jahresring zum Anlass, den immer noch neuen Oberhirten zu porträtieren und mit seinen beiden Vorgängern, Johannes XXIII. und Pius XII., zu vergleichen. Während Johannes den residierenden Bischöfen mehr Einfluss zugestanden und mit seiner Nähe zum Volk auch starke pastorale Akzente gesetzt habe, trete sein Nachfolger deutlicher als Kirchenpolitiker in Erscheinung, der sich der Aufgabe der Reform der Kurie verschreibe. Und dann folgten ein paar Sätze, wie sie aufs Beste den Stil dieses klugen Kommentators zum Ausdruck brachten. Über den Papst konnte man lesen: «In seinen kunstvoll aufgebauten Reden behält der Intellektualismus die Oberhand. Die Zuwendung zu den Volksmassen diktiert ihm den Sinn für das Richtige und Notwendige, seine sozialen Anschauungen verraten ein starkes Gefühl der Verantwortlichkeit; aber kein naturgegebener Kontakt verbindet ihn mit der Menge. Der Segen der Unmittelbarkeit fehlt seinem Handeln. Einer, der ihn sehr genau kennt, hat gesagt, Montinis schwacher Punkt sei die Stelle des Übergangs vom Gedanken zur Realisierung.»

Da hätte Jacob Burckhardt – bis hin zum Wort von den Volksmassen – die Feder mitlenken können: Licht, Schatten und gedämpfte Farben, um jene Stimmigkeit in die Tiefe zu erzeugen, die auch späteren Entwicklungen dieses Papsts standzuhalten vermöchte. – Auch im weiteren Verlauf der nächsten Jahre bildeten das Konzil und seine Folgen, die Stellung der katholischen Kirche in der Welt, der Disput, dann auch der Zwist zwischen reformfreudigen und bewahrenden Kräften im Katholizismus wie auch im Protestantismus ein Grundmuster für Helblings Arbeit. Daneben Historisches, etwa über Ricarda Huch, ein Opernbericht aus München, eine Kritik zu Pirandellos *Heinrich IV.* anlässlich der Musikfestwochen Luzern, eine Miszelle zum Tod eines besonderen Lehrers am kantonalen Realgymnasium Zürich, der seine Eleven behutsam in die Geheimnisse von Textlektüren eingeweiht hatte.[18]

Im Oktober 1964 schrieb Helbling erneut aus Rom. Ein weiterer Ertrag aus diesem Aufenthalt war ein schöner Bericht über San Stefano Rotondo mitsamt Fotografien; die bedeutende kleine Kirche auf antiker Ruine sollte in absehbarer Zeit renoviert werden. Die immer wieder neuen Bände der *Propyläen-Weltgeschichte* fanden einen überaus treuen Rezensenten, der schliesslich unbeirrt auch noch die Zusatzbände vorstellte. Gedanken zum Verhältnis von Ortega und Toynbee, ein gelehrtes Stück in der Beilage «Literatur und Kunst» des Titels «Leibniz, Bossuet und das Konzil», so ging es beharrlich weiter, ohne Explosionen, doch mit stets garantierter Qualität auf höchstem Niveau. Am 3. Februar 1965 nahm der Autor von Glossen zur Sprache das Wort «Nonkonformismus» aufs Korn. Im letzten Absatz zog Helbling die entscheidende Linie: «Der Nonkonformist blickt in die Zukunft. Was sieht er da? Seine optimistische Übereinstimmung mit dem Geist der Geschichte kann ihm nichts anderes zeigen als eine Welt, die seinem Nonkonformismus konform ist. Wer denn aber wird in dieser Welt die Rolle des Nonkonformisten spielen? Einigermassen darauf vorbereitet könnte wohl der ‹Konformist› von heute sein: Warum eigentlich nicht?» – Witz, Kritik und Scharfsinn ergänzten sich hier prächtig, ohne dass vermutlich allzu viele Leser gemerkt hatten, wie sich ein Redaktor der NZZ über zeitgeistige Aufgeregtheiten vor dem Hintergrund der sich langsam formierenden linken Protestbewegungen lustig machte.

Im Juli 1965 erschien ein ausgreifender Kommentar zum Stand der Konzilsarbeit mit den zentralen Themen der Religionsfreiheit und des Verhältnisses der katholischen Kirche zu den Juden. Auch hier vertrat der Referent eine klar liberale Position, wobei auch noch zu lernen war, dass sich die arabische Welt erbittert gezeigt habe, dass der Gottesmord nun nicht mehr den heutigen Juden zur Last gelegt werden solle – eine «neue» Lehrmeinung übrigens, die sich ohnehin nur an die Gläubigen der katholischen Kirche richtete. – Auf derselben Seite gedachte Werner Weber «unter dem Strich» Gottfried Kellers anlässlich des 75. Todestags des grossen Dichters. Eine gedankliche Zwischenschaltung – doch ebenfalls mit Blick auf das Papsttum – unternahm Hanno, als er dann im August 1966 seinerseits «unter dem Strich» philosophierte: und zwar zur «historischen Ironie» vor dem Hintergrund des Fragenkomplexes um das

Verhältnis zwischen Vatikan und Drittem Reich. Im dritten Teil des Artikels erinnerte der Autor nicht nur an mögliche Verfehlungen und Unterlassungen Pius' XII., sondern – gegen den Strich weit verbreiteter Einschätzungen – auch daran, «dass Pius XII. vor allem auch darum gekämpft hat, der deutschen Bevölkerung nicht als ein feindlicher, ja selbst nur als ein ihr entfremdeter Papst zu erscheinen».

Historische Ironie – oder hier eher noch: historische Gerechtigkeit; das immer wieder schwierige, doch immer wieder unerlässliche Unterfangen, nach vielen Seiten hin zu verstehen, wenn zuvor angemessen geprüft worden war. An diesem 25. August 1966 meldete die Wetterprognose: «Die Hochdruckzone, welche sich von England bis nach Finnland erstreckt, verändert sich wenig. An ihrem Südrand fliesst kühle Luft von der Ostsee gegen die Alpen, sodass bei uns das unbeständig kühle Wetter anhält.» So viel zu den Gleichzeitigkeiten in einem interessanten Sommer. – Was aber – wieder einmal – den Ökumenismus im Kontext des Zweiten Vatikanums betraf, so definierte ihn Helbling in zwei zeitlich enger benachbarten Texten fast identisch. «Was will überhaupt der Oekumenismus? Er will, dass die christlichen Kirchen in ihrer Verkündigung immer christlicher, in ihrem Weltbezug immer welt-gerechter und so an den Polen ihrer Existenz einander immer ähnlicher werden. Er will folglich nichts, was nicht jede Konfession auch für sich allein wollen müsste. Wie die Kirchen selbst hängt er ab von der vermittelnden Information über fremde Glaubenslehren und von der Vermittlung zwischen Offenbarungswahrheit und Weltwirklichkeit.» So geschrieben unter der Überschrift «Unbehagen in der Kirche» in der Mittagsausgabe des 9. September 1966. Es dürfte auch aus fernerer Rückschau nachvollziehbar sein, dass solche Vorschläge zu Synthesen an den beiden Polen nicht durchwegs nach jedermanns Geschmack waren. Galt Hanno manchen alt im Stamm gewachsenen Katholiken als zu fortschrittlich, so empfanden ihn dieselben Gewächse aufseiten des Protestantismus als verdächtig «katholisch».

Zum Jahresende gab Helbling nochmals – nicht zum letzten Mal – einen Überblick. Der Leitartikel vom 29. Dezember 1966 titelte «Katholizismus nach dem Konzil» und fasste unter den folgenden drei

Stichworten die Themen, die Kräfte und die Wege zusammen. Der Verfasser sprach vom Notstand, dem das kirchliche Lehramt mittlerweile unterworfen sei, vom «bilderstürmerischen Eifer», mit dem man mancherorts die Liturgiereform vortreibe, von Laien, die sich plötzlich als «Liebhabertheologen» bemerkbar machten, von der Skepsis, mit welcher der Papst beobachte, welche Wege nun unerwartet als gangbar angesehen würden, und von manchem mehr, das sich nun recht sperrig in der Landschaft der nachkonziliaren Kirchenwirklichkeit aufbaute. Eine gewisse Skepsis hatte also auch den Korrespondenten und Kommentator der NZZ eingeholt: Er stand ohne Zögern zum vielgestaltigen Werk der Erneuerung und sicher auch zu einzelnen gedankenreichen und tatkräftigen Männern dieser Bewegung. Er begann Distanz zu wahren, wo er die Euphorien des Ikonoklasmus fühlte. Als Historiker wusste er: Die Institution Kirche liess sich nur aus eigenem Geist und aus ihren eigenen geschichtlichen Voraussetzungen voranbringen.

Dieses Thema der Erneuerung und ihrer internen und externen Voraussetzungen zog sich in Helblings Artikel weiterhin wie ein roter Faden durch die späten Sechziger- und die frühen Siebzigerjahre. Das Zweite Vatikanum war am 8. Dezember 1965 zu Ende gegangen. Unter dem Titel *Gaudium et spes* hatten die Konzilsväter schon länger zuvor einen Text entworfen, der schliesslich von Papst Paul VI. am Tag vor dem Abschluss des Konzils als sogenannte Pastoralkonstitution über die Kirche in der Welt von heute promulgiert worden war. Freude und Hoffnung: erstere gedacht als Haltung in der und für eine Kirche, die aus den Verkrustungen vieler Dekaden nun plötzlich Fahrt aufnahm; letztere definiert als Kraft für eine zukunftsstarke Politik wenn nicht im Gleichklang, so wenigstens im verständigen Zusammenspiel mit den überall wahrzunehmenden Prozessen gesellschaftlicher, wirtschaftlicher und wissenschaftlicher Modernisierung.

Anlässlich einer Tagung in Tutzing machte Helbling im April 1966 die Bekanntschaft eines jüngeren Theologen, der später gelegentlich für die Zeitung schrieb und bald eine steile Karriere innerhalb seiner Kirche durchlaufen sollte, damals aber noch ausschliesslich als reflektierter Akademiker in Erscheinung trat: Joseph Ratzinger. Im selben

Monat und dann nochmals auch im Mai befasste sich der Redaktor mit der Abschaffung des *Index librorum prohibitorum* – also mit einer Massnahme, die seit dem Konzil überfällig geworden war. Wie sollte die Kirche noch über Bücher entscheiden können wollen, die als verboten zu gelten hatten? Er rezensierte die Monografie über Karl Marx seines Studiengefährten und Freundes Peter Stadler, welche der Autor seinem kurz zuvor verstorbenen Lehrer Hans Barth gewidmet hatte. Er schrieb eine brillante Sprachglosse zu dem in Mode gekommenen Wort «unverzichtbar» und stellte dazu fest: «Oft genügt es, ein Wort recht lang anzuschauen, dass man an ihm zu zweifeln beginnt.» (26. April 1966) Er philosophierte über Bismarcks Entlassung, präsentierte und kommentierte der Leserschaft der Beilage «Literatur und Kunst» einen bisher unbekannten Brief, den der Schriftsteller und Staatsdenker Friedrich von Getz an August Wilhelm Schlegel gerichtet hatte; er berichtete über wachsende Unruhe in der Kirche unter dem Zeichen jenes «aggiornamento», das als Signalbegriff ein paar Jahre zuvor von Papst Johannes XXIII. in Umlauf gebracht worden war, um das Bedürfnis nach Aktualisierungen liturgischer und pastoraler Strukturen plastischer zu machen – kurz: ein stiller und zugleich beharrlicher Rhythmus, wie man ihn von einem Redaktor der NZZ erwartete, der in wenigen Jahren seine Schwerpunkte gefunden hatte und sie nun immer selbstsicherer mit Substanz und Autorität versah. Autorität war übrigens auch ein Erwartungswort der Leserschaft.

## Als Christ denken?

Drei Dinge konnten damals freilich auffallen. Erstens blieben die Leser weiterhin und weithin im Unklaren, wo Hanno Helbling selber in den Sachen des Glaubens stand. War er – *auch* – der gläubige Christ, wenn er so scharfsinnig die Entwicklungen und Zeichen interpretierte, die den Katholizismus in seinen Fundamenten zu verändern schienen und dabei immer mehr auch auf den Protestantismus einzuwirken begannen? Oder blieb er – in den Tiefen des Herzens – doch eher der von religiös-theologischem Geist zwar affizierte, aber letztlich innerlich kaum beteiligte Betrachter von Geschehendem? Ergo ein Meister der Hermeneutik und Akrobat der Argumente, der Probleme und Herausforderungen deshalb schätzte, weil sie ihm wie Denksportaufgaben entgegengetragen wurden?[19] – Zweitens hörte man wenig bis nichts vom redaktionell bestellten Chefhistoriker der NZZ zu jenen Ursachen und Folgen der neueren Zeitgeschichte, die doch immerhin erst gestern den Gang der Welt so umstürzend verändert hatten: zu den Systemen von Faschismus und Nationalsozialismus. Und drittens hätte man ebenfalls wenig bis nichts davon fühlen können, was sich im Vorfeld von «1968» an studentischem Aufruhr doch keineswegs unhörbar zusammenbraute, wenn man sich ausschliesslich auf Helblings Produktionen aus dieser Zeit bezogen hätte.

Anders gesagt, für alle drei Punkte: selektive Abstinenz. Noch als ich für die Arbeit am vorliegenden Buch einige Leute befragte, die Hanno gut oder sehr gut gekannt hatten, blieb der erste Punkt ungeklärt. Dass sich Hanno – in den Siebzigerjahren des letzten Jahrhunderts – nach Taizé aufmachte, um sich dortselbst taufen zu lassen und das zentrale Sakrament zu empfangen, das ihm nach der Geburt nicht zuteil geworden war, konnte auf tiefere Religiosität hinweisen; doch allerdings ebenso auf ein spontan auftauchendes Bedürfnis nach geistig-sozialer Erweckung der besonderen Art, als Recherche mit mystischen Einschlägen. Dass sich Hanno, zweitens, nur selten und höchst sporadisch mit dem Dritten Reich und seinen Schrecklichkeiten beschäftigte, wäre leichter zu erklären: als Akt der gehobenen Distanz gegenüber einer Grosserscheinung des Terrors, die jedenfalls für ihn intellektuell wenig zu bieten hatte. Und dass ihn die Achtundsechziger weder vor noch nach 1968 ernstlich interessierten, lag wohl an deren formelhaftem Wiederkäuen klassenkämpferischer Parolen bei einem Minimum an Ironie und einem Maximum an gesellschaftlich-kapitalistischer Geborgenheit im «juste milieu» der Schweiz: Er konnte sie nicht wirklich ernst nehmen.

So kam es – tatsächlich eigenartigerweise – auch so weit, dass Herbert Marcuses Bibel für die Jugend in Aufruhr, *One-dimensional Man*, 1964 im Original, 1967 in deutscher Übersetzung erschienen, im

Feuilleton der NZZ nicht gebührend rezensiert, sondern lediglich mit einer Glosse und über die Bande angesteuert wurde. Aber hatte das damalige Feuilleton nicht auch anlässlich des sogenannten Zürcher Literaturstreits von 1966/67 reichlich sibyllinische Zurückhaltung geübt? Freilich war Werner Weber mit dem Germanisten Emil Staiger, der die Kontroverse mit eigenwilligen Klassifikationen deutschsprachiger Gegenwartsliteratur anlässlich seiner Preisträgerrede im Zürcher Schauspielhaus angezettelt hatte, eng befreundet. Noch tags darauf, so erzählte mir Hanno zehn Jahre später, sei Weber in die Redaktion gekommen und habe begeistert berichtet, dass es Emil den jüngeren Schreiberlingen wieder einmal rechtens gesagt habe. Bei weiterem Nachdenken musste Weber schnell einsehen, dass Staigers pauschale Verdammung zeitgenössischer Literatur als einer Produktion, die sich vorwiegend im Niederen und Gemeinen bewege, so pauschal nie und nimmer zu halten war. Was tun? Weber ging so diskret (und innerlich unglücklich) darüber hinweg, dass seine eigene Position niemals wirklich kenntlich geworden wäre. Staiger dankte es mit der nachhaltigen Geste, dass er dem Gefährten den 1973 eigens für Weber eingerichteten Lehrstuhl für Literaturkritik an der Universität Zürich vermittelte. – Auch das war damals NZZ: zu schweigen oder zu flüstern, wenn nahe Dinge plötzlich schwierig standen, oder so über sie zu reden, dass mindestens für das Feuilleton ein Lächeln wie feiner Dunst im Raum hängen blieb. «Sapienti sat» – oder auch nicht.

Im Mai 1967 reiste Helbling im Auftrag der Redaktion während mehrerer Wochen in den USA, um die Leserschaft aus direkter Anschauung über wichtige amerikanische Forschungszentren zu informieren. Er nahm diese Reise auch zum Anlass, «Entwicklungsmomente» im Katholizismus des Landes darzustellen. Das verhalten optimistische Fazit sollte in Parallele zur europäischen Entwicklung verstanden werden. «So wird man wohl auch in den Vereinigten Staaten erleben, dass eine breite und gleichmässige Reform der katholischen Kirche vom raschen Rhythmus des Zweiten Vatikanums und seiner anfänglicher Wirkungen in das grössere Zeitmass des Generationenwechsels zurückfällt. Je eher dabei die Paradethemen des ‹aggiornamento› in den Hintergrund treten und in Erziehung und Ausbildung eine allgemeinere Übereinkunft zwischen Konfession und Gesellschaft gesucht wird, desto sinnvoller werden die Anstösse des Konzils und die soziale Entfaltung des amerikanischen Katholizismus sich umsetzen in Grundelemente einer künftigen Einheit.» Dieser Passus, den geradezu Rankes Stil erdacht haben könnte, brachte so viele Variable ins Spiel, dass sich daraus fast alles bewahrheiten konnte. – Es kam gleichwohl und härter noch anders. Im Frühjahr 1968 explodierte in den USA ein Unbehagen, das sich aufseiten der Bürgerrechtsbewegung seit Jahren aufgebaut hatte und nun auch den amerikanischen Campus so sehr transformierte, dass fortan von Einheit im Generationenwechsel nie mehr gesprochen werden konnte. Wie hatte Helbling noch ein paar Monate zuvor den Intellektuellen in seinem stillen Wesen definiert? «Verstehen wir den Intellektuellen als den, der nicht nur in den gegebenen Ordnungen mitlebt, sondern ‹Einsicht› nimmt in die Ordnungen wie in sein Mitleben: so wird er uns (und sich selber) als der erscheinen, der sein Mitleben freier als ein anderer auf die Ordnungen einstimmt, es abstimmt auf seine Erkenntnisse und sein Urteil über diese Ordnungen; sein Mitleben wird ganz von selber ein Mitgestalten.» (19. Januar 1967, Abendausgabe) Verwinkelt, interessant und vielsagend.

Im Oktober 1967 berichtete Helbling aus Rom über den neuesten Stand kirchlicher Entwicklungen. Man erfuhr, dass ein erschöpfter Papst, über den bereits Rücktrittsgerüchte zirkulierten, mehr und mehr zu realisieren begann, wie die Geister, die mit dem Konzil herbeigerufen worden waren, nun in unvorhergesehene Richtungen ausschwärmten. Mit der Installation der Bischofssynoden hatte Rom eine neue und folgenreiche Struktur geschaffen, die dazu dienen sollte, die Lehre mitsamt ihrer ökumenischen Dynamik näher ans Volk zu bringen. Aber Traktanden wie das Laienapostolat, die Mischehe oder auch die Liturgie bis hin zur Eucharistie und zur Transsubstantiation gerieten zusehends in den Strudel der Kontroversen zwischen Erneuerern und Bewahrern, und der Korrespondent tat jetzt alles nur Erdenkliche, um in dem turbulenten Hin und Her sowohl dem Geist der Zeit wie den Verankerungen in reicher Tradition jene

Gerechtigkeit widerfahren zu lassen, die seinen eigenen Vorstellungen nach ein Christentum für heute und morgen verdiente. Was sich damals für manche Kreise wie ein Fortsetzungskrimi mit einigen Opfern, manchen Tätern und höchst ungewissem Ausgang las, mutet aus heutiger Sicht kaum noch nachvollziehbar an. – Vermutlich nahm es nicht nur der Leser, sondern auch der Autor als ein Plateau der Erholung, als Letzterer für Ersteren den vierten Band der grossen Jacob-Burckhardt-Biografie des Basler Historikers Werner Kaegi besprach.[20] Er konnte zum ersten Mal die später noch öfter beschworene Stelle aus Burckhardts Notizen zitieren, die es ihm wesensmässig angetan hatte: da nämlich Burckhardt tief bewegt und glücklich gewesen sei, wie bei seiner Ankunft in Turin – nun wörtlich Burckhardt: «[…] die letzten Gasflammen, der Vollmond und das Tagesgrauen ineinander überspielten wie die drei Orchester im Don Juan». Fast geschah es dann so, dass Hanno die Menschen nach denen unterschied, die solches ästhetisch-existenziell nachzufühlen und weiterzutragen vermochten, und jener ungestalten Masse von anderen, die dabei stumpf blieben, stumpf bleiben mussten.

## 1968 – keine Wegmarke

Es kam das Jahr 1968, und man kann auch bei sorgfältig analytischer Rekonstruktion der Inhalte des damaligen Feuilletons nicht behaupten, dass das epochale Datum «unter dem Strich» oder in der Beilage «Literatur und Kunst» tiefere Spuren hinterlassen hätte. Im Abendblatt vom 27. Februar philosophierte Helbling über historische Personendarstellung auch am Beispiel Jesu, in einem Beitrag für die Seite «Zeitfragen» vom 17. März stellte er kaum sehr überraschend «einen revolutionären Grundzug durch unsere Zeit» fest, doch freilich mit seiner nunmehr bekannten Gelassenheit, die keinen Leser aus dem Sessel heben sollte. Am 21. April rezensierte er in einem schönen und ausgreifenden Essay Tagebücher und Briefe von Harold Nicolson. Dieser feine Mann, Diplomat, Historiker, Bohemien, vielleicht noch Provokateur hinter Masken, schien dem samstäglichen Supplement

«Literatur und Kunst» wie ein Wahlverwandter des Rezensenten zu entsteigen, der am Ende seinerseits nur noch rhetorisch fragen konnte, was dem «in jeder Hinsicht begünstigten Mann an Erfolg noch gefehlt haben sollte [...]». Als ihn Helbling abschliessend zu charakterisieren versuchte, fielen wieder Sätze wie im Reflex auf ein Spiegelbild: «Er gab Zeugnis von seinem Denken, er gab ihm Form, und die Form ist selbst wieder Zeugnis: für die Festigkeit des Zusammenhangs, in dem das Denken sich hält; für geprüfte Normen, für geklärte Sachverhalte, für Erfahrung und Bildung, für Kultur ‹als Gesamtheit dessen, was dem Menschen als solchem Ehre macht und geziemt.›» Wieder ein – nicht als solches – deklariertes Zitat, aus Rankes Werk, wenigen geläufig, vielleicht den «happy few» damaliger Universalbildung; dieser Spass oder Snobismus durfte – gerade mit Blick auf Nicolson – nicht fehlen.

Denken, Form, Festigkeit, Erfahrung, Bildung, Kultur – allesamt Begriffe oder Worte, die nun bereits von den Achtundsechzigern zu bespotten, zu «hinterfragen» und ideologiekritisch aufzusprengen waren. Am 26. April 1968 meldete die NZZ: «Kiesinger von Studenten niedergeschrien». Am selben Tag schrieb Helbling unverdrossen über Tendenzen der Geschichte im 20. Jahrhundert. – Am 1. Mai 1968 berichtete er über eine Premiere von Wagners *Walküre* an der Mailänder Scala, am 16. Mai meldete der Frankreich-Korrespondent Hans E. Tütsch aus Paris die Besetzung des «Odéon», während Hanno gleichen Tags neue Publikationen zur politischen Wissenschaft vorstellte, und in der Abendausgabe des 21. Juni fiel nun doch endlich der Name von Marcuse, dessen Kampfschrift über den eindimensionalen Menschen der Kritiker knapp und verächtlich als «eine Revolutionsphilosophie des kleinen Mannes» bezeichnete, was zwar der Stammleserschaft der NZZ gut geklungen haben mochte, doch durch das allzu versnobte Kürzel eine wichtige Diskussion beendete, bevor sie überhaupt hätte beginnen können. Im Juli weilte Helbling anlässlich einer Vollversammlung des Ökumenischen Rats in Uppsala, wo zeitgeistkonform auch die «Theologie der Revolution» ihren Einstand hatte. Am 30. Juli 1968 verfasste er auf der Aufschlagseite des Abendblatts einen längeren Kommentar, der sich mit der neuesten

Enzyklika Pauls VI. beschäftigte und wünschbar deutlich erkennen liess, dass der Kommentator keinen Gefallen finden konnte an der Art und Weise, wie sich der Vatikan hiermit zur Geburtenregelung verbreitete. *Problematischer Wahrspruch des Papstes,* so der Titel, und schon im ersten Absatz liess der Autor keinen Zweifel daran, dass *Humanae Vitae* «die katholische Seelsorge, die Loyalität der Gläubigen, die Kirche insgesamt in ihrer Beziehung zur Umwelt auf eine ernste Probe» stellte. Um Einzelheiten kann es hier nicht mehr gehen, das Wesentliche sah Helbling in einer Bevormundung der Gläubigen durch den ausgeschriebenen Zwang, der die Gewissensentscheidung unter Ehepartnern kurzerhand kassierte. – Die ganze Tragweite der Enzyklika, die rasch nicht nur die Autorität des Papsts zu beschädigen begann, sondern auch der Kirche der Reformen und ökumenischen Gespräche einen gewaltigen Dämpfer versetzte, manifestierte sich erst im Fortgang ihrer Rezeption über die nächsten Jahre. Und wo und wie immer nun Helbling weiter berichtete, analysierte, kommentierte, er selber begann allmählich den Glauben an den Schwung der Erneuerung zu verlieren.

1966 war im Verlag F. Reinhardt zu Basel eine über 200 Seiten starke Schrift erschienen, die unter dem Haupttitel *Das Zweite Vatikanische Konzil* einen «Bericht» (Untertitel) des grossen Ereignisses gab. Der Verfasser verstand es, die für Laien immer wieder schwer durchschaubare Materie präzise und lesbar vorzustellen. In den *Stuttgarter Nachrichten* lobte der Rezensent das Buch als den gescheitesten, souveränsten, klarsten, nobelsten Bericht zur Sache, der überdies nicht von einem Theologen, sondern von einem nichtkatholischen Schweizer Historiker stamme. Helbling sei hervorragend informiert, habe sich durch keine «Sensationen» oder «Tagesunruhen» verführen oder verwirren lassen, sei durch und durch gerecht und habe ein exzellentes Gespür für das Wesentliche. Tatsächlich war dieses Buch als Synthese und Überhöhung der berichtenden, analysierenden und kommentierenden Arbeit in der NZZ anzusehen. Drei Jahre später präsentierte Helbling im gleichen Verlag einen wesentlich kürzeren Essay. Dieser trug nun als Überschrift eine ähnlich lakonische, doch zugleich klar wertende Botschaft ins Publikum: *Kirchenkrise. Eine Skizze.*

Krise war und blieb das Stichwort. Im Sommer 1968 hatte Helbling Skandinavien bereist und die Leserschaft über die vierte Vollversammlung des Ökumenischen Rats unterrichtet – die nun auch, rasche Folge der Studentenunruhen und ihrer theoretischen Auswürfe, im Zeichen einer «Theologie der Revolution» zu stehen hatte. Aber er hatte dort miterleben müssen, dass der ökumenische Dialog zwischen Protestanten und Katholiken nicht mehr richtig vom Fleck kam. In der Krisenschrift hiess es dazu nun für die Seite der katholischen Kirche: «Die ökumenische Politik der katholischen Kirche ist nie völlig klar geworden; deshalb vor allem, weil sie von Phase zu Phase das Ergebnis einer inneren Auseinandersetzung, vorläufiger Kompromiss zwischen gegensätzlichen Bestrebungen war.» (S. 79 f.) Dasselbe diagnostizierte Helbling dann allerdings auch für die «höhern Instanzen» der evangelischen Kirchen. Daraus resultierte ein Prozess, der von den «harten» Diskussionen um die christliche Theologie jenseits verschiedener Glaubensgemeinschaften Abstand nahm und sich vor allem auf das Feld einer «praktischen Zusammenarbeit» konzentrierte, «um dort die christliche Präsenz in der Welt gemeinschaftlich zu bezeugen». Solche Praxis umfasste die karitativen Tätigkeiten der Seelsorge, die Pflege der Beziehungen zwischen katholischen und protestantischen Gemeinden, die Achtsamkeit für Fragen des Friedens in der Welt und anderes mehr.

Es wurde nichts einfacher, als die katholischen Theologen Edward Schillebeeckx und Hans Küng wider den Stachel ihrer Obrigkeiten zu löcken begannen. Mochte Helbling mit einzelnen Provokationen dieser mitunter etwas laut argumentierenden Exponenten der Reform nicht einiggehen – es ging dabei auch um Fragen des Stils und der Rhetorik –, so fand er doch keinerlei Gründe, die schnelle und gründliche Abwehr solcher Bestrebungen vonseiten des Vatikans zu verteidigen. «Rom» schien zusehends hinter die Erneuerungen des Konzils zurückzufallen. Als der Papst im Juni 1969 Genf besuchte, wurde dort klar, dass sich der Heilige Vater keinerlei Gedanken über den Beitritt zum Ökumenischen Rat zu machen gedachte. Helbling subsumierte solche und andere Begebenheiten und Positionen unter dem Nenner von «Krisenmomenten» – und durfte doch schon ahnen, dass mehr auf dem Spiel stand. Denn das eine waren die Kirchen, war namentlich die katholische Kirche mitsamt ihren komplexen und mitunter auch gegenstrebigen Institutionen; was «intra muros» gedacht und erprobt wurde, fand immer weniger die Kraft zur Strategie nach aussen bei überzeugendem Auftreten. Doch das andere war das Kirchenvolk; war die Gemeinschaft der – noch – Gläubigen, die sich aber nicht nur deshalb ihren Leitorganen zu entfremden begannen, weil Lehre und Praxis für viele nicht mehr nachvollziehbar wurden. Sie gerieten – jedenfalls in der westlichen Welt und häufig ehe sie sich versahen – auf die sanften Wellen zunehmend säkularer getriebener Wohlstandsgesellschaften. Die christliche Botschaft erhielt dabei nicht einmal mehr den Status der Unerwünschtheit. Sie wurde ihren Adressaten zunehmend gleichgültig.

So weit war es Ende der Sechzigerjahre noch nicht, und zu Beginn der Siebzigerjahre engagierte sich Hanno Helbling als «Praktiker» für jene Synode 72, die damals die schweizerische Ortskirche mit diversen Veranstaltungen und Aktionen im Geist der Ökumene erfasste – Hanno, wen wundert's, blieb unter all diesen Bewegten der Theoretiker, der die anderen – und vermutlich auch ein wenig sich selber – im Unklaren darüber liess, wie fest er denn im Glauben des Christentums verankert war.[21] Schon die Schlusssätze der Krisenschrift liessen anklingen, dass es nicht nur mit der Ökumene, sondern mit dem institutionell verfassten Christentum überhaupt und in seinen bisherigen Formen einmal vorbei sein könnte. Eine düstere Prophetie, die vielleicht mehr als Warnung gedacht war. Doch Warnungen vor solchem Fall, so der Autor, führten wohl bereits ins Vergebliche. «Sie können nur anzeigen, dass die Krise der Kirchen sich dort entscheidend verschärft, wo sie als Krise des Christentums im Ganzen erfahren, aus Ordnung und Unterscheidung gelöst und in der ungeschützten religiösen Existenz erprobt wird.» Das hätte mitsamt der Drehung ins Existenzielle fast unter einem Selbstbezug gelesen werden dürfen, der aber das allerletzte Wort des Essays an ein Zitat delegierte, das Helbling – hier ungenannt – Hölderlin entnommen hatte: «Wo aber Gefahr ist, wächst / Das Rettende auch.» – Später und dann nur noch unter Freunden zitierte Hanno den berühmten Spruch jeweils ausschliesslich ironisch.

## Ferner Blick auf eine Mondlandung

Und während er immer noch viel Energie darauf verwandte, die Entwicklungen rund um die Kirchen darzustellen, schlug er regelmässig auch andere Töne an. Ein Feuilleton «unter dem Strich» des Titels «Faits divers» aus dem Sommer 1968 erzählte frei und unbeschwert von Besuchen in Schweden, Bayreuth, München und Taizé (wo der Feuilletonist den «Zusammenklang der Generationen» zu glauben hörte). Im Herbst dieses Jahres hielt er sich auch in Paris auf, wo ihm, der den Zug zum Gourmet niemals verleugnen wollte, «der leise, strenge Geruch des Champignons» in die Nase stieg. Er registrierte in den katholischen Kirchen scheussliche Möbel, die dort aufgerichtet worden waren, seit die Liturgiereform den Priester während der Eucharistie der Gemeinde zugekehrt auftreten liess. Er meinte, dass die Unruhen der Achtundsechziger bereits wieder in eine stillgesetzte Zeit eingebogen seien – worin er sich täuschte –, und er erspähte die damals neue Figur des «Hippy» (sic!), in welchem sich, so Hanno, freilich häufig auch ein Dandy verstecke – worin er wohl nur für einzelne seltenere Exemplare gänzlich recht hatte. Zur hundertsten Wiederholung des Waffenstillstandstags vom 11. November 1918 fiel ihm bedeutungsschwer auf, dass die Welt von «Zerfahrenheit» gekennzeichnet sei. In der Sonntagsausgabe vom 29. November 1968 reflektierte er über die Mondumkreisung, die ihm wohl so ziemlich missfiel, wenn er den – wiederum ungenannten – Aldous Huxley mit seinem berühmtesten Wort grüssen liess, dass solches eben einer «tapfern neuen Welt» entspreche. Acht Monate später, am 27. Juli 1969, konnte er die leicht ironisch eingefärbte Fortsetzung schreiben, wenn er unter dem originellen Titel «Dort gewesen …» die Mondlandung in einem Leitartikel würdigte: Nun, so der Kommentator, sei dem Menschen der absolute Horizont seines Wirkens erschienen, die Epochen der Entdeckungen liefen aus, statt dessen rücke die Sorge um eine heile irdische Welt näher. Wie wahr. Allerdings: Wer sich von diesem spekulativen Kopf und Querdenker auch den etwas weiteren philosophischen Horizont, vielleicht gar diskrete Verbeugung vor der ungeheuren, ja prometheischen Anstrengung, dorthin zu wollen und dorthin gekommen zu sein, gewünscht hätte, wäre enttäuscht worden. Der Essayist blieb von alledem unbeeindruckt und damit auch eigentümlich antiquarisch den Kategorien und Vorstellungen traditioneller «Diesseitigkeit» verhaftet.

Daneben, dazwischen: Opernberichte, Buchbesprechungen, ein Kongress über Machiavelli in Florenz, ein Bischofssymposium in Chur; und immer wieder Texte zu Bismarck. Es zählt aus dem Rückblick zu den Zeichen einer im Grund fast kuriosen Treue, dass Helbling just dem «eisernen Kanzler» so viel nachholende Beachtung schenkte, einem Mann, der so oft so kalt bedenkenlos agierte, keineswegs immer die Folgen seiner kriegerischen Diplomatie abzuschätzen verstand und dessen Phänotypus unverwandter nicht hätte sein können. Aber die Treue hielt vor: Noch 1976 erschien in der Reihe der hübschen Bändchen des damals noch in Zürich ansässigen Manesse-Verlags eine Auswahl aus Bismarcks Schriften, Briefen, Reden und Gesprächen, die Helbling arrangiert und mit einem Nachwort versehen hatte. Nur Jacob Burckhardt konnte damals mit grösserer Aufmerksamkeit eines Verehrers rechnen. – Anlässlich eines Artikels über Alexander Herzen vom September 1969 flocht der Autor einen interessanten Hinweis auf Stendhal ein: nämlich, Stendhal habe feststellen müssen, dass jeder Schreib- oder Sprachstil, sei er noch so brillant und wirksam formuliert worden, nach fünfzig Jahren als «du dernier lourd» zu gelten habe. So weit war es für den Vermittler dieser Trouvaille noch länger nicht.

Helbling hatte seine extrem reflektierte und immer wieder variantenreiche Prosa zur Meisterschaft entwickelt. Sie war für das breitere Publikum weder geschaffen noch gedacht. Die Bewegung der Achtundsechziger mochte auch das Zürcher Bürgertum ein wenig aufgerüttelt, gar verstört haben, an der Überzeugung, dass man nach Bildung und Wohlstand noch immer einigermassen unter sich sei, änderte es nichts. In diesen Kreisen war und blieb Helbling der Grossintellektuelle unter den Journalisten; einer, der es – auch manchmal zu deren Unbehagen – ohne weiteres mit den Professoren der Universität aufnehmen konnte. Doch gleichzeitig einer, der reichlich schwer zu fassen war – im Politischen gelegentlich ebenso wie im Ästhetischen; was ihm nur recht war. Als er am 14. Juli 1970 einen ausdrücklich als «Gedenkblatt» bezeichneten Artikel auf seinen ehemaligen Lehrer Federico Chabod publizierte, beschrieb er kunstvoll und eindringlich das Ambiente jener verschworenen Gemeinschaft der Schüler, die einst dem Meister in Neapel zu Füssen gesessen und seinen Gedanken gelauscht hatte: «An Nachmittagen versammelte man sich zum Unterricht: Vorlesung und Seminar in einem. Chabod sass uns gegenüber hinter einem Tisch, die Lampe dicht neben sich, sodass seine scharfen, grossen Gesichtszüge noch gesteigert hervortraten, aber auch der Prozess des Nachdenkens, des gewissenhaften Formulierens und Nuancierens in steter, feiner Bewegung zu sehen war – und interpretierte einen Text. Er las eine Stelle vor, blätterte weiter, setzte die Brille bald auf, bald legte er sie beiseite, um uns anzusehn: geduldig und ironisch, weil wir den springenden Punkt offensichtlich noch nicht entdeckt hatten. Dann entschloss er sich, uns ganz einfach zu sagen, worauf es ihm ankam. Er beugte sich vor, so weit, dass auch der Sessel nur noch auf den Vorderbeinen stand, hinter denen er seine Füsse eingehängt hatte, und zielte mit aufgestütztem Unterarm gegen uns, als hätte er einen Wurfpfeil in der erhobenen Hand. ‹Das ist nun eben –›, sagte er; und die für einen Augenblick noch zusammengepressten Lippen entliessen den Begriff, der durch das Textbeispiel eine überraschende, neue Farbe und Fülle gewonnen hatte.»

Auch ein Selbstporträt? Sicher der Reflex aus naher Wahlverwandtschaft: das Ineinander aus Nachdenken und Suche der Worte, aus Ironie mehr als aus Geduld, zuletzt die Pointe mitsamt dem unerwarteten Mehrwert für eine scheinbar als abgelegt und erledigt geglaubte Sache. – Wenn Helbling nun einen Essay über die von Bismarck redigierte sogenannte Emser Depesche verfasste, wenn er weiter sich zur Kirchenpolitik vernehmen liess, wenn er einen einzigen

Satz von Jacob Burckhardt präsentierte und darauf interpretierte, dann war's schon auch so, dass der einstige Lehrer manchmal aus der Ferne, nicht selten noch ganz nahe mitdachte, mitschrieb, mitlas. Burckhardts Satz aber drückte für Helbling nicht nur eine «philosophisch» gewordene Erkenntnis aus; er wurde ihm in existenzieller Verlängerung zu einem Lebensbegleiter. «Die Poesie ist für die geschichtliche Betrachtung das Bild des jezuweiligen Ewigen in den Völkern und dabei von allen einzelnen Seiten belehrend und überdies oft das einzige Erhaltene oder das Besterhaltene.»

Poesie, Dichtung, Sprache: das «jezuweilen» zuhöchst Beständige; als das, was vom Autor gelöste Autorschaft diesen überlebt. Zwei Absätze später erinnerte Helbling in demselben Artikel an ein Zitat aus Goethes *Tasso*, das kürzer und knapper dasselbe behauptet: «Das, was vergänglich ist, bewahrt mein Lied.» – Nur Kennern konnte auffallen, dass Hanno *diesen* Satz – absichtlich? unterbewusst? – in der Fassung wiedergab, die ihm Thomas Mann in «Lotte in Weimar» gesetzt hatte, als er das Possessivpronomen von «sein» zu «mein» abänderte und sich damit die Möglichkeit der Selbstreferenz offenliess. «Mein» Lied musste es gewesen sein.

## Wilhelm Tell für die Schule

Im Herbst 1970 reiste Redaktor Helbling durch Russland, ohne dass die Leserschaft arg Neues hätte erfahren dürfen: Es war die Sowjetunion in ihrer bedrückenden Alltagsrealität, die sich wie ein Filter vor alles denkbar Erlebnismässige schob. Und als der Kirchenkenner am 6. Dezember auf der Seite «Zeitfragen» einen ganzseitigen Essay zum Thema Interkommunion präsentierte, musste er auch konstatieren, wie wenig Raum die allgemeine Säkularisierung noch der Entfaltung verbliebener Sakralisierung des Gottesdiensts beliess. – Gegenstrebige Kräfte, sowohl innerhalb christlicher und insbesondere katholischer Glaubensgemeinschaft wie auch zwischen einer ins Weltliche wegdriftenden und einer immer noch religiös gebundenen Gesellschaft – etwa in den Diskussionen und Kontroversen um die katholischen Theologen Karl Rahner und Hans Küng, die sich seit dem Erscheinen der Enzyklika *Humanae Vitae* immer kritischer gegen Rom in Stellung brachten und zugleich wussten, dass sie dafür und sozusagen aufseiten des gesunden Menschenverstands auch breite Sympathien bei einem atheistisch oder agnostisch orientierten Publikum genossen. Oder anders gesagt: Plötzlich wurde das Papsttum, das sich mit und seit dem Zweiten Vatikanum für eine interessierte Allgemeinheit so vital und sozial bemerkbar zu machen begonnen hatte, wieder in der dunkleren Ecke einer undurchschaubaren Institution festgestellt. War das ungerecht, so war es dennoch nicht allzu abseitig. Ende August 1971 hatte in Rom die nächste Bischofssynode begonnen. Bald darauf musste Helbling titeln, dass diese «im Bann der Kirchenkrise» stehe. Der Papst distanzierte sich stärker und stärker von früheren Neuerungen, er brauchte, so konnte man erfahren, zum ersten Mal in den acht Jahren seines bisherigen Pontifikats das Wort «Teufel», wenn er feindliche Tendenzen zu erkennen glaubte, derweil er «in politicis» eine weniger klare Position zwischen dem Kapitalismus und dem – ihm wesens- und sachgemäss näher gelegenen – Sozialismus hielt.

Solch genaue, aus einem tiefen Hintergrund schlaglichtartig hell ins aktuelle Bewusstsein treffende Beobachtungen und Interpretationen konnte man damals nur in der NZZ lesen; zu Recht war Hanno damals nicht nur zur autoritativen Quelle schlechthin, sondern auch bereits zu einer Legende geworden. – An Ausflügen in andere Gebiete fehlte es der Leserschaft trotzdem nicht. Eine Neuinszenierung des *Parsifal* am Zürcher Opernhaus, eine witzige Glosse zum Begriff der «schweigenden Mehrheit», ein Reflex auf einen Satz von Jürgen Habermas, dazu anlässlich eines Texts über Petrarca die Bemerkung, dass übrigens der Egoismus das Organ des Humanismus sei, und zwar «von dessen Geburtsstunde an». Dass Golo Manns grosse Wallenstein-Biografie als «Meisterwerk» gefeiert wurde, konnte kaum verwundern: zu ähnlich in Ausdruck, Habitus und Denkart waren sich Hanno und Golo. Und dass der Historiker Jean Rudolf von Salis auf sehr vornehme Weise gewürdigt wurde, war ebenfalls nicht allzu verwunderlich, zumal dessen früherer und nicht immer zu Unrecht häufig abwehrender Leser Willy Bretscher vor drei Jahren in Pension gegangen war. Helbling ging so weit, Salis' *Weltchronik* mit Burckhardts und Rankes Kategorien zu sehen, nämlich «auf der Spur des Bedeutsam-Vergänglichen einen Schicksalszug zu verfolgen» – womit auch auf Hannos eigene Auffassung über das Metier des Historikers und also seiner selbst wieder angespielt war.

Stärkstes Aufsehen erregte jedoch ein eher kurzer Text; eine Rezension, die einer Neuerscheinung Max Frischs gewidmet war, nämlich dessen Schrift *Wilhelm Tell für die Schule*. – Frisch befand sich schon länger im Hader mit dem Schweizer Bürgertum, dessen Ambiance er einstmals gesucht hatte, um sie dann öffentlich madig zu machen, und gleichzeitig haderte er, ebenfalls seit längerem, teils berechtigt, teils unberechtigt, mit der NZZ und ihrem Feuilleton. Nachdem ihn in seinen frühen Jahren der damalige Feuilletonchef Eduard Korrodi gefördert hatte, zog Korrodi auch einmal andere Saiten auf, was dann auf beiden Seiten zuerst zu Missverständnissen, dann auch zu Aggressionen führte. Als Frisch politisch und weltanschaulich endgültig nach links abbog und zum literarischen Gewissen aller intellektuell gestimmten Sozialdemokraten wurde, musste ihm die NZZ als ganze, als die publizistische Institution der Schweiz par excellence, erst recht verdächtig werden. Die Politisierung seit 1968 tat das ihrige; jetzt war Frisch im linken Lager eingerichtet. Aus dieser Lagerkraft heraus schrieb er nun eine Gegengeschichte zum – freilich längst schon abgelebten – Mythos von Wilhelm Tell. Mit pädagogischer Spitze: Tell, endlich richtig, für die Schule. Helbling, der eminente Historiker, las, erschrak und schrieb. Der Titel der Besprechung: «In jedem Fall psychosomatisch». Das Fazit: ein unqualifiziert-bübischer Versuch, etwas zu revidieren, was ohnehin keinerlei wissenschaftlichen Kredit mehr genoss. Die Summa: «Parodistische Absicht? Allenfalls wäre sie an einer Spur Heiterkeit zu erkennen. Aber wie sehr man auch horcht, man hört nicht das Lächeln eines Ironikers, nicht das Grinsen eines Satirikers, nur das Kichern eines Banausen.»[22]

Banause Frisch. Das war es, und das war es zumal, was im Herzen des Max Frisch bis zu seinem Tod stecken blieb und brannte, vielleicht noch schmerzhafter auch im Ahnen oder Wissen, dass es gestimmt haben könnte. Bevor Helbling – auch – mehrmals zum dosierenden Lobpreiser Frischs wurde, zu einem Leser, der über den Älteren immer wieder bewundernd auch mir gegenüber redete, schlug er nochmals und heftig zu, und vermutlich sah sich Frisch gleich wieder und nochmals mit dem bösen Hin und Her der verhassten Marke NZZ beworfen, bis schliesslich Beatrice von Matt im Jahr 1984 die Redaktion der Schweizer Literatur übernahm und Frisch bis zu seinem Tod auf langen therapeutischen Wegen und sehr geduldig wohl eines nur halbwegs Besseren zu belehren vermochte.[23]

Ein anderer Prozess begann ebenfalls zu gären; leiser, unauffälliger, doch für die innere Verfassung der NZZ von grösserem Gewicht. Werner Weber, der Chef des Feuilletons, strebte nach anderen Ufern. Jahrgang 1919, seit 1946 bei der Zeitung, seit 1951 Chef des Feuilletons, seit vielen Jahren Verfasser seiner wöchentlichen «Samedis» zur Literatur, auch er: eine Legende, er hatte genug. Nicht wirklich genug; aber – und aus manchen Gründen – *so* genug, dass ihn eine Professur an der Universität Zürich gewissermassen erlöst hätte: von den Folgen des Zürcher Literaturstreits und einem neuen Ton in der Literatur der Gegenwart; von dem Druck des Rezensenten, bei den jüngeren Autoren nun zunehmend das Ästhetische auch am Politischen zu entscheiden; von der Kollegialität mit einem Chefredaktor, der ihn nicht mehr so umfassend umgänglich pflegte und schätzte, wie dies einst Willy Bretscher während über zwanzig Jahren getan hatte; und von der selbst verhängten Fron, immerfort wöchentlich zu sinnieren, um wöchentlich zu produzieren. – Das alles blieb zwar geheim, verdeckt, fürs Längste niemals ausgesprochen und selten überhaupt angespielt. Doch Hanno las die Zeichen, und er las sie richtig. Er war der prädestinierte Nachfolger, wer denn sonst. Nicht ganz so vorherbestimmt, wie er selber glauben musste; aber genügend nahe am Geschehen, dass er nun wohl doch eine Spur anders zu schreiben begann: politischer, weltlicher, zugänglicher (nach seinem eigenen Massstab). Er tat Dienst, natürlich, wie es erwartet wurde: Berichte über die Vorbereitung, dann über die Durchführung der Synode 72 in der Schweiz; Kritik an der Art und Weise, wie der Dominikanerpater und Freiburger Universitätsprofessor Stephan Pfürtner in seinem Reformbestreben von seiner Kirche wüst ausgebremst wurde; Reflexionen zum Thema Schwangerschaftsabbruch mit Blick auf die Lehrmeinung der katholischen Kirche; und mehrfach und beherzt Plädoyers für die Abschaffung der sogenannten Ausnahmeartikel in der Schweizer Bundesverfassung zum Jesuiten- und Klosterverbot.

Dieser Dienst nahe am Alltag der Ereignisse erhielt aber auch Elemente neuer Kür. Im Februar 1973 berichtete Hanno aus Genf über eine Neuinszenierung seiner Lieblingsoper *Der Rosenkavalier*. Keine Überraschung. So sehr hatte er übrigens die Musik von Richard Strauss und vor allem das Libretto von Hofmannsthal verinnerlicht, dass er ganze Partien aus dem Stegreif zitieren konnte. (Das ging noch länger so und dabei so weit, dass er sich mit Kollegen wie dem Musikredaktor Willi Schuh oder später mit dem damals jungen Literaturredaktor Andreas Oplatka gelegentlich wie in einer Metasprache mit Zitaten aus dem *Rosenkavalier* verständigte.) Doch zwischen Februar und März schrieb Helbling eine Reihe von sieben Texten oder Versuchen, die er unter der kursiven Überschrift «Zeitgemässe Bemerkungen» publizierte.

Die eher kurzen, dicht formulierten Artikel sollten zur Signatur der Epoche seit den Erschütterungen und Wirkungen von «1968» beitragen. Helbling schrieb einen Text «Die Ungleichheit der Chancen», einen weiteren «Flucht und Ausflucht», einen dritten «Die Selbstkritik an den andern», einen vierten, der mit der Überschrift «Ist der Marxismus ein Humanismus?» an Sartre anknüpfte, noch einen weiteren, des Titels «Ideologisierung, Entideologisierung, Reideologisierung», und so fort: schwierige Kost, letztlich ungeeignet für Studenten (der Linken), die danach daran gedacht haben könnten, ihr Weltbild zu revidieren. Noch weniger aufzunehmen oder nachzuvollziehen aus dem Rückblick – ausser, dass die kritische Anstrengung im Umgang mit Denkungsarten, Begriffen, Worten, Klischees schon kenntlich geblieben wäre; die Intention, die Intellektualismen des Zeitgeists mit eigener intellektueller Schwerarbeit zu hinterfragen, gar ad absurdum zu führen. Es war kein Wunder, dass solche und ähnliche Texte, die ihrer Absicht nach selbstbewusst an die gebildete Welt gerichtet waren, bei manchen Lesern Hannos Ruf des gescheiten, doch immer wieder hermetischen Schreibers erneut zementierten.

Immerhin war damit nochmals deutlicher geworden, wohin die Reise gehen würde, wenn Helbling als Nachfolger Werner Webers zum Chef des Feuilletons ernannt wäre. Der Kulturteil der NZZ erhielte von der Führung her eine gedanklich schärfere und strengere Handschrift. Wenige Wochen später unterstrich Hanno seine Kandidatur mit dem Teilnachdruck eines Vortrags, den er am 20. Januar 1973 am ersten Schweizer Historikertag in Bern gehalten hatte. «Teil des Ganzen. Der Ort der Schweizer Geschichte» erschien auf der Seite «Zeitfragen» mit dem Datum des 8. April. Hier konnte die Leserschaft wieder leichter folgen – auch im Reflex auf einen Liberalismus, der das «Schweizerische» nicht mehr als unverrückbare Eigenart mitsamt obligater Aufrufung des ewigen Sonderfalls präsentierte, sondern vielmehr als «mixtum compositum», als komplexes und teilweise widersprüchliches Ineinander verschiedener Eigenschaften und Einflüsse. Der letzte Absatz, ein freilich abstraktes Gebilde, drückte Helblings diskret gefasste Geschichtsphilosophie aus – oder sagen wir: den leise gestimmten Katechismus eines Historikers, der von Ranke gelernt hatte, dass «Sinn» eine Kategorie sei, auf die bei aller Skepsis gegenüber höheren Plänen und Absichten nicht einfach verzichtet werden dürfe. «[…] wenn die Historie nicht von Sinn-Gewissheiten ausgehen darf, so kann sie anderseits nicht auf die Hoffnung verzichten, in dem Beziehungsgeflecht, das sie auf ihrer Suche nach Umfang, Gestalt und Gewicht der Entwicklungs- und Entscheidungsprozesse erörtert, zuletzt eine Ordnung zu finden. Eine Ordnung, die zwar nicht Sinn wiedergibt oder spiegelt, weil er ihr vorgehalten und abverlangt worden ist, dafür jedoch einen Sinn in sich trägt, wie er von Fall zu Fall aus menschlicher und gesellschaftlicher Existenz hervortreten kann. Der Ort der Schweizer Geschichte ist dann den Meldungen zu entnehmen, die der Teil selbst über seine Zugehörigkeit zu dem einen oder anderen Ganzen gibt, und ihre Adresse formuliert sich aus Angaben, in denen sich Weite und Nähe im rechten Gleichgewicht halten.»

Anfang Juli dieses Jahres 1973 befand sich Hanno Helbling erneut in Chur, um über die zweite Arbeitssession der Synode 72 zu berichten. Auf den Beginn des Monats war er auf Antrag des Chefredaktors Fred Luchsinger vom Verwaltungsrat der AG für die Neue Zürcher Zeitung zum Ressortleiter für das Feuilleton ernannt worden.

# Chef des Feuilletons

Im November 1962 war ein Heft erschienen, mit welchem die über die Schweiz hinaus ausstrahlende kulturelle Monatsschrift *Du* unter der Regie ihres Chefredaktors Manuel Gasser ein interessantes Thema aufgriff. Die Nummer stand unter dem Motto «Junge Schweizer ‹unter 40›» und stellte 131 Menschen vor, die in den folgenden Hauptgebieten tätig waren: rund um die Kunst, rund um die Literatur, rund um die Publizistik, rund um das dort so genannte «Show Business», bestehend aus Theater, Ballett, Kabarett, Film, Radio und Fernsehen. Jüngere Leute, vorwiegend Männer und ein paar Frauen, sollten sich in und mit ihrem Job kurz vorstellen, während sie zugleich mit künstlerisch ansprechenden Fotos auch optisch zur Kenntlichkeit gelangten. Es fanden sich ein: Schriftsteller wie Jürg Federspiel, Paul Nizon, Giorgio Orelli, Hugo Loetscher oder Herbert Meier; Wissenschaftler wie Bernhard Böschenstein, Reinhold Hohl, Stefan Sonderegger oder Peter Szondi; Verleger oder Kunsthändler oder Kunstkritiker wie Daniel Keel, Eberhard W. Kornfeld oder Richard Häsli; Journalisten oder Kabarettisten oder Filmemacher wie Jürg Ramspeck, César Keiser oder Claude Goretta. Eine bunte Schar, Begabte, Solide, Seiltänzer, spätere Koryphäen und später Vergessene.

Unter diesen figurierte auch – und zwar in der Sparte Literaturwissenschaft, Geschichte – Hanno Helbling. Jahrgang 1930, war er gerade zweiunddreissig, wurde mit der Unterzeile als «Historiker, Redaktor, Theaterkritiker» bezeichnet und schrieb zu Beginn seiner Selbstpräsentation in schönstem Feuilleton-Deutsch: «Ich im ‹Du› – das klingt nach Spiegelung. Möchte es nicht gar zu sehr nach Selbstbespiegelung klingen.» – Im Fortgang der weniger als dreissig Zeilen

Steckbrief erwähnte Hanno seine heiter-fleissige Studienzeit, das Metier des Historikers, Publikationen, doch absichtsvoll ohne Titel oder Themen; auch, dass sich die akademische Laufbahn habe vermeiden lassen; dass das Gastspiel im Schweizerischen Verlagswesen «kurz und unbefriedigend» verlaufen sei; hingegen schon der Student für das Feuilleton der NZZ zu schreiben begonnen habe, dann regelmässig über das Zürcher Schauspielhaus berichtete; später in die Abschlussredaktion der NZZ und dann ins Feuilleton aufgenommen worden sei, wo er auch künftig versuchen werde, diesen Teil der Zeitung betreuen zu helfen, von Büchern zu berichten und von Dingen, worüber er nachgedacht habe; endlich unter dem Stichwort «Besondere Zwecke, besondere Ziele»: «Im Lauf der Zeit eine Reihe von Erscheinungen aus der historisch-politischen Welt Italiens andeutungsweise zu behandeln, zu vermitteln; weil sich mir hier am ehesten ein erfüllbarer Informationsbedarf zeigt. Und: den Zusammenhang von Studium und Tagesarbeit, von wissenschaftlicher Betrachtung und journalistischer Mitteilung zu bewahren.» – Und dass – so dürfte man jetzt hinzufügen – um des Himmels willen keine Leserin, kein Leser dem Gedanken verfalle, diesen so kunstvoll redigierten Steckbrief als das Höchstmögliche an Absicht, Wollen, Ernst und Ehrlichkeit zu nehmen. Wille und Spiel, das ja, schon.

Während aber andere Untervierziger fröhlich oder entspannt, tätig oder gewitzt, keck oder im Gegenteil naiv in die Kamera schauten, liess sich Helbling tatsächlich so vor seiner Bibliothek belichten: im Vordergrund ein mit Stoff beschlagener Sessel, im Hintergrund die Regale mit ihrer strengen Fracht, der Porträtierte stehend nach rechts verschoben, die Miene wie besorgt, der Blick hinter der Brille gesenkt, der Körper im dunklen Anzug mit weissem Hemd und mit Krawatte, die Hände in den Hosentaschen, das ganze Bild von Schatten genährt, Interieur plus Protagonist, dieser wie ein Dandy aus der Schule Zwinglis. – Damals wohnten Helblings an der Wiesenstrasse im Zürcher Seefeld-Quartier, in einer nicht uneleganten, doch reichlich «historischen» Parterre-Wohnung von fünf Zimmern samt rustikaler Küche, in einer alten Villa, deren Garten leicht verwildert war und dessen Bäume ebenfalls für kräftigen Schatten sorgten. Im Sommer blieb es angenehm kühl. Die Ferien verbrachte man übrigens entweder im eigenen Haus in Silvaplana im Engadin oder in Bayern bei Freund Guttenberg. Hie und da reiste man nach und in Italien.

Elf Jahre später: Chef des Feuilletons. Immer noch wohnend an der Wiesenstrasse, mit Barbara, der Gattin, und den Kindern Niklaus, Regine und Ursula. Vorausgreifend zu sagen: ein geselliger Haushalt, mit Einladungen unter Bekannten und Freunden, mit Kammermusik und Kaminfeuer, mit klugen, mitunter auch mutwillig-ironischen Gesprächen, auch über Zürich, dieses teils spannende, teils vorhersehbare Biotop einer sehr überschaubaren Gesellschaft bei insgesamt etwas verriegelten Temperamenten.

Was hatte Hanno erreicht? Fast alles. Er war nicht Professor geworden, worum er sich auch niemals sehr aktiv bemüht hätte, und nach 1968 war dies ohnehin von Vorteil – sicher für ihn, der auch in seiner Umgebung stets so viel Stil wie möglich suchte, stattdessen aber bärtige Besserwisser mit wilden Theorien gefunden hätte. Er war Mitglied der Zürcher Gelehrten Gesellschaft, was ihm etwas war. Er war Mitglied der Zürcher Zunft zur Schmiden, deren Geschichte bis ins Jahr 1336 zurückreicht, und marschierte in ihrem Pulk im schwarzen Talar am Sechseläuten mit. Er pflegte Kontakt mit Deutschland, mit Italien, mit gelehrten Häuptern und klugen Köpfen, von denen manche für das Feuilleton schrieben. Für die physische Ertüchtigung, an der ihm einiges lag, stand ein Pferd bereit, das Hanno auch einmal durch den Schnee reiten liess, und auf Spaziergängen begleitete ihn sein Hund, ein Golden Retriever, sie hiess Hazel und hatte ein reines Gemüt. Und er hatte nicht nur Hunderte von Artikeln und Aufsätzen verfasst, sondern auch Bücher: die frühen Arbeiten zur Historie, dann bereits drei Bücher über das Konzil, die Kirche und das Christentum, ein viertes sollte 1976 folgen, des Titels *Dauerhaftes Provisorium. Kirche aus der Sicht eines Weltchristen.*

Bereits 1963 war auch eine knappe, konzise und liberal fundierte *Schweizer Geschichte* erschienen, die dann 1982 eine überarbeitete Neuauflage erfuhr. Ferner: 1969 war der Essay *Der Mensch im Bild der Geschichte* publiziert worden, gewidmet Hannos Frau, Barbara Helbling-Gloor, – sagen wir offen: ein widerständiges, umwegiges Opus, das sich als «Beitrag zur Begründung der Philosophischen Anthropologie auf wissenschaftlicher Grundlage» empfehlen sollte, wie der Herausgeber der Reihe «Erfahrung und Denken» im Berliner Verlag Duncker & Humblot, Kurt Schelldorfer, im Vorwort umschrieb. – Helbling stellte sein Thema unter drei Kapitel beziehungsweise Begriffe, die ihm dafür als wesentlich erschienen: «Gedächtnis, Identität, Schicksal». Gewährsleute waren wiederum Ranke und Burckhardt, aber nun auch Helmuth Plessner oder Friedrich Meinecke, Nietzsche und Renan, auch der Aquinate, wo es um die Lehre vom «bellum justum» ging, dann zuletzt und etwas enigmatisch Hölderlin mit seiner Hymne *Friedensfeier*. Abermals kein Werk für jeden und alle, mehr Text qua Subtext für Freunde im Geiste, für verständig Gebildete, immer auch für sich selber, doch sicher nicht und niemals für ein Jahrzehnt, das gerade die Revolution ausgerufen hatte und lärmend über die Barrikaden springen wollte, während Hanno an der Zürcher Wiesenstrasse oder im geschmackvoll von Knuchel und Kahl möblierten Büro der NZZ nachdenklich an einer Pfeife zog und sich über den Heiligen Augustinus beugte. – Er konnte sehr zufrieden sein.

Der Stil war – ein wenig – einfacher geworden. Kurz nachdem ich im September 1974 ins Feuilleton eingetreten war, kaum dass ich meine ersten schweren Stücke vom Stapel gelassen hatte, erklärte mir der Chef, der schnell und nicht ohne Behagen gemerkt hatte, dass ich ihn nachzuahmen begann, vor zehn, fünfzehn Jahren habe er noch häufig ungemein kompliziert geschrieben, ja nahezu unzugänglich, heute hingegen rede er in klaren Worten, das mache die Erfahrung aus, den Rest, die «Moral» – hiess: ich für meinen Teil solle vielleicht nicht so lange warten –, sprach er nicht mehr aus. Er schrieb, wie er war, dabei blieb es letztlich; Buffon: «le style est l'homme même». Sicher und souverän im Rhythmus, Herr über die Gedanken, über die vielen grossen und kleinen Perioden zwischen Gedankenstrichen, über die Hypotaxen, die Konjunktive, dazu die indirekten Fragen, nicht selten die ominösen drei Pünktchen wie eine hochgezogene Braue, Assoziationen aus einzelnen Wörtern und Worten, umhüllte oder verfremdete Zitate, Zurufe, Anspielungen, da allerdings wirkte dieser Stil schon damals, zu Beginn der Siebzigerjahre, mitunter etwas gestellt, wie eine vom Licht sanft gebleichte Polstergruppe, etwa wenn es darum ging, Höflichkeiten auszubreiten, die letztlich das Gegenteil sein sollten: Wenige merkten das auf Anhieb. – Übrigens klang auch manchmal noch ein schwacher Akkord aus Werner Weber nach; Unvermeidlichkeit, wenn man lange und nah in den klösterlichen Zellen des Feuilletons der NZZ gemeinsam, fast verschworen gewirkt hatte. Ein Hauptmerkmal schliesslich: Helbling war weniger einer, der Inhalte mitteilte, Sachverhalte wiedergab, Ideen näher referierte, als der, der die Leserschaft daran teilnehmen liess, wie *er* zu solchem stand, was er sich dabei dachte, was noch zusätzlich hätte gedacht werden müssen und so fort, und wenn er über Bücher redete und urteilte, nahmen Struktur und Methode, Stil und Sprache dieser Bücher oft mehr Raum ein als das, was denn «drinnen» stand, was sie zu sagen hatten, sodass man sich manchmal fragen durfte, was denn nun eigentlich *in* den Büchern vielleicht geheimnisvoll verborgen blieb …

Im Juli 1973 brachte Hanno Probleme zur Sprache, die sich aus der beschleunigten Bewegung des Ökumenismus ergaben, vor allem eines: Zu viel Ökumene müsste nämlich dazu führen, dass die Institute des christlichen Glaubens sich selber und gegenseitig aushöhlen würden. Im September berichtete er wieder von der Synode 72 aus Chur, wo es weiter um die Mischehe und neu um den Familiennachzug der Saisonniers ging, die damals und noch länger im Volksmund abfällig als Fremdarbeiter bezeichnet wurden. Bald darauf war er wieder in Rom unterwegs. Unter dem Titel «Vatikanische Entwicklungen» erfuhr man, dass der Papst immer schwerer an seinem Amt trage und zwischen die Fronten von nunmehr rasanten Erneuerern und entsprechend bremsenden Bewahrern geraten sei.

Da las es sich wie ein Kapitel Urlaub von Gott, wenn Helbling am 14. Oktober 1973 mit nicht nachlassender Aufmerksamkeit den fünften Band von Werner Kaegis Burckhardt-Monument rezensierte. Er gab dem Biografen recht, der statuiert hatte, dass Burckhardt am Ende kein Geschichtsphilosoph, sondern ein denkender Darsteller der Geschichte gewesen sei. Er zitierte aus diesem Band Nummer fünf das Wort Burckhardts, der zum Semesterbeginn 1871 geschrieben hatte: «Alles bis auf unsre Tage ist im Grunde lauter Revolutionszeitalter und wir stehen vielleicht erst relativ an den Anfängen oder im zweiten Akt.» Er erwähnte Kaegis Bemerkung, dass Burckhardt zwar ein Schwarzseher gewesen sei, dass aber anderseits vieles dessen, was Burckhardt sah, tatsächlich schwarz war. Und er urteilte selber über den «Propheten» Burckhardt so differenziert, dass dabei eine Wahlverwandtschaft abgelesen werden konnte: «Das Wesentliche liegt nicht in den Voraussagen, sondern in der Betroffenheit durch Geschichte und Gegenwart, im Pathos der Zeitkritik und im Aufspüren der Grundverhältnisse, wie es die Vorlesungsnachschrift eines Burckhardt-Schülers bezeugt, wenn sie festhält, wie der Lehrer im Zusammenhang mit Napoleon ‹jenes Urmysterium von der Einwirkung eines Menschen auf einen anderen› ansprach.»

Betroffenheit durch Geschichte und Gegenwart: eine griffige Formel, auch für Helbling selbst, wie bei Burckhardt unter der Voraussetzung, dass sich diese «post festum», nach dem Erlebten und mittelbar oder unmittelbar Erfahrenen, für die Schriftlichkeit in Reflexion verwandelt hatte. Nähme man aber die Betroffenheit auch einmal im emphatischen Sinn, als direkteren Ausdruck geistig-sensitiver Erregtheit, so hätte für Hanno gelten müssen, dass sie wohl nur und sogar dort eher selten spürbar geworden wäre: beim Traktieren christlicher Themen. Ob Helbling tatsächlich ein «Weltchrist» gewesen war, als er sich im Untertitel des Buchs von 1976 *Dauerhaftes Provisorium. Kirche aus der Sicht eines Weltchristen* damals so bezeichnete, mag offen bleiben; jedenfalls zeigte er im Umgang mit christlichen Realitäten noch ein paar Jahre jene energetische Aktivität – übrigens auch in den Gruppenarbeiten rund um die Synode 72 –, die für anderes zuvor stets geläutert und sublimiert worden war. War er vielleicht gar nicht so selten von allem Möglichen und kaum Möglichen gedanklich oder emotional betroffen, so verliefen sich solche Gefühle fast immer in Texte eines genialisch begabten Analytikers. Alles war aufgeräumt.

# Manchmal schwierig, selektiv gesellig

Was nun aber das Temperament eines Chefs des Feuilletons der NZZ betraf: so war Werner Weber sicher der Verbindliche geblieben, der nach aussen Höfliche, gelegentlich Innige, der aber darüber niemals seine eigenen Ziele und Interessen aus dem Auge verloren hätte, während Hanno schneller und klarer zur Sache ging, Ungemütlichkeit in Kauf nahm oder gar nicht realisierte, den Leuten und den frei Mitarbeitenden nichts vormachte, der niemandem schmeichelte, damit diese oder dieser in Rührung von ihm dachte oder sprach, er gab sich verschlossener, auch ehrlicher in seinen Einschätzungen anderer, weshalb er gern als schwierig galt. Er dachte nicht nur mit Schärfe; er liess sie oftmals spüren, wenn er urteilte oder ein Gegenüber brieflich oder mündlich ansprach.[24] Für die überschaubaren Zürcher Verhältnisse der Sechziger- und noch der Siebzigerjahre verband sich damit ungewöhnliches intellektuelles Format mit einer Prise Frostigkeit, dazu an zentraler Stelle des schweizerischen Geisteslebens, an der Spitze des NZZ-Feuilletons.

Anderseits pflegte Helbling die Geselligkeit. Auf der Höhe auch der sozialen Leiter angekommen, hatte er durchaus Einfluss; nicht zuletzt, wenngleich nur für kurze Zeit, als Präsident der Zürcher Tonhalle-Gesellschaft. Vielleicht hätte er sich damals sogar als Citoyen bezeichnet; als einen Zeitgenossen des Engagements für die Zivilgesellschaft und das Gemeinwohl, ohne Max Frischs anstrengenden Anspruch auf Repräsentanz gesellschaftlichen Gewissens für alle Lebenslagen aufnehmen zu wollen. Eines war fortan ebenfalls klar: Mit einer Karriere als Historiker an der Zürcher Alma Mater war es vorbei. Webers Rösselsprung hatte die Tür versiegelt, eine Wiederholung kam nicht mehr infrage. Das hiess umgekehrt, volle Konzentration auf das Amt bei der Zeitung, daneben gewiss wohl das eine oder andere Buch, die eine oder andere Übersetzung, Vorträge und Verwandtes mehr, aber eben und vor allem: Journalismus.

Journalismus so, wie ihn Helbling damals verstand und verstehen durfte – und wie er bei relativ ähnlichem Verständnis für die Sache auch von der Redaktion gepflegt wurde. Bericht erstatten, gewiss; und – entsprechend dem Auftrag dieser besonderen Zeitung – mit grösstmöglicher Genauigkeit und Vertiefung. Daneben oder gar darüber: das Deuten, das Kommentieren, das Ein- und Zuordnen, bis hin zu der Weisheit vorletztem Schluss, denn die NZZ war noch immer das deutschsprachige Intelligenzblatt schlechthin, weit über die Grenzen der Schweiz hinaus. Vieles, was zumal aus links gerichteten Kreisen an Ärger auflief, war vor allen «Inhalten» des Tags viel eher der Tatsache geschuldet, dass es die NZZ solcherweise gab – als eine Instanz mit unerschütterbarem Fundament. Man schrieb nicht «für die Leute»; für ein Publikum, einen Markt. Man schrieb, was man für richtig hielt, sagte der Welt, wie die Welt war, dachte dabei freigesinnt liberal, aufgeklärt, man stritt für diese Werte, bekämpfte ihre Widersacher, wenn nötig über den ganzen Erdkreis hinweg und fast täglich in Moskau oder in Ostberlin oder in Peking oder im Zürcher Gemeinderat.

Damals erschien die NZZ noch zweimal am Tag: mit einem Morgenblatt und einem Abendblatt. So hätte sich auch das Feuilleton jener brennenden Aktualität befleissigen können, die ein solcher Taktplan geradezu stipulierte. Helbling und sein Team verschmähten nicht die Zeitigkeit; aber sie rannten ihr auch nicht hinterher. Nachrufe grosser Persönlichkeiten durften mitunter zwei Tage später erscheinen. Kein Leser begehrte dagegen auf. Nachdem Hanno in der Morgenausgabe des 2. Februar 1974 hintersinnig «Über das Lesen von Todesanzeigen» meditiert und manche fromme Formel solcher Textsorten dekonstruiert hatte, verfasste er zwischen Februar und März eine Reihe von Artikeln zu Phänomenen, deren widersprüchliche Bedeutung ihn dazu angeregt hatte: über den beinahe edlen Snobismus, über die Abneigung gegen Institutionen, über Ideologieverdacht oder über das Schreiben in einer Sprache. Allesamt kluge, umwegige Betrachtungen, deren Stil das damalige Feuilleton zwar nicht zur Gänze repräsentieren, aber als ein besonderes, unverwechselbares, periodisch geheimnisvolles Feuilleton auszeichnen sollte. Die ausdauernde Leserschaft wurde wenig später im Romanfeuilleton mit dem Nachdruck von Hedwig Courts-Mahlers Roman *Eine ungeliebte Frau* auf Entspannung gesetzt, was umgehend zu Protesten, aber dann auch zu Begeisterungsstürmen und einem turbulenten Hin und Her und einer witzigen Replik aus Helblings Feder führte. Niemals zuvor oder danach waren die Wellen des Missfallens so hoch gegangen, sie erzeugten Fluten von Eingesandtem, von Briefen der Erschütterung und anderem mehr. Aus der Sicht der Sozialpsychologie: Da hatten sich doch viele etwas knöcherne Zwinglianer heimlich an der Liebesprosa einer Trivialautorin begeistert und mussten jetzt zugleich nach aussen und vor sich selbst Empörung inszenieren. – Die Sommerferien verbrachte Helbling mit seiner Familie bei seinem Freund Enoch zu Guttenberg auf dessen Gut im bayrischen Neubeuern, was Veranlassung geben sollte, danach über die Chorgemeinschaft Neubeuern und ihren famosen Dirigenten Guttenberg anlässlich einer Reihe von Konzerten dortselbst schliesslich für die NZZ zu referieren. Es durfte nicht das letzte Mal gewesen sein.

Unerwartet kritisch fiel hingegen eine Rezension aus, die sich mit Odo Marquards Aufsatzband *Schwierigkeiten mit der Geschichtsphilosophie* (6. September) befasste. Hätte man nicht erwarten können, dass Helbling mit des eminenten Skeptikers Kritik am geschichtsphilosophischen Denken der Neuzeit und dessen Erklärungsterror einig gegangen wäre? Falsch; Letzterer erfuhr zwar keine Verteidigung, aber als Ranke- und Burckhardt-Schüler «après la lettre» wollte Hanno diesem Denken insofern Kredit gegeben haben, als es doch des Menschen Bedürfnis nach einem «Sinn» hienieden respektiere. Ende September 1974 befand sich der Chef zur Bischofssynode in Rom, im November weilte er für die Pastoralsynode in Dresden, wo er gleich noch ein düster gezeichnetes Feuilleton – Stichworte: Kälte, Dunkelheit und Schleppgang – verfasste: «In Dresden notiert». Es wird freilich noch zu zeigen sein, dass sich Hannos Verhältnis gegenüber der DDR und nach 1989 bald der ehemaligen DDR später etwas wandelte: nämlich unter dem Einfluss der Freundschaft mit Christa Wolf hin zu einer behutsamen Empathie für Lebenswelten jenseits kapitalistischer Konsumkultur, von denen er allerdings fast nur anekdotisch Anschauung haben konnte. Aber das Sujet rumorte – ganz ähnlich wie beim alten Thomas Mann – periodisch im Kopf; mit einer «dialektisch» über die Bande gespielten, sanften Abfuhr gegenüber «westlicher» Lebensart, welche letztere allerdings für beide, für Hanno wie für Thomas, die einzige und dabei immer das erwünschte Faszinosum aus Behaglichkeit und Stilbewusstsein blieb.

Spät im November war ein Besuch in Recanati in den italienischen Marken angesagt. Hier ging es ums Nahe und um Eigenstes. Für den Verehrer, Interpreten und Übersetzer Giacomo Leopardis (1798–1837) war dessen Heimatstadt, in welcher er den grösseren Teil seines kurzen Lebens verbracht hatte, ein magischer Ort.[25] Hier, im Haus der Eltern, hatte der grosse Lyriker und «poeta doctus», der Gelehrte, der Übersetzer, der Philosoph eines grandiosen Pessimismus gewohnt, gelebt und geträumt: unglücklich zumeist, leidend, einsam. Sodass Hanno am Ende den Bericht seiner Visite scheinbar mit einem Goethe-Zitat, in Wahrheit – absichtlich?, unbemerkt? – mit Thomas Manns Version dieses Zitats beschloss. Es bleibe uns, schrieb er, trotz dieser Vita und ihrer Mühsal, das Werk Leopardis. Und dann eben: «Das, was vergänglich ist, bewahrt mein Lied.» – Mit solcher Beglaubigung von Transzendenz – einer Kunstreligion wider den Furor des Verschwindens, ganz auch im Sinn Prousts – war für Hanno viel mehr anzufangen als mit christlicher Gotteszuversicht, deren zeitgenössisch gesellschaftliche Relevanz ohnehin als zunehmend im Schwinden zu konstatieren war. Den polemischen Schlusspunkt dieses Jahrs setzte die Rezension einer Schrift der Philosophin Jeanne Hersch unter der Überschrift «… wenn der Sinn einen Sinn hat». Indem der Kritiker die «zweckmässig-ungezwungene Art zu denken» lobte, wusste jedermann, dass er just davon gar nichts hielt. Chefredaktor Luchsinger, der Jeanne Hersch als eine gedanklich verständliche und politisch zuverlässige Dame schätzte, war «not amused at all».

1975 hatte sich das Feuilleton endgültig die Handschrift des neuen Chefs angeeignet. Anders als sein Vorgänger, der über Jahrzehnte hinweg mit den wöchentlichen «Samedis» für strenge Kontinuität der Handschrift gesorgt hatte, bespielte Helbling verschiedene Formate und diese locker, von Fall zu Fall, wie es sich von den Themen und von seiner Inspiration her ergeben mochte. Hinzu kamen, durch keine ausschliessende Dominanz mehr versperrt, Ausflüge in literarische Gefilde. Es ist bereits erwähnt worden: Der promovierte Kunsthistoriker Richard Häsli betreute die Kunst mit eifersüchtiger Entschiedenheit und hoher Kompetenz, dasselbe galt für die Musik unter der Regie von Andres Briner sowie für das Theater, das von Hansres Jacobi redigiert wurde. Für die Literatur war Andreas Oplatka zuständig, der dafür seinen Aussenposten als politischer Korrespondent in Skandinavien aufgegeben hatte. Kurz, ein zuverlässiges Team, auf das sich auch die Leserschaft verlassen durfte, geführt von einem Vorgesetzten, der viel Freiraum gab, wenig ins Geschehen eingriff und vor allem kraft seines überragenden Intellekts uneingeschränkt respektiert wurde. Man gestaltete häufig von Tag zu Tag, nachhaltige Planung erfuhr die Wochenend-Beilage «Literatur und Kunst», deren Seiten der Chef nach Eingang der einzelnen Bestellungen generös verteilte. Anders gesagt: ein – gelegentlich etwas riskantes – Minimum an Bürokratie bei stark kreativer Kontingenz: Vieles wurde möglich oder auch nicht. Oder nochmals anders, Hanno Helbling war sich der Sache wie der Seinen sicher.

Rasch erkannte man, dass sich an der Auswahl bevorzugter Stoffe wenig verändert hatte. Der Historiker schrieb über Saint-Simon und Proust, über einen neuen Band der Briefe Jacob Burckhardts, aus Anlass des 250. Todestags Peters des Grossen dessen Porträt oder über Bände der Propyläen-Weltgeschichte. Der Kirchendeuter reflektierte über die wachsende proarabische Einstellung des Vatikans, über Tagungen der Synode 72 oder über eine Tagung in München zum Konzil, wo der Professor Joseph Ratzinger die «pastorale Infantilität» der Kirchen beklagte. Schon im Januar 1975 und unter der Überschrift «Oekumene in der Schweiz. Zur heutigen Lage» hatte Hanno selber ein weiteres Zeichen kritischer Absicht gegeben. Erstens, die Ökumene habe ihre unmittelbare Überzeugungskraft verloren; zweitens, das Interesse an theologischen Fragen sei der Tendenz zur Sozialpolitik gewichen; drittens, es gebe hüben wie drüben rechtens Grenzen, die zu akzeptieren seien; viertens, der ökumenischen Erziehung stelle sich «das passive Verhalten allzu vieler Christen» entgegen. Im Sommer 1975 provozierte das von Erzbischof Marcel Lefebvre eingerichtete Priesterseminar von Ecône erste grössere Unruhen, hinzu kamen seitens der katholischen Kirche zunehmend besorgte Stellungnahmen zur Praxis des sogenannten Schwangerschaftsabbruchs, und wenigstens bot sich zur Ablenkung von all diesen Turbulenzen eine untergründig belustigte Rezension der späten Briefe Karl Barths an, die nicht umhin kam, den immer dramatischer gewordenen Alten gegen die Ehrfurcht seiner Verehrer als erratisches Gestein mit rötlichen Einschlägen zu bestimmen.

Helbling-Leser fanden wie gewohnt reiches Gedankengut. Aber die Perlen entdeckten sie vor allem seitwärts – etwa in einer Erinnerung an den Germanisten, Gymnasiallehrer und Professor Karl Schmid, der am 4. August 1974 verstorben war und nun – elf Monate danach, warum auch nicht, man zeigte langen Atem – eine Hommage aus der Feder seines ehemaligen Schülers erhielt; oder in einem dichten Essay des Titels «Mit der Romantik?», mit welchem Helbling halb amüsiert, halb irritiert und sogar «autobiographisch» auf einen Text reagierte, den Andreas Oplatka einige Tage zuvor unter der bekennenden Überschrift «Mühe mit der Romantik» eingerückt hatte. Hier Oplatka, dessen jugendliche Sachlichkeit eine direktere Gegenwart bestellen wollte; dort Helbling, der mit vielen Weihen gewaschene Romantiker zugleich aufgeklärten Bewusstseins, der die Romantik verteidigte. – Ein echtes halbes Rätsel gab wohl nur – und insbesondere für Protestanten – der Aufsatz *Im Kloster* (24. November 1975) auf. Hanno schilderte in wunderbarer Prosa den Aufenthalt in einem französischen Kloster, das er nicht beim Namen nannte, und offenbarte zum Ende, bei durchgehend hoher Bewunderung für dortige Ordnung und Form, eine Art von Bekehrung: «… zuletzt, als ob man immer noch nicht genug hätte, tastet man sich durch die nächtliche Finsternis in die Kirche, um auch die letzten Klänge der Liturgie zu hören, mit der Komplet den Tag zu beschliessen [...] Sollte man beim Anblick solcher Ordnung ein wenig konservativer geworden sein?»[26] Festzustellen bleibt indessen, dass er diesen letzten Satz strich, als er später das Feuilleton in den bei Piper in München erschienenen Sammelband *Unterwegs nach Ithaka* aufnahm: 1988 war ihm das Bekenntnis von damals offenbar obsolet geworden.

Alsbald nahm das Leben wieder seinen gewohnten Gang. Oder doch nicht ganz. Denn am 20. März wurde Hanno in Zürich auf der Strasse von einem Auto angefahren. Wie durch ein Wunder erlitt er keine schweren Verletzungen, aber der Unfall war ein Schock, und erst nach einigen Wochen konnte er seine Arbeit wieder aufnehmen.[27] Der Musikfreund besuchte die Münchner Oper, der Geschichtswissenschafter vertiefte sich in die Ranke-Philologie, der Proustromane deutete die *Recherche* mit eindringlichen Beobachtungen vor dem Hintergrund des *Jean Santeuil*, der Bücherfreund fuhr zur Frankfurter Buchmesse, und der Leitartikler schrieb die Osterbetrachtung unter der Signatur «Ostern für Weltchristen». Vielleicht war er selber (noch) einer, ein Spätling, vielleicht sah er als einzigen Ausweg aus den Dilemmata der Ökumene zwischen übertriebener Reform und betäubender Reaktion diese Formel als Zeichen einer Zugehörigkeit zum Abendland. Der Streit um «Ecône» war da symptomatisch. Noch zeigte Hanno ein gewisses Verständnis für die Überzeugungen des ultrakonservativen Erzbischofs, der wider die Erlaubnis des Vatikans aufgebrochen war, neue Bischöfe nach seinem Gusto zu ernennen; vor allem aber für den Vatikan, der mit eindrücklicher Geduld weiterhin versuchte, diesen schon fast völlig Abtrünnigen halbwegs zu bändigen. Zugleich war die Affäre ein Krisenzeichen – letztlich auf dem Weg der Vergleichgültigung, der solche innerkirchliche Streitereien, und liefen sie selbst in die Richtung des Schismas, im Reflex gesellschaftlicher Öffentlichkeit unterworfen werden würden. Irgendwann und vielleicht bald schon wäre das alles fast allen fast nur noch egal. Deshalb und dagegen rief der Autor des Oster-Leitartikels beinahe trotzig das Argument des «quia absurdum» auf. Nicht in den bequem gewordenen Riten eines vollkommen verständig gewordenen Christentums läge das Heil. «Wir sollen gegen den Strich glauben; was uns allenfalls leichtfiele, hat kein Verdienst.»

# «Dialog» mit Max Frisch

Solange er regierte, hatte Werner Weber seine Hand auf die Schweizer Literatur gelegt. Hier entschied er und nur er, wer was wie – wenn überhaupt – schreiben durfte. Es gab anderseits Umgehungsräume, die, so hatte der Chef entschieden, auch für ihn selber gelten sollten. Seit Max Frisch versuchte, die NZZ kritisch vorzuführen, wurde das Thema Frisch zum Minenfeld. Weber entzog sich seiner Qual, für seine Zeitung, wo es nötig war – gewesen wäre –, also gegen Frisch Stellung zu beziehen, indem er – vielsagend – schwieg. Helbling bewies Courage. Einerseits erkannte er in Frisch den genuin bedeutenden Schriftsteller. Anderseits wollte er zur Sache bringen, was kaum noch einem Leser verborgen geblieben wäre: dass dieser Hochbegabte seit Jahr und Tag periodisch abstürzte – zum Beispiel in Unehrlichkeit vor der Schweiz und mehr noch vor sich selbst.

Fortan liess es sich Hanno nicht nehmen, den Dialog und bei Bedarf das Duell mit Max zu suchen. Erste intensivere Begegnung nach dem Verriss des Büchleins über Wilhelm Tell war ein Artikel vom 28. Mai 1976 anlässlich der Veröffentlichung der sogenannten «Werkausgabe» Frischs durch den Suhrkamp-Verlag. – Das Fazit, einstweilen: ein heikler Herr bei insgesamt prekärem Selbstbewusstsein, der sein Hauptthema – Identität, deren Substanz, deren Gefährdung, deren Verlust – in die Öffentlichkeit trägt; solcherart gesellschaftswirksam macht, dass im Fortgang seiner «Biographie» immer sichtbarer werden soll, wie es nunmehr die Gesellschaft mitsamt ihrem Land sei, die identitätszersetzend einwirke. Oder so: «Die auf mehr als viertausend Seiten gesammelten Werke Max Frischs *sind* ein Beitrag zur schweizerischen Selbsterkenntnis. Wir blicken in den Spiegel; wir gefallen uns nicht. Ist der Spiegel schuld? Dort, wo er uns vorgehalten wird, mögen wir ihn verzerrt finden. Aber schon darin, *wie* er uns vorgehalten wird, spiegelt sich ohne Verzerrung der pädagogische Moralismus, der unser Erbteil ist. Und weiter: der befangene, irritierte, der hochmütig unsichere Mann; der Schweizer.» – Max Frisch, der Schweizer, fast wie er im Buche steht. Mit solchen Pointen und

Erkenntnissen konnte sein Verlag nicht reklamewirksam Zitatenpräsentation betreiben. Ein paar Monate später und unter dem Titel «Wider die Gegner von Feindbildern» setzte Hanno, ohne Frisch auch nur einmal zu nennen, eins drauf. «Ohne den ‹confort intellectuel› der Feindbilder würden die Moralisten arbeits- und brotlos.» (18. November 1976)

Zwischen den Zeilen und Texten entwickelte Helbling dann vermehrt auch Formen eigener Moral. Eher und genauer: Formen einer Moralistik, wie sie mit Stil und Eleganz eindrücklich das 18. Jahrhunderts hervorgebracht hatte, schon ebenfalls zu einer Zeit, da – vorrevolutionär – die Werte strittig, die Konventionen brüchig, die starken Gefühle fast lästig geworden waren. Tatsächlich konnte Hanno, wenn der Kopf nach aussen fokussierte, mit nicht nachlassendem Vergnügen beobachten: die andern, in ihren vielfältigen Manieren und Verschrobenheiten, wenn man sie lang genug anschaute, dann ineins mit sich selber, im Verhältnis zu diesen, zu dem, was im weitesten Sinn eben Umwelt ist. Er musste diese Fähigkeit nicht bei Proust gelernt haben, er trug sie in sich. Aber in der *Recherche* war sie zur höchsten Kunst erhoben – und auf etwas tieferem Niveau auch bei Thomas Mann. Schrieb Helbling also über Julien Greens Tagebücher, die er bewunderte, ohne sie zu lieben, so fand der Leser der NZZ auch eine Bemerkung oder Glosse des Inhalts, dass einen kaum etwas mehr ärgern könne als die Missverständnisse, an denen man selber schuld gewesen sei. Wie wahr. – Über Jahre und Jahrzehnte – und übrigens auch im Gespräch – vermehrten sich solche Trouvaillen auf unauffällige Weise, und hätte sich Hanno nicht bereits in der Rolle des Kritikers seiner selbst gespiegelt, der sie nun halb ungeduldig, halb belustigt gelesen hätte, so wäre er wie wenige dazu begabt gewesen, auch Aphorismen zu schreiben. Wurden ihm Aphorismen und Ähnliches von ungefragten Einsendern zur Publikation angedient, fand er sie fast immer ganz schrecklich.

Der Unbestechliche? Sagen wir nicht vorschnell: gewiss. Ja, diese Gabe, den Dingen, den Verhältnissen, Menschen auf den Grund zu gehen, das war unverkennbar und typisch. War Hanno aber emotional dabei, so konnte es auch anders aussehen. Einmal hatte er mir

Werner Weber als einen Meister der Sprache definiert, der damit Stimmungen erzeuge. Selber war er – zum Glück, eigentlich – gar nicht immer selber dagegen gefeit. – Ins Kapitel einer emotional bewegten Geistigkeit gehört, wie er in den Siebzigerjahren Christa Wolf entdeckte und dann nicht mehr verabschiedete. Die Verehrung ging so weit, dass sich die Schriftstellerin eines Tages als Fotografie auf seinem Schreibtisch wiederfand. Unter dem Schreibtisch aber lag das Fell eines Wildschweins, das der Jäger unter gewissen Gefahren in Bayern erlegt hatte, und auf einem Korpus stand zum Beispiel Otto Bänningers schöner Bronzekopf des Dichters Charles Ferdinand Ramuz, den Helbling kongenial übersetzt hatte und der hier im Raum umherblickte und wiederum von der Wand her Zuspruch von Conrad Ferdinand Meyer erhielt, wie ihn Karl Stauffer mit Hut und Schattenwurf über der Stirn in eine Radierung gefasst hatte. So kam im Eckbüro des dritten Stocks mit Sicht auf das Zürcher Opernhaus einiges zusammen: ein fein geknüpfter Teppich diskreter Häuslichkeit, die damit gekrönt wurde, dass Hanno nicht selten seine Hündin Hazel mitbrachte, wenn er Sonntagsdienst hatte; Hazel lag also träumend unter dem Tisch, auf dem Fell der erlegten Wildsau, was ihr gut bekam, wie in einer Novelle von Thomas Mann.

So zog es Hanno Helbling zu den Wiederholungen, zu den Ritualen bürgerlicher Eingewöhnung und gegenseitiger Verständigungen mit Alltag samt Rhythmus. Anderseits konnte er, wenn er es argwöhnisch überdachte, nichts schlimmer, ärger, tötender finden als ebendies, wenn es zu eingespielt, ja mechanisch zu werden drohte. Das war das Dilemma, letztlich der Stachel, das Movens für Willen und Begehr nach Revolution. Es war ihm nun bereits über zwanzig Jahre hinweg gelungen, so zu denken und zu schreiben, dass fast alles immer wieder frisch ansetzte – eine unerhörte Leistung aus Kreativität und Konzentration, die dafür sorgte, dass die Leserschaft, so sie ihn verstand, ständig nach dem «neuen Helbling» blätterte, der fast immer tatsächlich neu war. Lebensmässig resultierte daraus der Drang nach Originalität am besten gleich für alles und jedes. War dieses Leben gesundheitlich fragil, in Sachen Sicherheiten nicht ganz einfach abzuschätzen, so sollte es trotz seinen noch lange bestehenden bürgerlichen Verankerungen umso origineller gegen die Stereotype und stattdessen auf Erträge von Einmaligkeit gerichtet sein. Ein Wort, das vor allem später immer häufiger als Wort der Kritik und dessen auftauchte, was zu hinterfragen war, lautete: Klischee.

Seit dem 1. Januar 1977 arbeitete Marianne Vogt im Team des Feuilletons, und da Andreas Oplatka als politischer Korrespondent nach Paris weitergezogen war, betreute sie aus dem Ressort Literatur von nun an die Schweizer und die deutsche Literatur. Die Zuständigkeiten waren klar, gleichzeitig gab es Spielräume – etwa wenn der Chef in der Ausgabe vom 1. April Christa Wolfs Roman *Kindheitsmuster* rezensierte. So rezensierte, dass an seiner Begeisterung nie und nirgends zu zweifeln war. Marcel Reich-Ranicki, der seine sozialistische Vergangenheit hinter sich gelassen hatte und zum ersten Grosskritiker der Bundesrepublik avanciert war, nannte das Buch einen «traurigen Zettelkasten». Hanno schrieb klüger, gerechter, hintersinniger und mit hohem hermeneutischem Gespür nicht nur für das Thema, sondern auch für die Gewissensnöte der Autorin zwischen «hüben» und «drüben» – und liess für einmal in ungewohnter Deutlichkeit das kritische Resultat in einem einzigen Satz aufscheinen: «Wir wüssten den deutschsprachigen Schriftsteller nicht zu nennen, den wir gleich ernst nähmen wie Christa Wolf.» Lob war häufig im Subtext auch Tadel an anderem: hier an allen anderen Grössen und Zwergen des Metiers, und natürlich hätte sich der Rezensent gefreut, zu erfahren, wen er damit wie gründlich geärgert hatte.

Er verteidigte mit einer Glosse des Titels «Wenn Sainte-Beuve gewusst hätte ...» dessen Metapher vom Elfenbeinturm als eines notwendigen Refugiums auch und gerade für die Arbeit gesellschaftsbewusster Literatur und nannte die Opposition, die das niemals begreifen würde, eine «journalistisch sekundierte Gesinnungsmafia».[28] Er besprach Karl Schmids *Gesammelte Werke*, äusserte sich im Juni dieses Jahres 1977 wieder einmal über die päpstliche Ostpolitik sowie die Zurückhaltung der Kurie in Sachen Menschenrechte; er stellte eine autobiografische Schrift des Académicien Jean d'Ormesson vor und fragte dabei mehr sich selber als seine Leser: «Soll man über sich selber schreiben? Eine Frage des Könnens.»[29] Am 12. August rezensierte er Grassens *Butt* auf engstem Raum – eine Inversion im Verhältnis zu Umfang und Anlage dieses Schmökers; der erste Absatz blieb nahezu unverständlich. Und er schrieb, wieder mit mehr Gusto und Verve, über Ernst Jüngers *Eumeswil*, über Dolf Sternbergers *Über den Tod*, über Philippe Ariès und über eine erstmals publizierte, frühe Studie Prousts des Titels *L'Indifférent*. Als er sich im November in Rom aufhielt, wo es zugig und unwirtlich wurde, konnte er nicht übersehen, dass allenthalben ein Gefühl von der «Endphase dieses Pontifikats» vorherrsche. Im September hatte er Friedrich Dürrenmatt geschrieben und ihn gefragt, ob er auf ein Gespräch nach Neuenburg kommen könne. Daraus wurde nichts; schon wohl deshalb nicht, weil Dürrenmatts Sekretärin das Anliegen falsch verstanden hatte, was Helbling am 21. September zu folgendem kurzem Nachsatz veranlasste: «Sehr verehrter Herr Dürrenmatt, es scheint da ein Missverständnis entstanden zu sein. Ich erhalte heute eine Karte von jemandem, dessen Unterschrift ich nicht lesen kann und der mich zu einem Interview mit Ihnen bestellt. Nun mache ich keine Interviews und glaube auch Ihnen nichts geschrieben zu haben, was auf eine derartige Absicht schliessen lassen könnte. Es würde sich für mich nur darum handeln, zu einem Gespräch bei Ihnen vorbeizukommen, – und nur dann, wenn Sie selbst das für sinnvoll halten. Ich verbleibe mit freundlichen Grüssen Ihr sehr ergebener (Dr. Hanno Helbling – nicht Hilbling).» Ordnung tat not.

Den interessantesten Mehrwert lieferte wohl der Kurzessay des Titels «Hitlers Enkel» im Auslandteil vom 1. November 1977. Es ging – ohne dass sie irgendwo namentlich genannt worden wäre – um die RAF; aber viel grundsätzlicher so, dass der neue Terrorismus in dialektischer Spiegelung aus einer polemischen Umdeutung des Vätererbes resultierte. Hitlers Enkel hiess: jugendlich hochgemute Gewalttäter im Stil des Linksfaschismus, die nicht zulassen wollten, dass ihre Väter nach 1945 mit der Konstitution der Bundesrepublik einen Schlussstrich gezogen hatten: «[…] der behauptete Widerpart – der ‹faschistische Bonner Staat› – öffnet die Tür zum verbotenen Arsenal einer Kampfweise, die sich in der angeblichen Abwehr gegen Unterdrückung und Bedrohung erneuert; und in der letzten

Konsequenz dieser Umkehrung treten die Mörder in der Rolle von Ermordeten auf. Nicht ‹Hitlers Kinder›, wie gesagt worden ist, machen noch einmal die Unmenschlichkeit zum Gesetz; sondern Hitlers Enkel.»

Im selben Jahr veröffentlichte der Oltener Verleger William Matheson als vierten Druck seiner Presse in einer bibliophil gestalteten Auflage von zweihundertfünfzig Exemplaren Hannos Aufsatz oder Essay *Kaiser Friedrich II.* Der in vielem rätselhafte und spannungsvolle Staufer und Endkaiser in der Zeit des Hochmittelalters, ab 1198 König von Sizilien, ab 1212 römisch-deutscher König und von 1220 bis zu seinem Tod 1250 Kaiser des römisch-deutschen Reichs, der sich während seiner Regentschaft über ein Vierteljahrhundert lang in Italien aufhielt und dort tiefe Spuren hinterliess, sollte im letzten Passus mit einem Hegel-Zitat verabschiedet werden. «Man hat Friedrich bisweilen den grössten Kaiser des Mittelalters genannt. Und aus der lebensprühenden Vielfalt seines Charakters, aus dem Reichtum seiner Bildung, aus der Dynamik seines Lebens, aus der entscheidenden Wende des geschichtlichen Ganges in seinem Schicksal könnte sich zwar das Urteil rechtfertigen lassen, dass er von all jenen Herrschern die bedeutendste Persönlichkeit war. Aber die Grösse der einfacheren, klareren Gestalten Karls des Grossen, Ottos I., Friedrich Barbarossas erreicht er nicht. Der Zauber, den er auf die Nachwelt ausstrahlt, ist der Zauber einer echten, wesentlichen, aber nicht gelösten Problematik – Zauber auch des Zwielichts, das den fruchtbaren Moment in der Entwicklung anzeigt: jener Dämmerung, in der die Eule der Minerva ihren Flug beginnt.» (S. 65 f.) Ranke hätte es nicht besser zu sagen gewusst.

## Nenne mir, Muse …

Die nächsten Jahre brachten wenig Überraschungen. Helbling kommentierte weiterhin die Entwicklungen im Vatikan und warf dabei auch immer wieder kritische Blicke auf Italien und dessen Strukturprobleme. Am 6. August 1978 war in seiner Sommerresidenz Castel

Gandolfo Papst Paul VI. gestorben. Montini war 81 Jahre alt geworden, und dass sich die letzten Jahre schwierig gestaltet hatten, war der Leserschaft der NZZ nicht verborgen geblieben. Helbling gedachte dieses diskreten, vornehmen, überlegten und wenig entschlussfreudigen Manns mit ebenso vornehmen Worten: Von allen Päpsten, die er erlebt und gedanklich-kommentierend begleitete, blieb ihm dieser am nächsten; wie er selbst ein Repräsentant des leisen und bedachtsamen Auftretens. Drei Monate zuvor war der Politiker Aldo Moro von den Brigate Rosse in Rom umgebracht worden. Das Land befand sich einmal mehr und nun besonders tief in der Krise. Im Juli bereiste Helbling Italiens Süden und besuchte dort auch Moros Heimatstadt. Die letzten zwei Sätze seiner Reportage, die im Auslandteil vom 8./9. Juli erschien, fassten Licht und Dunkel nochmals zusammen. «Man fährt, man fährt kreuz und quer durch ein schönes und vielgestaltiges Land. Seine Probleme können einen das Fürchten lehren.»

Der charmanteste Text dieser Zeit hingegen wurde einer ebenso charmanten Dame dediziert. Hanno schrieb ausschliesslich und exklusiv über seine Hündin Hazel. Ein klassisches Feuilleton, im dichtest möglichen Konzentrat dessen, was schon Thomas Mann mit «Herr und Hund» versucht hatte, eine Hommage der liebevoll ironischen Perspektiven auf den treuesten Begleiter des Menschen, ohne moralische Botschaft und deshalb mit «Seitenthema» übertitelt, mit jenem Hauch von Sentimentalität umweht, den man für ein solches Sujet erwarten durfte, während der Herr wie in einer kunstvoll literarischen «mise en abîme» am Schreibtisch sitzt und schreibt – vermutlich genau dieses Feuilleton. «Mit einem Seufzer hat er sich niedergelassen, schwer und endgültig; würde aber sofort wieder hochkommen, wenn ich aufstünde; so dass ich wohl eine Jahreszahl, einen Namen auf sich beruhen lasse, um nicht durch einen Gang zum Büchergestell den Frieden zu stören. Später nachschlagen [...]» Und schliesslich doch mit philosophischem Zwischenton und einem Anklang Jägerdeutsch: «Die Hunde versuchen so auszusehen, als sei das Gehorchen ein Hauptspass für sie. Die Männer versuchen so auszusehen, als gehorchte man ihnen auch sonst. Wir verweilen nicht bei dem Anblick. Ungelehrig strolchen wir weiter; bis eine tief und langsam abstreichende Krähe für Abwechslung sorgt.»

Man darf solche Digressionen auch so deuten, dass Helbling – mittlerweile fünf Jahre im Amt – lockerer, spielerischer wurde. Das war ihm vor sich selbst, vor dem Chefredaktor und vor dem Publikum ohnehin gestattet. Hatte nicht auch Werner Weber regelmässig die Gattung des Feuilletons bespielt? Falls er sich überhaupt mit dem Vorgänger verglich, bestand für Hanno die Herausforderung darin, Musikalität mit Gedanklichkeit, den leichten Ton mit überraschenden Tiefen und Schärfen zu verbinden. Mitunter war das Gelingen dieser Texte auch Glücksache. Bereits ein richtiger – oder eben ein verrenkter – Anfang konnte über das Gelingen des Ganzen entscheiden. Fred Luchsinger war nicht der dankbarste Leser der Gattung, was er Hanno nur verklausuliert zu verstehen gab, während er mich, als ich Ähnliches zu treiben versuchte, einmal ziemlich am Schopf packte. Alle anderen Mitglieder der Feuilleton-Redaktion blieben brav bei ihren Leisten und schrieben im Geviert ihrer Dossiers. Da gab es ja immer noch genug zu tun und zu variieren.

Das grosse Thema Kirche und Katholizismus erhielt nun aber und noch für ein paar Jahre erneuerte Schubkraft. Pauls VI. erster Nachfolger – Johannes Paul I. – verschied nach nur einem Monat seiner Regentschaft im Amt. Helbling war viel zu bewandert auch in den Arkana des Vatikans, als dass er mit der Meute der Journalisten an eine Verschwörung gegen Albino Luciani geglaubt hätte. Vielmehr war es so, dass dieser ebenfalls stille und vermutlich höchst ängstliche Mann an Überforderung durch das Pontifikat gestorben war. Wenig später wurde eine Gestalt von anderem Schrot und Korn als Nachfolger erwählt: der Pole Karol Józef Wojtyla, geboren am 18. Mai 1920 in Wadowice, Professor und Priester, Bischof und Erzbischof und Kardinal, ein unerschrockener Antikommunist und seit dem 16. Oktober 1978 Oberhirte der katholischen Kirche. Helbling wurde nie sein Freund, gegen die letzten Jahre hin erst recht nicht, erlebte aber den Tod des grossen Manns nicht mehr, weil er selber zwei Monate zuvor verschieden war, das war im Februar 2005.

Immerhin, zu Beginn dieses Pontifikats klang es in der NZZ noch freundlicher. Am 6. Februar 1979, nachdem sich das Profil bereits zur Kenntlichkeit entwickelt hatte, schrieb Hanno über die «Progressismen» dieses Konservativen. Denn darüber, dass Johannes Paul II. von allem Anfang an eine Gangart fester in der Spur der Traditionen schalten würde, bestand nirgends Zweifel. Zugleich sei Wojtyla aber «seit Menschengedenken der erste gründlich geschulte Theologe auf dem Heiligen Stuhl» und darüber hinaus ausgestattet mit einem «vollkommen gesunden Menschenverstand». Theologe, Vernunftmensch, dazu konservativ, dazu, anders als sein Vorvorgänger, kein Politiker dosierten Appeasements gegenüber den Machthabern im kommunistischen Herrschaftsbereich, eine Figur von Charisma und enormer Vitalität, mehr Führernatur im Umgang mit den Völkern als Stratege in den Kammern der Bürokratie, dazu theologischer Schriftsteller – dieser Papst gab vielen viel zu denken, auch und gerade, wenn er nicht gefiel. Als er im Oktober in der Beilage «Literatur und Kunst» über neue Bücher zu Wojtyla schrieb, warf Helbling seinen Blick auch auf eine «Person, die man so gern etwas besser verstehen würde».

Wäre das so schwierig gewesen? Im Gegenteil erschien gerade dieser Papst – anders als Paul VI. – in seinem Willen, Wollen und Wirken schnörkellos klar, nach innen durch und durch «katholisch», also in der Geschichte dieser Kirche fest verwurzelt, nach aussen ununterbrochen unterwegs als Missionar und Bekehrer für eine katholische Weltkirche. Helbling hingegen dachte von sich, von seinen Erfahrungen, auch von seinen Wünschen und Hoffnungen her, die zugleich den Prozess seit dem Zweiten Vatikanum als einer mächtigen Öffnung spiegelten und reflektierten. Da, es war mehr als bloss zu ahnen, tauchte der Neue wie ein Stemmriegel in der lebensreichen Landschaft Italiens auf, überdies gehärtet durch die für den Glauben ganz unliebliche Diaspora im grauen und nicht selten gefährlichen Alltag des polnischen Kommunismus. Anfang Dezember 1979 analysierte Hanno so: Es gehe diesem Papst um die Hauptakzente und ihre Wirkungen, sein Sinn für Administratives sei deutlich begrenzt, und die päpstliche Tugend der «Ausgewogenheit» vermisse man ebenfalls. Als ob es noch der Bestätigungen bedurft hätte, entzog das Sanctum Officium dem Renegaten Hans Küng kurz darauf die kirchliche Lehrbefugnis (weil Küng die Unfehlbarkeit des Papsts, übrigens ein Dogma aus den Siebzigerjahren des 19. Jahrhunderts, geleugnet hatte). An Silvester musste Helbling feststellen, dass der Ökumenismus seit den Zeiten Wojtylas noch wesentlich mehr an Schwung und Zuversicht verloren habe. – Im Feuilleton vom 18. Oktober hatte er sich dafür mit einem für ihn typischen Feuilleton vergnügt. Er war in Venedig gewesen und hatte die Menschen beobachtet, die auf dem Markusplatz ihrer Verrichtungen gingen. Er hatte dabei, wen wundert's, «Erotisches» bemerkt, das er nun mit filigranem Wort szenisch nachstellte. Zum Schluss kam er fast zwangsläufig auf das Thema des Untergangs. «Wie lange noch? Venedig hat keiner zur ‹ewigen Stadt› erklärt. Doch während sie unterging, sind andere, viele, in Schutt und Asche gesunken. Während sie immer noch untergeht, werden andere mutwillig zerstört, durch den Fortschritt. Ein wenig Untergang scheint das Beste zu sein, was einer Stadt widerfahren mag. Die Kinder sehen sie, und die Enkel werden sie sehen: das ist, gemessen an manchem andern, nicht schlecht.» – Hanno «at his best».[30]

Er schrieb weiter über Premieren des Zürcher Schauspielhauses, über Molière, Labiche, Sternheim, und immer konnte man die Genauigkeit des Sehens nacherleben. Er rezensierte Bücher aus dem Bereich der Geschichte, und jedesmal überzeugte die Sicherheit des Urteils. Aus Florenz lieferte er einen Stimmungsbericht; der Bildungsbürger notierte halb belustigt, halb entsetzt, dass sich eine Schenke unter dem Namen «Donatello Snacks» um Kundschaft bemühe. Aber da und anderswo würde noch einiges mehr auf ihn zukommen. Auf literarischem Feld waren Neuerscheinungen von Peter Härtling, Hans-Werner Richter, Nicolas Born, Stefan Heym, Hanna Johansen zu prüfen. Letztere erhielt für ihren Roman *Trocadero* viel Lob, das auch deshalb, so hoffte der Rezensent, gebührend zweiseitig einschlagen würde, weil die Autorin damals mit Adolf Muschg verheiratet war. An solchem Beispiel zeigten sich freilich auch Grenzen der Kunst sanfter Intrigen auf dem Papier der NZZ: Hanno glaubte mit einer über die Bande gespielten Kugel gleich mehrere Ziele zu treffen, aber die Rechnung ging selten auf; für diesen Fall: Warum hätte sich Muschg darüber ärgern sollen, dass seine Frau eine positive Besprechung erhielt? Für die häusliche Stimmung in Männedorf war dies zweifellos zuträglicher als das Gegenteil.

Das zentrale Ereignis des Jahres 1980 war die Verleihung des Georg-Büchner-Preises der Deutschen Akademie für Sprache und Dichtung an ihrem Stammsitz in Darmstadt an die Schriftstellerin Christa Wolf. Helbling war gebeten worden, die Laudatio zu halten. Die Autorin war umstritten – sowohl in ihren politischen Positionen als Bürgerin der Deutschen Demokratischen Republik wie in ihrem Schaffen als Prosaistin und für das Theater. War sie, so fragten Stimmen im Westen, hinreichend kritisch im Umgang mit ihrem Staatswesen, mit dem «System» und dessen Nomenklatura? Hatte sie diese höchste literarische Auszeichnung, die die Bundesrepublik zu vergeben hat, mit ihren Werken wirklich verdient? Während Reich-Ranicki in der FAZ zum Angriff blies, blieb Helbling unbeeindruckt. Für ihn war Christa Wolf schlicht eine der herausragendsten Stimmen deutscher Literatur und zugleich moralische Instanz.

Das war gewagt. Es war auch deshalb riskant, weil Hanno nicht vollumfänglich überblickte, welche Positionen die Schriftstellerin über die Jahrzehnte hinweg «in politicis» gehalten oder gewechselt hatte. Freilich wusste er aus persönlichen Begegnungen, dass Christa Wolf, so widerständig sie auch in und mit der DDR lebte oder leben mochte, doch zugleich deren Bürgerin sein und bleiben wollte. Aber das Motto über dieser Laudatio – von André Malraux: «Le courage aussi est une patrie.» – hatte die Weichen schon gestellt, und im Fortgang der Rede folgte der Laudator mit vielen Zitaten aus dem Wirken der Preisträgerin deren Schlüsselworten: dem Zweifel, der Zuversicht, der Bescheidenheit, der Selbstprüfung, dem Argwohn, der Tapferkeit, dem Mut. Es war eine kluge, eine menschennahe, eine musikalische Laudatio, in deren Verlauf die Autorin auch mehrmals persönlich angesprochen wurde. Es war keine Rede, die auch nur einmal das Regime benannt und zur Rechenschaft gezogen hätte. Christa Wolf war keine Dissidentin, und Helbling hatte als Schweizer keine Veranlassung, anlässlich einer Lobrede die Kehrseite des Mondes genauer zu inspizieren. «Caveat».

Überhaupt sah er, es ist schon erwähnt worden, in der DDR bis zuletzt nie das System des reinen Schreckens, hatte er sogar periodisch und dabei auch polemisch gegen das «Westliche» gewendet den Eindruck, dort lebe es sich vielleicht gar nicht so schlecht, jedenfalls vermutlich auf zivile Weise gerechter und authentischer als im Konsumismus westlicher Wohlstandsgesellschaften. Das war natürlich absurd; Hanno hätte es in seiner stilbewussten Eigenart keinen Tag im Staat der Arbeiter und Bauern ausgehalten. Doch blieb er dabei, und er blieb bei Christa Wolf, und als er noch erfahren musste, dass sie eine Zeitlang – sicher ohne Begeisterung – für die Stasi gespitzelt hatte, änderte dies gar nichts, da blieb er fest und treu, und schon vorher hatte ihm imponiert, dass Christa Wolf gleich nach dem Mauerfall Anno 1989 ihre Mitbürger in einer dringenden Rede dazu aufgerufen hatte, das Land nicht zu verlassen, sondern weiterhin an den Zielen und an der Zukunft des deutschen Sozialismus zu schaffen, wenn auch im Zeichen nunmehr etwas freierer Verhältnisse. Die «moralische Leistung», die Helbling Christa Wolf anlässlich des Darmstädter Auftritts attestierte, war gleichwohl etwas starker Tobak – oder hätte es aus der Erlebens- und Erleidensperspektive all der nicht durch Privilegien Erhobenen sein müssen, die durch diese spezifisch deutsch-bürokratische Tyrannei mit Zwang zum Spiesser- und Spitzeltum in ihrem Dasein massiv beeinträchtigt waren; es war die grosse Mehrheit des Volks.

Im Sommer dieses Jahres war er mit der Familie unterwegs Richtung Italien. Vom Brenner her fuhr man nach Bozen oder Bolzano, und dort waren einmal mehr – der symbolische Zuschlag wiederholte sich längst regelmässig in solchen Feuilletons – die Vögel auf den Plätzen zu erschauen. «[…] auf dem bunten Gemüsemarkt von Bolzano dominieren die Italiener so gut wie in Restaurants – nicht zum Nachteil des Fremden. Und wenn man so sitzt und schaut: die Spatzen sehen auf allen Gartentischen Europas wie alte Männer aus, die nicht wissen, wie frech sie sind; und der kühl-verschleierte Blick, den die Halbwüchsige ihrer Mutter nachschickt, wenn sie wiegenden Schritts zur Toilette geht, der ändert sich auch nicht mit Sprache oder Nation.» (23. Juli 1980) – Ein nächstes Feuilleton lautete «Nachdenken über den Anonymus». Das lag nun allerdings auch deshalb in der Luft, weil damals immer wieder Briefe, mehr noch Karten oder Kärtchen oder ausgerissene Zeitungsstücke einflogen, die unter vollendeter Wahrung der Anonymität zu perfiden Invektiven ausholen. Fazit: «Feigheit also wohl doch; aber eine Feigheit, die der anonyme Briefschreiber mit vielen andern Personen teilt. Eine Wasserscheu – wenn hier Wasser das Element bedeutet, das von Befangenheit, vorgefassten Meinungen, unüberprüften Urteilen reinigt. Der Anonymus gehört zu den Menschen, die ungewaschenen Geistes durchs Leben gehen und die man auch bei persönlicher Begegnung erkennt, gesprächsweise, am Geruch.» (23./24. August 1980)

Schon Ende Mai 1980 waren die Zürcher Jugendunruhen gestartet, die der Stadt einen heissen Sommer bescheren sollten. Es ging auch um Kultur – nämlich gegen die Hochkultur des Establishments und für Formen und Orte der Subkultur, die (noch) keine staatlichen Subventionen erhielten –, und es ging wie immer auch um Politik und Ideologie. Es wurde demonstriert und randaliert, es gab Sachbeschädigungen, die intellektuelleren Aufständischen argumentierten mit Deuleuze und Guattari, bald kamen auch Genossinnen und Genossen aus dem Ausland herbei, um das Wunder von Zürich zu feiern, die Behörden gaben sich abwägend gesprächsbereit, in der NZZ wurde intensiv berichtet. Doch Hanno liess sich kaum vom gewohnten Rhythmus abbringen: Manchmal blickte er aus dem Fenster auf das Opernhaus und sah Wölklein von Tränengas, er fand das Ganze stark übertrieben, allerdings irgendwie auch – und auch nur deshalb – halbwegs originell, weil die «Revolution» als Bürgerschreck daherkam, auch wenn sich die Bürgersleute nicht ernsthaft schrecken liessen.[31]

Im November rezensierte Helbling den neunten Band der Briefe Jacob Burckhardts. Und wohl zum ersten Mal liess er auch einen deutlicheren Schatten auf Burckhardts Misanthropie fallen. «Der grosse Mann war unter anderem auch ein missvergnügter Patrizier, dem Liberalismus und Demokratie gegen den Strich gingen und der die ihm widerwärtige Entwicklung des Staatswesens, der Gesellschaft mit einem ‹Ihr werdet euch wundern› begleitete. Er schalt auf die ‹Gier der Massen›, aber die ‹Massen› waren einmal da – in Dimensionen, die uns idyllisch anmuten –, und ihre Ansprüche musste man sich etwas näher anschauen, als es Burckhardt gelüstete. In Luzern trifft er zahlreiches Touristenvolk an und schreibt: ‹Dieses abgeschmackte Reisen ganzer Dubelarmeen ist eine besondere Calamität heutiger Zeiten.› Da möchte man doch auch ihm sagen: ‹Ihr würdet euch wundern.›» (19. November 1980) – Interessanter noch las sich ein Essay vom 6./7. Dezember. Titel: «Erotik und Politik», Untertitel: «Brennpunkte der Existenz Benjamin Constants».

Immer wieder gab es Identifikationen: vor allem mit Schriftstellern, vor allem mit solchen, die «existentiell» lebten, also wagten, gewannen oder verloren, die herausragend eigensinnig und gleichzeitig gesellschaftlich elegant und versiert waren, mit Männern von hoher geistiger Präsenz unter der diese anregenden, ja erregenden Kraft der Erotik. Hanno war ein Erotiker, es gibt keinen Grund, darum herumzureden. «Gelernt» im weiteren Sinn hatte er von Wahlverwandten dieser spezifischen Rasse, sei es von Thomas Mann, sei es von Proust, sei es von dem in seiner Männlichkeit allerdings weithin sichtbaren Benjamin Constant. – Was den Constant-Verehrer und Constant-Übersetzer etwa faszinierte und wovon er hier auch berichtete, war dessen *Journal abrégé* – ein sozusagen stenografisch geführtes Tagebuch, dessen Inhalt auf die ersten siebzehn Nummern der Zahlenreihe verdichtet wurde, wobei diesen Zahlen verschiedene Tätigkeiten zugeordnet waren: der Beischlaf, aber auch geistige Tätigkeit, soziale Kontakte, aber auch Gefühle und Befindlichkeiten usw. So konnte Constant mit einer bestimmten Zahlenfolge leicht und für andere versiegelt ausdrücken, dass er sich morgens mit Germaine de Staël vergnügt hatte, dann spazieren gegangen sei, dann geschrieben habe und abends die Oper genoss. Solches war Stoff, von dem sich Hanno – nicht zu Unrecht – seinerseits fast existenziell beeindrucken liess. – Ergänzen wir, dass im selben Monat November 1980 der Papst die Bundesrepublik Deutschland besuchte. Auch er konnte als Erscheinung von Virilität und Bestimmung wahrgenommen werden, als einer, «der sich dem Publikum als ein ganzer Mann präsentiert […], Anspruch und Mitgefühl väterlich mischend […]» (21. November 1980). Was wahr war, war wahr.

# Mitglied einer Akademie

Das Feuilleton der NZZ genoss weiterhin einen sehr guten Ruf auch im Ausland, insbesondere im deutschsprachigen Ausland. Wir waren dazu übergegangen, die samstäglich erscheinende Beilage «Literatur und Kunst» vermehrt auch monothematisch zusammenzustellen: fünf, später sogar sechs Seiten, die nun immer wieder und zu Weihnachten regelmässig unter einem bestimmten Thema ästhetischer, kulturgeschichtlicher, literarischer oder philosophischer Ausrichtung liefen – «Kindheit» oder «Menschwerdung», «Nacht» oder «Engel» oder dann, passend zum Jubiläum, «Die grosse Revolution – 1789 und die Folgen». Ebenso regelmässig schrieben hier herausragende Köpfe, von Hans Blumenberg über Eberhard Jüngel oder Dolf Sternberger bis zu Hans-Georg Gadamer, Niklas Luhmann, Jean Starobinski, Emile Cioran oder Ernst Gombrich; von den Schriftstellerinnen und Schriftstellern gar nicht zu reden.

Ich erwähne diese Strategie mit Blick auf Hanno Helbling hier vor allem deshalb, weil sie ihm – dem Chef dieses immer welthaltiger werdenden Feuilletons – zumal in Deutschland viel Beachtung und Zustimmung einbrachte. Werner Weber war nach dem Krieg, in den ersten Phasen des Aufbaus und des Wirtschaftswunders, auch nördlich des Rheins, gerade dort, als exzellente Stimme gehört und geschätzt worden.[32] Hanno verdiente seine Reputation noch länger über die Artikel und Essays zum Geschehen in den Kirchen. Seit den Achtzigerjahren traten aber hinzu: der Übersetzer; der Historiker und Essayist, der Kritiker von Literatur. Solche Wirkungen bedürfen der Inkubation; sie setzten damals mindestens zehn Jahre geduldiger Arbeit am Text voraus, bevor der Lorbeer zu blühen begann.

Eine erste deutliche Prämie war 1981 die Ernennung zum Korrespondierenden Mitglied der Deutschen Akademie für Sprache und Dichtung in Darmstadt. Das war nun zwar nicht ganz das Äquivalent der Académie Française, schon aus historischen und zeitgeschichtlichen Gründen und Umständen, aber für bundesdeutsche Verhältnisse auch nicht sehr viel weniger. Hätte es noch einer letzten Prüfung bedurft, so hätte sie Helbling mit seinem Auftritt ein Jahr zuvor als Laudator von Christa Wolf anlässlich der Übergabe des Büchner-Preises, der renommiertesten Auszeichnung dieser Akademie, problemlos bestanden. In ihr verkehrte damals fast alles, was im deutschen Geistesleben und insbesondere in der Literatur Rang und Namen hatte. Zeit seines Lebens grämte sich deshalb ein Grosskritiker wie Marcel Reich-Ranicki, dass ihm die Aufnahme stets und mit beträchtlicher Mehrheit verwehrt wurde. – Hanno war also auch in Deutschland offiziell angekommen, was ihn allerdings freute, obwohl damit sein Selbstbewusstsein nicht erst hätte erfunden werden müssen.[33]

Zu Hause blieb er scheinbar unermüdlich bei den Sachen. Dass ihm die Gesundheit hie und da dazwischenfuhr, liess er weder für andere noch für sich gelten: Er war auch im Umgang mit der eigenen Physis von bemerkenswerter Disziplin. Und schrieb also gewissermassen über einen in dieser Hinsicht Verwandten, wenn er Ernst Jüngers Roman *Eumeswil* halb bewunderte, halb mit Skepsis bestaunte, doch das Werk dieses Grossen immerhin als eine «komplexe und bedeutende Lebensleistung» apostrophierte. Er schrieb über Giorgio Manganelli, über Gert Hofmann, über eine Biografie Teilhard de Chardins, über Hermann Lenz und dessen Roman *Der innere Bezirk* (woraus sich bald eine Freundschaft mit Hermann und Hanne Lenz, die in München wohnten, entwickelte). Er schrieb über Galilei und die katholische Kirche, mit höchstem Lob über Kuno Raebers Gedichte *Reduktionen* («Raebers Gedichte gehören zum Bedeutendsten, Reifsten, was in deutscher Sprache – seit langem – entstanden ist.», (3. Juli 1981) und schliesslich sogar doch noch und ein wenig verklausuliert über die Zürcher Jugendunruhen. Als wir am Wochenende vom 16./17. Mai in der Beilage «Literatur und Kunst» eine Doppelseite zum 70. Geburtstag von Max Frisch gestalteten (die anderen Beiträge stammten von Marianne Vogt und von dem Schreibenden), philosophierte Hanno zum Thema «Max Frisch und die Schweiz»: nichts Neues, aber auch nichts Scharfes, im Gegenteil ein ausgeruht verständnisvoller kurzer Text. Für einmal hätte Max Frisch mit der NZZ zufrieden sein können.

Im Vatikan regierte Johannes Paul II., ohne dass ihn Helbling darin gestört hätte. Im Sommer war Hanno wie immer ferienhalber unterwegs, was die Leserschaft der NZZ mit leichter Verspätung aus seinen Feuilletons erfuhr. Ein besonders schönes Stück erschien in der Ausgabe vom 28. Juli unter der Überschrift «Zwei Orte». Hier Soglio im Bergell, dort Schloss Muzot bei Raron im Wallis, zwei Orte Rilkes, dazu der Augenschein eines fahrenden Nachgeborenen, der im Bergell «die Verbindung von bergenden, festen Mauern mit einer fast saugenden Offenheit der Landschaft» entdeckte, in der Burgkirche von Raron aber plötzlich begriff, warum der Dichter gerade dort begraben sein wollte. Doch der letzte Absatz dieses entspannten Reiseblatts drehte den Wind: Mit der autobiografischen Spiegelung kam unerwartet kühle Luft auf. «Wer arbeitet, um zu leben, den wird es weder nach Soglio noch nach Muzot ziehen. Wer lebt, um zu arbeiten, wird – wenn er Glück hat – die Stelle finden, an der er nicht dauernd daheim, doch auf Zeit bei sich ist, und ganz bei der Sache; die Fremde aufgehoben, damit getan werde, was zu tun ist; danach das Grab.» – So weit war es noch lange nicht; aber im Kopf drehten sich Gedanken. – Die Reise ging dann weiter, über den Simplon nach dem Lago Maggiore, zur Isola Bella und zu Jean Pauls *Titan;* Stoff für ein weiteres Feuilleton.

Ein Blattschuss gelang Helbling mit lediglich neunzehn Druckzeilen in der Ausgabe vom 10. August 1981 unter dem Titel «Der klassische Erfolgsweg …»: «In seiner Ausgabe vom 6. Juli hat ‹Der Spiegel› dem Architekten Marcel Breuer einen kurzen Nachruf gewidmet, der mit den Worten beginnt: ‹Der gebürtige Ungar, der den klassischen Erfolgsweg der zwanziger und dreissiger Jahre ging, über Wien und Berlin nach Amerika …› Breuer musste 1935 emigrieren – übrigens zunächst nach London. Das heisst, er ging *den Weg*, den nicht in den zwanziger, aber in den dreissiger Jahren viele Tausende gingen und der ein Erfolgsweg für einige wenige war; während die Mehrzahl auf diesem Weg ins sehr Ungewisse, in den Überlebenskampf und ins Unglück ging. ‹Der Spiegel› ist, wenn er will, eine Zeitschrift mit einem guten, jedenfalls gut organisierten Gedächtnis. Muss man annehmen, dass er vergessen hat, wie ‹klassisch› die Flucht aus Deutschland vor noch nicht ganz fünfzig Jahren gewesen ist?» – Ein Kommentar erübrigt sich.

Im Oktober des Jahres besuchte Hanno eine Ausstellung im Mailänder Palazzo Reale, wo die vier Pferde von Venedigs San Marco zu bestaunen waren. Wiederum offenbarte erst der letzte Absatz die Pointe, die allerdings auch von dem Reitersmann Helbling mitgedacht oder überhaupt erdacht worden war. «Jedenfalls hindert nichts den Betrachter daran, bei der Quadriga von San Marco eine besondere Ausdruckskraft festzustellen, die ihren Sitz sowohl im gemeinsamen Rhythmus der Gruppe, im vierfachen Gestus der Zusammengehörigkeit, wie aber auch in dem stillen Spiel der sich kreuzenden Blicke hat.» Und dann: «Sprechender und zugleich stummer Blicke, wie wir sie kennen aus unserem Umgang mit den Geschöpfen, die von menschlicher Art um Haaresbreite und durch einen Abgrund getrennt sind.» – Worauf noch zu ergründen gewesen wäre, von welcher bestimmten Art solch menschlicher Art hier hätte Rechenschaft abgelegt werden müssen ...

## Politik der Päpste

Den grössten Brocken warf Hanno Helbling mit einem neuen Buch. Titel: *Politik der Päpste*. Untertitel: *Der Vatikan im Weltgeschehen 1958–1978*. Verlag: Ullstein, Berlin 1981. – Der Untertitel täuschte. Denn auf knapp über zweihundert Seiten und einem differenzierten Apparat entwarf der Verfasser ein Panorama, das bis in die Zeit von Nationalsozialismus und Faschismus zurückblickte, darauf das Verhältnis zu Israel und zum jüdischen Volk thematisierte, die Dritte Welt ausgreifend darstellte und ebenso den Ostkonflikt, um mit den Kapiteln «Sorge um Italien» sowie «Wege zum Frieden» abzuschliessen.

Manches hatte schon die Leserschaft der NZZ aus Helblings regelmässiger Berichterstattung seit den Sechzigerjahren aus und über «Rom» erfahren können. Doch neu und stringent waren die Synthesen, die zeitgeschichtlichen Verstrebungen, die Analysen aus Quellen, die hier einmal mehr ein ausserordentlicher Kenner der Materie sowohl präsentierte wie interpretierte. Im Vorwort revidierte Helbling auch behutsam Positionen, wie sie zuvor in seinen Kommentaren aufgeschienen waren. «Markiert zum Beispiel das Jahr 1958 – der Tod Pius' XII. – eine Wendung in der ‹vatikanischen Ostpolitik›? Ich muss das geglaubt haben, und ich muss lange Zeit ziemlich sicher gewesen sein, dass es eine Wendung zum Schlimmeren war. Ich bin heute nicht von einem (logisch kaum möglichen) Gegenteil überzeugt; wohl aber davon, dass Kontinuität und machtmässiger Vorrang der kommunistischen Kirchenpolitik nicht viel Raum für vatikanische Wendungen lassen.» (S. 7)

Das war nicht uninteressant. Denn während der Journalist insbesondere für die spätere Ära Pauls VI. gewisse Zeichen des Appeasements zu sehen geglaubt hatte, die entsprechend hinterfragt wurden, hob der Autor des Buchs indirekt die Zwangslage des Vatikans hervor, in welcher gegenüber den kommunistischen Machthabern wenig Eigenes in Sachen kirchlicher Ostpolitik zu gestalten war. Kontinuität aber wurde nicht nur für den real existierenden Sozialismus zum Stichwort oder Etikett, sondern auch für die katholische Kirche: die sich überall: im Verhalten gegenüber den Diktaturen der Dreissiger- und Vierzigerjahre, im Verhältnis zur arabischen Welt und zum jüdischen Volk, in den Beziehungen zur erwachenden Dritten Welt oder auch in engster Nachbarschaft zu Italien und zu den Italienern fast durchwegs der Schritte aus Vorsicht und Zögern befleissigte. Sie war über diese Jahrzehnte hinweg auch und gerade politisch niemals «ecclesia militans», sondern der Hort des Bewahrens und des Schutzes ihrer selbst vor möglichen Konfrontationen. Insofern war es wieder der letzte Paragraf, der das abschliessende Wort zur Sache sprechen musste. «Die Vorkehrungen in eigener Sache, nämlich der kirchlichen Lehre und Ordnung, lenken den Blick auf den spirituellen Bereich, aus dem sich das Wirken der Kirche – auch das politische – legitimiert und aus dem seine spezifische Richtung und Aussage herkommt. Dass sich der Heilige Stuhl aber weltlicher Mittel bedient, um geistliches Gut in der Welt zu bewahren, verrät gleichzeitig die Erdenschwere, von der jenes Wirken nicht frei sein kann. Die Kirche folgt in der Geschichte einem höheren, heilsgeschichtlichen Gedanken; doch auch ihr Weg führt, wie alle Wege, einem Ziel entgegen, das sich im Dunkel der Zukunft verbirgt.» (S. 187) – Agostino Casaroli, der langjährige Kardinal-Staatssekretär und gewiefte Aussenpolitiker des Vatikans, dessen Handschrift so viel zu dirigieren und zu redigieren hatte, hätte kaum widersprochen.[34]

Gleichwohl ist auch von Ironie der Geschichte zu reden. Das Buch war dem Gedächtnis von Helblings Kollegen und Freund Eric Mettler gewidmet, der kurz zuvor verstorben war. Helbling wusste, dass sich Mettler mehr politisches Engagement und Temperament des Vatikans gen Osten hin gewünscht hätte. Gleichzeitig erschien die Schrift in eine Zeit hinein, die nun erstens allmählich reif für Bewegungen auch innerhalb der Grenzen des Ostblocks wurde – Stichwort: Polen – und zweitens einen Papst hervorgebracht hatte, der genau dies auch zur Sache Roms zu machen gedachte. Wojtyla änderte nicht fahrlässig den Kompass des Bestehenden; aber aus einzelnen Schritten entstanden Zäsuren, die den Vatikan plötzlich anders als die längste Zeit zuvor erfahren und erleben liessen. Oder nochmals anders gesagt: Helblings Buch war zu früh fertig geworden, und die Lakonik, die aus der zitierten Passage des Vorworts sprach, wäre ihrerseits schon bald zu revidieren gewesen.

So weit sollte es nicht mehr kommen. Wir tun Hanno Helbling nicht unrecht, wenn anzumerken bleibt, dass vatikanische Themen seit den Achtzigerjahren ein wenig in den Hintergrund traten. Festzustellen blieb, dass Johannes Paul II. nun doch stärker als erwartet an der Schraube zu drehen begann, die der Kirche den Gang in traditionelles Selbstbewusstsein zurückbrachte. Darüber gleich noch mehr. – Im Februar 1982 präsentierte Helbling einen Essay zu Leopardis *Canti* und zeigte mit dem Gestus des Kenners, wie dieser grosse Dichter seine Texte sehr oft in «statu nascendi» hielt – in einem «work in progress», das den Gedanken des ein für alle Mal Fertigen als belastend empfunden hätte. Wieder eine Art von Wahlverwandtschaft, die der Leopardi-Übersetzer schon 1978 mit einer Übertragung der *Canti* bezeugt hatte und sieben Jahre später mit einer mehr als fünfhundertseitigen Auswahl auf Deutsch aus dem monumentalen *Zibaldone di pensieri (Das Gedankenbuch)* nochmals erkennen lassen würde.

Und wenn wir schon beim Thema sind: Genaueren Lesern wäre kaum verborgen geblieben, wie Hanno – auf andere Weise als sein Vorgänger Werner Weber – periodisch auch von sich selber schrieb, wenn er über Literatur und Historie schrieb; Palimpseste oder Wasserzeichen, die ihm wohl selbst nicht immer schon ganz durchsehbar waren. Wie etwa in einem Artikel über das Wiederlesen von Erzählungen Ingeborg Bachmanns am 7. April unter dem Titel «Undine ging nur einmal», wo es nun gegen den Schluss hin auch hiess: «Undine hat einmal gehen müssen, um der Freiheit willen, die ein Mensch braucht; fortan ist von Bindungen die Rede und davon, dass sie für Menschen – Frauen, Männer – schwirig sind.»

Im April 1982 befand sich Hanno in Venedig und Ravenna. Der Titel des Reiseblatts – «Funktionsverluste» – zeigte schon an, dass hier etwas strenger zur Sache gedacht wurde. Funktions- oder auch Bedeutungsverluste: etwa während der Osternachtfeier in San Marco, wo der lateinische Ritus bereits auf Unverstehen unter den Gläubigen stiess und deshalb jede Phase des Gottesdiensts in vier Sprachen angekündigt wurde … oder auch insofern, als das Deckenmosaik im Baptisterium der Arianer von Ravenna von christologischen Distinktionen kündet, die längst nur noch Spezialisten zugänglich seien. – Dazu fügte sich, dass eine neue Bibelübersetzung, welche die deutsche Bibelgemeinschaft 1982 vorlegte, auf andere Weise Kopfschütteln hervorrief. Für diese gut gemeinte und töricht ins Werk gesetzte Version hatte der Rezensent zwangsläufig das Attribut «frisch aus der chemischen Reinigung» parat. – Dass die Welt immer weltlicher wurde, war das eine; und es wäre nicht einmal das Schlimmste gewesen, wenn daraus eine säkulare Geistigkeit erwachsen wäre, die der sakralen anspruchsvolle Antwort hätte geben können. Aber davon konnte kaum je die Rede mehr sein, und so wurde der Diagnostiker der Zeitläufte nun immer stärker hin und her getrieben zwischen seiner nachvollziehbaren Verachtung der Plattheiten, die unter der Losung der Reform der Kirchen in die Wege geleitet wurden, und einem Konservatismus, wie ihn Johannes Paul II. stark machte – doch freilich auch nicht eben im Sinn einer intellektuell und sozial zweckdienlichen Alternative.[35] – Am 15. April 1983 analysierte Helbling im Auslandteil die katholische Politik Johannes Pauls II. Er verglich diese mit jener des Vorgängers, erkannte neu ein «festes Konzept» in der Einheit von Institution und Doktrin, und ebenso musste er feststellen, dass sich inzwischen praktisch alle Politik dem Ost-West-Konflikt unterordne. Der Gubernator sei dabei kein Autokrat, aber eine autarke Persönlichkeit. Und dann, aufschlussreich: «Paul VI. suchte Kontakt und scheute die Massen; der Nachfolger liebt den Zustrom der Massen und hält Distanz, wie wir hören, von jedermann.»

Da also hätte jene Fortsetzungsgeschichte des Buchs zur Politik der Päpste – und sogar unter relativ dramatisch veränderten Umständen – beginnen können. Helbling beliess es stattdessen bei seiner journalistischen Arbeit, die allerdings immer noch reichhaltig intellektueller ausfiel als diejenige der meisten anderen Kommentatoren. Das hatte er auch mit seinem Leitartikel vom 2./3. April, «Ostern im Jubeljahr», demonstriert; hier in der Fluchtlinie auf die Ökumene und ihren Kriechgang. «Die reformierten Gemeinschaften leben in ihrem Herkommen, das oft nicht sehr alt ist, aber zur Abgrenzung und Bewahrung genügt; sie lassen sich den ‹Radikalismus› der christlichen Botschaft erklären und stellen ihm eine nachlässige Gottesdienst-, Abendmahlspraxis entgegen. Die römisch-katholischen Gemeinden sind durch das Konzil zu vermehrter Teilnahme an theologischen Meinungsverschiedenheiten geführt worden; gleichzeitig hat die verbindende Kraft der Liturgie ihre Selbstverständlichkeit eingebüsst. Da wie dort nähert sich kirchliches Leben der religiösen Unterweisung an.» – Ein wenig hoffnungsfreudiges Fazit für die Christenheit unter der Leserschaft der NZZ-Osterausgabe.

Kirchliche und theologische Sujets traten im Jahr 1983 insgesamt weiter zugunsten von literarischen und historischen zurück. Hanno fühlte sich wohl in der Rolle des Literaturkritikers, der Bücher von Böll, Gerold Späth, Italo Calvino, Christoph Meckel, Peter Härtling oder Paul Nizon rezensierte – gedankendicht und nicht selten mit witzigen Schlaufen, die zeigen sollten, dass er die Tagesproduktion von Tagesliteratur nicht allzu ernst nehmen musste. Schon am 24. Januar hatte er aus München über eine Neuinszenierung von Wagners *Fliegendem Holländer* berichtet; unter dem Titel «Wer schützt das Publikum?» mit kaltem Zorn auf «den behördlich gelenkten Kulturbetrieb» und dessen sinn- und bedeutungsentstellende Produktionen. Nein, er war kein Konservativer. Aber er verlangte zu sehen und zu verstehen, was ein Werk sowohl von seiner dramaturgischen wie von der musikalischen Textur her zu sein hätte, damit ihm Gerechtigkeit widerfährt. Damals begannen bereits an vielen Bühnen die Spässe des Regisseurtheaters um sich zu greifen. Dieser Mode, die bis heute andauert, begegnete Helbling nicht a priori nur mit Verachtung; aber meistens eben doch, weil die Resultate so oft so schrecklich unbefriedigend ausfielen.

Über Ostern fuhr er durch Umbrien. Das Behagen an der paradiesischen Landschaft war authentisch. Zugleich konnte er wieder den Aphoristiker zeigen, nachdem ihm trotz einigen Versuchen, den Kustoden mit einem Trinkgeld zu überreden, der Zugang zu einer besonderen Kirche verwehrt geblieben war. «[…] im wachsenden Wohlstand wird die Bestechlichkeit von der Faulheit bezwungen […]» – In der Beilage «Literatur und Kunst» vom 30. April/1. Mai besprach Beatrice von Matt neue Bücher von Christa Wolf, unter anderen auch die Frankfurter Poetik-Vorlesungen, in denen sich die Autorin mit ihrem Werk *Kassandra* auseinandergesetzt hatte. Zur Illustration des Essays diente dieselbe Fotografie, die auch auf Hannos Schreibtisch ihr Denkmal gefunden hatte. Das Urteil fiel überaus positiv aus, die Rezensentin fühlte sich auch von den apokalyptischeren Tönen und Visionen der Schriftstellerin angesprochen, im Hintergrund war die bundesdeutsche Friedensbewegung aktiv geworden, die nun kontinuierlich gegen Helmut Schmidts Eintreten für Nachrüstung der atomaren Verteidigung der Nato demonstrierte und im neuen amerikanischen Präsidenten Ronald Reagan ein dankbares Objekt des «kalten Kriegers» zu finden wähnte; einen Dummkopf dazu, der das Zeug dazu hätte, die Welt der Vernichtung zuzuführen. So konnte man noch viel dümmer sein und sich arg täuschen …

Christa Wolf stellte diese Konfliktlage – vor der Folie des mythischen Kampfs um Troja – vermittels einer «Philosophie» der Äquidistanz dar; sogar kam dabei der Westen schlechter weg als das rote Imperium mit seinen Satelliten. Gleichwohl, das Fazit ihrer Rezensentin war auf Empathie gestimmt: «Und dass der Kassandra-Blick Troern und Griechen einst Angst gemacht hat, begreift man plötzlich, wenn hier die Rede ist von drei, vier Jahren Gnadenfrist für Europa in Ost und West. Absage an Männerwahn, an Sieg und Spitzenleistung scheinen immer deutlicher begründet. Die Form bleibt konsequent offen. Jedwedes tritt zum andern wie von selbst in Beziehung. Mit unerbittlicher ‹subjektiver Authentizität› schafft Christa Wolf eine Weltansicht, von der kein Leser wird behaupten können, sie gehe ihn nichts an.»

Weltansicht war das Stichwort auch für den Artikel auf derselben Seite, mit dem Hanno Helbling der Tagebücher Max Frischs gedachte, die im souverän fleissigen Multiverwertungsprozess des Suhrkamp-Verlags soeben eine Einzelgesamtausgabe erhalten hatten. Es war vor allem der berühmt gewordene «Fragebogen» aus dem zweiten Tagebuch, den sich Hanno herausgriff, um den tatsächlich inquisitorischen Gestus, mit dem hier Frisch einmal mehr dem Bürgertum zu Leibe rücken wollte, Stück um Stück zu überführen. Im Gegenzug erwähnte er auch kurz das erste Tagebuch und erkannte in diesem – ganz anders als im zweiten – ein Meisterwerk. «Man soll es sich zweimal überlegen, ob man ein Buch ‹wichtig› nennen will; das erste Tagebuch von Max Frisch ist für die Nachkriegsliteratur wichtig geworden und lebt mit ihren Hauptwerken fort.»

Wenig über fünfzig Jahre alt, befand sich Hanno Helbling in den frühen Achtzigerjahren auf der Höhe von Können und Wirkung. Seine geistige und emotionale Vitalität schien keine Grenzen zu kennen. Viele Frauen fanden ihn attraktiv. Der Bewunderung gleichgesinnt intelligenter Zeitgenossen war er sicher. Und nun: Sollte das alles einfach so weitergehen? Sollte er dereinst in verdienter Pension zum nächsten «Lebensabschnitt» gelangen? Hätte die eine und vermutlich keiner Verlängerung in die Ewigkeit fähige Existenz wirklich neben den Realitäten auch schon alle wichtigen Perspektiven «gesehen»? Wie langweilig. Max Frisch hatte (ihm) auch gezeigt, wie es nicht ging: nämlich mit beschränkter Ehrlichkeit vor sich selbst in wechselnd neuen Rollen des Daseins bei immer noch wachsendem Zorn auf viel anderes und die bürgerliche Gesellschaft ohnehin. Aber: Gab es Alternativen, Variationen der eleganten Art auf den Ausbruch aus der Menagerie der Gewohnheiten? Wie selten er offen mit mir darüber sprach, so häufig konnte ich Anflüge, Anspielungen, Capricen zum Thema bemerken. Noch länger war es nicht so weit.

Im Oktober 1983 machte erstmals ein junger deutscher Philosoph von sich reden, der mit einem dicken Buch – *Kritik der zynischen Vernunft* – sogleich einen Bestseller generierte. Peter Sloterdijk überspielte den trocken-akademischen Diskurs der Zunft und nahm die modernen Gesellschaften in ihrem Denk- und Sozialverhalten ins Visier. Hanno war nicht wirklich begeistert. Zugleich war zuzugeben, dass dieser Philosoph etwas konnte; und sei es, brillant zu formulieren. Die Rezension «Die Lehre Sloterdijks» machte es weder dem Rezensenten noch der Leserschaft einfach. Es stehe in diesem Doppelband so viel Material im Sinn von Gerichtsbelegen auf, «dass man am Ende nicht weit vor der Einsicht hält, dass jeder, der heute lebt und denkt, dem Zynismus verfallen muss». – Eine Pathologie also gewissermassen, nicht mehr der frei gewählte Entschluss, ein Zyniker sein zu wollen; eine Gesellschaftskrankheit einfach dadurch, dass die grassierend soziale Kälte bei laufenden Wohlstandgewinnen im Materiellen geradezu zwangsmässig hierzu führe. – Wenig später wurde Helbling vom Schweizer Fernsehen eingeladen, in Anwesenheit Sloterdijks mit diesem die Klinge zu kreuzen. Als Kombattant im Lager der Sloterdijk-Kritiker war auch der Divisionsgeneral, Stratege und Werbeberater Gustav Däniker aufgeboten worden. Die beiden Herren gaben sich redlich Mühe, den Kampf gescheit, ja dialektisch zu führen. Im Erscheinungsbild der Zuschauer blieben sie zwei diskret reifere Herren, deren Pfeile an Sloterdijks lakonischer Unberührbarkeit fast wie Spielzeug abprallten. Übrigens hätte sich just Däniker durchaus als Typus aus dem Arsenal der zynischen Vernunft zu erkennen gehabt, hatte er doch einmal für die Schweizer Armee tatsächlich die Wahnsinnsidee der Beschaffung der Atombombe propagiert. – Das Medium Fernsehen aber ist grausam, damals war es mit seinen starren Einstellungen noch grausamer als heute, es kümmerte sich keinen Deut um die Befindlichkeit seiner Gäste, und Hanno war und blieb schlechterdings kein geeigneter Gast für dieses Fernsehen.

# Kalifornien rief

Da war es Ablenkung und Horizonterweiterung in einem, dass er im Oktober nochmals in die USA reiste: zum zweiten und vorletzten Mal. Dieser Trip brachte ihn von der Ostküste über den südlichen Westen bis nach Kalifornien, in universitärem Milieu gab er Vorstellungen seiner Arbeit und seiner selbst, blieb aber immer ein unauffällig wandernder Beobachter der Verhältnisse in einem Kontinent, zu dem er schon aus praktischen Gründen niemals Zugang gefunden hatte. In seinem alteuropäischen Snobismus belächelte er das Volk und dessen Durchschnittsvertreter, er fand alles sehr direkt, spontan, liebevoll besorgt mit Zuwendungen gegenüber dem ungewöhnlichen Fremden, er schrieb dann auch ein paar Artikel, mit seiner bekannten untergründigen Ironie, die manches und einige unterschätzte. Der Tocqueville-Leser war auf der ersten USA-Reise viel präsenter gewesen; jetzt wusste Hanno: noch einmal im Leben Amerika, Elegie und Ironie in einem, so auch mit der Überraschtheit des allerdings mit kleinem Erfahrungsgepäck reisenden Kulturexperten nach einem Besuch in New Yorks Lincoln Center: «[…] man geniert sich hier nicht, neben Bildbänden über Richard Wagner und Herbert von Karajan auch Krawatten und Teddybären zum Verkauf anzubieten.» – Originalton eines Wahlenkels Jacob Burckhardts.

Das Jahr 1983 war auch aus anderen Gründen ertragreich. Im Zürcher Artemis-Verlag erschien eine Sammlung von Artikeln und Essays Helblings unter dem Titel *Die Zeit bestehen. Europäische Horizonte*. Ebenfalls 1983 legte der Zürcher Manesse-Verlag Shakespeares Sonette, übertragen und mit einem Nachwort versehen von Hanno Helbling, vor. Hinter den Kulissen hatte der Zürcher Linguist und Professor an der Universität Ernst Leisi, ein etwas diffiziler Charakter, dafür gesorgt, dass semantisch alles in Ordnung war oder kam.[36] Konnte man davon ausgehen, dass ein Übersetzer alles verstanden hatte, was die Ursprungssprache zu bieten und zu sagen hat, so war es wichtiger, dass er – wie Hanno – ein Meister der Zielsprache war. Es erübrigt sich, darauf hinzuweisen, wie passioniert er an die Arbeit gegangen war: Shakespeares Sonette sind höchste Zeugnisse der Liebeslyrik. – Spät im Dezember gab der Rezensent wiederum Proben seines unabhängig abwägenden Geists. Er besprach ein fünfhundertseitiges Buch von Alois Schifferle, in welchem der Verfasser das Phänomen Lefebvre und darüber hinaus die wichtigsten Wurzeln des nachkonziliaren Traditionalismus unter den zentralen Stichworten von Ärgernis und Besinnung untersuchte. Helbling nannte das Opus «bedeutend», und mit der Überschrift der Rezension – «Gerechtigkeit für Lefebvre» – deutete er seinerseits an, dass vielleicht nicht alles gänzlich abwegig war, was damals unter der Flagge des Erzbischofs an Reaktion auf die Modernisierungsprozesse in der katholischen Kirche segelte. Doch der eifernde Revisionist begann es bald noch bunter zu treiben, womit er schliesslich nicht nur das verbliebene Verständnis im Vatikan, sondern auch Hannos hermeneutische Geduld einbüsste.

## Boten einer Krankheit

Damals zeigten sich vermehrt gesundheitliche Probleme unseres Freunds. Reiten und – gelegentlich – Jagen waren immer auch Instrumente zur Ertüchtigung der Physis gewesen, Exerzitien der Abwehr möglicher Momente oder Perioden von Hinfälligkeit und Schwäche, Vorgänge des Selbstbeweises, dass sich einer tüchtig und stolz in Schuss halten konnte, auch wenn er kein Riese an Kräften und Ausdauer war. Gleichwohl, das Atmen wurde manchmal schwer, ein Asthmaleiden von früher machte sich wieder stärker bemerkbar, Kreislaufprobleme trugen häufiger zur Verschlechterung des Allgemeinzustands bei und sorgten für Unruhe und Ungewissheit. Der Fall war klar. Etwas war zu tun. Aber was? – Zunächst hiess es, die Gangarten des Arbeitens zurückzunehmen. Im Sommer 1984 reiste Hanno mit seiner Tochter Regine entlang den Küsten Dalmatiens. Im Herbst besuchte er – wie nun turnusgemäss – die Frankfurter Buchmesse; sowie anlässlich einer Tagung über Jacob Burckhardt die Stadt Trier. Das Hauptgeschäft konzentrierte sich auf Kritiken und Glossen. Helbling besprach unter anderen Bücher von Henri Michaux, von Sarah Kirsch, von Raymond Queneau und von Gert Hofmann – allesamt intellektuelle Autoren, denen er als Intellektueller gerecht wurde. Dafür erhielt – am 16. März 1984 – ein anderer Intellektueller und Kollege, was er für seine Novelle autobiografischer Einfärbung des Titels *Kuhauge* rechtens verdient hatte: eine Ohrfeige. Hannos kurze Rezension, «Ein ästhetisches Programm», von Fritz J. Raddatz' Opus liess keinerlei Gnade walten. «Nähme man die Sache moralisch, so hätten wir hier zu lernen, dass der Mensch voller Unrat steckt; und das Buch täte uns einen ähnlichen Dienst wie eine schwere Bronchitis oder eine gründliche Darmstörung.» Dann: *«Und* es wird von dem Buben gesagt: ‹Sein Leben, das kannte er nicht. Aber das Leben, das erkämpfte er jeden Tag.› *Und* es wird gesagt: ‹Koboldbösartigkeit überglitzerte die Kinderstimme des zehnjährigen Bernd.› Jawohl: ‹überglitzerte die Kinderstimme›, das schreibt nicht Frau Marlitt, sondern Fritz J. Raddatz, Gott steh ihm bei. Sein ästhetisches Programm bleibt zu ermitteln.» Am meisten ergötzte sich an solchem niemand anderer als Raddatz' schärfster Konkurrent und selbsternannter Inhaber des Throns der bundesdeutschen Grosskritik: Marcel Reich-Ranicki. Auch er, ach, heut ein beinah Verschollener.

Ein Feuilleton des Titels «Neueste Mode» vom 19. April sorgte unter Helbling-Lesern für Vergnügen und Heiterkeit. Hanno glossierte die Mode mancher Schriftsteller, die – man schrieb die Jahre der Konfrontationen mit der Sowjetunion und ihren Vasallen beim Thema Nachrüstung – nun wortreich oder larmoyant oder grimmig oder ätzend leise verkündeten, sie wollten nicht mehr schreiben, der Atomkrieg stehe ja draussen, vor der Tür, dann wäre es mit ihrem Nachruhm und der Literatur ja sowieso vorbei und Schluss. Kolossale Selbstüberschätzung, natürlich; eine Art des inszenierten Narzissmus. Fazit von Hannos Glosse nach dreifach dialektischem Durchgang der Beweisführung: «Ein Gegenvorschlag: man garantiere das Überleben der Menschheit, und wir verzichten dafür auf neun Zehntel der gegenwärtigen und der künftigen Literatur.»[37] – Im Oktober konnte Helbling vermelden, dass der Vatikan die Messfeier nach dem alten tridentinischen Ritus wieder zulasse. Er musste selber kein Traditionsverfechter sein, um dafür Sympathien zu haben. In der Ausgabe «Literatur und Kunst» vom 24./25. November präsentierte der Historiker Helbling einen klugen Essay zu Ortega y Gassets *Aufstand der Massen*. Schon vorher, am 27./28. Oktober, hatte er in der Beilage seinen Turiner Burckhardt-Vortrag in gekürzter Fassung drucken lassen. Abermals hatte es ihm – hier schon für den ersten Absatz des ganzseitigen Texts – Burckhardts berühmtes Zitat unter dem Nenn- oder Kennwort der Beleuchtungsperspektivik angetan: «Ende März 1875 fährt Burckhardt über den Mont-Cenis, um ohne weitern Aufenthalt nach Rom zu gelangen. Erst von dort aus schreibt er am 1. April an Robert Grüninger: ‹In Turin hatte ich zweieinhalb Stunden frei und lief in der Stadt herum, während die letzten Gasflammen, der Vollmond und das Tagesgrauen in einander überspielten wie die drei Orchester im Don Juan.›» – Eine wunderbare Stelle; poetische und gedankliche Epiphanie aus dem wenig erwartenden Gang des Flaneurs in spätnächtlicher Umgebung; aber auch eine, die seinem zitierwilligen Verehrer jedes Mal in Erinnerung rufen konnte, wie sehr sie auch auf ein, *sein* existenzielles Bedürfnis passte, das Leben in solchen und verwandten Dreiklängen wahrnehmen und ausschöpfen zu können, sagen wir hier mit heiterem Pathos: der Beständigkeit im Rhythmus der Gestirne, der Geheimnisse und Verführungen der Nacht, der Glocke endlich, die den neuen Tag verkündet und zur Arbeit ruft.

Das Jahr 1985 begann unspektakulär. Es sollte ein Schicksalsjahr zwischen Leben und Tod werden. Am 17. Mai attestierte der Rezensent Dürrenmatts *Minotaurus* «ungewöhnliche Kraft», ohne dass der neugierige Leser viel «Inhaltliches» über das neue Buch des alternden Meisters erfahren hätte. Schon am 24. Januar war es um Bewusstseinsfragen gegangen; dort anlässlich einer Nummer des *Times Literary Supplement*, das sich das Thema «The Essence of Swissness» gestellt und dafür bekannte Mitarbeiter gewonnen hatte; etwa Georges Poulet, Jean Starobinski, Adolf Muschg und George Steiner. Hanno kam näher auf Steiners Beitrag zu sprechen, in welchem nicht nur lobend die Beständigkeit und die Privacy der Schweiz hervorgehoben wurden, sondern auch und kritisch «the sepulchral intimations». Und weiter George Steiner: «There is, throughout Swiss literatures, a motif of self-burial, of subterranean inwardness [...]» Anders gesagt, der Verdacht, hier lebendig begraben zu sein, ein Sich-nach-innen-Kehren, jedenfalls in den Literaturen so erfasst und dargestellt, paradigmatisch – ergänzen wir hier – in Dürrenmatts *Tunnel*-Geschichte, aber auch bei Nizon oder Frisch oder Muschg wiederkehrend thematisiert. – Helbling widersprach nicht; stellte hingegen infrage, ob man so einfach über eine Nummer eines Magazins hindurch schliesslich eine «Essenz» ermitteln könne. Und war doch gleichzeitig nicht uneins mit der Diagnose: dass in diesem Land das Leben häufiger schwer nach unten zieht und in den Kellern der Sorge rumort, als dass es die Lebensfreude heller Tage genösse. – Zehn Jahre später, ohne dass er sich an diese seine Glosse auf die Texte im TLS hätte zu erinnern brauchen: der entschiedene und endgültige Aufbruch in ein Land, das, wenn schon, zwar auch und höchst vornehm ein Terrain von Ruinen und tiefen Gewölben wäre, aber daneben und darüber doch auf ganz andere Weise lichtvolles Arkadien: Italien und Rom.

Am 6./7. Juli erschien ein Essay mit der Absicht, «ein paar Fussnoten zur italienischen Literatur» zu liefern. Solches gelang, wen hätte es gewundert, wie stets aus Kennerschaft und «con amore», aber der Satz, der manchen noch im Kopf herumhängen mochte, bestand hauptsächlich aus einem Zitat von Alfred Kerr, das Hanno mit sichtlichem Gusto verwendete, um ein Argument zu stärken, das solcher Rückendeckung wohl nicht bedurft hätte. ««Selbst der Dümmste der Astralneger›, hat Kerr nicht geschmackvoll, aber einprägsam formuliert, ‹ist weiter als der Genialste der Schimpansen.›» – Man durfte sich nach diesem überraschenden Einschub wieder darüber belehren lassen, das der Aufschwung der italienischen Literatur im 19. Jahrhundert aus dem Liberalismus und dem Nationalismus zugleich erfolgt sei: eine hier erfolgreiche Hochzeit beinah aus Feuer und Wasser.

Das seltsamste Stück des Jahres 1985, das auch von den näher rückenden Gedanken an eine Operation begleitet wurde, war allerdings ein Doppeltext in der Beilage «Literatur und Kunst» vom 12./13. Januar. Der Titel lautete *Marcellus der Inselmönch*. Darunter stand: «Von Elena Santi»; und darunter wiederum: «Vorbemerkungen des Übersetzers», als welcher am Schluss dieser Vorbemerkung Hanno Helbling firmierte. – Helbling berichtete also einleitend von einer Schriftstellerin des Namens Elena Santi, die am 19. September 1930 geboren worden und am 6. August – «transfiguratio» – verstorben sei. Das «sehr schlanke, ein wenig bubenhaft eckige Mädchen» sei als Tochter eines Textilindustriellen in Perugia aufgewachsen, habe dann in Rom Geschichte studiert und 1953 bei Federico Chabod promoviert; sei darauf auf Benjamin Constant und sein Werk gestossen und dann – deshalb? – vor allem Schriftstellerin geworden: eine Einsame freilich, «la solitaria», die sich schliesslich nach Sorrent zurückgezogen habe, wo sie sparsam und abgeschieden gehaust und selten Gefährten von früher empfangen habe. Nach ihrem Tod seien Papiere ans Licht getreten, Briefe an einen Freund, Reflexionen zur Literatur, Betrachtungen über das Schreiben und sogar Bruchstücke eines Romans: *Marcellus der Inselmönch*.

Nur: Das alles war Fiktion. Fiktion die Skizzen zur Biografie, die der «Übersetzer» so liebevoll präsentierte; Fiktion die ganze Person des klangvollen Namens; Fiktion auch «Der Anfang der Geschichte», der hier auf anderthalb Druckspalten vorgestellt wurde – insofern das Stück aus Hannos literarischer Küche hervorgegangen war; wie Elena Santi, keine Doppelgängerin zwar, kein Alter Ego in allen Eigenschaften, aber eine Gefährtin aus Geist und Seele, von der Schülerschaft bei Federico Chabod bis zu ihren intellektuellen Interessen. Die Story selbst wurde darüber eigentlich sekundär – eine listig-reflexive Fantasie mit vielen Exkursen über das Metier des Schreibens, die im Herbst 1995 – und weiterhin unter dem Pseudonym Elena Santi – im Zürcher Verlag Werner Classen veröffentlicht wurde. Erstaunen und Interesse der Öffentlichkeit hielten sich zurück. Heute würde man, wenn man es entdeckt hätte, vermutlich humorlos von Fake News sprechen.[38]

Nun aber war es so weit. Es war unvermeidbar geworden. Hanno Helbling wurde Mitte August 1985 mit einem grossen, langen und schweren Eingriff am Herzen operiert. Medikamente und Therapien hatten nicht mehr die erwünschten Erleichterungen gebracht, es war die Ultima Ratio anzusetzen, die in diesem Fall, ohne dass wir übertreiben würden, zum Alles oder Nichts wurde. Chefarzt der Herzchirurgie am Universitätsspital Zürich war damals Marko Turina, ein Pionier und Meister seines Fachs, geboren 1937 in Zagreb, damals also 48 Jahre alt; dieser Mann hatte schon kaum Mögliches vollbracht und hatte das völlige Vertrauen seiner Patienten, so auch jenes Hannos. Er führte die Operation. – Um Einzelheiten soll es hier nicht gehen. Nur dies: die «technische» Herausforderung war das eine, und sie wurde brillant zurückgespielt. Die postoperative Phase in der Intensivstation war das andere, und sie bedeutete – unter damaligen Umständen und für Hanno Helbling – eine Strecke zwischen Leben und Tod, erschwert durch eine schwere Infektion, für die erst nach Tagen die richtigen Antibiotika gefunden, kombiniert und verwendet werden konnten. – Am Ende obsiegten die Ärzte, obsiegte Hannos Lebenswille.[39]

Aber er war, wurde doch auch ein anderer.[40] Als ich ihn – eine Flasche Romanée-Saint-Vivant 1947 unter dem Arm – zum ersten Mal im Oktober 1985 in seiner Wohnung an der Steinwiesstrasse in Zürich Hottingen wieder besuchte, sah ich einen älter, filigraner gewordenen Mann: Hanno begegnete mir in geläuterter Frische, milde neugierig darauf, was in der Zeitung lief, nachdenklich, dazwischen gab es längere Momente der Stille mit dem Schwarztee, der auf dem runden Tisch im Wohnzimmer angerichtet war. – Der erste Text nach dem Eingriff war im Montagblatt vom 9. September erschienen; Titel «Wiedererwachen», Untertitel «Eine Schreibübung». Ein Feuilleton über Leben und Tod, über Träume, reflektiert und zugleich protokollarisch genau, nachdem Hanno, wie er mir nun erzählte, auf der Intensivstation nach Schreibblock und Stift verlangt hatte, um ebendies zu verfassen: Es sei der Zopf gewesen, an dem er sich aus dem Schlimmsten herausgezogen habe; eine Probe auf Willen und Vorstellung, die dann – in bewährter Anordnung und in grosser, nur minimal verschobener Handschrift aufs Papier gesetzt – in die Redaktion, dann in die Setzerei und schliesslich in den Druck gegangen war. Den Schauplatz des Geschehens nannte Hanno «eine Stadt des mittleren Westens», und nachdem er von schönen, bald aber entsetzlichen Träumen berichtet hatte, hiess es nun: «Tatsache ist, dass man an solchen Orten, in solchen Tagen stirbt; unter Umständen mehrmals. Ob auch der Tod hinzukommt (‹eintritt›, wie es richtig heisst), die Frage gehört nicht hierher. Sie ist ausschlaggebend für das menschliche, das soziale Umfeld, für das Lebens- und Persönlichkeitsbild des Betroffenen. Sie ist ausschlaggebend für ihn selbst, solange er noch jene Arbeit leisten, mit diesen Menschen zusammen sein, Venedig noch einmal sehen, den ‹Tristan› noch einmal hören möchte. Gerade auch der Wunsch, zu Hause und nicht im Spital zu sterben, bezieht sich auf den Tod als Form des Lebensendes, nicht auf den Vorgang des Sterbens selbst.» – Noch war damals nicht zu vermuten, dass es fast genauso kommen sollte, wie es kam, als es kam.

## Preisträger der Akademie

In diesem Herbst erschien nur Weniges: Rezensionen der Briefe Erika Manns, eines Buchs von Lothar Baier, einer Schrift von Joseph Ratzinger *(Zur Lage des Glaubens)* – und ein Essay über den Modeschöpfer und Künstler Mariano Fortuny y Madrazo (1871–1949), den Sohn des Malers Mariano Fortuny y Marsal, anlässlich eines Besuchs in Venedigs Palazzo Fortuny, illustriert mit einer Fotografie der Lady Violet Bonham Carter in einem Fortuny-Kleid, wohl aus den Fünfzigerjahren des 20. Jahrhunderts, sie blickt vornehm und wirkt zerbrechlich. – Helbling liebte diesen Eklektiker, er liebte seine fliessenden Gewänder, er lobte die «ruhig ausschwingende Vielfalt» seiner Entwürfe, er erkannte einmal mehr auch die Welt von Proust. – Das schönste Geschenk machte er sich selbst; mit einer imponierenden Auswahl aus Leopardis *Zibaldone* in seiner Übersetzung und mit einem Nachwort von Alice Vollenweider. Er hatte Jahre darauf verwendet, aus Tausenden von Seiten dieses häufig düsteren und meistens pessimistischen Existenzialismus «avant la lettre» eine Essenz zu ziehen. War die Tagesarbeit im Feuilleton beendet, sass er immer noch am Schreibtisch und übersetzte aus dem *Zibaldone*. – Die Anerkennung blieb nicht aus. 1986 wurde Hanno von der Deutschen Akademie für Sprache und Dichtung mit dem Johann-Heinrich-Voss-Preis für Übersetzung geehrt, die Laudatio hielt die damals an der Universität Münster lehrende Literaturwissenschafterin Lea Ritter-Santini, eine ebenso kluge wie energische Dame von hoher Bildung.[41]

Ein weiteres Buchprojekt begann Formen anzunehmen. Seit dem Herbst 1985 liess Helbling in der Beilage «Literatur und Kunst» Aufsätze über Proust erscheinen. Zum Auftakt war ein Essay der Überschrift *Die Saat der Träume und der Täuschungen* publiziert worden. Am 3./4. Mai 1986 konnte die Leserschaft der NZZ unter dem lakonischen Titel *Swann* über «Wandlungen einer Hauptgestalt im Romanwerk Prousts» lesen – und also über jene Figur, in der der grosse Schriftsteller die Charakterzüge des Connaisseurs und des geplagten Liebhabers, des «homme du monde» und des Schöngeists objektivierte. Ein Proust-Zitat hatte es seinem Interpreten besonders angetan: «La vie est semée de ces miracles que peuvent toujours espérer les personnes qui aiment.» – Insgesamt acht solcher Stücke trug Helbling zusammen. Sie sollten seinem Konzept entsprechend eine Art von «Führer» durch das labyrinthische Werk der *Recherche du temps perdu* präsentieren, und so wurde das Ganze schliesslich von der Lektorin des Suhrkamp-Verlags, Elisabeth Borchers, akzeptiert und kam 1988 als Suhrkamp-Taschenbuch von etwas über hundert Druckseiten unter dem Titel *Erinnertes Leben. Marcel Prousts ‹Suche nach der verlorenen Zeit›* heraus. Mit diesem Dienst an seinem vielbewunderten Lieblingsautor hatte Hanno Helbling endlich auch eine wahrnehmbare Stele errichtet.

Und während er über Günther Anders und Paul Claudel, über eine Biografie Montales und eine Erasmus-Ausstellung in Basel referierte, kamen weder Max Frisch noch Ranke noch Golo Mann zu kurz. Am 13. Mai 1986 kommentierte Helbling Max Frischs Solothurner Dankesrede zu seinem 75. Geburtstag. Dort hatte der Pessimist einmal mehr verkündet, dass die Aufklärung «weiterum gescheitert» sei. Hier, in der NZZ, musste solche Apokalyptik entsprechend und mit guten Gründen relativiert werden. Weitaus mehr Anlass zur Freude bot das Eingedenken anlässlich von Rankes 100. Todestag. Im Feuilleton vom 23. Mai fasste Hanno die Weltsicht und die Leistung des Meisters in klaren und konzisen Worten zusammen – dass Ranke politische Geschichte und dazu noch in «offiziellem» Sinne geschrieben habe, dass er als Ireniker persönlichen Konfrontationen aus dem Weg gegangen sei und dass er bei allem turbulenten Auf und Ab der Weltgeschichte doch auch an eine Art von göttlicher Ordnung hinter dem Geschehenden glaubte. Für die nach «1968» ins Amt getretenen Historiker linker Provenienz musste ein solcher Text als reine Apologie des metaphysisch verbrämten Positivismus agnosziert werden. – Freundschaftlich rezensierte Helbling Golo Manns Erinnerungen an seine Jugend in Deutschland mit dem etwas hochfahrenden Titel *Erinnerungen und Gedanken,* diskret verbeugte er sich vor Carl J. Burckhardts Briefen, die «im vornehmsten Sinne weltläufig» seien. – Golo Mann, Carl J. Burckhardt, auch der ehemalige Musikreferent der NZZ, Willi Schuh, dessen Tod Anfang Oktober zu melden war: Sie alle dachten, schrieben vor allem ähnlich sorgfältig aus der Spätzeit des 19. Jahrhunderts hervor wie immer wieder auch Hanno Helbling selber, worin nicht nur Verwandtschaften im Geistigen lagen, sondern auch eine Kultur gebildeter Emotionalität zum Zuge kam – wie etwa im Feuilleton vom 14. August zu lesen, ja nachzuerleben, nämlich mit einem Reisebericht aus Graubünden auf den Spuren Conrad Ferdinand Meyers. – Das war gerade noch möglich; kaum einer, der es schon als patiniert empfunden hätte, in der NZZ war es noch möglich, von vielen sogar erwartet und erwünscht und schliesslich belobigt.

Am 30. Januar 1987 annoncierte Helbling in der Sektion «Stadt Zürich» der NZZ das «Jubiläum ‹einer Gesellschaft›». Gemeint war die Zürcher Gelehrte Gesellschaft, die nun eben ihr 150-jähriges Bestehen im Zunfthaus zur Meisen feiern konnte. Die Festrede hatte der Historiker Dietrich W. H. Schwarz gehalten (und auch das Neujahrsblatt zu diesem Thema verfasst), weitere Redner waren Dietrich Schindler und Thomas Wagner gewesen, man war – diesmal aber auch mit Gästen – doch ganz unter sich gewesen. Wagner hatte «sorgenvolle Worte» zur aktuellen Lage geäussert. Das veranlasste den Berichterstatter zu einer eigenen Version des Geschehens unter Einbezug der Festgesellschaft. «Pessimistische oder jedenfalls sorgenvolle Worte, die den liberal-konservativen Gesinnungen der ‹Gelehrten› entsprachen, auch wenn sie als Körperschaft in den anderthalb Jahrhunderten ihres Bestehens keinerlei politische Verantwortung übernommen haben. Ihre Gesellschaft wird nach diesem Jubiläum ohnehin zu der Unauffälligkeit zurückkehren, die sie immer beobachtet hat. ‹Schon dass hier ihr Name lautbar ward/widerspricht vollkommen ihrer Art.› Vielleicht aber tritt sie in fünfzig Jahren wieder ans Licht.» – Es musste besonderen Spass gemacht haben, den geschätzten Kollegen leicht von seitwärts stechend mit Morgenstern und seiner Palma Kunkel gekommen zu sein. Immerhin dürften doch manche unter ihnen das Zitat erkannt haben, was in weiteren fünfzig Jahren ziemlich unwahrscheinlich sein wird.

Dazu das übliche Pensum: über einen neuen Band von Thomas Manns Tagebüchern, über Adolf Muschgs Geschichten *Der Turmhahn* (mit der sanften Rüge, dass es bei Muschg selten zur Unverwechselbarkeit der Sprache komme, weil der Autor stets Verständigung und Vermittlung wolle …), über Christa Wolfs Tschernobyl-Reflexionen *Störfall*, über Ramuz für Anfänger und anderes. Interessanter, vielleicht, was mehr und mehr zurücktrat: Kirchliches, Theologisches, Religiöses, als liege es jetzt zunehmend jenseits von Hannos Horizonten. Immerhin, in der Beilage «Literatur und Kunst» vom 18./19. April 1987 war eine ganze Nummer dem Thema «Mann und Frau im Christentum» gewidmet, und Ende September berichtete Helbling aus Rom von der VII. Ordentlichen Bischofssynode. Gebildete fanden – im Rahmen der Weihnachtsbeilage zum Thema «Kindheit» – Schönes und Wahres zur Kindheit Chateaubriands, und den Silvesterknaller zündete Hanno mit einem kurzen Feuilleton «Legende vom Textlein». Das war zwar ein eher hermetisches Stück, doch Kennern der Materie durchaus zugänglich: wider die hermeneutisch den Autor wegsperrende Methode, Texte nicht mehr auch referenziell zu lesen, sondern als reine Gebilde ihrer Sprache und ihres Stils. So hatte sich in Hannos Glosse das Textlein in den dunklen Wald verirrt, elternlos einsam und von niemandem mehr verstanden. Auf dieses witzige Gebäck hin schrieb der Linguist Ernst Leisi einen starken Applaus; auch deshalb, weil er seinen Widersacher im Seminar, Peter

Hughes, ganz aufseiten der Apologeten des «reinen Texts» wusste. Das war freilich «cause locale». – In diesem Jahr 1987 war – bei Hanser, München – eine weitere Grosstat des Übersetzers Helbling zur Kenntlichkeit gekommen, er hatte sich der Gedichte Eugenio Montales zwischen 1920 und 1954 angenommen. Er ruhte also auch dann nicht, wenn er im Feuilleton seiner Zeitung einmal weniger starke Akzente setzte.

Spätestens seit 1988 waren die Mittelzeitfolgen der Herzoperation überwunden. Helbling bewies sich sportlich weiter als Jägersmann; das Cellospiel hatte er abgelegt, ebenso das Reiten. Insgesamt nahm er's etwas ruhiger; an seiner intellektuellen Vitalität hatte sich gar nichts geändert. Ein Jahr zuvor hatte der sogenannte Historikerstreit die bundesdeutsche Geschichtswissenschaft und weitere Kreise bewegt. Es war, knapp zusammengefasst, darum gegangen, ob die Verbrechen des Nationalsozialismus einmalig gewesen waren oder ob man sie im Zusammenhang der Epoche des europäischen Bürgerkriegs mit weiteren Erscheinungen – und folglich auch mit den Gräueln, die in der Sowjetunion und ihren Herrschaftsgebieten stattgefunden hatten – zu vergleichen hatte. Das war eine einigermassen bizarre Debatte, die aber hüben und drüben prominente Für- und Gegensprecher hatte. Ernst Nolte war die massgebliche Stimme der «Komparatisten»; Jürgen Habermas und Hans-Ulrich Wehler standen auf der Gegenseite: Die ideologische Vorbereitung, die organisatorische Abwicklung und die gnadenlose Durchführung der «Endlösung» seien ein in seinen moralischen und strukturellen Dimensionen singuläres Ereignis gewesen.

Wollte man sich überhaupt auf eine solche Diskussion einlassen, die den Opfern des Holocausts und ihren überlebenden Angehörigen als im Grunde genommen ziemlich unheimlich vorkommen musste, so konnten Konstanten und Variablen geltend gemacht werden. Das stärkste Argument für die Singularität – auch wenn Stalin noch mehr Menschen in den Tod getrieben hatte – bestand wohl darin, dass eine ganze Rasse und zudem auf dem Boden einer Kulturnation, die aber immer wieder plebiszitär «befragt» worden war und dabei ihrem «Führer» zugejubelt hatte, hätte ausgerottet werden sollen: ein in seiner Einmaligkeit mindestens für bisherige Geschichte unfassbares Ereignis. – Es bleibt seltsam, dass sich der Historiker Helbling niemals energischer in diese Debatte einbrachte. Auch wenn er sie, aus guten Gründen, als eine politisch und intellektuell seltsame Übung betrachtete, hätte es nahegelegen, die Stimme dieses so klugen und besonnenen Denkers hören zu dürfen. Er stimmte den Verfechtern der Einmaligkeitsthese zu; doch solche Position wurde der Leserschaft erst kenntlich gemacht, als er am 13. Januar 1988 eine Rezension über die Dokumentation zum «Historikerstreit» präsentierte. Dabei waren allerdings auch Hans-Ulrich Wehlers stilistische Aggressionen gegen die Vertreter der Vergleichbarkeitsthese zu rügen.

Eine weitere Debatte war damals von dem damaligen Chef des Literaturteils der «Frankfurter Allgemeinen Zeitung», Frank Schirrmacher, ausgelöst worden, nachdem über Nacht bekannt geworden war, dass der Literaturwissenschafter Paul de Man in seiner Jugend für eine flämische Zeitung Artikel geschrieben hatte, deren Antisemitismus klar zur Geltung trat. War damit auch de Mans später folgenreich entwickelte strukturalistische Hermeneutik erledigt? Hatte dieser Anwalt des «reinen Texts», für den die Urheberschaft durch einen Autor kaum noch bedeutsam sein sollte, diese Methode deshalb so eloquent vorgetragen und unter Gleichgesinnte gebracht, weil er damit – auch – die eigene Autorschaft von anno dazumal zu verdrängen und zu beschweigen versuchte? Schirrmachers kühne These hatte einiges für sich. Hanno konnte nicht folgen. Unter dem retro-provokativen Titel «Entartete Wissenschaft?» schrieb er in der Beilage «Literatur und Kunst» vom 26./27. März 1988 einen Text, der auf eher komplizierte Weise versuchte, de Man Gerechtigkeit für sein späteres Wirken widerfahren zu lassen. – Auch andere Turbulenzen waren einzuordnen: etwa jene, die im Bistum Chur ihren Ausgang nahmen, nachdem dort der konservative Weihbischof Wolfgang Haas installiert und als Nachfolger von Bischof Johannes Vonderach in Position gebracht worden war. Für die Ökumene bedeutete dies einen klaren Rückschlag, für die Reformbewegungen innerhalb der katholischen Kirche ebenso. Helbling war nicht erbaut. «Abschirmung gegenüber der ‹Welt›, einerseits durch hierarchische Disziplin, anderseits durch Sammlung ordensähnlicher Milizen zu einer Art Mustergottesdienstvolk, ist ein Programm, dem nicht nur die Churer Kurie sich verschrieben hat. Aber die Reaktion auf die Ernennung des Koadjutors Haas lässt erkennen, dass es auch hier das falsche Programm ist.» (22. April, Inlandteil der NZZ)

Im Juni 1988 kam es schliesslich – wie vorauszusehen gewesen war – zum Schisma von Ecône. Erzbischof Lefebvre hatte sich weder von Rom noch von der öffentlichen Meinung über die Schweiz hinaus beeinflussen lassen und ohne Erlaubnis des Vatikans vier Bischofsweihen vollzogen. Nun war der Bruch da. Hanno Helbling diagnostizierte richtig, dass die Piusbruderschaft endgültig den «Weg einer Sekte» ging. – In der Beilage «Literatur und Kunst» vom 30. April/ 1. Mai philosophierte Helbling unter dem Titel «Unterwegs zur Perspektive» über den «Auftrag der Zeitgeschichte». Das kluge Stück, das sein eigenes Methodenbewusstsein elegant zusammenfasste, war gegen inzwischen sehr verbreitete Tendenzen linker Historiografie gewendet, immerfort das Richterauge der Moral auf die Geschehnisse der Zeit zu werfen, um daraus Historie sowohl von unten wie von sehr weit oben zu schreiben. Dagegen Hanno: «Die Zeitgeschichte erfüllt ihre Aufgaben nicht, solange sie allezeit (alle Zeit) richten muss. Solange sie der moralischen Verurteilung nicht die Grenzen setzt, die der in jedem Fall zu ermittelnde Wissensstand und die jeweilige Reichweite der Verantwortung auch dem Denken und Handeln der Menschen gezogen haben. Solange sie sich von Ideologien nicht frei macht, die ihr das Recht und die Pflicht zur Betrachtung der Vorgänge nach dem Mass der ‹Unbescholtenheit unserer Augen› verweigern und im Vergangenen nur den Stoff zu politischen Bekenntnissen in der Gegenwart suchen. Solange sie nicht mit aller methodischen Energie ihr wissenschaftliches Ziel verfolgt: perspektivische Einsicht.» Wer unter diesen «gerechten» Richtern hätte noch zu sagen gewusst, dass das Wort von der Unbescholtenheit unserer Augen von Gottfried Keller stammte?

# Veränderungen in der Redaktion

In diesem Jahr 1988 war der Rücktritt Andres Briners aus dem Feuilleton der NZZ zu vermelden; er hatte das Pensionsalter erreicht. Als Nachfolger Willi Schuhs hatte Briner das Musikreferat mit hoher Kompetenz und sichtlicher Passion geleitet. Die letzten vier Jahre seiner Amtszeit hatte Briner als schreibender Journalist verbracht; seit 1984 war Marianne Zelger-Vogt für die Leitung des Unterressorts verantwortlich. In der Folge war dann der Basler Musikwissenschafter und Journalist Peter Hagmann als ständiger Kritiker hinzugestossen, während sich Briner auch nach seiner Pensionierung noch hie und da zu Wort melden konnte. Das wichtige Gebiet war also sehr gut besetzt, was auch für die Felder der Literaturkritik galt: Ebenfalls 1984 war die langjährige freie Mitarbeiterin für Schweizer und deutschsprachige Literatur Beatrice von Matt-Albrecht als Nachfolgerin von Marianne Zelger-Vogt für dieses Gebiet engagiert worden.

Willi Schuh war am 4. Oktober 1986 im Alter von 86 Jahren in Zürich gestorben. Am 27. Februar 1988 wurde in der Zürcher Tonhalle ein Gedenkkonzert veranstaltet. Die Ansprache, die Hanno Helbling dort gehalten hatte, erschien in gedruckter Form in der Beilage «Literatur und Kunst» vom 5./6. März. Sie war, sozusagen, ein Stück Bekenntnismusik, eine poetische und aus der Freundschaft mit dem Geehrten vermittelte Reflexion über dessen Tod hinweg, mit allen Passepartouts, die viele Jahre lang zwischen den beiden ausgetauscht worden waren, von Proust über Richard Strauss' *Rosenkavalier* bis zu Renoir; zugleich und erst recht auch Gedankenprosa zur Arbeit des Musikkritikers, der wie kein anderer Kritiker schliesslich der Leserschaft übersetzen muss, was er wie gehört hat. Zwischen diesen Polen – der täglich zu leistenden Metamorphosen mitsamt ihrer Vergänglichkeit und dem, was darüber hinaus auch bleiben könnte – beschäftigte sich der Redner in den letzten Passagen der Rede. «Willi Schuh hat unter dem täglichen Neubeginn bisweilen gelitten – hat unter der Zeitung gelitten, die aller Verewigung spottet. Aber im tieferen war er wohl einverstanden mit dem dauernden Provisorium, in das die Betrachtung des Kunstwerks verwiesen ist. Was über den Dichter gesagt wird, hat bloss vorübergehende Geltung. Doch umgekehrt, ‹das, was vergänglich ist, bewahrt sein Lied.›» Nochmals und wieder Goethe ..., dazu viel Selbstreferenzielles, ein bekenntnisreicher Text.

Es kam das Jahr der Epochenwende, ein Jahrhundertjahr, die völlig unerwartete und von niemandem rechtzeitig vorausgesagte politische Wende, die Implosion des Sowjetimperiums, «1989». – Man kann beim besten Willen nicht sagen, dass Helbling von diesem Ereignis und seinen Folgen nachdrücklich affiziert und dann in seiner Arbeit als Historiker besonders angeregt geworden wäre. Überblickt man diese Zeit noch bis zu seinem Rücktritt als Chef des Feuilletons per 31. August 1992, so findet sich fast nichts, was von den ersten Explosionen im Spätherbst 1989 bis zu den ungeheuren Kettenreaktionen sein spezifisches Interesse gefunden hätte. 1989 schrieb er über Hugo Loetschers *Die Fliege und die Suppe,* über einen *Tartuffe* im Zürcher Schauspielhaus, über Toleranz und über Aufsätze und Reden von Golo Mann. Im folgenden Jahr schrieb er über Bände der deutschen Proust-Ausgabe, über Braudel, über Gert Hofmanns *Der Kinoerzähler,* über einen Gorki-Abend wiederum im Zürcher Schauspielhaus. – Was ihn aber besonders freuen durfte: Im November 1989 konnte er den Ehrendoktor der Universität Fribourg entgegennehmen. Nicht einen Ehrendoktor der theologischen Fakultät, was nach all seinen Bemühungen um Religion, Theologie und Ökumene nahegelegen hätte, sondern einen Titel der philosophischen Fakultät aus dem Bereich Geschichte, was ebenfalls nahelag, wofür sich der dortige Mediävist Carl Pfaff eingesetzt hatte. Die Feier – unter Anwesenheit von alt Bundesrat Kurt Furgler, der die Festrede auf den Dies academicus der Universität hielt – verlief feierlich und zugleich lebensnah, Werner Gysel und ich waren aus Zürich angereist, um das Ereignis mitzufeiern. Fortan schrieb Hanno in seinem Briefkopf nicht selten seinen Namen mit Dr. Dr. h. c. Hanno Helbling; so viel Genugtuung durfte sich auch einmal verschriftlichen.[42]

Es gab Gewichtigeres in diesem «annus mirabilis»; aber nichts, was sich in oben zitiertem Sinn als Beitrag zur Zeitgeschichte hätte empfehlen können. Am 18. Januar 1989 hatte Hanno, man hätte es fast als Menetekel lesen dürfen, anlässlich des 300. Geburtstags Montesquieus notiert: «Es gibt keine politische Wissenschaft ohne Geschichte und ohne erlebte Gegenwart keine Geschichte.» Im April war er unterwegs in Neapel und berichtete über einen Besuch im Croce-Institut. «Und nicht die selben, aber die gleichen jungen Frauen und Männer sitzen hinter denselben Tischen und den gleichen Büchern. Und wenn die Lektion beginnt, knipst man die Lampe an, die einst den Schatten Chabods auf die Wand warf; einen grossen Schatten.» (19. April) Im Juni meditierte er über den Fussboden des Doms von Siena und am 19. Dezember rezensierte er ein Buch Alfred Cattanis mit Fotografien von Zürich im Zweiten Weltkrieg, woraus man auch lernen konnte, dass Hannos Vater, Carl Helbling, damals als Kommandant der Rathaus- oder vormals Gemüsebrücke fungierte; der Ernstfall für diese Funktion trat bekanntlich niemals ein. Im Mai 1990 wiederum schrieb der Kirchendeuter über «gefährliche Alleingänge» unter Wolfgang Haas' Regie im Bistum Chur, und am 7. Juni präsentierte er der NZZ-Leserschaft Christa Wolfs neues Buch *Was bleibt* als Vorabdruck im Romanfeuilleton.

Es war ein irgendwie seltsames Stück Einführung in den Stoff, deren Autorin ihre Mitbürger, wie erwähnt, noch sehr spät dazu aufgefordert hatte, nicht durch die Maueröffnung gen Westen und in den Konsumkapitalismus wegzuziehen. Hanno erwähnte persönliche Gespräche mit Christa Wolf, zur Analyse einer Lage, die zur Zeit der Diktatur gewiss prekär war, während man sich im Sinn einer Antwort auf die Verhältnisse doch darauf geeinigt habe, so lange als möglich zu bleiben. Dann: «Man wird den Umbruch, der sich in der DDR vollzogen hat, analysieren. Dass mit ihm auch Schriftsteller ein wenig zu tun hatten, und gerade auch solche Schriftsteller, die im Lande geblieben waren, müsste man eigentlich annehmen.» – Wirklich? Dass Christa Wolf für besagten Umbruch «ein wenig» gesorgt haben könnte – eine Vermutung, die in der Luft blieb; und wenn es bloss so wenig gewesen wäre, hätte dies ohnehin kaum der Erwähnung bedurft. Hanno meinte es freilich ironisch, ohne deshalb sagen zu müssen, dass er Christa Wolf im Gewand einer Dissidentin sehen wollte, die anderseits und mutig zugleich davor warnte, der DDR nach dem

«Umbruch» den Rücken zu kehren. Bekanntlich ging dieses System viel schneller unter, als selbst Optimisten gedacht hatten.

Vier Monate später war Helbling unterwegs im Osten Deutschlands und schrieb danach ein Feuilleton, das nicht nur im Titel auf Thomas Mann anspielte: «In deutscher Republik». Die «Herbstfahrt», wie er's nannte, ging über Weimar, Eisenach und Gotha nach Erfurt, dann nach Jena und Naumburg, zuletzt nach Leipzig, wo «die Flut westdeutscher Besucher» dem Reisenden die Suche nach einem Hotel schwermachte. Der Text, nach Meisters Gewohnheit ziseliert, durfte zum Besuch des Doms von Naumburg auch ein paar Zeilen Proust zitieren. So viel ästhetischer Dienst an der Memoria schien hier angebracht. Dann schliesslich die Pointe, der Twist. «Selbstbewusstsein, Eigenständigkeit städtischen Lebens, wie sie in Leipzig sich manifestieren, bieten vielleicht noch am ehesten Ansätze zu einer weiterhin eigenen Fortentwicklung in neuer Freiheit – Freiheit auch von den Normen und ‹Werten›, mit denen sich jetzt die Schaufenster füllen.» Das war, wie schon in Thomas Manns Beobachtungen zur DDR in der Zeit der frühen Fünfzigerjahre gelesen werden konnte, die von aussen an jene Lebenswelt herangetragene Hermeneutik ihres Verstehens vor dem Hintergrund einer wachsenden Kritik am Kapitalismus des Westens. Hanno wurde ein wenig links.

Am 1. November 1990 besprach er den zweiten Band von Dürrenmatts *Stoffen*. Sechs Wochen später, am 14. Dezember, starb der grosse Autor, unerwartet, kurz vor seinem 70. Geburtstag. Hanno schrieb den Nachruf. Und in der Beilage «Literatur und Kunst» vom 29./30. Dezember reflektierte er nochmals über diesen unruhig originellen und gleichzeitig kreativ undisziplinierten Meister: im Kontext seiner Geschichtstheologie. Dürrenmatt war der Apokalyptiker par excellence unter den Schweizer Schriftstellern gewesen. Doch für einmal hatte sich mit und seit «1989» die Apokalypse ins Positive gedreht; hatte sie eine «Wende» vollzogen, die Helbling freilich gleichwohl nie zur Begeisterung verführte.

Dieses Jahr hatte ihm – am 14. August 1990 – seinen 60. Geburtstag gebracht. Damals hatte er den Entschluss gewälzt, sich früher als üblich von den Pflichten der Redaktion und ihrer Tagesgeschäfte entbinden zu lassen. 1991 konkretisierte sich dieses Projekt. Der damalige Chefredaktor, Hugo Bütler, bot eine grosszügige Lösung an – mit der Auflage, dass Hanno seit dem Herbst 1992 von zu Hause aus weiterhin schreibe: Aufsätze, Kritiken, Glossen, Kommentare, alles wie bisher. – Am 11. Februar 1991 berichtete der Rezensent über eine Neuinszenierung von Dürrenmatts *Meteor* am Zürcher Schauspielhaus und kam nicht umhin, festzustellen, dass vieles, was an der Uraufführung noch für Furore gesorgt hatte – «die atheistische Botschaft, vereinfacht gesagt» – inzwischen alltäglich und unkontrovers geworden sei; ein Lehrstück, das mit seiner Botschaft kaum noch anecke. Ein paar Tage später leistete er sich auf der Beilage «Literatur und Kunst» – wie seinerzeit mit «Elena Santi» – einen speziellen Scherz. Er präsentierte ein «wohl nur wenigen bekanntes Fragment» Marcel Prousts – einerseits im französischen «Original», anderseits in seiner Übersetzung; nämlich eine Passage, welche über die Statuen des Markgrafs Ekkehard II. und seiner Gemahlin Uta auf einem Säulenvorsprung des Doms von Naumburg meditierte. Im Vorspann dieser Präsentation sinnierte Hanno über die Schwierigkeiten des angemessenen Transfers in die Zielsprache und bat die Leserschaft gleich noch um andere Übersetzungsvorschläge. – Das Ganze war nochmals ein brillant und keck inszenierter Fake. Die Vorlage stammte keineswegs von Proust, sondern von der Romanistin und Schriftstellerin Christina Viragh, und wer sich genauer erinnert hätte – wohl höchstens Proustomanen, die freilich mit diesem Doppeltrick in die Irre hätten laufen sollen –, der wäre den ersten Zeilen des vorgestellten «Fragments» bereits vier Monate zuvor, im Reisefeuilleton aus dem Osten Deutschlands vom 19. Oktober 1990, ahnungsvoll begegnet.

Solche Mystifikationen waren damals vielleicht – knapp – noch möglich; unter der an sich für diesen Fall korrekten Voraussetzung, dass «wohl nur wenige» sie durchschauten. Derjenige, der die entscheidende Zielperson dafür hätte sein sollen, darauf hereinzufallen, der Zürcher Romanist Luzius Keller, Proust-Spezialist und Philologe auf einsamer Höhe und für Hannos Selbstbewusstsein ein mitunter leicht lästiger Dauerrivale, liess sich, «hélas», keine Sekunde lang täuschen ...[43]

# Citoyens und Gegeninstanzen

Im Februar reiste Helbling ein letztes Mal in den USA, er besuchte Kalifornien und den Mittleren Westen und schrieb gediegen über seine Eindrücke. Am 26. März verfasste er einen kurzen Nachruf auf den abtrünnig gewesenen Erzbischof Marcel Lefebvre. Dann, am 4. April, starb Frisch. Beatrice von Matt schrieb den grossen Nekrolog sehr würdig und in vollendet empathischem Stil. Hanno meldete sich zwei Wochen später in einer Max Frisch gewidmeten Nummer der Beilage «Literatur und Kunst» zu Wort: «Citoyen Frisch. Der Schriftsteller als Gegeninstanz».

Nein, Frisch war und blieb für Helbling nicht «tout court» eine Gegeninstanz. Die Rolle des Citoyens, die er gern und oft gegen die helvetische Bourgeoisie ausspielte, war und blieb zu hinterfragen. Zur Statur des Rufers von *J'accuse* hatte er's nie gebracht; freilich auch deshalb nicht, «weil in der Schweizer Öffentlichkeit literarisches Ansehen längst nicht so viel wie in Frankreich bedeutet». Dies allerdings musste gesagt sein: in der Verlängerung von Argumenten oder auch Beobachtungen, wie sie Karl Schmid einerseits, Paul Nizon anderseits – um nur zwei Beispiele zu nennen – an das eigene Land herangetragen hatten; Nizon deutlich missvergnügt, aber auch Schmid nicht bloss als Apologet kleinräumig pragmatischen Schweizertums.[44] – Helblings Fazit zu und über Frisch: «Nicht in der direkten Rede seiner politischen Voten ist er zu einer Instanz in der geistigen Landschaft der Schweiz geworden – nicht durch sie bleibt er eine Gegeninstanz: gegen die *un*geistige Landschaft, wo Gewohnheiten nicht reflektiert, Interessen nicht überprüft, Fragen nicht gehört und Konflikte verwischt werden. Sondern in seinen besten literarischen Werken; im ‹Stiller›, im ‹Tagebuch 1946–49›. Denn der Schriftsteller ist den Lesern nicht Rechenschaft über seine Recherchen schuldig, sondern Glaubwürdigkeit: wir sollen merken, dass *er*, so wie er sieht, hört und fühlt – und schreibt –, ein Unbehagen über den Stand der Dinge bezeugen muss. Dieses Unbehagen nehmen wir ernst, und warum? weil wir die Texte ernst nehmen; woran die Aufmerksamkeit für die Gesamtleistung – und das heisst in der Tat: das Ästhetische – legitimen Anteil hat.»

Das war auf Augenhöhe mit dem Verstorbenen reflektiert, im besten Sinn kritisch und treu auch gegenüber allem, was Hanno selber zuvor und über die Jahrzehnte hinweg zu dieser singulären Gestalt gedacht und geschrieben hatte. Dass es in der Zunft der Literaten und Kritiker und im Kreis einer etwas automatisch gewordenen Verehrung für den Unbequemen, der sich damit zum Prinzip gemacht hatte, diskutiert worden wäre, konnte man nicht wirklich behaupten. – Danach, wieder «courant normal». Ein Essay über den grossen Schweizer Historiker Johannes von Müller, eine Betrachtung zum Eidgenössischen Dank-, Buss- und Bettag, ein Feuilleton über seine Reise durch Lazio, eine Schnitzler-Inszenierung im Zürcher Schauspielhaus, kritisch über Allan Bullocks vergleichende Doppelbiografie *Hitler und Stalin – parallele Leben,* ein weiteres Feuilleton des Titels «Gesunkene Wunschkultur» gegen die längst lästig gewordene Angewohnheit der Zeitgenossen, einem für alles und jedes etwas zu wünschen, und schon am 30. September und im Inlandteil eine kurze und wenig animierte Würdigung zum Rücktritt des Kollegen Hansres Jacobi aus Anlass seiner Pensionierung. Bald darauf trat die Romanistin Barbara Villiger Heilig in die Feuilleton-Redaktion ein und übernahm das Theater-Ressort, in dem sie mit eigener Handschrift für frisches Leben sorgte. Schon vorher war die Anglistin Angela Schader zum Team gestossen; zuerst als Assistentin von Beatrice von Matt, aber bald und kompetent mit eigenen Dossiers. Sonst änderte sich an Bestand und Besetzung der Redaktion vorerst nichts.

Das ökumenische Vermächtnis im Jahr des 700. Bestehens der Schweizerischen Eidgenossenschaft erschien in Form des Leitartikels zum Eidgenössischen Bettag. Helbling titelte ihn mit «Nicht allein auf der Welt». Was er meinte – und in christlichem Geist verlangte –, wurde rasch klar. Es ging ihm um eine Kritik an falschem Verständnis von Identität (mit Blick auf die Schweiz und die Schweizer), und es ging ihm um Toleranz und Verstehen in einer zunehmend multikulturell werdenden Welt. «Wer sich auf unserem ‹alten› Kontinent umschaut, der sieht schon jetzt manches nur unvollständig, wenn er den asiatischen oder afrikanischen Hintergrund nicht dazusieht. Zugleich kommt er in die nicht immer einfache Lage, den europäischen Hintergrund erklären zu müssen, der sich früher von selbst oder den man selbst nicht verstand. Ganz ebenso muss auch die Schweizer Identität sich in Austauschbereitschaft bewähren. Die Kraft, zu nehmen und zu geben, können wir uns wohl zum Bettag 1991 wünschen.» (14./15. September)[45]

Und so begann also das letzte Jahr – 1992 – im Hause NZZ und als Chef des Feuilletons. Helbling war – wir treten ihm dabei nicht zu nahe – etwas müde geworden, nach über dreissig Jahren des Diensts an der und für die Zeitung und ihre Leserschaft. Er zählte zu den Ersten, die beim Schreiben auf den Computer umstiegen – und erzählte danach mit Ironie und Stolz, die Phase oder Epoche der Schreibmaschine habe er, jedenfalls beim Schreiben seiner Artikel, «übersprungen». Im Januar 1992 rezensierte er einen weiteren Band von Thomas Manns Tagebüchern, im März weilte er in Budapest anlässlich einer Tagung «Christliche Verantwortung in Europa», unter dem Titel «Das Mittelmass als Spitze» besprach er illusionslos einen Gesprächsband Peter von Matts mit Marcel Reich-Ranicki, und in der Beilage «Literatur und Kunst» vom 16./17. Mai schrieb er ausgreifend und gelehrt über ein Grundthema in Leopardis *Zibaldone*, nämlich über den «verborgenen Gott». In der Wochenendausgabe vom 27./28. Juni kündigte er einer erstaunten Leserschaft das Ende des Fortsetzungsromans an, der immerhin seit anno 1878 täglich und in lückenloser Folge das Gemüt jener gefesselt hatte, die solches Gebäck in kleinen Portionen – vermutlich meist morgens – zu schätzen wussten. Es waren nun nicht mehr allzu viele.

Zu den spritzigeren Texten dieses Abschiedsjahrs zählte einer mit dem Titel «So einen Herrn» und dem Untertitel «Zur Kontroverse um Carl J. Burckhardt». Worum ging es? Wir erinnern uns: Der Diplomat und Privatgelehrte hatte auch vor Hannos strengem Auge stets Verständnis und Bewunderung gefunden. 1991 war – zum 100. Geburtstag dieses «homme de lettres» – eine Biografie erschienen, verfasst von dem Historiker und Diplomaten Paul Stauffer. Dieses Werk aber fiel bei der Mitherausgeberin der Hamburger Wochenzeitung

*Die Zeit,* Marion Gräfin Dönhoff, unangenehm auf: Es versuche, so der Tenor, den Jubilar «zu einem ruhmsüchtigen, eitlen Lügner» zu stempeln. Und weiter: «Die Lust am Entmythologisieren hat inzwischen offenbar auch die Schweiz erfasst.» – Darauf – und auf einen Leserbrief der Gräfin in der *Weltwoche* – replizierte Helbling differenziert, aber entschieden. Zur Verteidigung Stauffers liess er sich erstmals auch dazu herbei, das Thema Wahrheit und Dichtung in Carl J. Burckhardts Werk – und Habitus – deutlicher anzusprechen. «Auch konnte, wer sich schon über Jahre oder Jahrzehnte hinweg mit der faszinierenden Persönlichkeit Burckhardts befasst hatte, nicht aus allen Wolken fallen, wenn er hier seine auch sonst wohlbezeugte Neigung zu einem ziemlich freien Umgang mit Texten und Fakten der Geschichte aufs Neue erwiesen fand.» Burckhardt sei sowohl in seinen *Memorabilia* wie bereits in der weit herum bekannten *Danziger Mission* «Historiker *und* Novellist» gewesen.

Letztlich war es der hohe Ton der Mitherausgeberin *Der Zeit* gewesen, der Hanno provoziert hatte: das beiläufig Abfällige, das sie den Burckhardt-Biografen spüren lassen wollte: dass er, ein emsiger Kompilierer, eigentlich nicht dazu berufen gewesen wäre, einen solchen Grandseigneur zu porträtieren. Dagegen wiederum, gegen den blinden Blick der Vornehmheit, fand Helbling schon das richtige Argument. Über Burckhardt: «Die Selbstdarstellung, an der er gearbeitet hat, trägt in ihren Abweichungen von der Realität gewiss apologetische Züge, aber vor allem zielt sie auf ein literarisches Porträt, das die Verkörperung einer alteuropäischen Lebensform im Gegensatz zu den Vulgaritäten der Massengesellschaft vorweisen soll.» Und dann: «Dass er auch so verstanden wurde, bezeugte Marion Dönhoff schon am 12. 9. 1953, als sie Joseph Breitbach schrieb: ‹Mir scheint, dass, wenn *wir* nicht die paar grossen konservativen Leute, die es noch gibt, vor den Anwürfen hektischer Linksradikaler bewahren, diese Welt, die jene mit ihrer Rationalisierung und Säkularisierung ohnehin zu einer kaum noch bewohnbaren Behausung gemacht haben, vollends unerträglich wird.›» – Aber das war noch nicht ganz alles. Zuletzt waren noch die Schweiz und auch noch die NZZ zu verteidigen. Das hübsche Bekenntnis gegenüber Joseph Breitbach aufnehmend, schrieb Hanno: «Ob dann im Lauf der Jahrzehnte gerade ‹Die Zeit› durch bewahrende Sinnesart zur Bewohnbarkeit unseres Säkulums beigetragen hat? Und ob sich gerade die NZZ durch bilderstürmerische Exzesse gegen das Abendland hervorgetan hat?» – Die Reaktion der Gräfin auf diese Pointe ist nicht überliefert.

Ende August 1992 übergab Hanno Helbling, der seit 1958 ohne Zäsur in verschiedenen Funktionen an der Falkenstrasse gewirkt hatte, die Leitung der Feuilleton-Redaktion der NZZ an den hier Schreibenden. Dieser 31. August war ein Donnerstag; es war warm, fast heiss, und wolkenlos schön. Die Feuilleton-Crew rückte mit einer Flasche Champagner an, die in Hannos Büro entkorkt wurde. Wir stiessen an auf den scheidenden Chef, der unsere Wünsche bei guter Laune entgegennahm. Dann verabschiedete er sich, setzte seinen Strohhut auf, stieg ins Auto und fuhr – es war früher Nachmittag – Richtung Süden, wie er's geplant hatte.[46]

# Exkurs: Vita domestica

Jedem Mitglied der Zürcher Gelehrten Gesellschaft konnte es geschehen, dass dieses – oder insgeheim lieber jenes – Mitglied dazu aufgerufen wurde, das Neujahrsblatt zum Besten des Waisenhauses Zürich zu verfassen. Es entschied das Los. Der Vorlauf betrug drei bis vier Jahre. Das war in der Regel reichlich Zeit. Daran hat sich bis heute nichts geändert.

Geändert hat sich der Umfang. Lag er für die meisten «Blätter» noch bis zur Jahrtausendwende bei dreissig, vierzig Seiten, so erscheinen seither eher ganze Bücher: ein Trend, der noch nicht gebrochen ist. Im Jahr 1985 erschien Hanno Helblings Neujahrsblatt. Ein paar Jahre zuvor hatte etwa Daniel Bodmer über den Essayisten Fritz Ernst, Robert Schneebeli über die Tugend der Toleranz, Hans Conrad Peyer über den Historiker Eduard Fueter oder Alfred Schindler über Zwingli und die Kirchenväter geschrieben – kluge, sorgfältig recherchierte und immer zur wohltätigen Belehrung der Leserschaft ausgerichtete Beiträge. Helblings Thema lautete: *Eine Bürgerfamilie im 19. Jahrhundert;* Untertitel: *Sozialgeschichtliche Streiflichter.* Auf der ersten Seite meditierte der Verfasser zu Fragen der Methode; auch darüber, wie es ihm gelingen könnte, das nur Anekdotische zu vermeiden, um umgekehrt nicht das nur Typische zu erfassen. Erzählte Geschichte also, gestützt auf die Quellen von etwa 200 Briefen, die zwischen den Generationen und den Mitgliedern dieser Familie kursiert hatten. Die Familie war Helblings eigene.

Hier kann es nicht darum gehen, diese Geschichte, die zu den wesentlichsten Teilen rund um die Stadt Rapperswil spielte, im Einzelnen nochmals aufzurollen. Das Blatt, das über 27 Seiten Text läuft, wäre in überschaubarem Zeitrahmen nachzulesen. – Den Anfang machte der Viehhändler, Metzger und Stadtrat Joseph Conrad Feurer zu Rapperswil. Er war – vielmehr wurde – der Patriarch, der dann mit Willen, Einfluss, Geschick und Fleiss dafür sorgte, dass aus einer stetig grösser werdenden Familie etwas Rechtes entstand. Neben Feurers Haus befand sich auch jenes des Wundarzts Franz Joseph Diethelm Helbling. Dessen Sohn heiratete 1828 Catharina Feurer, Joseph Conrads einzige Tochter. Aus dieser Verbindung wiederum wuchs die Familie Helbling über mehrere Generationen weiter. Sie stellte Apotheker in Rapperswil und für kurze Zeit in Zürich, bis dann Hannos Vater, Carl Helbling (1897–1966) den Beruf des Germanisten und Gymnasiallehrers ergriff. Hannos Biografie seiner Familie endete – absichtsvoll – noch vor der Geburt seines Vaters. Anders gesagt: Dort, wo es für uns Heutige immer spannender geworden wäre, war Schluss. Hingegen zeichnete der Historiker Helbling ein feinfühliges Bild mehr oder weniger gefestigter Bürgerlichkeit. Erst da, wo die Quellen – die Briefe – mehr und mehr aus sich herausgingen (Gründerjahre, wachsendes Kulturbewusstsein, Reisen, auch Komfort und, vorsichtig, Genuss), konnte und durfte er selber ironisch werden: als Kommentator jener Vorfahren, denen er – kraft der Chronologie – zunehmend näher gestanden hätte.

Berichtete Helbling von seinem Vater Carl, so hatte man den Eindruck, dass sich die beiden schätzten und verstanden. Der Sohn des Justus Amand Konrad Helbling, seines Zeichens auch Apotheker, heiratete 1923 Getrud Hermine Lesch, die aus künstlerischem Hause stammte. 1922 promovierte Carl Helbling mit einer Dissertation über Thomas Mann *(Die Gestalt des Künstlers in der neueren Dichtung)*. Darauf war er Gymnasiallehrer zuerst am Lyzeum Alpinum Zuoz, dann am Zürcher Gymnasium Rämibühl. Zudem unterrichtete er Pädagogik an der ETH Zürich. Weitere Publikationen galten Gottfried Keller und General Ulrich Wille; als Herausgeber wirkte Carl Helbling im Rahmen der *Sämtlichen Werke* Kellers sowie der *Gesammelten Briefe*. – Hannos Mutter, Gertrud Hermine, war die Tochter des Kunstmalers Bernhard Robert Lesch und seiner Frau Hermine Elisabeta, geborene Ranschenbach, sowie die Schwester des Germanisten, Journalisten, Regisseurs und Filmdramaturgen Walter Lesch, der in seiner

Frühzeit Lustspiele und Komödien verfasste und später für die Praesens-Film AG sowie für das Cabaret Cornichon Drehbücher beziehungsweise Texte schrieb. 1951 lieferte er den Text zu Paul Burkhards sehr erfolgreicher *Kleiner Niederdorfoper.*

So viel zum Background. Helbling wäre nicht derjenige gewesen, gegenüber anderen ausgiebig von seiner nähern Familie zu erzählen. Was ich aufschnappte, war eher zufällig. So schickte ihn der Vater jeweils in den Keller, um aus einem Fass Italiener einen Krug Wein zu füllen, der dann oben kredenzt und getrunken wurde. Französische Weine standen damals nicht besonders hoch im Kurs bei Helbling senior. Er war bei seinen Schülern beliebt, aber mitunter auch gefürchtet, und trug, standesbewusst, in der Regel einen Dreiteiler mit goldener Uhrenkette. Verbindungen zur NZZ existierten, wovon auch Hanno profitierte. Alles weder völlig unauffällig noch besonders auffällig. Immerhin dies: Die Eltern Helbling waren Agnostiker, was Hannos freigeistige Art sicher förderte – aber wohl auch das Bedürfnis weckte, tiefer in die Fragen der Metaphysik einzutauchen. Schon 1927 kam Hannos ältere Schwester, Monica, zur Welt, ebenfalls in Zuoz. Als auch dort ein paar Nazis zu rumoren begannen, sei man gen Zürich gezogen, hörte ich. Die Familie lebte im Zürcher Stadtkreis Hottingen: gefestigte, aber keineswegs üppige Bürgerlichkeit. Stücke daraus sind aus dem im Anhang präsentierten Fragment von Hannos Autobiografie *Lebensstoff* zu gewinnen.

War Hanno Helbling selber ein Bürgersmann? Ein solider Kämpfer für Freiheit in Ordnung? Früher gewiss, als Mitglied der Freisinnig-Demokratischen Partei und auch als Mitstreiter bei der Synode 72, die er durchaus als Bewegung für Verständigung in der Zivilgesellschaft betrachtete; dann etwas weniger, als einer, der an den Stäben des Konformismus zu rütteln begann; zuletzt, in Rom, kaum noch; dort aber auch kein alterslinker Protestler. Man darf sagen: Er blieb sich selbst, was immer noch reichlich Variationen bot. Daran hatte er Spass, es wurde zum Training für seine Vitalität, die insgesamt erstaunlich lange vorhielt. Wiederholungen in der Arbeit wie im Leben waren nur dann gut, wenn sie auch Geist und Herz bewegten, besser noch: erregten.

*Exkurs: Vita domestica*

1977 zog die Familie Helbling mit Hanno, seiner Frau Barbara und den Kindern Niklaus, Regine und Ursula von der Wiesenstrasse im Zürcher Seefeldquartier an die Steinwiesstrasse in Zürich Hottingen. Die geräumige Sechszimmerwohnung aus der Epoche des Biedermeier bot mehr Komfort; überdies gehörte das Dreifamilienhaus Barbara und ihrer Schwester, es stammte aus dem Besitz des Vaters, des Medizinprofessors Gloor, der gleich daneben übers Eck eine grössere Villa bewohnt hatte. – Kein Grund zu Lebenssorgen also.

## Haus mit Musik

Helbling konnte durchaus häuslich sein. Er war, zusammen mit seiner Barbara, ein generöser und launiger Gastgeber. Er unterhielt nicht gerade einen Salon, was damals im zwinglianischen Zürich ohnehin noch eine Spur scheel angesehen worden wäre; aber das Etikett «Proust in Hottingen» wäre ebenfalls nicht ganz falsch gewesen. Tafelrunden in intellektueller Besetzung, etwa mit Hugo Loetscher, Werner Gysel, Eric Mettler, Golo Mann, auch einmal mit Hermann Lübbe oder Hans A. Lüthy gehörten zum Setting. Kammermusik war über längere Zeit hinweg gross angesagt. Der Cellist Helbling war kein Virtuose seines Instruments, hielt aber wacker mit: bei Haydn und Mozart, bei Beethoven, bei Schubert und gelegentlich sogar bei Romantikern wie Mendelssohn oder Brahms. Marianne Grendelmeier, die damals beim Zürcher Tonhalle-Orchester musizierte, spielte eine eloquente Geige, der Redaktor NZZ für den Nahen und Mittleren Osten Ferdinand Hurni intonierte die Bratsche, früher war jeweils auch Andres Briner dazugestossen, seit 1975 gab ich die Klavierstimme – auf einem kleinen, bereits betagten und leicht dumpfen Berdux-Flügel. Schnell hatte ich begriffen, dass pianistische Lautstärke im Hause Helbling nicht gefragt war. Umso eifriger begann ich zu üben; ein Höhepunkt war sicher Mendelssohns d-Moll-Trio, dessen wunderbar gesangvollen langsamen Satz Hanno schon als Student immer dann mitgespielt hatte, wenn es galt, von einem der anderen Partner Abschied zu nehmen, weil dieser gleich nachher in den Urlaub oder zu einem Studienaufenthalt aufbrechen würde. Beim Fragespiel, welcher Komponist man am liebsten gewesen wäre, antwortete Hanno jedesmal: Haydn. Natürlich nicht der im Klischee gefangene Papa Haydn, sondern der lebenslustig seiner selbst gewisse und nach vielen Seiten gewandte Meister just auch des Humors und der Ironie, des Fleisses und der Behaglichkeit. Nun wollten wir sogleich alle auch Haydn gewesen sein. – Nach der grossen Herzoperation war leider «finis musicae». Hanno verschenkte sein Cello und hörte – nicht allzu oft – Schallplatten.

Hanno lebte mit und in der Musik. Nach einem Zürcher Rezital von Itzhak Perlman mit Bachs Solowerken für Violine erklärte er fast feierlich: wenn man diese Musik gehört habe, müsse man zugeben, dass es danach nur noch bergab gegangen sei. Am Ende der Talsohle aber – oder vielmehr bereits wieder auf einem Vorgipfel – warteten Wagner und Richard Strauss. Wagner, der Genius des Gesamtkunstwerks, für Hanno vor allem auch der Komponist des *Tristan* mit einem unendlichen Radius für Nuancen der Identifikation; Strauss' *Rosenkavalier* als charmantestes Ineinander von Text und Musik, in der Musik jene bewegliche Vornehmheit, die vollkommen dem Rhythmus des Bewunderers entsprach, in Hofmannsthals Libretto ein begrenzter, aber vielseitig verwendbarer Zitatenschatz – für fast alle Lebenslagen, mit denen sich Hanno Helbling in der Regel auseinandersetzen musste. Jedenfalls verstand unser Freund auch als Kenner und Liebhaber mehr als genug von der Musik, dass er, wenn auch nur für kurze Zeit, das Präsidium der Zürcher Tonhalle-Gesellschaft innehaben konnte. Moderne Musik mochte er auch, in Grenzen; zeitgenössische Musik weniger und mit dem Ohr des Intellektuellen, der sie sich als Leser von Andres Briner «post festum» erklären liess. Hanno, der eigentlich das reinste Gegenteil des Apodiktikers war, meinte einmal, ein guter Artikel müsste jeweils so enden wie zeitgenössische Musik: Man sei plötzlich in die Stille versetzt, frage sich, ob es dies gewesen sei, schaue nach links und nach rechts und höre schliesslich, immer ein wenig verwundert, den Applaus, fertig. Mit solchen Thesen, an die er sich für diesen Fall selber ziemlich selten hielt, konnte er sofort eine Gesprächsrunde animieren.

Die Wohnung war geschmackvoll möbliert. Vielleicht etwas schwer im Holz der damaligen Zeit, aber von verlässlicher Gediegenheit. Später kam ein sogenannter Wellenschrank aus Familienbesitz hinzu. Eine Besonderheit des Wohnzimmers bestand darin, dass es – übrigens schon an der Wiesenstrasse – ein Cheminée besass, das regelmässig befeuert wurde; zweitens diente ein kreisrunder Esstisch von schlanken Proportionen als Salontisch, um den nun schnell einmal sechs, ja acht Stühle gruppiert werden konnten, ohne dass es im Zimmer voll war. Nach der Kammermusik wurde dort regelmässig ein später Imbiss serviert. – Im Arbeitszimmer dominierten – neben dem Berdux – die Bücherwände. Hannos Bibliothek war nicht gross, sie umfasste kaum mehr als achthundert oder tausend Bände, doch diese waren nicht nur mit Geist zusammengetragen worden, sie sahen in ihren dunklen Leder- oder Leinenkitteln würdig und nachhaltig aus. Viele Werk- oder Gesamtausgaben, viel Historisches, darunter Ranke in der grossen Edition, dazu die deutschen Klassiker und im Entrée die Bände der Pléiade. Grelle Suhrkamp-Titel aus den Taschenbuchreihen hätte man vergeblich gesucht. Aber warum auch? Der kleine Schreibtisch, auf dem so manche Texte und Bücher entstanden, war aufgeräumt und schaute unauffällig bescheiden aus dem Raum. Biedermeier, Täuschung inbegriffen.

Die Kunst? Ebenfalls gediegen. Eine melancholisches Waldstück von Barthélemy Menn (1815–1893), einem Schweizer Maler mit unaufdringlichem Geschmack und diskretem Können, ein Porträt von Anselm Feuerbach, Veduten von Piranesi und anderes mehr, aber nichts, was das Auge in Aufregung hätte bringen können. Nachdem er auch in New York gewesen war, hatte Hanno im Museum of Modern Art – so viel Innovation durfte sein – ein paar Pollocks gesehen. Nun verkündete er mir beim Kaffee, einen Pollock könnte er sich zu Hause wohl auch noch vorstellen, über den finanziellen Aufwand war er sich allerdings im Unklaren. Vallotton, den sein Vorgänger Werner Weber sammelte, gefiel ihm – mit Ausnahme gewisser Holzschnitte wie etwa jenes des Titels *La Paresse* – weniger: zu stilisiert und «steil».

Er liebte seine Kinder und pflegte seine Freundschaften. Letztere waren gewöhnlich so angelegt, dass ein feiner Schleier aufliegen blieb, der Gefühle trennte und allzu neugierige Blicke ablenkte. Nahe stand ihm Enoch zu Guttenberg, der Dirigent und Musikwissenschaftler, der in Bayern wirkte und wohnte. Mit dem Zürcher Historiker Peter Stadler hatte ihn seit den Studienjahren eine ruhige Kollegialität verbunden; später lebten sich die Herren – vor allem aus politischen Gründen: Stadler wurde Hanno zu konservativ – allmählich auseinander. Auch Hugo Loetscher, der weitgereiste und meist gutgelaunte Schriftsteller, war ein Freund seit Studienzeiten und blieb es auch, obwohl Helbling – leider zu Recht – gewisse sprachliche und stilistische Unzulänglichkeiten bemängeln musste. Die Kontakte zu dem Germanisten Beda Allemann ging ebenfalls weit in die Studienjahre zurück. Man darf umgekehrt sagen, dass Hanno nicht für Männerfreundschaften geschaffen war. Was nicht auch «sotto voce» hätte gesagt werden können, war des Sagens nicht wert, auch Weiteres wurde abgewehrt, dazu zählten übertriebene Gesten, lautes Gelächter, Bassstimmen, bierselige Kumpanei oder zweifelhafte Erlebnisse in der Gruppe. Alles, was nach Gruppe schmeckte, war so oder anders verdächtig, selbst in der Zunft. Die Zürcher Gelehrte Gesellschaft hingegen war keine Gruppe, sondern im besten Fall gute Gesellschaft; auch hier regelten fein gezogene Linien den Verkehr.

Mit der Aufnahme in die Darmstädter Deutsche Akademie für Sprache und Dichtung (1981) vergrösserte sich der Freundes- und Bekanntenkreis. Als Korrespondierendes Mitglied reiste Helbling mehr oder weniger regelmässig an die Frühjahrs- und Herbsttagungen. Hier wurde er insbesondere als der kongeniale Übersetzer aus dem Italienischen wahrgenommen und geschätzt und trat auch mit Lesungen auf. Ich erinnere mich einer Frühjahrstagung in den späten Neunzigerjahren in Turin, wo Hanno in einem kühlen Gewölbe aus seinen Übertragungen Montales, Ungarettis und Campanas rezitierte; man hätte eine Stecknadel fallen hören können. Zudem schätzten es viele Mitglieder der Akademie, dass sie in der NZZ publiziert wurden, mehr noch: dass deren Feuilleton ihnen über die Jahre, manchmal über Jahrzehnte die Treue hielt. Der Romanist Friedhelm Kemp schrieb fast bis zum letzten Atemzug eines sehr langen Lebens auch für unsere Zeitung.

Es bildeten sich neue Freundschaften: mit der Literaturwissenschafterin Lea Ritter-Santini, mit Michael Krüger, dem Chef des Münchner Hanser-Verlags; mit dem Verleger und Kunstfreund Hubert Burda, der seit 1975 den internationalen Petrarca-Preis sowie den Petrarca-Übersetzerpreis stiftete; mit dem Schriftsteller Hermann Lenz und seiner Frau Hanne; mit dem Politologen Dolf Sternberger und anderen Persönlichkeiten oder Personen. Das hielt Hanno nicht davon ab, diese zugewandten Orte mit Prousts Witz zu porträtieren, wenn er mir von teilweise sehr bunten Begegnungen erzählte. – Einen anders fokussierten Kreis stellte das Thema Kirche. Helbling hatte beste Kontakte im Vatikan, weshalb er stets so profund berichten und analysieren konnte. In Zürich waren es Theologen wie Robert Leuenberger und Werner Gysel, damals Pfarrer am Grossmünster, oder die Theologin Ines Buhofer, mit denen sich verschiedenste Projekte und Auftritte realisieren liessen.

Einen repräsentativen Querschnitt konnte die Zürcher Feier zum 60. Geburtstag im August 1990 vorzeigen. Sie fand im Kreis 4 in Hannos bevorzugtem Restaurant, der damaligen Accademia Piccoli, statt. Das Besitzer-Ehepaar Panardo hatte die gesamte Lokalität geschlossen, um sie für Hanno zu öffnen. In der Küche sorgte Jole Panardo mit schwerem, aber deliziösem Löffel für das leibliche Wohl der Gäste. Michael Krüger hielt eine launige Rede, Hanno replizierte geistreich, auch wenn er kein grosser Orator war oder sein wollte; die Stimmung war gehoben, es waren viele Menschen aus gehobenen Kreisen zusammengekommen, und bevor es ausgelassen hätte werden können, erinnerten sich mögliche Rädelsführer daran, wessen Fest hier zu begehen war. Im Übrigen war Hanno Helbling kein Kostverächter. Er ass gerne gut und schätzte Weine, hielt jedoch immer die Linie, das war er seiner Gesundheit und seinem Aussehen schuldig.

Die Gesundheit sollte kein Thema sein. Sie wurde es gleichwohl periodisch. Am 20. März 1976 wurde Hanno in Zürich von einem Auto angefahren. Nach ein paar Wochen war fast alles überstanden. Als er später als Jägersmann im Zürcher Oberland im Gras lag, wurde er von einer Zecke heimgesucht; nach ein paar gefährlicheren Tagen war alles überstanden. Asthma- und Herzprobleme wurden durch regelmässige Bewegung in Schach gehalten. Für die Zirkulation sorgte das morgendliche heisse Bad. Man darf wohl auch behaupten, dass die nähere Umwelt – zu Hause, im Büro – viel Rücksicht nahm, damit sich Geist und Seele dieses besonderen Zeitgenossen in Balance halten konnten. Hanno wollte nicht nur als der sensible Intellektuelle, sondern auch als robuste Erscheinung wahrgenommen werden und war alles andere als ein jammernder Hypochonder. Zugleich konnten andere nicht übersehen, dass eine grosse Figur von einem kleinen Körper getragen war. So befolgten wir auch auf der Feuilleton-Redaktion seine Impulse und Einsätze, ohne dass er den Chef hätte spielen müssen. Wir entwickelten ein Gehör dafür, was – immer auf der Ebene der Sachlichkeiten – angesagt oder erwünscht war; und noch mehr ein Organ, zu spüren, was weder Stil noch Format gehabt hätte.

Ein Kind agnostischer Eltern, aufgewachsen zuerst in der Bergwelt des Engadins, im Alter von acht Jahren nach Zürich gekommen, hier damals, in den späten Dreissigerjahren und bis weiter über die Fünfzigerjahre des 20. Jahrhunderts hinaus, unvermeidlicherweise in einem Hort des Zwinglianismus und der protestantischen Wertethik sozialisiert: Das bedeutete auch Religion mit den etwas trockenen Ritualen inneren Bekennens. Mag sein, dass in Hannos Adern auch das Blut der Katholiken noch zirkulierte, wie es familiäre Rapperswiler Tradition gewesen war. Gegen Barock hatte er nichts, wenn die Formen gewahrt blieben. – Von Hans Blumenberg, dem grossen Philosophen und Aufklärer, ist überliefert, dass er seine Frau einmal zur Seite genommen, mit der Hand gen Himmel gezeigt und ihr mit fester Stimme gesagt habe: «Glaub mir, dort oben ist nichts.» Ganz so weit wäre Helbling nicht gegangen. Er hielt es nicht für ausgeschlossen, immerhin war noch kein klarer Gegenbeweis erbracht; vollumfänglich zu glauben, sagte er mir einmal, sei vermutlich übertrieben, aber vollumfänglich zu negieren ebenso. Jedenfalls lebte er in und mit den Kirchen, immer etwas «à part»; aber ohne eine gewisse Empathie und Begeisterung wäre solches Engagement intellektueller Begleitung kaum möglich gewesen.

Blieben Erlebnisse und Begegnungen mit den schönen Künsten und der Natur. Dieser scheinbar so zerebrale Mann war zugleich ein

Sinnenmensch. Er atmete die Landschaft, fühlte mit den Jahreszeiten, beobachtete scharf und mit Freude, wie sich die Gipfel und Seitentäler des Engadins übers Jahr hinweg mit Licht füllten oder herbstlich verfärbten. Die Familie besass ein Haus in Silvaplana, angenehm über dem See und nahe den letzten Strassenschlaufen des Julierpasses gelegen; man konnte von dort aus nicht nur schauen, sondern nach mehreren Richtungen hin ausziehen, für Hunde war dort oben ohnehin das Paradies.

## Erneuerungen, Abschied

Dieses Leben hätte bequem so weitergehen können. Es hätte sich immer weiter und wohl immer bürgerlicher verfestigt. Er wäre – wie bei vielen Bekannten und Freunden zu beobachten – geschrumpft, bei knapper werdender Lebenszeit eine Diätetik des Haushaltens mit den Kräften und Trieben geworden. Davor fürchtete sich Hanno Helbling. Die erste Ortsveränderung hiess Agra. Das kleine Dorf über dem Lago Maggiore, der Provinz Varese zugehörig und also bereits auf italienischem Territorium, war von begrenzter Erotik, hatte knapp vierhundert Einwohner, es befand sich in einiger Höhe, 650 Meter über dem Meer, wollte man dort jemals ankommen, begann eine Serpentinenfahrt, bald durch dichten Wald, am Abend und in der Nacht gewiss nicht ohne Gefahren, schliesslich erreichte man das Plateau mit schöner Aussicht, doch freilich nach Norden; die kurze Luftlinie hatte sich auf fast unheimliche Weise gedehnt. Aber das war die Pointe.

Ruhe, Einsamkeit, Meditation, Arbeit und noch anderes. Auch Unerreichbarkeit, mehr oder weniger. Das sollte es sein, eine Residenz als Wohnung von vier Zimmern, mitten im Dorf. Als Helbling dort abzusteigen begann, hatte er der Redaktion bereits den Rücken gekehrt, er war dort also – jedenfalls für die NZZ – Korrespondent, der Kritiker und Rezensent, der Essayist, und für sich selber schrieb er weiter an Büchern und Übersetzungen. Nicht mehr nur Zürich und das Engadin, sondern ganz Eigenes, das er sich aus Eigenem gekauft hatte. Auf der Gegenseite des grossen Sees sassen die Herrschaften in Ronco sopra Ascona auf den Terrassen ihrer Villen. In Agra herrschte gemilderte Frugalität.

Es kam bald nochmals anders. Seit den späten Siebzigerjahren schrieb eine junge Romanistin und Philosophin unter Hannos Regie für unser Feuilleton: Texte essayistischen Stils, Literarisches, Rezensionen. Christina Viragh wurde 1953 in Budapest geboren, musste das Land 1956 mit ihrer Familie verlassen, lebte seit 1960 in Luzern, studierte danach an den Universitäten Fribourg und Lausanne Philosophie, französische und deutsche Literatur, gelangte dann als Teaching Assistant für Französisch an die University of Manitoba in Winnipeg und schliesslich ans Istituto Svizzero in Rom. Bald machte sie sich auch einen Namen mit Übersetzungen aus dem Ungarischen und eigenen Romanen. Ferner: eine Frau von Ausstrahlung und hoher Intelligenz, was nicht unbemerkt bleiben sollte. – Hier nur so viel: Die beiden verliebten sich, fanden zueinander, und irgendwann war es so weit – Hanno Helbling verliess seine Frau Barbara, verliess das Haus und das gesellschaftliche Zürich, sagte eigentlich abrupt einer Lebenswelt Adieu, die ihm zwar viel, aber mitunter auch Gegenteiliges bedeutet hatte, packte die Koffer und zog im Januar 1995 nach Rom. Dort fand sich eine kleinere Wohnung mit geräumigem Balkon, im obersten Stockwerk eines massiv gebauten Bürgerhauses mit Innenhof an der Via Firenze, nicht unweit der Stazione Roma Termini. Später heiratete Hanno Christina in zweiter Ehe.

Um Persönlicheres soll es nicht gehen, wir schreiben keine Biografie, wofür das notwendige Material ohnehin nicht (mehr) vorhanden wäre. Hanno Helbling begann ein zweites und sehr verschiedenes Leben. Kam er, gelegentlich, nach Zürich, stieg er im Hotel Central oder im Schweizerhof ab. Sah er in Zürich Freunde oder Kollegen, so waren es nunmehr wenige – und nicht unbedingt diejenigen aus älteren oder ältesten Zeiten. Einmal hatte er in der Klinik Balgrist einen gebrochenen Fuss zu richten. Und einmal noch, ein allerletztes Mal, inszenierte er einen Männerabend mit zwölf Freunden um einen gross im Viereck angerichteten Tisch in der Accademia Piccoli an der Zürcher Rotwandstrasse im Kreis 4, wieder hatte er die Tischordnung raffiniert gestaltet, an einer Seite des Vierecks sassen Werner Weber, Hanno Helbling, Martin Meyer – drei Sachwalter des Feuilletons der NZZ über drei Perioden; dies, halb Spass, halb Spiel, fiel sonst kaum einem auf. Der äussere Anlass des animierten Geschehens war nicht mehr, nicht weniger, als dass Hanno – nach einigem Warten darauf – seine Scheidung feiern wollte.

Man verrät nicht zu viel, wenn man berichtet, dass die Beziehung der beiden – Christina, Hanno – auf gemeinsamen Interessen für die Literatur, für das intellektuelle Gespräch, für Kultur und Bildung beruhte. Hier kamen sie zusammen, manchmal spielerisch, mitunter auf spielerische Weise streitbar. Schon Barbara Helbling war als ausgebildete Historikerin eine Frau für Geistesthemen gewesen, sie hatte 1957 an der Universität Zürich mit einer gelehrten Arbeit über Natur und Aberglaube im *Policraticus* des Johannes von Salisbury promoviert und auch später zu geschichtlichen und theologischen Fragestellungen publiziert. Zwischen Helbling und seiner zweiten Frau aber lief, darüber hinaus, nicht nur ein fast symbiotischer Einklang im Wissen über Proust und sein Werk, sondern das Paar teilte eine ähnlich enge Verwandtschaft, wenn es um die Sprache, um den Stil, um Form und Ausdruck, um alle die tausend Aspekte und Details des Metiers des Schreibens ging. So besass die Römer Wohnung hoch über den Dächern der Stadt, die später um nochmals drei Zimmer erweitert werden konnte, zwar nicht mehr die Potenz bürgerlicher Solidität, aber sie hatte dafür den Charme eines Ateliers, da sie und er in ihren Schreibstuben still für Welt und Nachwelt wirkten.

Tatsächlich verstand sich Hanno Helbling nicht als Schriftsteller. Aber ein Autor war er und wollte er sein, auch im engeren Sinn des Begriffs: Er verfasste seit 1971 in unregelmässigen Abständen Prosa – Erzählerisches. Ich habe vier Werke gezählt und vielleicht noch etwas übersehen. 1971 also erschien eine «Geschichte» von knapp 70 kurzen Seiten des Titels *Helen und ich* im Verlag Huber, Frauenfeld. Im Verlag Werner Classen, Zürich, folgte 1982 der Roman *Die Beiden*. Ebenfalls in diesem Verlag – und unter dem Pseudonym Elena Santi, siehe oben – folgte die Erzählung *Marcellus der Inselmönch*. Und schliesslich kamen 1991 unter dem Titel *Tristans Liebe* sogenannte

«Abendstücke» heraus, bei Piper in München. – Die Würdigung von Hannos literarischer Autorschaft muss berufeneren Köpfen vorbehalten bleiben. Hermeneutischer Jägerblick fände ohne Schwierigkeiten viel verschlüsselt Persönliches – auch Wünsche, die dort diskret lagerten, bis plötzlich draussen Erfüllungen sich einstellten.

Oder der Übersetzer: seit den Anfängen ein höchst reflektierter Sprach- und Stilkünstler, für die Prosa von Leopardis *Zibaldone* mit dem klaren, gehärteten Stift grafischer Kenntlichkeit, für Lyrisches von Shakespeare, Montale und vor allem Ungaretti mit der Geschmeidigkeit der Klänge zwischen Vokalen und Konsonanten – so virtuos oft, dass man überrascht war, noch Deutsch zu lesen oder vielmehr zu hören. Was der in vielem doch umwegige und monologische Essay *Rhythmus* (1999) über einen bestimmten Tonfall in der und für die Dichtung (Kapitel XI.) bemerkte, dass dieser nämlich «das innerste *movens*, das einen Text in Gang hält», sei, verwirklichte Helbling in der Praxis oft mit geradezu osmotischer Eleganz. Der Prozess lief über verschiedene Stufen des Erfassens, von der Feststellung der Bedeutung über die Findung des Charakters bis zu den Feinheiten zwischen Hüben und Drüben, auch und gerade im Wissen darum, dass ein Schema von eins zu eins ohnehin undenkbar wäre. Hanno war kein Profi, der von solcher Arbeit hätte leben können, weil er für alles die Geduld einer restlos professionellen Kompetenz aufbrachte. Das Pensum der Leopardi-Übersetzungen allein erstreckte sich über Jahre.[47]

Manchmal klagte er, dass ihm in Rom gelegentlich zu einsam sei. Kontakte, die ich selber kannte, bildeten Rudolf Stamm, damals politischer Korrespondent der NZZ für Italien, und Martin Rhonheimer, Professor der Theologie an der Pontificia Università della Santa Croce, ein konservativer, aber kluger und gebildeter Soldat seines Gottes, mit dem sich Hanno nicht ungern stritt: Es war nicht langweilig. Aus dem Römer Kreis stiess der Mittelalterhistoriker Girolamo Arnaldi hinzu, den Hanno seit Studienzeiten in Neapel kannte. – Da kam es auch zupass, dass sich Helbling und seine Frau einen Hund zu halten begannen, zuerst einen Findling und Mischling aus dem Tierheim, der deshalb den klangvollen und langsilbigen Namen Trovatello erhielt. Kam ich nach Rom, so sahen wir uns, und nachdem ich die einen und anderen Fragen der Neugier auf die Zürcher Verhältnisse und die Verhältnisse in der NZZ beantwortet hatte – wenig schien Hanno zu überraschen –, wurde auch regelmässig klar, dass Rom freilich ein ganz anderes Format sei als Zürich, was ich allerdings auch nie in Zweifel gezogen hätte, mit Lokalpatriotismus hatten wir beide nichts am Hut. Vielleicht würde es einen Psychoanalytiker interessieren, dass Hanno ein Blatt aus Piranesis monumentaler Serie der *Vedute di Roma* besonders bewunderte, was eines Tages auch dazu führte, dass ich ihm einen schönen zeitgenössischen Abzug beschaffen konnte: Es stellt die Piazza del Popolo dar, und zwar von Norden nach Süden gesehen, links und rechts die beiden Kirchen Santa Maria in Monte Santo und Santa Maria dei Miracoli, während die drei Strassen – Via del Babuino, Via del Corso, Via di Ripetta – höchst dramatisch auf den Bildmittelpunkt zulaufen, der hier natürlich nichts anderes ist als der durch Papst Sixtus V. aufgerichtete grosse ägyptische Obelisk, dessen Spitze – übrigens damals wider heidnischen Geist mit einem Kreuz gekrönt – sehr energisch bis an den Bildrand vorstösst. Sprach Hanno von dieser Vedute, so ahmte er mit ausholenden und dann sich zusammenfaltenden Armen die Verjüngung der drei Strassen auf den Obelisken hin nach, der er dann gewissermassen selber gewesen wäre oder wenigstens repräsentiert hätte. Deutung: Viele Wege führten zu ihm.

So lebte er bis zu seinem Tod noch gute, fleissige und ertragreiche zehn Jahre in der Ewigen Stadt, die er seit Studententagen so überaus genau kannte, verehrte und liebte. Unter der Voraussetzung, dass man ohne Retourbillett emigrieren wollte, war Rom für Hanno das beste, vielleicht das einzig richtige Ziel, so etwas wie Heimat aus Geschichte und Gedanken, ein Querschnitt aus vielerlei Lebenswelten und ein Längsschnitt aus gewaltiger und gewalttätiger Historie, von den Römern über die Päpste bis zum Faschismus. Berlusconi und andere Clowns produzierten im Nachspann hierzu das jedem kritisch und intelligent verständigen Menschen verhasste Unterhaltungsprogramm, mit dem es ja immer noch schlimmer gekommen ist.

Im Januar 2005 besuchten Hanno Helbling und Christina Viragh die Stadt Venedig. Noch einmal Venedig sehen – das war doch geradezu ein «cantus firmus» in seinen Texten gewesen. Von dort reiste Christina weiter nach Luzern, während Hanno an die Via Firenze zurückkehrte. Er kam mit einer Erkältung zurück, die sich bald verschlimmerte. Er ging ins Spital zur Konsultation und fand vermutlich in etwa das vor, worüber er viele Jahre zuvor in der NZZ berichtet hatte: katastrophale Zustände. Wer noch nicht krank gewesen wäre, wäre es dort rasch geworden. Jedenfalls führte die Hilfe, wenn es denn eine hätte sein sollen, nicht zum Ziel. Kann zu allem noch sehr wohl sein, dass der Mann, der nie Aufhebens um seine Beschwerden gemacht hatte, auch diesmal davon absah, Sturm zu läuten oder zu laufen. Am Abend seines Todes kam Rudolf Stamm vorbei, der wusste, dass Hanno leidend war, und brachte frische Orangen vom Lago di Bracciano. Hanno habe, erzählte mir dann Stamm, die Tür einen Spalt weit geöffnet, die Früchte müde, doch freundlich lächelnd entgegengenommen, die Tür verschlossen. Am nächsten Morgen fand ihn der Portier, der nach ihm sehen wollte, tot auf seinem Bett. Herzversagen. Es war der 9. Februar, auch in Italien ein kalter Tag, Hanno war in der Nacht vom 8. auf den 9. Februar verschieden.

Es gab zwei Trauerfeiern. Die erste, von Christina Viragh veranlasst, fand kurze Zeit später in Rom statt. Wir waren eine kleine Schar von Getreuen, die gekommen waren – auch aus Zürich: Brigitte von der Crone, Andreas Oplatka und Werner Gysel. Girolamo Arnaldi sprach schöne Worte. Ein buddhistischer Mönch sprach ebenfalls. Bald war es vorbei, später traf man sich in der Wohnung zu Gesprächen; alles traurig. – Die zweite Trauerfeier war von Barbara Helbling und den Kindern in Zürichs Grossmünster angesetzt worden. Werner Gysel leitete den Gottesdienst und sprach gute Worte. Auch Hannos Sohn, Niklaus Helbling, sprach: kurz und eindringlich. Viele Menschen waren gekommen, um Abschied zu nehmen, viele Leute aus dem intellektuellen, dem politischen, dem gesellschaftlichen, dem bürgerlichen Zürich. Alles war würdig und getragen.

Schon um einiges früher hatte Hanno Helbling eine Grabstätte auf dem Cimitero accatolico erworben. Dieser schönste Friedhof von Rom ist weltberühmt, nicht nur weil er gleich neben der Pyramide des Cestius liegt und von alten Pinien und Zypressen gesäumt ist wie auf einem romantischen Gemälde, sondern vor allem deshalb, weil dort neben der früh verstorbenen britischen Schauspielerin Belinda Lee auch Goethes Sohn August, die Dichter John Keats, Wilhelm Waiblinger und Percy Bysshe Shelley, die Maler Johann Christian Reinhart und Hans von Marées, der Architekt Gottfried Semper und der Philosoph Antonio Gramsci ihre letzte Ruhestätte gefunden haben. Man liegt dort in vorzüglicher Gesellschaft. Der Friedhof ist übersichtlich angelegt und in einzelne Felder aufgeteilt. Hanno Helblings Grab ist von Bäumen und wilden Sträuchern gesäumt. Der Grabstein besteht aus zwei seitlich leicht gegeneinander verschobenen flachen Steinplatten. Die in den Stein getriebene Inschrift lautet: Hanno Helbling 18 – VIII – 1930 – 8 – II – 2005. Als ich das Grab im Oktober 2016 besuchte, lagen ein Stück Rinde und ein grosser Pinienzapfen auf der Platte. Das Licht fiel schräg von Süden ein, die vielen umliegenden Stelen traten fast schmerzhaft plastisch hervor, im Hintergrund und zwischen den Pinien reckte sich die Marmorpyramide des Gaius Cestius als hell schimmernder und beinah unwirklicher Gruss aus fernen Heldenzeiten. Schöner konnte es nicht sein.

# Die späteren Jahre: Zürich, Rom

Hanno Helbling hatte sich alles reiflich überlegt, bevor er auf den 1. September 1992 die Leitung des Feuilletons in andere Hände übergab und sich damit auch aus den Sphären von Macht und Einfluss zurückzog, die mit dieser Position naturgemäss verbunden waren. Und doch. Es war eins gewesen, selber bestimmen zu können, was man worüber wie, wann und wo schrieb; es wurde ein anderes, nachher akzeptieren zu müssen, dass alle diese Kategorien nunmehr anderswo verwaltet und entschieden, mindestens mitentschieden wurden. Aber das Setting half: Helbling sollte bei vollem Gehalt bis zur Pensionierung weiterschreiben, und weil das Administrative weggefallen war, sollte dies heissen: umso mehr. Dem kam der Journalist in der Position des Korrespondenten nach; aber nicht sogleich und im vollen Ausmass.

Immerhin genoss er das uneingeschränkte Vertrauen nicht nur der Feuilleton-Redaktion, sondern auch der Ausland- und der Inlandcrew, also von Ressorts, wo ja weiterhin dies oder jenes Kirchenpolitische zu verhandeln und einzurücken war. Niemandem wäre es eingefallen, diese exzellente Stimme mit einer anderen zu vertauschen – man war im Gegenteil dankbar, dass sich Kontinuität und Qualität weiterhin die Hand reichten. Ansprechpartner waren für das Feuilleton neben mir Barbara Villiger Heilig für alles Romanistische und Beatrice von Matt für die deutschsprachigen Literaturen. Über musikalische Themen würde Hanno kaum noch schreiben, dazu fehlte es nun auch an Gelegenheiten. Als etwas später neue Kräfte zum Feuilleton stiessen – Andreas Breitenstein für das Gebiet Osteuropa und Asien, Uwe Justus Wenzel für die Geisteswissenschaften, Andrea Köhler dann als Nachfolgerin von Beatrice von Matt für deren Felder und noch später Roman Buchcli –, licfcn dic Kontaktc bilatcral; und übrigens fast immer sorgenfrei geschmeidig. Helbling gerierte sich nicht altersstolz als der ehemalige Chef, und die Neuen taten nichts (oder fast nichts), ihn spüren zu lassen, dass er's jetzt eben nicht mehr war.

Damit ist alles gesagt, was an Informationen zum Hintergrund des Funktionierens zu liefern wäre. Anderseits – und nicht unwichtig – noch dies: Trotzdem hatte sich Hanno etwas vorgestellt; nämlich, dass es für die Produktion der Stoffe, die Anordnung der Themen, die Akzente und Schwerpunkte und alles Notwendige mehr oder weniger so wie bisher weitergehen würde; dass, deutlicher formuliert, das Feuilleton auch nach seinem Ausscheiden aus der Redaktion immer noch wesentlich *sein* Feuilleton bleiben würde; dass Meyer, nachdem er achtzehn Jahre lang zuerst gelernt, dann mitgestaltet, dann häufig selbst gestaltet hatte, fast durchwegs in gegenseitigem Einvernehmen, dass er also ziemlich genau so und in den allseits vertrauten Bahnen weitermachen würde. Er sei, schrieb mir Hanno kurz nach seinem 60. Geburtstag, froh und dankbar, zu wissen, wie es weitergehe, wenn er einmal nicht mehr dabei sei. Das sagte viel. Und doch kam es anders.

Natürlich nicht grundsätzlich oder disruptiv anders. Das wäre weder wünschbar noch möglich gewesen. Marianne Zelger-Vogt und Peter Hagmann schrieben und redigierten unverdrossen qualitätvoll im Fach Musik. Richard Häsli drehte seine letzten Jahre vor der Pensionierung, ohne dass er die Kunst neu erfunden hätte. Angela Schader übernahm die englischsprachigen Literaturen und entdeckte auch die Dritte Welt für das Feuilleton der NZZ. Doch mit der Horizonterweiterung aufs Globale ging eine Politisierung einher, die seit der Jahrhunderrevolution von «1989» ohnehin dringlich geworden war. Es hiess, vermehrt auch die gesellschaftlichen, politischen, ökonomischen Faktoren des Wandels im Zeitalter wachsender Beschleunigungen zu analysieren und zu kommentieren, und so geschah es auch. Wer nun in unserem Kulturteil immer noch nur nach dem Wahren, Guten und Schönen gesucht hätte, wäre ein wenig enttäuscht worden.

Hanno Helbling war überrascht. Das Bild vom Elfenbeinturm, den er ganz im Sinn Sainte-Beuves gepflegt und verteidigt hatte, schien Risse zu erhalten. Immerhin war er nicht der Einzige, der so sah; auch in der Ausland-Redaktion waren nicht alle glücklich über den – freilich stets noch sanften – Kurswechsel; ihnen ging es ans Eingemachte, an die Deutungshoheit ihres Ressorts. – Die Wahrheit aber blieb schon damals, dass sich zumal ein Feuilleton spätestens nach zwanzig Jahren nachhaltig erneuern muss, wenn es «à jour» bleiben will. So war es gewesen, als Werner Weber Anno 1950 Eduard Korrodi beerbte; so geschah es, als Helbling 1973 von Werner Weber übernahm; und so kam es seit dem 1. September 1992.

In der Beilage «Literatur und Kunst» schrieb Hanno am 3. Oktober ausführlich und kenntnisreich über Ernest Renan und seine *Vie de Jésus*. Drei Wochen später rezensierte er die Berner Premiere von Urs Widmers *Jeanmaire* und nannte das Werk «ein gutes Stück Volkstheater». Im November reiste er auf Einladung seines Freundes, des Kunsthistorikers Hans A. Lüthy, der in diesem Jahr seinen 60. feierte, durch Ägypten. Das literarische Spiegelbild erschien in der NZZ unter dem Titel «Nilfahrt. Eine Bilderlese» und besass den Charme eines typischen Reisefeuilletons aus Hannos Feder: hier gesteigert durch die Spannung zwischen dieser grandiosen und immer wieder archaischen Welt und dem Auge des kultivierten Europäers, der seine Verwunderung in subtile Reflexionen des Interpreten verpackte. Damit war auch die Passung zur grossen Ausstellung im British Museum über Howard Carter gegeben, die Helbling in der Ausgabe vom 12./13. Dezember für die Leserschaft der NZZ würdigte. Eigentlich war er durchgehend so klug und häufig ebenso unterhaltsam, dass es ihm regelmässig gelang, die Spuren des Dilettantismus zugunsten höherer Weihen zu tilgen: Man las also auch hier den publikumsnah gebliebenen Fachmann und Spezialisten.

Es kam das Jahr 1993, mit welchem sich bereits die weiter oben beschriebenen Veränderungen in Hannos Leben abzuzeichnen begannen. Der Gärungsprozess führte auch dazu, dass wenig Stoffliches zustande kam. Am 11. Februar meditierte Helbling über das Arbeiten am Bildschirm; es genügte, dass *er* sich des Themas annahm, dass keine Banalität, sondern ein lesenswerter Text entstand. Am 5./6. Juni war Historisches anlässlich des 500. Geburtstags von Anton Fugger zu studieren. Mit solchen Jubiläen aber hatte es die Bewandtnis, dass sie über viele Jahrzehnte mit der Gewissenhaftigkeit einer kulturellen Buchhaltung gepflegt wurden. Schon im Herbst des jeweils vorauslaufenden Jahres wurden aus allen Fachgebieten die Listen erstellt und zusammengetragen, woraus dann der Fahrplan des nächsten Jahres hervorging: Wer zu welchem Gedenktag wo und wie ausführlich und von wem gewürdigt werden sollte. Und wenn es schliesslich auch kam, dass besonders «unrunde» Jubiläen nicht mehr berücksichtigt werden konnten, so war und blieb die NZZ neben der *Frankfurter Allgemeinen* damals und noch, wie gesagt, lange die Zeitung des Eingedenkens, der häufig ehrfurchtsvollen und manchmal auch heiteren Memoria. Nichts und niemand schien vergessen. Ein 500. Geburtstag bedeutete im Verhältnis dazu so etwas wie der Himalaja. – Am 13. September verfasste Hanno Helbling einen schönen und persönlichen Nekrolog auf den Dirigenten Erich Leinsdorf, der eine besondere Beziehung zum Tonhalle-Orchester gepflegt hatte und am 11. September im Alter von 81 Jahren in Zürich verschieden war.

1994 zog Helbling das Tempo wieder an. Erfahrbar wurde dabei auch, dass kirchenpolitische Themen vermehrt aufschienen, sie waren abermals Pflicht geworden. Am 23. April ging es um Kirchengeschichte der Gegenwart, im Mai schrieb Hanno einen Essay «Entketzerung?» mit Blick auf die Bereitschaft des Vatikans, bestimmte Verketzerungen für abgetan zu erklären, und im Oktober waren «Vatikanische Zukunftsperspektiven» unter der Signatur «Papsttum und Jahrtausendwende» zu behandeln. Johannes Paul II. war und blieb der Konservative auf dem Stuhl Petri, ein «miles perpetuus» des Glaubenseifers, ein Mann auch der Mission in der und für die Welt, sicher kein Anwalt alles Ökumenischen, aber immer noch ein Charismatiker, der nun freilich in die Jahre gekommen war. Doch Rücktrittsgedanken, wie sie bereits von diversen Beobachtern erwogen wurden, schienen für diesen Papst (noch) keineswegs an der Zeit, und Helblings Erwägungen dazu bildeten nur den Stand der Spekulationen ab – und vermutlich auch den Wunsch des Kommentators, es möge mit dieser Herrschaft, die kaum irgendwo in seinem Sinne war, einmal zu Ende gehen.

Mehr Kolorit und Empathie durfte eine Buchbesprechung zeigen. Hanno rezensierte *Thomas Mann. Ein Leben in Bildern* und betrachtete in den Fotografien auch den Protagonisten mit kritischerem Auge als auch schon. Er konstatierte gegen Thomas Manns späteres Selbstbild vom unbeugsamen Demokraten, dass der Obrigkeitsstaat im Grunde die einzige politische Ordnung gewesen sei, die Thomas Mann gemäss war, und was den Repräsentanten betreffe, den der Schriftsteller ebenfalls mit Gusto nach aussen kehrte, so sei dieser meist auch ein glänzender Mimetiker und Rollenspieler gewesen. «Er konnte jederzeit wie ein Insider aussehen: die Dokumentation macht das überdeutlich. Der vollkommene Kurgast im Strandkorb; ein typischer Vertreter des gehobenen Mittelstands (mit Gattin) auf der Terrasse des Hauses in Küsnacht; im Abendanzug nach dem Diner, Zigarre, Plauderton; am Rednerpult, verhalten eindringlich; im Living Room des Hauses am Pazifik, familiär und mit Massen gemütlich. So sieht man ihn; so lässt er sich sehen, und kann es. Was darunter ist, steht im Tagebuch und lautet nicht immer ganz anders, aber oft nicht ganz gleich. Die geheimen Sehnsüchte, die Selbstzweifel, die Anfälle von Neid oder Hass, von tiefer Besorgnis um die eigene Geltung: das alles ‹ist› auch ‹er›, und hier kommt es in den erläuternden Texten nicht etwa zu kurz, aber sehen kann man es nicht; der Outsider hat sich verborgen.» (6. Oktober 1994)

Wer Bescheid gewusst hätte, wäre nun auch *darauf* gekommen: Es las sich – sowohl für den Rückblick wie für die Vorausschau – mehr als nur ein wenig wie Introspektion; eine behutsame Beschreibung von Zügen, die Verwandtschaft bezeugten (was nicht nur unangenehm gewesen wäre), ein Blick in eigene Tiefen, vor allem dann, wenn man noch den letzten, geradezu emblematischen Paragrafen dieses Artikels hinzukombinierte: «Ein Repräsentant mit Vorbehalten; ein Mann der fraglichen Gewissheiten: die innere Anlage hat mit den Zeitläuften zusammengewirkt, um ihn so hervorzubringen. Wird einer nur, was er ist? Mag sein; aber nicht immer freiwillig.» – Das «war» nicht tel quel auch Hanno Helbling; aber irgendwie wurde er's mehr und mehr, sowohl für das eigene Selbstbewusstsein wie für das Handeln, dann eben die «Emigration», die fraglos innere und äussere Widerstände zu überwinden hatte und deshalb niemals ganz «freiwillig» sein konnte, die aber dann auch die Entschlossenheit mit sich brachte, den Repräsentanten und Rollenspieler wegzuschliessen, zu verabschieden zugunsten gewiss auch von Anstrengungen, die dann aber andere waren oder wurden.

Was sich damit zeigte, war – darüber hinaus, ganz grundsätzlich – auch dies: «Es» schrieb mit. Helbling konnte und wollte in seinen Texten wie kein zweiter *nicht* davon absehen, auch regelmässig sich selber einzubringen, Gefühltes, Erlebtes, Erhofftes einfliegen zu lassen, man durfte von Eitelkeit sprechen, aber solcher Narzissmus war ja deshalb so produktiv, weil er das «Referentielle» auch immer als gedankliches Produkt, als intellektuell zu legitimierende und legitimierte Flaschenpost auswies. Werner Weber war auch einmal «persönlich» geworden, in seinen «Samedis» – aber doch vor allem als ein Wanderer, der vom Rand her traulich in die Landschaft lugte. Hanno war existenzieller, dringlicher, mitunter aber auch jugendlicher, selbst in älteren Jahren kindlicher dabei. – In der Ausgabe vom 20. Oktober 1994 bot sich gleich nochmals die Chance, die Gedanken zu Thomas Mann und zur Repräsentanz weiterzutreiben. Drei Tage zuvor war der Zürcher Literat und Mäzen Daniel Bodmer im Alter von knapp 66 Jahren in Rom gestorben. Der Schüler des Komparatisten Fritz Ernst war ein diskreter, fein gestimmter Mensch gewesen, der – wie Hanno – durch eine frühe Krankheit gezeichnet blieb. Nun also: «Die Folgen und Spuren einer Jugendkrankheit verstärkten den Eindruck einer Reserve, die auf Scheu deuten konnte oder auf Selbstbewusstsein – die sich Bodmer jedenfalls auch als ‹Repräsentant› auferlegte, im kulturellen so gut wie im sozialen Umfeld; seine patrizische Lebenshaltung war nicht für die Öffentlichkeit gedacht, die Boulevardpresse dürfte von seiner Existenz kaum gewusst haben. Man musste ihn kennen, und dann allerdings konnte er sich als ‹der freundlichste der Freunde› erweisen: verständnisvoll, hilfsbereit und bei sprödem Anschein solidarisch bis zu still vergnügter

Komplizenschaft. Wenn man von einem es sagen kann, dann von ihm: er wird fehlen.» (20. Oktober 1994)

Im Herbst dieses Jahres berichtete Helbling aus Rom über die Bischofssynode, Ende November schrieb er mit den Sinnen des Historikers über einen Besuch der in Oberitalien gelegenen Burg Canossa, im Dezember analysierte er die päpstlichen Richtlinien für die Gesellschaftswissenschaften – Johannes Paul II. hatte anlässlich einer Ansprache vor der Päpstlichen Akademie der Sozialwissenschaften vor dem «Gift des Liberalismus» gewarnt und mit Thomas von Aquin für die Schutzwürdigkeit des Einzelnen gegenüber sozialökonomischem «Strukturalismus» plädiert – und ebenfalls in diesem Monat rezensierte er eine Dokumentation zum Verhältnis zwischen Nietzsche und Wagner. Damit nicht genug: Ein grosser Essay zur Ungaretti-Rezeption in Deutschland entzückte alle Freunde dieses grossen Dichters. Und ein nicht minder ausgreifender Aufsatz anlässlich des 800. Geburtstags Kaiser Friedrichs II. demonstrierte neben seinen hervorragenden Kenntnissen, dass der Historiker Helbling sogleich wieder in sein angestammtes Revier zurückkehren konnte, wenn Auftrag oder eigene Initiative danach riefen. – Er war wieder bei sich selbst angekommen, der neue Rhythmus begann nach altem Rezept und Vorbild zu greifen, jeder Text wurde mit hoher Genauigkeit geschaffen und verabschiedet, durch die elektronische Übermittlung wurde Zeit gespart, wurden Risiken der Postwege hinfällig, in der Zürcher Zentrale wirkten der Redaktor für Geisteswissenschaften, Uwe Justus Wenzel, Barbara Villiger Heilig für alles Romanische und das Theater sowie Andrea Köhler für die deutschsprachigen Literaturen als Dramaturgen im Rahmen der sachlichen und technischen Belange; Hanno konnte zufrieden sein, Probleme gab es fast nie.

## Bandbreite und Tiefenschärfe

Es begann das letzte Lebensjahrzehnt – von Anfang an für die Arbeit deutlich konzentriert, mit dem altmodisch gewordenen Wort: fleissig; aber keineswegs einfach, was die lexikalischen Voraussetzungen betraf. Der grösste Teil der Handbibliothek befand sich immer noch und länger an Zürichs Steinwiesstrasse. Gänge zu den öffentlichen Bibliotheken waren beschwerlich, mit Blick auf die Pflasterung der römischen Strassen und Gassen sogar gefährlich. Die enzyklopädischen Leistungen des Internets nahmen zu und beschleunigten sich seit der Jahrtausendwende enorm, doch die Anfänge verliefen stockend, und nie konnte man sicher sein, dass diese Quellen verlässlich waren.

Gehen wir näher heran. Im Jahr 1995 schrieb Hanno Helbling 58 Artikel für die NZZ – hauptsächlich für das Feuilleton, aber auch für die Ressorts Inland und Ausland. Die Länge variierte nach Thema und Gewicht. Mittellange Stücke waren die Regel, kürzere Meldungen aus dem Römer Kulturleben kamen hinzu, aber ebenso grosse Formate für die Beilage «Literatur und Kunst». Weit gefasst war auch der Radius der Stoffe – von Historischem und Kirchenpolitischem über Kulturgeschichtliches und Literarisches bis zur Theaterpremiere. Alles fand Gewichtung und Gewicht, und die Redaktion tat das ihre, die Texte zeitnah oder umweltfreundlich einzurücken. Hanno führte Buch; gelegentlich zeigte er Ungeduld und meldete mir mit einem kurzen E-Mail, welche Artikel bei uns noch vorrätig seien. Dass er auf den 1. September 1995 offiziell in Pension gegangen war, änderte – danach – nichts an seinem Rhythmus. Er ging stillschweigend davon aus, dass die früher getroffene Vereinbarung – bis zu diesem Zeitpunkt mit Regelmässigkeit zu schreiben – auch jetzt und für alle Ewigkeit noch gelte, so lange die Kräfte reichten, was von unserer Seite her pragmatisch-freundschaftlich bestätigt wurde. Niemand verspürte den Drang, sich und ihm zu wünschen, dass der Alte nun doch endlich Ruhe gebe und stillhalte. Von anderen Qualitätsblättern wurde anderes erzählt ...

Anfang Januar 1995 sinnierte Helbling ergo über die Revision der Bistumsgrenzen der Schweiz – ein politisch-historisches Thema, das von der Schweizer Bischofskonferenz angestossen worden war, durch den Bund hätte sanktioniert werden müssen und schon zu diesem Zeitpunkt die Zustimmung des erfahrenen Analytikers fand. Dem Traktandum blieb der Erfolg qua Umsetzung versagt. Ebenfalls im

Januar griff Hanno philosophisch-theologische Fragestellungen auf, wie sie sich in den Schriften des Münchner Philosophiehistorikers Werner Beierwaltes entfalteten: Es ging, verkürzt gesagt, um das Fortwirken neuplatonischer Ideen in den Vorstellungen und Systemen mittelalterlicher und neuzeitlicher Autoren, es ging also um Plotin, Meister Ekkehard, Giordano Bruno, Nicolaus Cusanus, Schelling, Goethe und Novalis, womit das Denken des Einen mit der Frage nach Gott und einer möglichen Rückkehr in die christliche Heilsgeschichte konvergierte. So gelehrt sich das las, so war es zugleich thematisch Heimat für den Schreibenden, der sich schon in frühen Arbeiten selber mit der Mystik und ihrer Rezeption befasst hatte. Hier und bald in vielen weiteren Essays bewies Helbling, dass er neben den Aufgaben des Korrespondenten aus Rom auch immer noch das Metier des Wissenschafters als Kommentator beherrschte. Entspannung wiederum bot ein Bericht über das Teatro Quirino, das mit der Inszenierung einer Gesellschaftskomödie von Giuseppe Giacosa, eines Zeitgenossen der Eleonora Duse und Arrigo Boitos, einen Ausflug ins Regietheater unternahm (9. Februar).

Theater und insbesondere Literatur firmierten als Konstanten. Im Februar 1995 wurde Hanno eingeladen, an einer Tagung in Düsseldorf zum Thema des Literaturtransfers zwischen Deutschland und Frankreich teilzunehmen, worüber er im Feuilleton vom 23. Februar berichtete. Schon zwei Tage später konnte sich die Leserschaft über den neusten Stand der Restauration der Kirche San Carlo alle Quattro Fontane auf dem Quirinal informieren. Eines kam zum andern, der Teppich wurde bunter und länger, ohne dass man den Verdacht haben musste, hier schreibe jemand einfach um des Zeilengelds willen oder weil das soziale Leben zu wenig Abwechslung und Vergnügungen bot. Es stimmt, Hanno Helbling fand in Rom zu einer Form von Eremitage; wollte er Gesellschaft, war er *auch* darauf angewiesen, dass Freunde und Kollegen zu Besuch kamen; aber das Vergnügen des stillen Arbeiters in seiner Dachwohnung wog nicht weniger, vermutlich eher noch mehr. Es passte dazu, dass Hanno in der Ausgabe vom 27. Februar Petrarcas Aufstieg auf den Mont Ventoux gedachte, der – gemäss dem Bericht des grossen Dichters und Denkers – am 26. April

1336 stattgefunden haben sollte. Er zitierte Jacob Burckhardt mit dessen berühmtem Ausspruch, dass Petrarca «einer der frühesten völlig modernen Menschen» gewesen sei, und hob seinerseits das Ineinander zwischen Bericht und «Lehre» hervor, das den Text bis heute zu faszinierendster Lektüre macht. Der äussere Anlass bestand bloss darin, dass kurz zuvor im Verlag Reclam eine zweisprachige Edition erschienen war. – Im Anekdotischen hingegen musste eine Miszelle verbleiben, mit der Hanno von einem «Wunder» an der Peripherie von Civitavecchia erzählte: Eine Marienfigur hatte dort angeblich dunkelrote Tränen geweint und damit die römische Amtskirche in Verlegenheit gebracht ...

Aus Anlass von Ernst Jüngers 100. Geburtstag stellten wir mit der Beilage «Literatur und Kunst» vom 25. März 1995 sechs Seiten zusammen, auf denen von diversen Autoren manch kluges Wort gesprochen wurde. Helbling hatte sich mit mir darüber geeinigt, dass er über Jüngers Stil reflektiere. Gesagt, getan. Und obwohl es auch Gründe gegeben hätte, gerade den Stil des Meisters – die pompösen Obertöne, das Erhabene mit dem Zeigefinger – ein wenig zu hinterfragen, blieb Hanno hier ganz auf der Linie der von ihm selber als richtig anerkannten Gerechtigkeit. Fazit: «Lehrstoff und Lesebilder, erotisch-ästhetische, der Gymnasialzeit kehren wieder: Motive der Mythologie, von denen Jüngers Werk durchtränkt, mit denen auch seine Oberfläche geschmückt ist, sodass noch in ‹Siebzig verweht› der Kellner ‹unser Ganymed› heissen kann. Aus dieser Schule stammt der richtige, der schöne Ausdruck, der Stil, der in seiner durchgebildeten Sorgfalt den Anspruch der Unbestechlichkeit mitschwingen lässt – die Rhythmisierung verleiht dem Vortrag die Marmorglätte, die seine Risse und Brüche verdeckt.» – So konnte wohl doch nur jemand urteilen, der sich damit auch ein wenig selbst charakterisierte.

Folgten bald wieder kirchenpolitische und theologische Erwägungen. Am 1. April schrieb Helbling unter der Überschrift «Der moralische Kreuzzug des Papstes» über ein Rundschreiben des Vatikans, das selbst vom Leiter des Presseamts als Enzyklika über die Abtreibung verstanden wurde. Diese, so Johannes Paul II., sei nicht weniger als Mord, ein Akt der Vernichtung, vergleichbar darin sogar den Verbrechen gegen die Menschlichkeit, wie sie der Totalitarismus des 20. Jahrhunderts eröffnet habe, nur vielleicht schlimmer noch darin, dass sie inzwischen unter Voraussetzungen des demokratischen Rechtsstaats teilweise sanktioniert werde. Dagegen, so nun Hanno, sei daran zu erinnern, dass ebendieser Rechtsstaat auch hier nur die Kategorien «erlaubt» und «unerlaubt» kenne, nicht aber deren Transfer in Richtung Gut und Böse.

Doch zu den aufschlussreichsten Texten dieses Jahres 1995 zählte der Leitartikel zu Ostern auf der Frontseite der NZZ vom 15. April. Titel: «Die Wiederkehr und das Ziel»; Motto: ein Zitat von Mallarmé, «Je suis mort, et ressuscité.» – Der Gang der Gedanken zunächst gestützt auf die Botschaft des Paulus von der Einmaligkeit des Heilsgeschehens im Zeichen Christi, von der Zielgerichtetheit zwischen dem einen Tod und der einen Auferstehung, später, unter den Gläubigen, von der einen Bekehrung zu der einen Taufe, woraus das «neue Leben» gestiftet und in die Welt gesetzt ward. Und erst dann, danach, die Wiederholung in Erinnerung, Gedächtnis und Ritus, die zyklisch voranschreitende Wiedergeburt. – Damit nicht genug. Denn im letzten Absatz las sich dies alles, diese theologisch elaborierte Meditation, auch und gerade wie eine Paraphrase auf das eigene Leben. Keinem, der Sensibilität dafür aufbrachte und von der neuern Biografie wusste, konnte doch eigentlich verborgen bleiben: dass Hanno da auch über sich selber schrieb, über den Aufbruch ins Neue, nach Rom, man müsste richtigerweise sagen, wieder nach Rom, diesmal nun im Rhythmus jener Wiederkehr, die damit endgültig zum Ziel geworden war. So denn als letzten Paragrafen zu lesen: «[…] ‹in einem neuen Leben zu wandeln›: Die Botschaft musste einen besonderen Klang haben für die Christengemeinde der Stadt, die schon damals die ‹ewige› hiess und vor deren Mauern die ‹grösseren Heere› der Toten in ihren Quartieren lagen. Wie viel Unter- und Aufgänge standen ihr noch bevor: alle, von nun an, unter dem Zeichen des Kreuzes, von dem die Hermetiker und Kabbalisten meinten, es sei das Anch, das Lebenssymbol der Ägypter […] Und im Zeichen der Erwartung: der Naherwartung zuerst, der Enderwartungen später, und immer des Wartens, von Frühling zu Frühling, auf das Mysterium der Wiedergeburt.» Das war die Aneignung des sechsten Briefs an die Römer des Apostels Paulus, Kapitel 3, Vers 4, und weil sie mit Mallarmé eingeleitet worden war, hatte sie auch – wie im «richtigen» Leben – zugleich die Wende in die eigene, ästhetisch-säkulare Gegenwart vollzogen.

Von nun an ging es wieder profaner weiter. Am 24. April schrieb Hanno über die Eröffnung eines islamischen Kulturzentrums, das zumal der «Erzeugung von Pracht und Prunk» diene – und als weiteres Beispiel dafür stehe, dass die Stadt Rom – nach 2000 Jahren – abermals deutlich multikulturelle Züge vorweisen könne. Anfang Mai berichtete er über städtebauliche Anstrengungen, die Stätten und Denkmäler der ewigen Stadt rechtzeitig zum Millennium in die Restauration zu schicken, wobei kein Hochglanz zu befürchten sei. Ebenfalls im Mai stellte er eine kritische Ausgabe von Machiavellis *Principe* vor, nicht ohne darauf hinzuweisen, dass die bisher massgebliche schon 1925 von Federico Chabod (dem verehrten Lehrer) besorgt worden sei. Und schliesslich galt es dem ökumenischen Kurs des Papsts den Puls zu fühlen. Vieles, so Hanno, deute darauf hin, dass die Perspektive auf die Jahrtausendwende auch das Ende des Pontifikats in den Blick zu nehmen habe; Johannes Paul II. wolle jedenfalls «das Gültige und Massgebliche» festhalten; manche Aktionen läsen sich nun wie «Abschnitte eines Testaments», wie das Rundschreiben *Ut unum sint* oder auch Gespräche des Papsts mit anderen Kirchen über sein Dienstamt verdeutlichen könnten. – Dieser Papst wurde hinfällig, jedermann konnte es sehen. Sein Pontifikat, das schon sechzehn Jahre währte, schien fragil. Am Ende aber würde er nochmals zehn Jahre zulegen und Hanno noch um zwei Monate überleben – weder List noch Tücke der Geschichte, doch immerhin ein weiterer Beleg dafür, wie schwierig Prognosen sein können, und zumal dann, wenn ihnen noch Wünsche unterlegt worden waren: Helbling, der nie ein Bewunderer Wojtylas gewesen war, war es für die späten Jahre dieser aussergewöhnlichen und zugleich umstrittenen Persönlichkeit immer noch weniger, und obwohl er schon lange kein Herzblut mehr vergoss, wenn er über Vatikana schrieb und kommentierte, sondern nüchtern und intellektuell seine Arbeit tat, hoffte er vermutlich auf einen toleranteren Nachfolger auf dem Stuhle Petri. Dass es dann nochmals und erst noch kräftig in die Gegenrichtung lief, war wohl Johannes Pauls II. eigentlicher «letzter Wille».

Im Juni besuchte Hanno eine Pirandello-Inszenierung von Giorgio Strehler in Mailand, er rezensierte ein Buch über Mallarmé, und weiter schrieb er in diesem Sommer wieder über Leopardi, über die Horden von Touristen, die über Rom hereinbrachen, und anlässlich seiner «Autobiografie» über Pino Pelosi, der in der Nacht auf den 2. November 1974 am Strand von Ostia den Regisseur und Schriftsteller Pier Paolo Pasolini umgebracht hatte – da waren sich, im falschen Moment, zwei Marginalisierte begegnet, worüber der Mörder 20 Jahre danach das Buch des Titels *Io, Angelo Nero* verfasste. – Am 21. August konnte man lesen, was Helbling in Turin erlebte («Turin im Sommerschlaf»), nämlich wenig, mit Ausnahme eines Besuchs im berühmten Museo Egizio, wo die Exponate freilich ähnlich schlecht präsentiert würden wie in Kairo. Dazu nun aber auch folgende Preziose: «Es hat etwas Vornehmes, dass eine Stadt für ein paar Sommerwochen schliesst.»

Hannos Freundschaft mit Hugo Loetscher, dem Schriftsteller, Weltreisenden und Journalisten, führte dazu, dass der eine das neue Buch des anderen – sagen wir: behutsam freundlich – rezensierte. Der Roman hiess *Saison*, spielte ausführlicher in einer Badeanstalt am Zürichsee in Zürich, mischte «gossip» mit heiteren Beobachtungen und war gewiss nicht das, wofür die Ewigkeit bei Loetscher angeklopft hätte. Auch deshalb durfte Helbling seine Besprechung mit «Bratwurst oder Frühlingsrolle?» übertiteln und schliesslich als Fazit vermelden: «‹Saison› könnte Hugo Loetschers populärstes Buch werden.» Diese leicht zwiespältige Diagnose bewahrheitete sich in der Folge.[48]

Die Politik – genauer: das Zusammen- und Gegenspiel zwischen Kirchenpolitik und Staatspolitik – setzte das nächste wichtigere Thema. Einmal mehr ging es um eine Volksabstimmung im Kanton Zürich zur Initiative für die Trennung von Kirche und Staat. Helbling war inzwischen bereit, den Schritt zur Trennung zu empfehlen, und er tat dies nicht einfach mit einer knappen Formel, sondern mit einem ausgreifenden, insbesondere die historischen Voraussetzungen rekapitulierenden Essay. Am Ende lautete das wichtigste Argument so: Nachdem sowohl die katholische wie die protestantische Kirche nicht mehr durch eine «Staatsgarantie» vor kirchenfeindlichen Bestrebungen zur Beschneidung ihrer Wirksamkeit geschützt werden mussten, weil solche Bestrebungen an Kraft und Bedeutung verloren hatten, und die Kirchen, zweitens, vom Staatsschutz nicht dahin gehend profitiert hatten, dass sie damit ihr Profil geschärft hätten, wäre es nun nicht nur ein mutiger, sondern auch ein erneuernder Schritt, den Weg in die Unabhängigkeit zu gehen. «Durch ihre ‹Verstaatlichung› ist die katholische Zürcher Kirche vor 30 Jahren ein Risiko eingegangen, das die reformierte schon seit langem kaum mehr laufen kann: das Risiko, einem Provinzialismus zu verfallen, der ihre lebendige Verbindung zur Universalkirche beeinträchtigt und sie so von der wichtigsten Quelle ihres geistigen Lebens entfernt.» Und zum Schluss noch deutlicher: «Die so vielfach beschworene Geschichte geht auch dann ihren Gang, wenn man nicht in sie eingreift, und dass sie die Kirchen, so wie sie sind und wohl bleiben möchten, zu neuer Blüte führt, ist nicht unmöglich – wenn auch nach menschlichem Ermessen höchst unwahrscheinlich.» (2. September 1995) – Oder nochmals anders: Der Diagnostiker, der kaum noch an eine starke Zukunft für die Kirchen – jedenfalls an der Stätte seines langjährigen Wirkens – glaubte, empfahl auch deshalb den Abschied von der Staatsgarantie; wenn überhaupt, so würde der Wind des Geists nur über einer entschlossenen Selbstständigkeit wieder wehen können. – Die Initiative wurde abgelehnt, die Vorhersage bewahrheitete sich durchaus.

Im weiteren Verlauf dieses Herbsts waren vermehrt kulturelle und geistesgeschichtliche Motive zu behandeln. Den Auftakt machten zwei Artikel zu Thomas Mann: ausführlich der erste, ganz im Dienst des *Doktor Faustus* und seiner kompliziert-eklektischen Hermeneutik; kürzer der zweite, aufgemacht an der Frage, wann der Meister Tagebuch zu führen pflegte. Die Rezension einer Biografie über Harry Graf Kessler schloss sich organisch an; seit langem hatte die Figur des Dandys und Schöngeists, der regelmässig «Dilettantismus in reinster

Verkörperung» geliefert hatte, Helbling fasziniert: ein Pendant zu Robert de Montesquiou, den «Charlus» in Prousts *Recherche*, einer jener fleissigen Müssiggänger, der das Schöne verfolgte und unentwegt in seine Lebensentwürfe einzubinden wusste. Zu den fast schon heroisch zu nennenden Pflichten zählte die Präsentation eines weiteren Bandes der *Œuvres complètes* von Benjamin Constant, wobei auch da Wahlverwandtschaft den Fluss der Feder erleichterte. Ambivalent hingegen gab sich die Beurteilung eines neuen Buchs zu Proust. Der Literaturwissenschafter und Kritiker Pietro Citati hatte unter dem Titel *La Colomba Pugnalata. Proust e la Recherche* eine Darstellung zum Verhältnis von Werk und Leben verfasst, wobei viel Anekdotisches in den Mörtel der Brücke zwischen diesen Polen eingegangen war. Hanno war nicht wirklich begeistert.

Den gedankenreichen Schlussakkord pflanzte Helbling am 21. Dezember mit einem Gedenkblatt für Ranke, dessen 200. Geburtstag gekommen war. Und zum ersten Mal (das damit auch das letzte Mal wurde, dass er nochmals über Ranke schrieb) liess er dabei auch deutlich Kritik an diesem grossen, ja übergrossen Historiker aufscheinen. Lob, zunächst, für die Neuformulierung des quellenkritischen Anspruchs an die Geschichtsschreibung; für die eigenständige Aufarbeitung der für Ranke damals sichtbar zusammenhängenden nationalen Vergangenheiten. Dann aber: «Rankes methodische Orientierung nahm ihren Ausgang vom Studium der venezianischen Gesandtschaftsberichte – eine Fundgrube der Information über Jahrhunderte europäischer Politik. In solchen Quellen war beinahe alles zu finden, aber eines mit Sicherheit nicht: dass Völker Gedanken Gottes sind. Dergleichen steht da einfach nicht, und Ranke, der mit imponierendem Nachdruck immer wieder erklärt hat, seine Wissenschaft dürfe nicht spekulieren, sondern – nach Möglichkeit – bloss das Tatsächliche feststellen, hätte gut daran getan, im Sinn so strenger Selbstbeschränkung die Gedanken Gottes aus dem Spiel zu lassen.»

Es wäre ein Leichtes gewesen, dies schon in der Dissertation von 1953 über Ranke und den historischen Stil festzustellen – weil es schliesslich und unübersehbar ein zentrales Axiom von Rankes geschichtsphilosophischer Zuversicht ausmachte. Aber es war – mindestens mit solchen Formulierungen – unter der sorgenden Brille des verehrten Professors Leonhard von Muralt nicht erlaubt gewesen; und mehr: Noch länger hatte Hanno ja Sympathie für die, vielleicht sogar stilles Einvernehmen mit der Vision von einer irgendwie doch «göttlichen» Regie im turbulenten Welttheater gehabt. – Diese «Revision» kam also spät, und sie kam aus Rom, aus vielfacher Distanz zu dem Mann, der nun im Gedenkblatt auch einmal «der Thüringer» genannt werden durfte, aus der Position wachsender Skepsis, dass die Geschichte doch irgendwie, und sei es unterirdisch verborgen, auch letztlich etwas oder gar Entscheidendes mit der christlichen Heilsgeschichte zu tun haben könnte.

## Boito und die Duse

Nachzutragen bleibt an dieser Stelle, dass Hanno Helbling 1995 ein weiteres Buch vorlegen konnte. Eigentlich einen – weiter gespannten – Essay, eine Monografie über den Komponisten und Librettisten Arrigo Boito (1842–1918), einen Repräsentanten der italienischen Romantik; als Übersetzer auch erstrangiger Vermittler zwischen den europäischen Kulturen. Das war also ebenfalls einerseits ein von stillen Emotionen begleitetes Thema – insbesondere mit Blick und Ohr auf Verdi und seine Welt. Boito hatte massgeblich als Librettist des Maestro gewirkt und damit Musikgeschichte geschrieben. Anderseits aber erschien die mit Fotografien und Zeichnungen illustrierte Schrift von gut 130 Seiten nicht nur im Münchner Verlag Piper, sondern ausdrücklich in dessen Reihe «Serie Musik – Piper Schott», was erklären mochte, weshalb sie sich über längere Passagen hinweg mit geradezu lexikalischer Genauigkeit in die Materie vertiefte. So wurden nicht nur Boitos eigene Opern – die beiden Fassungen des *Mefistofele*, der unvollendete *Nerone* – ausführlich analysiert, auch und besonders Verdis Meisterwerke wie *Otello* oder *Falstaff* erfuhren eine gründliche literarisch-musikologische Präzisierung. An Philologie sollte kein Mangel herrschen. Fleiss war auf jeder Seite präsent.

Aber wer war Boito? Sohn eines Künstlers aus alter Familie des

Veneto und einer polnischen Gräfin, aufgewachsen in Padua, Venedig und Mailand, Studium der Literatur und der Musik, Aufenthalt in Paris, in der Jugend stürmischer Erneuerer aus dem Geist der Nation, zugleich Europäer, bald und zuerst recht erfolglos Komponist, Dichter, über 30 Jahre hinweg Übersetzer von Opernlibretti und Liedtexten, von Gluck über Goethe und Wagner bis zu Weber und Glinka, Pamphletist, Organisator, Liebender und Liebhaber, Gefährte der 17 Jahre jüngeren Eleonora Duse, Librettist für Verdis spätere Opern und hier zumal derjenige, der an entscheidenster Stelle half, diese vom Gedanken in die Wirklichkeit zu bewegen. – Diesem Mann galt Helblings Faszination. Und allein die schon erwähnte Genauigkeit im Umgang mit dem Stoff verböte es, den Essay als Divertimento, als heiteren Exkurs in eine verschwundene Welt des «dix-neuvième» und des «fin de siècle», der «décadence» und des romantischen Kunstwollens zu betrachten. Nein, der Verfasser wollte zeigen, nachweisen, wollte viel vergleichen (etwa zwischen Shakespeares *Othello* und Boitos Anverwandlung desselben), er wollte auch verständlich machen, was die Leistung eines insgesamt ruhelosen Daseins für Musik und Theater war, gewesen war, denn kaum jemand, der nun viel mehr noch als den Namen kannte – Arrigo Boito.

Es bleibt das Rätsel, dass aus dem Buch nicht mehr wurde: ein Mehr an Leben und Farben; ein Mehr an Passion und Fantasie; ein Mehr an Tiefe und Plastizität in die fern gewordene Epoche und ihre Helden und Mitspieler. In sechs Kapiteln blätterte Hanno dieses Schicksal auf, das den Namen nicht selten verdiente: zwischen Italien und Europa, mit Blick auf Konkurrenten, mit Blick auf die Dienste des Vermittlers, für die Beziehung zu Verdi, abschliessend für den «grossen Entwurf», der nichts anderes meinen konnte als den Torso der Oper *Nerone,* deren Stoff schon den 20-Jährigen nach dem Studium des Tacitus «magnetisch» (Boito) gefesselt hatte und den erst Arturo Toscanini aufgrund der hinterlassenen Notizen vollendete und am 1. Mai 1924 in der Mailänder Scala zur Uraufführung brachte. – Und weiter: Harmonielehre, wo es sinnvoll wurde; Verslehre, wo zu verdeutlichen war; Dramaturgisches in manchen Schattierungen; Rezeption durch viele Stadien unter Einbezug von Vorbildern und

Gegenbildern – daran sollte es nicht fehlen. Doch über solche Gelehrsamkeit hinaus den längeren und weiteren Atem einer Erzählung? Einer echten Geschichte, die allein schon durch die Chronologie hindurch so viel Spannung und Dynamik zu erzeugen gewusst hätte? – Es war wie verboten: am Ende vielleicht der Versuchung erlegen zu sein, eine «biographie romancée» geschrieben zu haben, zu sehr in den Anekdoten fündig geworden zu sein. Mit der Ausnahme des einen Kapitels, doch selbst da noch aus beherrschter Distanz und mit dem Silberstift einer Skizze: Boitos Verhältnis zu der Duse. Achtzehn Seiten.

Sie, die überragende Mimin, unvergleichliche Interpretin der *Kameliendame*, Goldonis, Shakespeares und später Ibsens, eine unruhige, schwierige Frau, verstrickt in Affären und eine scheiternde Ehe, Mutter einer kleinen Tochter, immer auf der Suche nach der Seligsprechung durch die Kunst. Er ebenfalls in festen, aber leidenden Händen, wohnhaft im Haus des Bruders Camillo in Mailand, häufig und ohne Konsequenzen entschlossen, vieles fahren zu lassen, um mit der Geliebten im erträumten Venedig sich niederzulassen, bald ihr Mentor, bald der Geist im Schatten. Daraus konnte nichts Rechtes werden, sollte wohl auch nichts nachhaltig Glückliches zustande kommen dürfen: Die Epoche, trotz allem eine Pflanzschule der Bürgerlichkeit, war dafür wenig geeignet, und romantisch beflügelte Liebe zweier so passioniert und pathetisch Kunstgesinnter sah ebenfalls nicht vor, dass sie sich in klaren Verhältnissen hätte verfestigen dürfen. Später begann die Duse eine Liaison mit dem jungen Gabriele d'Annunzio, einem Macho und «homme à femmes», andere Geschichten und Turbulenzen folgten, sie reiste quer durch Europa und bis in die Vereinigten Staaten, feierte Erfolge sonder Zahl, setzte Gesundheit und Seele aufs Spiel, blieb Boito, dem etwas zögerlichen Getreuen, ihrerseits im Geiste treu, und starb am 21. April 1924 mit 65 in einem Hotelzimmer der zutiefst uncharmanten Stadt Pittsburgh, Pennsylvania. Ihr Leichnam wurde an Bord eines italienischen Kreuzers in die Heimat überführt, Tausende gaben ihm das Geleit zu der Grabstätte in Asolo im Veneto, damals war «La Duse» wahrhaftig weltberühmt. Da war Arrigo Boito bereits sechs Jahre tot.

Was den Biografen dieser Affäre besonders berührt haben musste: das In- und Gegeneinander im künstlerischen Behuf. Boito hatte Shakespeares *Antonius und Cleopatra* aus dem Französischen übersetzt und dramaturgisch so intensiv bearbeitet, dass das Stück, das dann im November 1888 in Mailand zur Uraufführung kam, ein Drama für die Duse und für sie allein wurde. Mit Shakespeare, den sie schon früher gespielt hatte, sollte sie an der Hand des Geliebten in den hohen, ja höchsten Kunsthimmel aufsteigen, sie, die Autodidaktin aus einer Familie von fahrenden Theaterspielern, der er, der hochgebildete «homme de lettres» und Vertreter der italienischen Bourgeoise, diesen Weg zur ästhetischen Sublimation vorzeichnete. Die Realität sah zwischendurch oftmals etwas anders aus: Solange man heimlich ein Paar war und sein konnte, waren Camouflage und Geheimnis angesagt. «Boito muss viele Stunden mit dem Studium der Fahrpläne zugebracht haben. Die jeweiligen Ergebnisse teilte er der Freundin mit, samt Berechnungen darüber, wie lange sie in dieser, in jener Stadt, wo sich die Schauspielerin eben befand, ungesehen beisammen sein könnten.» (S. 65) – Dieses vierte Kapitel sollte nach Helblings eigenen Worten nicht mehr als eine «Skizze» gewesen sein, wobei als Quelle für die emotionalen Transfers vor allem der Briefwechsel der beiden herangezogen worden war.

## Weltgefühl und Geschichtsbild

Das Buch über Arrigo Boito war das viertletzte in der Produktion selbstständiger Schriften. Es würden noch folgen: der Essay über den Rhythmus (1999), eine Schrift über Katharina von Siena, vor allem auch darüber, wie sich die grosse italienische Mystikerin in ihren politischen Briefen inszenierte (2000), und eine kürzere Darstellung von Port Royal (2004). – Womit wir wieder in die Werkstatt des Römer Korrespondenten zurückkehren. Das Jahr 1996 begann unspektakulär mit einem Bericht über den Höhepunkt und Abschluss der 800-Jahr-Feiern für Friedrich II. – mit einer Tagung und einer grösseren Ausstellung im Palazzo Venezia. Hier konnte Helbling einmal mehr seine profunde Vertrautheit mit der Person und der Wirkung des grossen Stauferkaisers beweisen. Auch als Chronist einer Katastrophe trat er in Erscheinung, indem er den Brand des Teatro La Fenice in Venedig von Ende Januar verzeichnete. Stärker ans Persönliche rührte das Buch des Kunsthistorikers Cornelius Claussen des Titels *Herzwechsel*. Der Rezensent wusste aus eigenem Leiden, was da verhandelt wurde – insbesondere das «innere Erlebnis», schwierig zu fassen und noch schwieriger zu reflektieren, dass ein fremdes Herz eingesetzt wurde, damals immer noch eine relativ unerhörte Begebenheit, so «dass wir zu lesen haben, was sich der Verfasser von der Seele schreiben musste». Hanno hatte mit dem kurzen literarischen Text «Wiedererwachen. Eine Schreibübung» anders, viel bescheidener Zeugnis abgelegt, auch wenn dabei nicht gleich ein neues Herz mitschlug.

Dazu wie immer nun die «faits divers»: der Wechsel in der Leitung des Istituto Svizzero von Florens Deuchler zu Hans Christoph von Tavel; Peter Steins wohltuender «Abstecher in die Konvention» mit einer Inszenierung von Tschechows *Vanja* im Teatro Argentina; oder periodisch Veränderungen im urbanen Gesicht der ewigen Stadt. – Was auffiel, wenn man genauer las und sich Überblick verschaffte: wie elegant und stilgerecht Hanno vom einen aufs andere kam. So konnte er eloquent und wissensstark über das Werk des spätmittelalterlichen Geschichtsdenkers Joachim von Fiore schreiben (26. März), um drei Wochen später das Zweite Vatikanum in Erinnerung zu rufen; er konnte Joachim Fests Reflexionen zur Gegenwart des Gewesenen charakterisieren, um kurz darauf dem populistischen Theologen Eugen Drewermann die berechtigte Medaille des Pamphletisten umzuhängen. – Und es gab natürlich auch Exkursionen ins Grundsätzliche. Nachdem wir eine Serie der Überschrift «Interpretation im 20. Jahrhundert» gestartet hatten, schrieb Hanno unter dem Titel «Deutung als Ordnung» über Benedetto Croce – dessen Denken ihm vertraut war, seit er in den Fünfzigerjahren als Stipendiat in Neapel studiert und dazu auch Croces immense Bibliothek genutzt hatte. Croce, so konnte man jetzt freilich lesen, sei «detailversessen und unanschaulich» gewesen, in seinem Ansatz von Hermeneutik allerdings durchaus offen und beweglich, indem er die je historische Bedingtheit und Relativität der Standpunkte hervorgehoben habe. Mit einem Wort, ein Eklektiker und ein Liberaler. (21. Mai 1996)

Was das für die Gegenwart historischer Erkundungen heissen konnte, zeigte Helbling nur vier Tage später mit eigenem Anlauf, indem er über «Weltgefühl und Geschichtsbild nach 1945» reflektierte. Der ausführlichere Essay in der Beilage «Literatur und Kunst» wollte greifbar machen, wie Positionen der Geschichtswissenschaft für eine bestimmte Zeit wirken konnten und dabei auch legitimatorische Funktionen übernahmen, um später der «Revision» zu unterliegen, die ihrerseits nicht selten Positionen schaffte, deren Verjährung fast vorprogrammiert war. So bekannte sich – beispielsweise – Helblings Lehrer Leonhard von Muralt mit eigensinniger Beharrlichkeit zu Bismarck, und zwar in Zürich, an der Universität, nach dem Zweiten Weltkrieg, was gewissermassen gegen den Strich lief, «und verteidigte seinen Helden sowohl gegen seine illegitimen Nachfahren wie gegen seine postumen Gegner, unter denen sich damals der liberale Historiker Erich Eyck hervortat»; freilich ein «weitgehend emotionaler Kampf», der sich mit wissenschaftlicher Innovation nicht zu vertragen schien, aber alte Fragestellungen nochmals aufnahm. War von Muralt ergo ein «Revisionist»? Oder im Gegenteil nunmehr ein innovativer Kritiker an den jüngeren Vorurteilen gegenüber Bismarck, dessen Bild durch den Nationalsozialismus ungerechtfertigterweise Schaden genommen hatte? Oder diente er lediglich als Figur für den Typus des Parteigängers, der gegen den Strom schwimmt, obwohl schon niemanden mehr allzu sehr kümmert, wo dessen Quellen zu finden wären?

Keine Antwort. Folgte ein Paragraf des Rückblicks auf Hannos eigene Studienjahre: «An jeder Universität lässt sich in jeder Fakultät jederzeit feststellen, dass bestimmte Fächer oder auch nur bestimmte Fachvertreter methodisch à jour sind und andere nicht. Dem, der in Zürich kurz nach dem Krieg an der Philosophischen Fakultät I studierte, wurde diese Unterscheidung leicht gemacht. Bewegung war in die Germanistik (in ihre literaturwissenschaftliche Richtung) und in die Romanistik gekommen, in die Kunstgeschichte und – was dann bald auch für die Historiker wichtig wurde – in die Volkskunde. Noch bevor sich die Mediävistik durch Marc Bloch (‹La société féodale›) und lange bevor sich die Neuere Geschichte durch Lucien Febvre und Fernand Braudel auf neue Wege lenken liess, hatten Hans Georg Wackernagel in Basel und Richard Weiss in Zürich erste Anstösse gegeben, um avant la lettre die seither fast übereifrig betriebene ‹Alltagsgeschichte› vorzubereiten.» – Interessant, immerhin, dass dieser Rückblick keinerlei stärkere «Bewegung» für das Fach Geschichte an der Universität Zürich melden wollte; da – Anno 1996 – war Hanno Helbling nun nicht nur zu seinem Lehrer von Muralt, sondern auch zu dessen Kollegen stillschweigend, nämlich durch die Kunst des Auslassens, auf Distanz gegangen. Auch das, wenn man so will, eine Art von Revision: in eigener Sache und an der eigenen Biografie.

Mit Historie ging es bald weiter. Am 14. Juli 1996 war der Historiker, Schriftsteller und Publizist Jean Rudolf von Salis auf seinem Schloss Brunegg im Alter von 95 Jahren gestorben. Dieser Schweizer Meister seines Fachs war kein immer nur unbestechlicher Zeuge der Zeit gewesen und hatte etwa mit seiner Bewunderung für de Gaulle auch da und dort für Unruhe im Reduit der helvetischen Denkungsarten gesorgt. Anders als andere Vertreter der NZZ pflegte Helbling freilich ein entspanntes, man dürfte auch sagen: ein gerechtes Verhältnis zu dem Kollegen. Er erkannte die eine oder andere erratische Parteinahme durchaus – Salis hielt jedenfalls für die Zeitgeschichtsschreibung selten hinter dem Berg –, schätzte aber anderseits den weiten Horizont, den originellen Zugriff und die literarische Fantasie. Den Nachruf, der schon am nächsten Tag im Feuilleton der NZZ erschien, titelte er so: «Ein repräsentativer Aussenseiter». Dies traf es durchaus – und mehr; denn eine gewisse Wahlverwandtschaft war ja zwischen den beiden kaum zu leugnen: weder der eine noch der andere ein akademischer Lehrer im strengen Sinn zünftisch-universitärer Ordnung, weder der eine noch der andere gänzlich frei vom Habitus des eleganten Provokateurs, der eine und der andere immer wieder bereit, die Gedanken, die Sätze, die Texte über alles Vorgespurte und Erwartbare hinaus entspannt frei flanieren zu lassen. Das Fazit, das damit auch in den Spiegel schaute, lautete deshalb: «Das Besondere seiner Lage war ihm bewusst, und die autobiographischen Schriften, die Reflexionen, die er in seinen späteren Jahren publizierte, verraten eine Selbstbefragung, die dem steten Bemühen eines Malers um das eigene Gesicht zu vergleichen ist. Nicht in allem mag das Porträt, an dem ihm gelegen war, mit dem übereinstimmen, was anderen vor Augen stand; doch in den Hauptzügen bleibt es das vielen gegenwärtige, überzeugende Bild eines repräsentativen Aussenseiters.» – Der massgebliche Unterschied hätte natürlich darin bestanden, dass Hanno bei vergleichbarem Drang zu Selbstbefragung und intellektuell-emotionaler Introspektion gerade darüber doch höchstens indirekt schreiben und Zeugnis ablegen wollte. Er war, blieb – manchmal vielleicht angestrengt – ein Herr der Diskretionen über sich selbst und damit auch ein Mann, der jede klassisch faktenreiche Biografie über ihn qua Lebensgeschichte verunmöglichte.

Er besprach Aufsätze des Thomas-Mann-Philologen Hans Wysling, eine Biografie über Johannes Paul II., eine Aufführung von Dürrenmatts *Romulus* im Teatro di Roma, er inspirierte das Istituto Svizzero unter neuer Leitung, und er kritisierte den Literaturwissenschafter und Schriftsteller Felix Philipp Ingold, einen seit Jahrzehnten regelmässig fleissigen Mitarbeiter des Feuilletons der NZZ – mit etwas überraschender Schärfe, die wiederum von Aussagen Ingolds provoziert schien, die frei in dessen Buch *Freie Hand* flottierten («Was mich am nachhaltigsten geprägt hat, sind die Vorbilder, die ich nicht erreicht habe», so Ingold). Dazu also Hanno: «[…] er macht aus der Not – eine Kunst? Indem er bloss Bruchstücke dessen, was er zu sagen hätte, eben noch fassbar werden lässt, und auch sie nur vermittelt durch die Selbstbefragung dessen, dem das Schreiben ‹ein Hoffnungslos› ist. So wird aus dem Schreiben über das Schreiben ein Schreiben gemacht, das die Möglichkeit eines Schreibens aus Imagination, aus Formgefühl und aus selbstabgewandter Disziplin unterläuft und die lebendige Literatur im gespiegelten Schattenbild eines Lesers ersterben lässt.» Unerfreulich für den Autor, freihändig kritisch wie von Karl Kraus. – Über die Zeiten hinweg hatte sich Hanno eine Stammleserschaft herangezogen, die manchmal bereits zufrieden lächelte, wenn sie registrieren konnte, dass und wie er wieder zum Schlag ausholte. – Das Jahr ging zu Ende mit Artikeln über Montale, über eine Pirandello-Inszenierung, über Nicolaus Sombarts Ehrenrettung Wilhelms II. in Form einer Biografie – Kommentar: «Aber so geht es nicht, so auch nicht.» – und einer Hommage an Giuseppe Tomasi di Lampedusa, dessen 100. Geburtstag am 23. Dezember zu begehen war.

Für den Leser bei jeder Erwähnung des Datums der Erstveröffentlichung des Meisterwerks von neuem zur Verwunderung gereichend ist, dass der *Gattopardo* erst im Herbst 1958 und obendrein ein Jahr nach des Verfassers Tod erschienen war. Bemerkenswert deshalb, weil dieses Panorama geschichtlicher und individueller Konstellationen mit Brennpunkt Sizilien doch so lebensnah authentisch aus der Zeitgenossenschaft mit dem späteren 19. Jahrhundert gemalt erscheint. Aber es war tatsächlich ein Akt der Memoria – und des lange aufgeschobenen Vorsatzes Tomasis –, dass und wie hier die Geschichte rund um den Fürsten Salina zwischen einem Ancien Régime und der neuen Zeit von Revolution und Fortschritt erzählt wurde. Eine Art von «temps retrouvé», erweitert um die politische Dimension von den Traditionen zum Aufbruch – woraus für Hanno zuletzt folgende Erkenntnis abgeleitet werden konnte: «Doch über die Inständigkeit des Vergegenwärtigens, die das Besondere dieses Buches ausmacht, kann nicht ein Autor verfügen, der ‹es nur noch schreiben muss›, sondern ein Dichter, der sich von Wort zu Wort dazu anhält, auf der Spur seines Wahrnehmens – man könnte auch sagen: möglichst nahe bei der Wahrheit – zu bleiben. Wobei es ihm literarisch von Nutzen sein mag, wenn dieses Wahrnehmen sich am Verlust schärft: Tomasi di Lampedusa hatte es mit einem verlorenen Land zu tun, verloren für die einst rechtmässigen Erben seit Grossväter Zeiten und verloren zugleich im Sinn von unheilbar – und nicht nur aus Standesgründen erschien es ihm so. Da er sich aber mit Salina identifizierte, fand er auch den Ort in der Geschichte selbst, der es ihm möglich machte, ganz dabei zu sein.» – Hätte Helbling nicht die längste Zeit doch in einer Art von Provinz des Namens Zürich gelebt und gewirkt und hätte er Lebenszeit nicht schliesslich noch disruptiv umgelenkt, sondern als gleichmässig gestaltetes Nacheinander gelten lassen: Er hätte – der Gesinnung und den Fertigkeiten nach – wohl ein ähnliches Buch schreiben können.

## Nachdenken über Joseph Ratzinger – und Thomas Hürlimann

Die weiteren Jahre brachten keine Abenteuer mehr, Elemente der Spannung resultierten aus der Arbeit, auch aus kleineren Reisen, sei es in und durch Italien, sei es für stets kurze Aufenthalte nach Zürich oder auch einmal nach Deutschland. Der Kontakt zu Freund Guttenberg in Bayern blieb bestehen, ebenso jener zu den Kolleginnen und Kollegen der Deutschen Akademie für Sprache und Dichtung, die Hanno und seine zweite Frau Christina Viragh häufig an ihren Frühjahrstagungen begrüssen durften. Mit der gesellschaftlichen Geselligkeit, die er einst gesucht und «con amore» gefeiert hatte, war es allerdings vorbei; der Tisch, wo immer er zu stehen kam, blieb jetzt eine Platte für das Besteck der Intellektualität.

Am 1. Februar 1997 philosophierte Helbling über Gedichte Tommaso Campanellas und die Obsessionen dieses «Wahrheitssuchers», zwei Wochen später zeigte er mit ein paar Zeilen ein Buch mit Gesprächen zwischen Joseph Kardinal Ratzinger und Peter Seewald an – und musste immerhin feststellen, dass der grosse Konservative «die Präsenz eines aufmerksamen, wenn auch nicht lückenlos informierten, eines nachdenklichen und zu Wiedererwägungen bereit scheinenden Geists auf suggestive Weise» spüren lasse (15. Februar). Zwei Monate später, am 16. April, erschien dann aus Anlass von Ratzingers 70. Geburtstag ein Text, der erkennen liess, dass Helbling sowohl mit dem Mann wie mit seiner Politik tief vertraut war. «Zwanzig Jahre nachdem er als junger Gelehrter in der ‹Anima›, dem deutschen Zentrum hinter der Piazza Navona, das Konzilsgeschehen verfolgt und ein Stück weit beeinflusst hatte, zog er in den Palazzo zuseiten des Petersdoms ein. Äusserlich unverändert bis auf das frühzeitig weiss gewordene Haar, unverändert in seiner auffälligsten Eigenschaft: ein

Thema in freier Rede, über die Zuhörer hin und her blickend, entfalten zu können, konzentriert und weltabgewandt und mit einer sprachlichen Sicherheit, von der man zu spüren meint, dass sie in unzerstörbaren Überzeugungen wurzle.» Hätte Helbling da noch Hoffnungen gehegt, dass dereinst das Amt Petri in solchen Händen doch auch das Denken der Toleranz berücksichtigt hätte, so wäre bald danach immer mehr Skepsis aufgekommen. Er starb nur ein wenig zu früh, als dass er die Krönung des Aufstiegs des Sohns eines bayrischen Gendarmen ins höchste Amt der Christenheit hätte erleben und kommentieren können.

Anderes Terrain war mit einer Rezension von Texten Thomas Hürlimanns zu vermessen. Dessen Band mit «Geschichten und Gedanken am Rand», erschienen im Zürcher Ammann-Verlag, trug den Titel *Holztheater,* wovon sich Helbling nicht ablenken liess. Das Urteil fiel – selbst für Hannos Verhältnisse – vernichtend aus. «Kleine Prosa: darunter könnte man sich sprachliche Kostbarkeiten vorstellen. Aber Hürlimann schreibt keine Kostbarkeiten, sondern Zeitungsdeutsch. In seinen philosophischen, geistesgeschichtlichen Exkursen weist er sich über eine solide Gymnasialbildung aus, sein Stil hingegen verrät keine höhere Schulung, verleugnet gelegentlich auch die grammatikalischen Kenntnisse, deren der Schriftsteller vielleicht überdrüssig ist, so gut wie manch ‹guter Literatur›: worauf es ihm ankommt, ist oder wäre das rechte Wort zu beträchtlichen Zeitproblemen, und wie das Wort lauten sollte, ergibt sich aus Worten, die ja auch er schon kennt, denn er ist ein eifriger Leser seit eben der Gymnasialzeit, aus der wohl sein Sinn für das Ernsthafte wie auch für das Spasshafte stammt.» (13. März) – Das war nicht nur gegen die Sache, sondern auch «ad hominem» gesprochen und verriet vonseiten des Angreifers einen Ausflug in die Alterswildheit, der, berechtigt oder auch etwas weniger, für den insgesamt so gemässigten Ton des Feuilletons der NZZ mindestens ungewöhnlich war.

Eberhard Korrodi, ein Literaturpapst der Schweiz für die Schweiz, unangefochten in dieser Position seit dem Ersten Weltkrieg bis zu seinem Rücktritt im Jahr 1950, verkörperte damals in der NZZ den launischen Boten, der gab oder nahm, wie es ihm gefiel. Sein Nachfolger Werner Weber, der das Handwerk des Kritikers auf soliderer Basis präsentierte, blieb insgesamt ein vornehmer Vermittler und Friedensstifter, der förderte und forderte. Beatrice von Matt, die schon als freie Mitarbeiterin viel Kompetenz und Verständnis für die Schweizer Literatur gezeigt hatte, wurde im Status der Redaktorin zu deren Mutter: im besten Sinn der Aufgabe, welche für sie auch darin bestehen sollte, das heimische Schrifttum in der und für die Gesellschaft zu verorten – ohne Dichtung kein allgemeines Bewusstsein. Hanno Helbling kam von aussen her, rezensierte eher sporadisch (Ausnahmen: Dürrenmatt, Frisch, Christa Wolf), fand manches gut und vieles weniger und sagte es so, wie es für ihn wahr war, ohne dass er den Therapeuten hätte geben wollen oder den Pädagogen für Minderheiten. Damit blieb er, der stolze Einzelgänger, der Szene und ihren Aufgeregtheiten fern; es war ihm mehr als recht.[49] Der einzige Schweizer unter den Zeitgenossen, den er durchgehend achtete und lobte, war Kuno Raeber, ein Mitglied der Gruppe 47, Lyriker, Romancier, Essayist und Kritiker, ein echter, schwer berechenbarer Einzelgänger, ideenstark und poetisch, historisch gebildet, theologisch versiert, immer wieder dem antiken Rom zugeneigt, 1992 in Basel verstorben. Aber auch in dieser Begeisterung und Begeistertheit für Raeber blieb Hanno ein wenig allein.

Kirchliche Themen – in historischer wie in gesellschaftspolitischer Perspektive – gehörten weiterhin zum Alltagsgeschäft, ohne dass Helbling nun, nach mehr als dreissig Jahren im «Amt» des Berichterstatters und Kommentators, darüber nachlässig geworden wäre. Er wusste, dass er von diesem Papst, der bei immer fragilerer Gesundheit einen missionarischen Lebenswillen bewies, nicht mehr Neues zu erwarten hatte. Im Juni berichtete er von Spekulationen über mögliche Nachfolger und erwähnte als gut informierten Gewährsmann den für den *Corriere della Sera* und *La Repubblica* tätigen Journalisten Giancarlo Zizola. Selber war er der Meinung, dass es – jedenfalls für die Kurie als Leitung der römischen Kirche, also der Ortskirche – am besten wäre, wenn wieder ein Italiener den Stuhl besetzte; aus dem nachvollziehbaren Grund, weil die Internationalisierung des katholischen Kirchenregiments dessen Reformen gerade nicht fördere. Helbling hatte Wojtyla vor Augen. Schon am 15. März war ein längeres Stück erschienen, das härter zu einer anderen Sache ging; nämlich unter dem Titel «Gibt es eine kollektive Unschuld?».

Über die Jahrzehnte hinweg hatte sich auch und gerade der Vatikan schwer damit getan, die Juden – als solche und generell – aus der Kollektivschuld an der Tötung des Erlösers zu entlassen. Hier stellte Helbling die Sache einmal vom Kopf auf die Füsse. In einem einzigen dichten Absatz sagte er mehr zu der Causa, als es die christliche Orthodoxie auch nur zu denken gewagt hätte. «Denn ihre behauptete Schuld hat die Juden durch die Geschichte begleitet, als erste Kollektivschuld und als die erste Schuld, die niemals verjähren, die ein gläubiger Christ nie vergessen oder vergeben durfte. Einmal im Jahr wurde ‹für› die Juden gebetet und so die Erinnerung wach gehalten an ihre Untat. Als dieses Gebet aber endlich abgeschafft wurde, geschah dies nicht so sehr dank der um neunzehn Jahrhunderte verspäteten Einsicht in die Vernunftswidrigkeit einer jüdischen Kollektivschuld als vielmehr dank der Erkenntnis, dass die christliche Welt sich schuldig gemacht hatte an den Juden; schuldig an ihrer moralischen Verfemung, ihrer zivilen Ausgrenzung – mitschuldig am Holocaust. *Da* hätte man von Kollektivschuld sprechen können; man könnte es heute noch, es sei denn, der letzte christliche Judenfeind wäre gestern gestorben.»

Im Oktober ging Hanno auf die Erdbebenkatastrophe in Umbrien ein, ebenfalls in diesem Monat rezensierte er den ersten Band der monumentalen Biografie über Bismarck von Otto Pflanze. Dabei stellte sich ein Lerneffekt ein, dem schon mit dem Essay über Weltgefühl und Geschichtsbild nach 1945 vom Mai 1996 günstiger Boden bereitet worden war. Damals hatte sich Helbling mit ein paar ironischen Strichen von seinem Doktorvater Leonhard von Muralt distanziert, wo dieser nach dem Krieg weiterhin als Verehrer und nun auch als Verteidiger Bismarcks aufgetreten war. Zur weiteren Wahrheit wiederum gehörte, dass Hanno seit den Lehrjahren bei von Muralt noch lange und ebenfalls vorsichtig anerkennend über Bismarck geschrieben, ja 1976 im Zürcher Manesse-Verlag sogar eine Anthologie aus seinen Schriften, Briefen, Reden und Gesprächen zusammengestellt und kommentiert hatte. Jetzt, in der Besprechung des ersten Bands der Pflanze-Biografie, konnte man schon im Stil den Ton des Argwohns gegenüber Bismarcks Leistungen hören, und das Wort vom Untertanenstaat verband sich ebenfalls nicht mit irgendwelcher Begeisterung. Kam hinzu, dass der Rezensent den Biografen ausdrücklich als «wahren Meister seiner Wissenschaft» bezeichnete – was, wie so oft für Helblings Prosa, zugleich eine Anspielung über die Bande sein sollte, dass es auch andere gebe oder gegeben habe, die diesen Orden nicht (mehr) verdienten.

Die definitive Erleuchtung kam im nächsten Jahr; nachdem auch der zweite – lebens- wie wirkungsmässig entscheidendere – Band erschienen war. Am 31. Juli 1998 schrieb Hanno unter dem Titel «Endspiel einer Erneuerung» über «Bismarcks Scheitern in Otto Pflanzes Darstellung» und sprach in diesem Zusammenhang von einer «vollständigen Entmythologisierung» des mächtigen Manns. Zu loben waren zwar immer noch Bismarcks Sprache und Stil – «eine Aufhellung und nicht mehr» –, doch das Fazit musste lauten: «Es bleibt auf dieses Buch hin nicht mehr viel zu sagen.» – Ob das nun alles im letzten Verstand gerecht war oder nicht, historisch-hermeneutisch endgültig oder auch weniger: Das war kaum so entscheidend. Mit seinem Schlussstrich aus zweiter Hand hatte sich Helbling von einer wichtigen Figur der Geschichte so verabschiedet, dass auch ein wichtiges Kapitel seiner eigenen historiografischen Interessen geschlossen worden war. Eine weitere «Entmythologisierung» – weniger dramatisch, weniger aufs Ganze zielend – sollte noch folgen.

Davon konnte der Betroffene – Jacob Burckhardt – auch im Grab noch nichts ahnen, als Helbling am 23. Dezember 1997 einen «Römischen Rundgang» mit Burckhardts berühmtem Kunst- und Reiseführer durch Italien *Der Cicerone* (für Eingeweihte umgangssprachlich: «Tschitsch») unternahm. Bereits am 6. August, mitten im Hitzesommer der Ewigen Stadt, hatte er ein wunderbares Augenstück des Titels «Die tiefen Häuser» verfasst, das dazu einlud, in die Seitengassen und Hinterhöfe der tief nach hinten versetzten römischen Häuser einzutauchen. Jetzt ging es doch etwas ernsthafter weiter, indem Hanno aus dem «Cicerone» zitierte, Burckhardts Wahrnehmungen mit seinen eigenen verglich, ergänzte oder korrigierte, das antike und das barocke Rom in- und gegeneinander wog – «[...] aus unzähligen Kirchenfassaden und Palästen tönt ein versteckter Nachklang vom Kolosseum». (Burckhardt) – und darüber, wer konnte es ihm verargen, von elegischen Meditationen nicht frei blieb. Er zitierte abschliessend nicht aus dem «Tschitsch», sondern aus einem Brief an Max Alioth vom 16. April 1875, wo Burckhardt auch auf die Landschaft von und um Rom zu sprechen kam. «Mit dieser uralten Person» sollte man einmal «ein ernsthaftes Wort darüber reden, was sie eigentlich für ein Privilegium hat, den Menschen zeitweise auf das Höchste aufzuregen und dann in Wehmut und Einsamkeit stehen zu lassen.» – Danach setzte Helbling nur noch einen kurzen eigenen Satz: «Dem ist, mit oder ohne Tschitsch, weiterhin nachzufragen.»

1997: Den originellsten, zugleich einen reichlich kryptischen Text schrieb Hanno am 19. Juli: «Stummes Erinnern – schweigende Vergangenheit». Eine kunstvolle Reflexion über Dinge, Begebenheiten, Lebewesen, die aus vielerlei Gründen nicht zur Sprache finden; oder erst dergestalt, dass wir, die Menschen, sie «lesen», interpretieren und in Ordnungen einzurücken versuchen. Da fand sich also beispielsweise eine Erinnerung ein, die mit einem sprechenden Zitat den Zürcher Mediävisten Hans Conrad Peyer zurückrief: «Hans Conrad Peyer hat einmal erklärt, die Historiker seien die Veterinärmediziner unter den Geisteswissenschaften. Was er damit meinte, ist eines; was man damit *auch* meinen könnte, ist dies: der Veterinär hat es mit Patienten zu tun, die nicht sagen können, was ihnen fehlt; er ist auf Zeichen angewiesen, oft auf undeutliche. Der Historiker ebenso.» – So ging es also in diesem Artikel kreuz und quer über Stummheit und Erinnern, über Geschichtsschreibung und ihren Kampf gegen Vor-Urteile und Klischees, über die Erforschung des Planeten sogar, um auch dessen Geschichte zu rekonstruieren, und noch um weiteres mehr. Aber – hier kombiniere ich meinerseits aus Elementen des Verdachts – veranlasst hatte diesen Text: ein Hund.

Ein Hund, ein Findling, aus dem Tierheim, dessen sich Hanno und Christina erbarmt hatten, den sie angemessenerweise Trovatello tauften, und der nach vermutlich schwieriger Vergangenheit in schwierigen Verhältnissen nun noch zwar misstrauisch, aber zugleich dankbar war und sich Mühe geben würde, in und mit der neuen Familie aufzuleben, ein Hund, der wusste oder auch nicht, dass die Eltern versuchten, zu lesen, was er dachte, was sie immer wieder vor beträchtliche Herausforderungen stellte, die unter anderem damit kompensiert wurden, dass Hanno auch über den Hund nachdachte, während er über ihn schrieb, aber eben so, dass das Ganze einen philosophischen Anspruch vorschieben konnte, immerhin konnte der Leser auch registrieren, dass ein Hund – Trovatello – durchaus Angst davor haben konnte, dass ihn die Seinen plötzlich aus irgendeinem schlimmen und jedenfalls niemals zu rechtfertigenden Grunde verlassen könnten. Schwarz auf weiss stand zum Beispiel wenigstens dies: «Rückwärts gelesen, eine kurze Geschichte: draussen bei Grottaferrata ist eines der Heime für Hunde von Entlaufenen. Dorthin bringt ihn eine Studentin, die ihn mit einem gebrochenen Vorderlauf in der Nähe der Universität gefunden hat; den Lauf hat sie richten lassen, behalten konnte sie den trovatello nicht.» – Fortan hatte Hanno einen Kompagnon, die beiden führten sich gegenseitig aus, was in der geradezu hysterisch motorisierten Stadt Rom nicht immer bequem war, aber – wir meinen es hier ohne jede Ironie – die Seele wärmend und den Geist erregend. Hanno selber sah es so, schon in dem Text, mit einem letzten kurzen Absatz, der sich charmant vor der Notwendigkeit der Berührung mit dem grossen Anderen verbeugte. «Ohne die fühlbare Gegenwart des Unergründlichen geht es nicht. Statt sich ans Internet anzuschliessen, besorge man sich einen Hund.» Eine «theologische» Kehre, die wenigstens für die vorgeschlagene Alternative noch im Rahmen des Mysteriums alles von Gott lebendig Geschaffenen verblieb.

## Öffnung eines Verliesses

Historische, theologische und kirchenpolitische Traktanden dominierten die ersten Monate des Jahres 1998. Den Auftakt bildete ein Gedenkblatt vom 13. Januar. Genau hundert Jahre waren vergangen, seit Emile Zola seinen Artikel «J'accuse» publiziert und damit der Affäre Dreyfus die entscheidende Wende verliehen hatte. Zwei Tage später schon folgte ein weiterer Gedenktag, der 80. Geburtstag des Schweizer Historikers Herbert Lüthy, eines kreativ eigenwilligen Gelehrten, den es rechtens zu bewundern und zu feiern galt. Am 23. Januar konnte Helbling eine überraschende Neuigkeit melden: die (Teil-)Öffnung des Archivs des Sanctum Officium, das auch über viele hundert Jahre für den «Index librorum prohibitorum» verantwortlich gezeichnet hatte. Von nun an konnte – unter bestimmten Voraussetzungen – Einblick in diese Zentrale von Ächtung und Zensur genommen werden, in die Unterlagen und Gutachten, in die Bibliothek der verbotenen Bücher, die Regale der Expertisen im Dienst der Heiligen Inquisition und manches Beklemmende mehr; in den nächsten Jahren würden weitere Abteilungen oder Bereiche zugänglich werden.

So gewann Helbling auch als Historiker neue Erkenntnisse für das Verhältnis der Kirche zu ihren Herausforderern im Fortgang einer langen und düsteren Geschichte. Es fügte sich, dass der bedeutende deutsche Historiker Reinhart Koselleck im Februar nach Rom gekommen war, um am Deutschen Historischen Institut einen Vortrag zu halten. Damals beschäftigte sich Koselleck intensiv mit Kult und Kultur der Denkmäler, und so sprach er auch zum Thema «Lässt sich das Reiterdenkmal demokratisieren?». Hanno schloss eigene Reflexionen an, erinnerte für die historischen Denkmäler an die Wandlung vom Sujet des Helden zu jenem der Opfer, von der Präsenz der Sieger zu jener der Gefallenen mit den in den Stein gehauenen oder in Bronze aufgeprägten Namenslisten, bis hin zum Grabmal des Unbekannten Soldaten und schliesslich zu den Gedenkstätten für die anonym gewordenen Toten, deren Symbolkraft auf Schrecken und Auslöschung ohne detaillierte Hinweise auf jeweilige Individualitäten verweisen muss: also auch eine Art von «Demokratisierung», deren Zug ins Abstrakte kennzeichnend wurde für das totalitäre 20. Jahrhundert.

Ein andere Untat, die als solche zunächst noch nicht in vollem Ausmass erkannt wurde, hatte schon im März 1995 Schlagzeilen gemacht und in der Folge über mehrere Jahre tiefe Verunsicherung unter den Katholiken insbesondere Österreichs gezeitigt. Dem damaligen Kardinal von Wien und Vorsitzenden der Österreichischen Bischofskonferenz, Hans Hermann Groër, wurde sexueller Missbrauch von Jugendlichen zur Zeit seines einstigen Waltens im Knabenseminar Hollabrunn vorgeworfen. Im Februar 1998 ernannte der Papst Christoph Schönborn zu Groërs Nachfolger in der Funktion des Kardinals von Wien, der nun auch dazu bestimmt sein sollte, die Wogen der Unzufriedenheit, ja der Empörung zu glätten. Im Juni besuchte Johannes Paul II. Österreich, wo er sich von Schönborn die Mahnworte anhören musste, dass es manche Gläubige gebe, die «das Vertrauen in den Papst und die Bischöfe verloren haben». – Ein mutiges Wort. Vor allem aber das Zeichen für einen noch nie dagewesenen Vertrauensschwund, der bald durch weitere, grössere Skandale wie jenen in Boston und Umgebung neue Nahrung erhalten sollte. Aber auch eine weitere Hypothek für das Ansehen und die Geltung der katholischen Kirche im Zeitalter fortlaufender Säkularisierung – sodass Helbling in einem Kommentar vom 23. Juni unter dem Titel «Wiener Stunde der Offenheit für den Papst» so zusammenfassen konnte: «Die eigentliche Krise besteht darin, dass die Katholiken und die Christen insgesamt, solange sie sich noch als solche fühlen, ihre eigene Orientierung entwickeln müssen in einem Zusammenspiel der kirchlichen Dienste und Ämter, dessen Regeln noch nicht gefunden und schwer zu finden sind, solange das oberste Lehramt nicht sieht, dass man sie suchen muss. Man darf sich von der Schockwirkung der offenen Worte Kardinal Schönborns für jetzt nicht mehr viel versprechen; aber was gesagt ist, ist gesagt.»

Oder mit Blick auf Helblings Anspielung «Roma locuta, causa finita»: Die Autorität des Vatikans, die den Gläubigen trotz allem noch die Direktiven und die Verbindlichkeiten hätte vorsagen wollen, war schwer ins Wanken gekommen – so sehr, dass jedenfalls unser Kommentator der noch bestehenden Christenheit die Aufgabe anempfehlen durfte, deshalb besser einen eigenen Kompass zu finden. – Damit klang dieser Vorschlag, wenn man wollte, wie eine geradezu «protestantische» Drehung für den Glaubensraum der «una sancta», dass sich am Ende nämlich jeder auf sich selbst in seinem Verhältnis zu Gott besinnen möge; ein vielleicht befreiender und gleichzeitig «häretischer» Schritt seitwärts: Wozu sich bestens fügte, dass zur selben Zeit auch wieder das alte und ehrwürdige Thema der Rechtfertigungslehre eine gewisse Schubkraft erhielt.

Was war damit gemeint? Bereits im Mai 1997 hatte die *Herder-Korrespondenz* den Entwurf einer lutherisch-katholischen Erklärung publiziert, die vom Päpstlichen Rat für die Förderung der Einheit der Christen einerseits, vom Lutherischen Weltbund anderseits erarbeitet worden war. Es ging, vereinfacht gesagt, darum, eine *ökumenische* Basis für das Verständnis und die Geltung der biblischen Rechtfertigungsbotschaft zu finden. So sollte das von Luther mit Berufung auf das Evangelium und auf Paulus gegen die katholische Kirche und ihre Ablasspraktiken wieder starkgemachte Prinzip des «sola gratia», «sola fide» – nicht durch sein Tun, nicht durch kirchliche Absolution, allein aus Gnade und allein aus Glaube sei der Mensch erlösungsfähig – eine die beiden Konfessionen übergreifende Verbindlichkeit erhalten. Für diesen Vorschlag hatte sich Helbling damals seinerseits starkgemacht, und er konnte das Thema im Juni 1998 wieder aufnehmen, weil es inzwischen eine – allerdings kritische – Fortsetzung erfahren hatte. Die Glaubenskongregation hatte insofern auf katholischer Seite Einfluss genommen, als die Erklärung bereits wieder auch die Differenzen zwischen den Kirchen hervorhob. Natürlich; hier ging es, bei Lichte besehen, elementar auch deshalb um die Deutungshoheit, weil die katholische Kirche seit dem Tridentinum ihre Kompetenzen in Sachen Erlösung und Heil nochmals machtvoll vorgewiesen hatte, auf dass kein wahrer Gläubiger daran irre werden möge, wo und durch wen er von seinen Sünden befreit werden könne.

Überhaupt zeigte der Papst mit einer dichten Folge von Lehrbriefen, dass er einen dogmatisch-disziplinären Sollzustand «seiner» Kirche festzuschreiben versuchte, für den solche und ähnliche Themen kaum willkommen sein durften. Am 7. Juli 1998 berichtete Hanno über ein apostolisches Schreiben, das der Verweltlichung des Sonntags entgegenwirken sollte. Am 25. Juli trat er auf einen Aufsatz des protestantischen Theologen Eberhard Jüngel ein, der in der NZZ vom 13. Juli unter der Überschrift «Glauben heisst Vertrauen» eine dichte Darstellung der Rechtfertigungslehre geliefert hatte. Fazit: Die von Exponenten der Ökumene mal stärker, mal schwächer beschworene «Einheit der Kirchen» würde noch lange auf sich warten lassen, doch vielleicht möge es besser sein, dass die Differenzen – gerade mit Blick auf das «sola gratia»-Prinzip – wieder klarer hervorträten. Für die Kurie schien das Traktandum wohl ohnehin erledigt.[50]

In andere Richtung führten Artikel zur Millenniumshektik der Restauratoren, die sich nun daran machten, die Aussenreinigung der Monumente Roms auf ein strahlendes Weiss hin zu programmieren, eine Tagung am Deutschen Historischen Institut zu deutschen Italienbildern oder ein veritabler «Spitalskandal». Schreckliches hatte sich in der römischen Universitätsklinik, einem Mammutspital mit weit über 2000 Betten und annähernd 4000 Angestellten, zugetragen. Es herrschten offenbar in Sachen Hygiene unvorstellbare Zustände, worauf eine Untersuchung durch die Carabinieri und gerichtliche Aufsicht angeordnet worden waren – «nachdem im April vier Patienten der ophthalmologischen Abteilung erblindet waren und der seither bestätigte Verdacht aufkam, dass man sie nicht mit korrekt gereinigten Instrumenten operiert hatte». – Hanno selber war dort schon leidend gewesen, und aus eigener Anschauung kam eine Summa, die von geradezu apokalyptischen Einblicken getragen war. «Wer sich selbst einmal in die römische Poliklinik verirrt hat, steht unter dem Eindruck einer bürokratischen Menschenverachtung, wie sie bei öffentlichen Diensten in Rom auch sonst zu beobachten, in einem Spital aber besonders abstossend ist. Wer sich wirklich nur ‹verirrt› hat, kann weggehen, oder auch braucht nicht wiederzukommen. Aber die Patienten, mit denen hier gerechnet wird, bringen ihre jeweils fünf Stunden in einer Zwischendeck-Atmosphäre zu, um sich ihren Verband wechseln oder einen Zahn ziehen zu lassen. Sie haben keine andere Wahl, und sie werden entsprechend behandelt. Die ‹Schlamperei› ist das Resultat, nicht die Ursache eines Zustands, den auch ein Generalbevollmächtigter nicht beseitigen kann.» – Bella Italia.

Am 29. Juni schrieb Helbling zum 200. Geburtstag Leopardis und pries «die Reinheit und Ausschliesslichkeit seines Tuns», was dazu führte, dass der grosse Dichter auch eine lyrische Sprache hervorgebildet habe, die als massgeblich gelten müsse. Sein Leben aber? Ein trauriges, gebunden – so die schöne Formulierung – an das «Schicksal des Schwindens der Hoffnung und deren Fortleben im Erinnern». – Weniger Erhabenes war anlässlich einer neuen Publikation Adolf Muschgs *(O mein Heimatland!)* zu verzeichnen. Das Buch der «150 Versuche mit dem berühmten Schweizer Echo» bot dem Rezensenten Anlass, auch wieder einen Seitenblick auf Frisch zu tun und die beiden miteinander zu vergleichen. «Frisch ist nicht selten von einer Selbstbeobachtung, genauer, von einer selbstquälerischen Beobachtung ausgegangen, um dann für den ungünstigen Eindruck, den seine Person da erwecken sollte, ziemlich rasch die Gesellschaft verantwortlich zu machen. Selbstkritik an den anderen. Dieses Den-Spiess-Umkehren war bei ihm eine Grundfigur. Muschg dagegen verifiziert seine besorgniserregenden Diagnosen, oder die Anamnese, die Krankheitsgeschichte der Gesellschaft, am eigenen sozialen Hintergrund, an den Lebensbedingungen, die ihm gestellt wurden, und vor allem an den Bedingtheiten seiner Auseinandersetzung mit ihnen.»

Die Frage, warum Helbling im Verlauf der Jahrzehnte nicht auch ein eigenständiges Buch über zeitgenössische Schweizer Literatur in ihren bedeutsamsten Verkörperungen vorlegte, hätte ihre Antwort darin gefunden: dass ihm diese Literatur in ihrer nicht selten etwas inszenierten Selbstreflexion einfach zu wenig wichtig und gewichtig war – ein häufig mühsames Kreisen vor Ort mitsamt den eingeübten und wiederkehrenden Ritualen erfolgreichen Verdrusses an der Gesellschaft. – Zur Gesellschaft der Schweiz hingegen war ein klug aufgeklärter Essay des Titels «Es gibt auch anständige Juden» gesprochen, der den «selbstverständlichen» Antisemitismus «unserer Ahnen» reflektierte und dabei anschaulich in die Verhaltensmuster und Redeformen von damals eintauchte; ein trauriges Kapitel, immer noch mit einer gewissen Langzeitwirkung. – Im Herbst machte sich Italien wieder einmal Gedanken über die Geschichte der Judenverfolgung im eigenen Land, ohne dass dadurch viel Bewusstseinserweiterung erreicht worden wäre. Das Jahr 1998 ging zu Ende mit Rezensionen und Berichten, etwa zu Karlheinz Stierles grosser Petrarca-Monografie, zu Viktor von Bonstetten und seinem Kreis und zu einer missratenen Geschichte des Zürcher Schauspielhauses.

## Harold Nicolson vor dem Fernseher

Mit Vorblick auf die Jahrtausendwende hatten wir für 1999 beschlossen, eine Serie mit kurzen Essays zu starten, die unter der thematischen Klammer «Jahrhunderttage» laufen sollten: Wichtige, bedeutsame, sprechende oder auch anderswie auffällige «Tage» über die Länge des 20. Jahrhunderts hinweg sollten aus interessanter Perspektive wiederkehren, wozu vor allem zählte, dass denk- und schreibkräftige Mitarbeiter gefragt waren. Da kam Hanno Helbling wie gerufen. Er war alt genug, eine grössere Spanne des Säkulums aus eigener Anschauung und Betroffenheit erlebt zu haben, und er blieb jung genug, die ausgewählten Daten mit Spannung und Tiefe zu versehen. Nach freier Wahl kamen so zusammen: der 25. Juli 1968, nämlich der Tag der Veröffentlichung der Enzyklika *Humanae Vitae;* der 3. April 1947, nämlich der Tag, an welchem Thomas Mann in der Zürcher Tonhalle den Festvortrag zur Eröffnung des Internationalen Pen-Kongresses hielt; und der 4. Februar 1939, nämlich der Tag, an dem Harold Nicolson, wie er dann sofort in seinem Tagebuch vermerkte, zum ersten Mal vor einem Bildschirm sass, der zu einem Gerät des Namens Fernseher gehörte.

So verschieden diese Tage mit ihrer Botschaft, so wirkungsreich zugleich das, was sich aus ihnen ableiten liess. Die von Paul VI. in die Welt gesetzte Enzyklika *Humanae Vitae* stellte klar, dass «künstliche» Geburtenkontrolle für gläubige Katholiken – und eigentlich für die Christenheit, ja die Menschheit insgesamt – nicht infrage kommen konnte. Damit öffnete sich ein folgenreicher Konflikt zwischen dem Lehramt der Kirche einerseits, dem Gewissen des Individuums anderseits, der zu einem bestimmenden Faktor für die Schwächung der Autorität der «una sancta» wurde. Hanno hatte diese Enzyklika schon bei ihrem Erscheinen analysiert und in ihrer Bedeutung erkannt. –

Er war aber auch – als 17-Jähriger und mit einiger Merkkraft – dabei, als Thomas Mann in Zürich vor grossem, internationalem Publikum sprach: natürlich über die Gräuel, die der Nationalsozialismus und der Zweite Weltkrieg über die Menschen gebracht hatten, aber vor allem über Friedrich Nietzsche, den er, der grosse und zugleich kritische Nietzsche-Kenner und Bewunderer, «im Lichte unserer Erfahrung» insofern wieder ins Recht setzte, als dessen Philosophie nicht einfach als geistig-emotionales Grundlagenwerk für die Ideologie des braunen Regimes verantwortlich gemacht werden könne. Deshalb konnte Helbling für diesen Auftritt auch von «einer Stunde der Restauration» schreiben. – Und schliesslich das Fernsehen. Hier manifestierte sich – für Nicolson, auch für andere hellsichtige Beobachter – bereits ein Paradigmenwechsel nicht nur im Bereich der Medien, sondern, weit darüber hinaus, für unsere Weltwahrnehmung durch die von nun an häufig in Echtzeit vermittelten bewegten Bilder: Man war dabei oder wähnte, dabei zu sein, und blieb doch für die allermeisten Ereignisse der nicht selten verwunderte, ja hilflose Zaungast.

Andere Projekte des Jahres 1999 galten Rezensionen mehr oder weniger bedeutsamen Schrifttums, so etwa Golo Manns aus der Erinnerung destillierten Fragmenten des Titels *Lehrjahre in Frankreich* oder Thomas Manns Briefwechsel mit Hermann Hesse. Im April konnte «Der Fall Dino Campana» registriert werden, der in Italien deshalb Aufsehen erregte, weil sich neue Legenden um den genialen, doch auch dem Irrsinn nahen Lyriker rankten. Schon vier Jahre zuvor, 1995, war in der Edition Akzente des Münchner Hanser-Verlags Helblings Übersetzung des Gedichtzyklus *Canti Orfici* (1914) erschienen, den der Dichter damals kurioserweise Wilhelm II., «dem Kaiser der Germanen», gewidmet hatte. Widerwillig nahm Helbling am 13. April ein Buch von Christian Graf von Krockow über Winston Churchill zur Kenntnis, das, wenn man die Rezension genau las, nur die Qualifikation «dumm» verdienen konnte. Auch Hans Magnus Enzensbergers lyrische Allusionen des Titels *Geisterstimmen* fanden wenig Gegenliebe (7. Oktober). Da blieb Benjamin Constant ein sicherer Wert. Helbling verzeichnete mit der Seriosität eines Treuhänders weitere Bände der endlos anmutenden *Œuvres complètes*. Den substanziellsten Beitrag verfasste Hanno aber mit einem ausgreifenden Essay vom 21. August, der die Überschrift «Das Grosse Jubiläum» trug und «Heilstheologie und Heilstechnologie des Heiligen Jahrs» in und für Rom mit Blick auf das Millennium thematisierte.

Man konnte dort allerdings auch über Schriftsteller, Philosophen und Theologen quer durch die Jahrhunderte lesen, allesamt Denker, welche die kategorialen Wirklichkeiten Zeit und Geschichte in- und gegeneinander verschränkten – von William Blake («Die Zeit ist die Barmherzigkeit der Ewigkeit.») über Joachim von Fiore und Dante bis zu den Päpsten und zu Johannes Paul II. Niemand freilich, so Hanno, verspüre heute noch – wie anders besonders prominent um das Jahr 1000 nach Christus – die Angst, dass die Welt mit einem bestimmten Datum zusammenstürze und untergehe (um hoffentlich in neuer Ewigkeit wieder Auferstehung zu erleben); Rom rüste sich – zeitgemäss modern – mit allerlei Übungen technischer und spiritueller Faktur für das Millennium, wozu durchaus sinnvoll auch gehöre, dass die Gläubigen dazu angehalten würden, einen Tag der Nüchternheit und der Stille vor Gott zu gestalten. Also ein «typischer Helbling», wenn man so wollte, der den Zug ins Weite und in die Geschichtsphilosophie wieder aufs Praktische, wie es in Rom ausgeschildert wurde, zusammenzog und den Essay mit einem tiefen und hintersinnig ironischen Wort der Heiligen Katharina von Siena beschloss: «Wartet nicht auf die Zeit, denn die Zeit wartet nicht.»

Damit waren aber indirekt auch zwei Arbeiten anvisiert, die über die Berichterstattung für die NZZ hinausweisen konnten. Schon im Dezember 1998 – man wollte hier wirklich auf keinen Fall zu spät kommen – präsentierte die Zürcher Vontobel-Stiftung in ihrer Schriftenreihe Helblings Essay *Jahrtausendwende,* der das Jubiläum in dreizehn kürzeren Kapiteln aus historischer und theologisch-philosophischer Perspektive aufrollte und vermass. Auch da konnte Hanno wieder von seinen intimen Beziehungen zu Geschichte und Geschichtsdenken des Mittelalters profitieren. Der Text las sich recht flüssig und war doch so anspruchsvoll, wie es von der Redaktion der Reihe erwartet worden war. – Zweitens erschien im Jahr 2000 im Münchner Verlag C. H. Beck dann die Schrift *Katharina von Siena.*

*Mystik und Politik.* Auf eine Einleitung, die den Ort der Existenz und des Denkens dieser eminenten Dominikanerin, verstorben Anno 1380 zu Rom, umriss, folgte eine Auswahl ihrer wichtigsten Briefe an die damalige Welt, die Hanno wie immer mit Sachverstand aus dem Italienischen übersetzt hatte.

Dieses Unterfangen brachte Helbling ebenfalls wieder zurück in die Geschichte: in die Epoche Italiens zwischen Spätmittelalter und Renaissance, die mit dem Wirken Katharinas besondere Akzente erhalten hatte. Die fromme Sieneserin, aufgewachsen in einfachen Verhältnissen und schon im Alter von 33 Jahren verstorben, schöpfte aus ihrer Begeisterung für die Sache Christi, die sie ständig vor Augen hatte, und aus einem Wissen, das sie in Begegnungen und Gesprächen mit ihren Bewunderern und Gönnern erwarb. Sie war keine Gelehrte, konnte zwar lesen, aber kaum schreiben, erschien jedoch vielen gerade dadurch als eine von Gott gesandte Frau, deren Charisma auch höchste Amtsträger erreichte. Ihre Briefe – von denen etwa 380 überliefert sind – waren das Medium, ihre Sprache, eine Mixtur aus inständigen Beschwörungen und klaren Direktiven, sorgte für Gehör weit über klösterliche Frömmigkeit hinaus. Katharina trat ein für die Einigung Italiens, für die Rückkehr des Papsts von Avignon nach Rom und für einen neuen Kreuzzug, was sie auch damit legitimierte, dass sie ihre innerste Berufung ausspielte: Schon als Kind hatte sie Visionen, später entwickelte sie eine mit vielen mystischen Erlebnissen unterlegte Christologie, und zusammen mit ihrem Lehrer und Gefolgsmann Raimund von Capua adressierte sie die christliche Welt, Busse zu tun, im Frieden zu leben und den Glauben nach innen und nach aussen zu verteidigen und zu stärken, woraus sie auch politische Anweisungen ableiten musste.

Es war gewiss nicht ausschliesslich historisches Interesse an einer einflussreichen Frau in einer bewegten Zeit, das Helbling auf diese Fährte gebracht hatte. Es war auch nicht der Sport des Übersetzers, der hier eine schwierige und umso spannendere Vorlage entdeckt hatte. Es war vermutlich die besondere Melange von geschichtlicher Geladenheit, theologischem Auftrag und spiritueller Versenkung, die damals in einer einzigen Person so kristallisierte, dass Zeit und Ewigkeit, die Not der Realität und die Hoffnung auf Gnade und Erlösung zusammenfanden. Mit diesem schmalen Buch schrieb Hanno nicht einfach ein Stück Rezeptionsschicksal; er war selber – wenngleich auf schwer ergründbare Art – geistig und emotional involviert.

Am 12. Oktober 1999 rezensierte er Ekkehard Eickhoffs grosse Monografie über Kaiser Otto III. Auch dies wieder ein Ausflug in die Historie, diesmal zurück in die Jahrtausendwende. Aber die Pointe lag anderswo. Es ging in dem Buch ja auch um den Einfluss, das Erbe, das Fortwirken grosser Figuren; also auch um Grundsatzfragen der Geschichtsschreibung im Wechsel zwischen Kontinuitäten und Brüchen. Daraus entwickelte Helbling einen kurzen Kommentar: «Der Blick geht von Otto III. zurück auf Karl den Grossen, auf Konstantin, und voraus, wenn man wollte, auf Friedrich II., auf Karl V.: lauter Reichsbaumeister, deren Werk in der einen oder anderen Weise wieder verging; worauf sie von den Liebhabern des Unvergänglichen für ‹gescheitert› erklärt wurden. Als käme es auf die Dauer an und nicht darauf, dass etwas einmal dagewesen ist.»

«Als käme es auf die Dauer an und nicht darauf, dass etwas einmal dagewesen ist.» – Da schien, als letzter Satz dieses Artikels und vielleicht ganz beiläufig notiert, doch ein Statement auf: einerseits gegen eine allzu forsch geforderte «Ewigkeit» für weltliche Dinge; andererseits für das Vorläufige und damit Vergängliche, mit einer wichtigen Prämisse: wenn es sich einen Ort im Leben verdient hatte. – Seltsam; aber Motive von Werden und mehr noch von Vergehen spannen sich weiter: Am 13. November mit einem Essay über Goethes italienische Reisen und deren Bedeutung für den Dichter, nachdem er wieder nach Weimar zurückgekehrt war; am 20. November mit einer «Spurensuche» vor dem Hintergrund von Thomas Manns Proust-Lektüre; und ebenfalls am 20. November mit einer Rezension zu einem Buch, das die Rolle und das Schweigen Pius' XII. zur Zeit des Nationalsozialismus und der Judenverfolgung untersucht hatte. – Goethe war nach seinem Erleben «Arkadiens» tatsächlich ein anderer geworden: «Nicht mehr verzweifelt, was man als unauffällige Form der Wiedergeburt wohl gelten lassen kann, und auf einen Lebensrhythmus eingependelt, den ihm niemand mehr nehmen konnte.» Thomas Mann schrieb in *Joseph in Ägypten* über die Liebe und ihr mögliches Verschwinden so, dass man fast glauben durfte, er sei in Prousts *Recherche* auf ganz ähnliche Erkenntnisse gestossen: über die Liebe, über die Abhängigkeiten, die sie schaffen kann, und über die Furcht der Liebenden, dass sie plötzlich oder auch allmählich nicht mehr – diesen oder jene – lieben könnten: Eine Passion ist verschwunden. – Pius XII. aber hatte als Amtsinhaber und Mensch insofern versagt, als er nicht hinreichend sehen und sagen konnte, wie damals Mitmenschen ins Verschwinden gezwungen wurden und welch schreckliche Transformationen vom Leben zum Tod um sich griffen. «Die Schuld des Papstes liegt nicht in einer mehr oder weniger falschen, auch nicht in einer ganz falschen Politik, sondern darin, dass er den religiös begründeten Absolutheitsanspruch seines Amtes in kein Verhältnis zu seiner Politik brachte, oder umgekehrt: dass er nicht erkannte, wie sehr jener – unter anderem: moralische – Absolutheitsanspruch diese Politik hätte relativieren müssen. Der über allem thronende Herrscher, der Träger einer universalen Verantwortung, darf die grossen Entscheidungen auch dann nicht der Kleinkunst seines Aussenministers überlassen, wenn er selber dieser Aussenminister ist (er hätte ihn umso eher entlassen können). Pius XII. war, jenseits aller Einsichten und Irrtümer, seiner historischen Aufgabe nicht gewachsen; aber ‹Hitlers Papst› war er nicht.»

Den Schlussstein in diesem kleinen und vielleicht auch zufälligen Mosaik über die Verwandlung, die Verdrängung, das Vergessen und die Verfehlung machte ein kurzer Artikel vom 29. November. Es ging darin um den hochangesehenen Turiner Philosophen und Rechtsgelehrten Norberto Bobbio, der 1989 mit dem Bekenntnis an die Öffentlichkeit getreten war, er sei 60 Jahre zuvor als Parteigänger Faschist gewesen, und der nun – als 90-Jähriger – nochmals auf diese frühe Affäre einging, um «coram publico» darauf zu hoffen, dass man sie ihm verzeihe. – Letztlich ein unnötiger Akt; gerade auch mit dem Hinweis, er, Bobbio, sei damals nämlich «automatisch» in die Partei aufgenommen worden. Dazu Hanno: «[…] man verzeiht es ihm, kurz bevor man es vergisst, oder man vergisst, es ihm zu verzeihen, bevor man es vergisst. Indessen mag die Angst, vergessen zu wer-

den, nicht kleiner sein als die Sorge, ob einem verziehen werde.» –
Da endete der Kommentator also wieder fast mit einem Aphorismus,
und wieder sollte es das Thema des Verschwindens im Vergessen gewesen sein, das ihn – den greisen Bobbio an die Hand nehmend –
dazu ermuntert hatte.

# Millennium

Und so kam das Jahr des Millenniums, auch wenn es nach korrekter
Rechnung noch nicht das neue Jahrtausend einläuten konnte: Die
allgemeine Wahrnehmung blieb stärker und verlangte nach all den
Riten und Ritualen, die überall in der Welt und in Rom ohnehin
grosszügig gewährt wurden. Helbling aber blieb auf Kurs, ohne dass
die Leserschaft besonderes Bewusstsein für die Schwelle hätte erkennen mögen. Die Opera di Roma befand sich im Gegenteil in einer
«Jubiläumskrise», wie man dem Feuilleton vom 7. Januar 2000 entnehmen konnte, und Fragen rund um den Gesundheitszustand des
Papsts waren auch nicht dazu angetan, die Stimmung zu heben. Dieser sei, so notierte Hanno in der Ausgabe vom 26. Januar, als «besorgniserregend» zu bezeichnen. Während die Spekulationen um die
Nachfolge und den Nachfolger weiterhin ins Kraut schossen, hielt
sich Johannes Paul II. nicht an die Erwartungen insbesondere seiner
Kritiker – es ging ihm schlecht, seine Hinfälligkeit konnte aus allen
Winkeln der Kameraführung eingesehen werden, doch der zähe Lebenswille überwog und musste jenen vielen Millionen, die ihn nach
wie vor oder nun erst recht verehrten, wie eine Hilfestellung aus Gottes Hand erscheinen.

Das tägliche Geschäft brachte wie immer auch eine Reihe von Rezensionen: etwa zum Katholizismus in Osteuropa, zu einer weiteren
Biografie über Machiavelli, zu einem Band mit Aufsätzen Reinhart
Kosellecks oder zu einer Untersuchung über das Verhältnis des Vatikans zum Holocaust. Die Leser wurden wie immer nicht mit flotter
Schreibe oder flotten Thesen abgefertigt, sondern zuverlässig informiert und sorgfältig auf die entscheidenden Punkte aufmerksam ge-

macht. Wie immer pflegte unser Feuilleton auch die runden Jubiläen, sodass Hanno am 26. Februar ausführlich zum 500. Geburtstag Karls V. reflektieren durfte, dessen Herrschaft Europa immerhin «zu lange dauernder Vorläufigkeit» verholfen habe. Näher lag die Causa Ignazio Silone. Der berühmte Schriftsteller, der stets auf die Parteinahme für die kommunistische Sache stolz gewesen war, hatte, wie ruchbar geworden war, allerdings auch acht Jahre im Dienst der faschistischen Polizei gestanden: ein Spitzel also, ein Ausspäher, und lange genug, dass man am Charakter dieses Autors deutliche Abstriche vornehmen musste. Auch hier ging Hanno über die Pflicht des Chronisten hinaus, wenn er seinen Text um den Hinweis auf eine Reflexion des ihm befreundet gewesenen deutschen Schriftstellers Edzard Schaper ergänzte: Schaper habe einmal gesagt, ein Spion sei ein Mensch, der nicht wisse, wer er sei … (29. April)

Solche Trouvaillen fanden sich häufig; häufig beiläufig zwischen das Hauptthema gestreut, denjenigen geschenkt, die bereit waren, genau hinzuschauen. Am 16. Juni zog Helbling eine andere Art von Bilanz. Vor fünfzig Jahren, Anno 1950, war er zum ersten Mal in Rom gewesen, als junger Student der Geschichte. Jetzt konnte er schreiben: «Nach fünfzig Sommern. Ist Rom noch Rom?» Einleitend: «Nicht ganz leicht vorzustellen: dass man nach einem ersten Besuch im Heiligen Jahr 1950 nie mehr nach Rom gekommen wäre, und jetzt stünde man da. Wahrscheinlich würde man im ersten Augenblick sagen, es sei ‹alles anders› geworden; und man würde das sagen, bevor man wüsste, wie recht und wie unrecht man hätte.» Folgte ein heiteres Hin und Her zwischen Damals und Heute, untermischt mit Ironie und viel Liebe zur Stadt, woraus sich der letzte Absatz als Fazit elegant wie von selber schrieb: «Bliebe er diesmal ein wenig länger als damals, würde er – erleichtert wahrscheinlich – erkennen, dass sein Horizont mit dem der meisten Römer übereinstimmt. Man klagt über dies und das, beredet oberflächliche Veränderungen, bringt sie auch selbst hervor: ein Quartier wird Mode, augenblicklich ist man Bohème bei Testaccio, intellektuell in S. Lorenzo. Aber die Zähigkeit des Festhaltens an einem Rom, das stets bleiben wird, wie es immer gewesen ist – die jedem Selbstzweifel trotzende Bereitschaft, *Rom zu spielen* –, der hochgemute Provinzialismus, für den auch das ‹typisch römisch› ist, was zu jeder stadtbürgerlichen Atmosphäre gehört –, aus dieser bewahrenden Sinnesart kann der Besucher den Zuspruch herauslesen, der ihm nach fünfzig Jahren versichert: Rom ist noch Rom (und wer möchte im Ernst das Gegenteil glauben).» Das hätte sich bei Reinhard Raffalt ähnlich lesen lassen; oder als akustisches Signal in Fellinis grandiosem Porträt *Roma* hören lassen dürfen.

Ebenfalls im Juni 2000 berichtete Hanno ausführlicher über die ersten Bände der kritischen Gesamtausgabe der Werke Jacob Burckhardts, rechtens mit viel Lob für dieses Grossprojekt, mit welchem für Burckhardts fortdauernde Präsenz «das Menschenmögliche» getan werde. Dazu wiederum die geradezu obligat gewordene Frage des – allerdings etwas kritischer gewordenen – Burckhardt-Verehrers nach dessen intellektuellem Wesenskern: «War er ein Philosoph? Er selbst hätte es bestritten, und obwohl schon versucht worden ist, ihn als ‹Geschichtsdenker› in die Nähe Hegels zu rücken, muss man ihm zugestehen, dass er es auf ein System in *diesem* Sinn nun einmal nicht abgesehen hatte. Wenn aber Philosophie in der Kunst des Fragens besteht? Dann brauchte man ihm diesen Titel nicht vorzuenthalten […]» – Der Juli brachte Gedanken zum «Tauwetter», das seit den Sechzigerjahren zwischen Moskau und dem Vatikan einzusetzen begann; dieser Text verstand sich als Beitrag zu einer längeren Serie des Obertitels «Gesichter des Kalten Kriegs». Am 11. Juli verfasste Helbling einen kurzen und würdigen Nekrolog auf den Historiker Dietrich W. H. Schwarz, der lange als Professor an der Universität Zürich gewirkt hatte und von 1975 bis 1983 auch im Verwaltungsrat der AG für die Neue Zürcher Zeitung vertreten war. Am 16. Oktober gedachte er des mit 70 Jahren verschiedenen Rudolf Schendas, der Ordinarius für Europäische Volksliteratur ebenfalls an der Universität Zürich gewesen war, und schon am 25. September hatte er über einen Streit zu referieren, der anlässlich der von der römischen Glaubenskongregation publizierten Erklärung über die Einzigkeit und Heilsuniversalität Jesu Christi – Titel: *Dominus Iesus* – ausgebrochen war. Kardinal Ratzinger, der wesentlich für dieses Schreiben verantwortlich zeichnete, hatte in der Folge dessen Kritiker provoziert, etwa mit der Aussage aus dem Selbstbewusstsein von der Einmaligkeit der «una sancta», dass die «evangelischen Kirchentümer» lediglich als «zufällige historische Bildungen» anzusehen seien. «Im ökumenischen Kontext», so hingegen Helbling, bleibe die Erklärung *Dominus Iesus* mindestens «ein Fauxpas». – Aber wie gross blieb die Schar derer noch, die sich als Gläubige um den «ökumenischen Kontext» wirklich sorgten, es sei denn, sie seien Amtsträger und Repräsentanten dieser oder jener «Kirchen» gewesen? Diese Frage stellte Helbling nicht; sie hätte nicht in den Kontext gepasst, aber allerdings den Streit mit Blick auf seine gesamtgesellschaftliche Bedeutung quer durch Europa relativieren müssen.

2001 wurde ein kürzeres Jahr in punkto Wichtigkeiten. «Business as usual» nahm Helbling wahr, indem er etwa eine Biografie über Clemens Brentano rezensierte oder eine *Enciclopedia dei Papi* oder wieder eine Biografie, diesmal über Cavour («der einzige Staatsmann dieser an Politikern reichen Nation»), oder Aufsätze von Karl Dietrich Bracher oder Bernd Roecks brillantes Buch *Florenz 1900. Die Suche nach Arkadien.* – Im Sinn wissenssoziologischen Beobachtens liesse sich sagen, dass Helbling, der irgendwann zeit seines Lebens wohl doch einmal gerne Professor geworden wäre, den Kollegen dieser Funktion nie mit dem auch nur verdeckten Ressentiment des Unarrivierten begegnete; im Gegenteil: wo immer es Grund gab, zu loben, ja zu bewundern, tat er dies, generös, entspannt, mit der Geste des Weltmanns, der auch in Rom keinen Hauch seines Stils preisgab.

Er läutete das Jahr mit einem Hinweis auf einen literarischen Romführer ein (nicht wirklich gelungen), schrieb bald darauf über «des Papstes konservative Zukunftsgewissheit» (längst nicht die geringste Überraschung mehr), stellte Interessantes zum Thema «Verdi als Leser Shakespeares» zusammen oder berichtete – am 26. Mai – über den Abschluss der Kardinalsversammlung (über 150 Mitglieder). Ein Gruss zu Werner Kaegis 100. Geburtstag war ebenso angebracht wie eine Würdigung Karl Schmids anhand seiner Briefe. Da freilich kam nun mehr Spannung auf. Helblings ehemaliger Deutschlehrer am Zürcher Gymnasium Rämibühl, der später eine Professur für Literaturwissenschaft an der Eidgenössischen Technischen Hochschule (ETH) bekleidete, war und blieb dem Jüngeren nahe: nicht in allen seinen Schriften und Gedanken, aber in der Haltung des Manns, der Karriere auch mit einem Ferment von Widerborstigkeit gemacht hatte. – Nun zeigten also die Briefe auch ins Innere, vielleicht sogar ins Innerste, und so musste sich das Bild des kritischen Patrioten, der seinem Land mit einer Fülle von Ämtern und Aufgaben stets klaglos gedient hatte, nochmals verändern.

Man konnte aus Helblings Aufsatz über Karl Schmid etwa das Folgende lesen: «Der 21-Jährige hatte sich über seinen – dann lebenslangen – Hang zum Militär seine Gedanken gemacht und hatte von Kriegs- und Vaterlands‹psychose› gesprochen (die Anführungszeichen stammen von ihm): zwei urtümliche ‹Triebe›, auf deren Ergründung er vorerst verzichtete. Aber in einem Brief aus dem letzten Lebensjahr wies er auf eine endogene Depression in der Familie seiner Mutter hin und schrieb: ‹Diese unheitere Erbschaft steckt tief in mir. Und ist einer der Gründe, warum ich zum Militärdienst ‹neigte›.›» – Der letzte Absatz der Rezension porträtierte den bedeutenden Mann – man darf sagen: mit einer grossen, ausholenden Bewegung, deren abwägende Empathie nicht verborgen bleiben sollte. «Karl Schmid hatte den Rückzug aus der Öffentlichkeit eben erst angetreten, als er mit 67 Jahren starb. Er war ein hervorragender Organisator gewesen, ein ausgezeichneter Redner, eine Persönlichkeit, deren Auftreten man als sicher, oft als geradezu forsch empfand. Wie viele Ämter er bekleidete, wusste man, wie viele er auch noch hätte übernehmen sollen, entnimmt man jetzt seinen Absagebriefen. Sein Dienst an der Öffentlichkeit war als vorbildlich gefeiert worden und hatte andererseits Aggressionen geweckt, die ihn schwerer trafen, als er sich anmerken liess; wer ihn nicht näher kannte, erfährt das gleichfalls erst jetzt, beim Lesen seiner Briefe. Und man kann sehen, dass er nicht nur unter den Anfeindungen, sondern zugleich unter der Fragwürdigkeit seiner Prominentenrolle litt. Wohin aber hätte der Rückzug geführt, wie hätte der ‹Lebensabend› wohl ausgesehen? Um in ‹aller Stille› an einem Buch (an *dem* Buch) zu arbeiten, muss man Stille aushalten und an die Tragfähigkeit des Projekts glauben können. Von Zuversicht ist aber in Schmids letzten Briefen nichts zu spüren.»

Belustigung reflektierte eine Begebenheit, die sich im Kreis der Kirche abspielte: Der Erzbischof von Lusaka, Emmanuel Milingo, heiratete eine Anhängerin der Moon-Sekte, was nicht nur im Vatikan für Unruhe sorgte, die sich erst wieder legte, als der Abtrünnige – nach einigen Einlagen des Trotzes – am Ende reumütig in den Schoss der «una sancta» zurückkehrte. Vermutlich waren ihm zwischenzeitlich Gedanken an das Jüngste Gericht im Kopf gegeistert. Eine Ausstellung über das ebenso faszinierende wie teilweise bedrückende Leben der Eleonora Duse in Venedig gab Anlass, in die Serenissima zu reisen – zum zweitletzten Mal (7. November). Ein ausführlicher Essay widmete sich nochmals Jean Rudolf von Salis, dem Historiker und Aussenseiter seiner Zunft («Historiker zwischen den Zeiten», 8. Dezember). Seiner eigenen Position als Historiker hatte Hanno bereits am 31. März ein paar neue Farbtupfer gegeben: mit der Betrachtung «Das Damals bedenken – Nachteil und Nutzen des Anachronismus». Fazit, nach einigen nicht immer einfach zu lesenden Sprüngen durch die Historie und ihre Gleich- wie Ungleichzeitigkeiten: «Es verhält sich ... so, dass der Historiker, wenn er denkt, nicht nur mit der Zeit, sondern auch gegen sie denken muss; er ist nicht nur Chronist, sondern auch Anachronist: Er muss dazu stehen, dass er der Zeit, mit der er es zu tun hat, voraus und mit denen verbündet ist, die es damals schon waren.» – Ein verwirrliches Urteil, an das sich mancherlei Fragen anknüpfen müssten (etwa: ein Bund auch mit Leuten, die zwar ihrer Zeit voraus, aber zugleich die grössten Schurken waren ...?), und das uns fast glauben machen könnte, Hanno sei – «contre cœur» – ein Hegelianer gewesen. Doch selbst mit solchen Spekulationen zur Unwahrscheinlichkeit wäre kaum viel mehr Licht in die Sache gekommen.

## Jacob Burckhardt, in schiefem Licht

Es muss auch an dieser Stelle nochmals gesagt werden, dass die jeweils hier erwähnten Artikel für die NZZ lediglich einen quantitativ bescheidenen Ausschnitt aus Hanno Helblings Jahresproduktionen ausmachten. Sie sind deshalb herausgehoben, weil sich in ihnen signifikante oder mindestens bedenkenswerte Proben aus der Werkstatt dieses Unermüdlichen präsentieren. In den ersten Monaten des Jahres 2002 schrieb Helbling etwa darüber, wie Hölderlin ins Italienische übersetzt werde; er erwähnte, dass dem Theologen Josef Imbach – der da und dort wider den Stachel gelöckt hatte – für ein Jahr das Lehramt an der Päpstlichen Universität S. Bonaventura in Rom entzogen worden sei; er griff das – inzwischen schon fast vertraut gewordene – Skandalon der Pädophilie innerhalb der katholischen Kirche auf; und er rezensierte einen Essay des Titels *Jacob Burckhardt und die Grenzen der Humanität* aus der Feder des Historikers Aram Mattioli, in welchem Burckhardts Antisemitismus herausgearbeitet wurde. Keine erfreuliche, aber eine notwendige Wiederbegegnung mit dem grossen Mann, der in seinen Briefen die Nähe zum Stammtisch nicht nur gestreift hatte und die nun zu folgender Zusammenfassung führte: «Der Antisemitismus Burckhardts wird zum Indiz dafür, dass wir dem Pathos und der List des Einzelgängers zu sehr vertraut haben. Dem Schwung seiner freien Betrachtung, den wir mit Recht bewundern, müssen wir seine Unfreiheit gegenüber krassen und gängigen Vorurteilen entgegenhalten. Wir sollen aus seinem Umblick die toten Winkel nicht wegdenken.» (13. April) – Hätte er das nicht schon früher wissen können? Oder waren ihm bisher das imposante Corpus seines Diensts – und der Respekt vor Burckhardts Biograf Werner Kaegi – vor dem Blickfeld gestanden?

Rudolf Borchardts Briefe wiederum, die zu einer monumentalen Ausgabe von neun Bänden reifen sollten, boten sich dar «als Zeugnis eines vergeblichen Kampfs mit der Wirklichkeit». Armer Borchardt. – Mit dem Aufsatz «Rhythmus als offene Form» vom 29. Juni 2002 nahm Helbling nochmals ein Thema auf, das er bereits mit dem 1999 im Suhrkamp-Verlag erschienenen Essay «Rhythmus» traktiert hatte. Leser dieses Buchs, die sich da und dort mehr Transparenz und Zugänglichkeit gewünscht hatten, kamen freilich auch mit dem nächsten «Versuch», diesmal in unserer Beilage «Literatur und Kunst» – Untertitel: «Das Wagnis der Verwirklichung im Kunstgeschehen» – nicht auf ihre Kosten. Hanno reflektierte etwa über das

«Scheitern» des «Manns ohne Eigenschaften», das auch darin manifest werde, dass sich mögliche Antworten in lastenden Fragen verausgabten, was an eine «synkopische Wirkung» denken lasse. Das Ergebnis: «Auch der Zweifel hat seinen Rhythmus.» – Seltsam, wie dieser Mann, der körperlich immer wieder mit seiner Hinfälligkeit konfrontiert wurde, den «élan vital» aufspüren und sich einverleiben wollte – jenes rhythmische Grundgefühl aus sich selbst für die Welt, das sich ihm in der Sprache und insbesondere in seiner Sprache am zugänglichsten zeigte.

Im Oktober dieses Jahres 2002 war auch über Daniel Jonah Goldhagens Buch über das Verhältnis der katholischen Kirche zum Holocaust zu berichten: Goldhagen zeigte sich aus Hannos Optik als ein Unnachgiebiger, dessen Ethos nichts von Bedingtheiten wissen wolle und der «von neuem» Anklage gegen Pius XII. erhebe – eine Anklage, die zugleich als Urteil daherkomme. Und ebenfalls im Oktober rezensierte Helbling den ersten Band von Hans Küngs Memoiren des Titels *Erkämpfte Freiheit*. Nicht, dass er den Einsatz des unermüdlichen Theologen für Aufklärungen im Haus der Kirche einfach gering geschätzt hätte. Aber es lag an Küngs Pathos, an einer wenig diskreten Eitelkeit und an einem polemisch übertreibenden Eifer, dass er an der ganzen Erscheinung keineswegs uneingeschränkten Gefallen finden konnte. So setzte er mit scharfer Feder auch dies aufs Papier: «Der Wind, der Küng von der Kurie her ins Gesicht blies, hat ihm für die Eroberung eines Weltpublikums die Segel gefüllt; man kann auch ‹gebläht› sagen, um ein mögliches Unbehagen immerhin anzudeuten.» (23. Oktober) – Kritik musste sich auch Hans-Ulrich Wehler gefallen lassen, nachdem der deutsche Historiker deutliche Bedenken gegenüber einem Beitritt der Türkei in die EU formuliert hatte: Wehler habe, befand Hanno, ein «Türkenproblem». Immerhin wäre Wehler, siehe oben: Thema Anachronismus, einer gewesen, der damit bereits und nicht einmal getrübten Blicks in die Zukunft vorausgegriffen hätte.

Die schärfste Tour aber fuhr Helbling mit einem ausführlicheren Text, der sich mit Marcel Reich-Ranicki befasste. Fünf Tage bevor der Kritiker am 28. August in der Frankfurter Paulskirche den Goethe-

Preis der Stadt Frankfurt erhielt und von Peter von Matt dafür laudatiert wurde, setzte Hanno elastisch zum Schlag an. Er tat es wie? Vor allem so, dass er ausgiebig aus Reich-Ranickis Rezensionen und Essays zitierte. Das war tatsächlich – und aus der Distanz des Rückblicks auf vieles, was von Reich-Ranicki schon früher oder sogar viel früher erschienen war – reichlich himmelschreiend. Man war nach Lektüre dieser Bilanzierung nochmals verblüfft darüber, wie ein zwar intelligenter, doch regelmässig ungehemmt um sich schlagender Kritiker über Dekaden hinweg so viel Beachtung, Echo, Ruhm und Ehrfurcht auf sich versammelt haben konnte. Der «Blödsinn» Susan Sontags, der «Dreck» Friedrich Dürrenmatts, der «Schwachsinn» Peter Handkes, dazu die Lebensunfähigkeit Hölderlins oder auch der auf den «metaphysischen Hund» gekommene Botho Strauss: Man musste sich danach tatsächlich nochmals fragen, wer und was dazu beigetragen hatte, dass ein solcher Scharfrichter auch noch den Goethe-Preis erhielt. «Patiens Germania».

Folgte das Jahr 2003: ohne spezifische Höhepunkte, aber mit dem bewährten Sinn auch für das Verhältnis zwischen Länge und Bedeutung. Im Januar rief Helbling dazu auf, den Schweizer Schriftsteller Kuno Raeber wieder zu entdecken, er kam auf Benjamin Constants *Journaux intimes* zu sprechen, dann meldete er den erweiterten Zugang zu den bisher unter Verschluss gehaltenen Archivbeständen des Vatikans. Im Frühling galt es, Johannes Paul II. in seinen Gedanken zur Eucharistie zu würdigen, ein neues Konzept für das Istituto Svizzero di Roma vorzustellen; unter den Rezensionen traten hervor: eine zu Arnold Eschs Buch *Wege nach Rom,* eine andere zu Volker Reinhardts *Geschichte Italiens von der Spätantike bis zur Gegenwart.* Für unsere Serie «Regie im Theater» verfasste Hanno eine animierte, mit konservativen Argumenten angereicherte Betrachtung, und mitten in die Sommerpause fiel ein interessanter Essay über die Vergänglichkeit der Bibel anhand des Begriffspaars Thron und Altar. Wir dürfen daraus dies zitieren: «Nun steckt in jeder Neufassung eine Polemik gegen den alten Text; das gilt für die katholische Liturgiereform so gut wie für die modernen Bibelübersetzungen. Und die Polemik richtet sich über den Text hinaus auch gegen (profan gesprochen) sein

Stammpublikum. Wenn nun zum Beispiel steht: ‹Jesus aber sprach zu seinen Mitarbeitern›, und diese Formulierung wird damit begründet, dass man heutigen Menschen nicht zumuten könne, zu wissen, was ein Jünger sei, so ist das zwar ausnehmend töricht, aber gerade deshalb aufschlussreich. Denn darauf, was ein Jünger ist, haben schon gestrige Menschen nur kommen können, indem sie ein Kapitel des Evangeliums lasen; erst wenn das Wort in dem Text nicht mehr vorkommt, verliert sich die Kenntnis. Und eben das soll sie auch. Die ‹gute Nachricht› soll sich durch keine Sonderterminologie auf eine Vorverständigung beziehen, nicht an ein Bescheidwissen appellieren, das einem kirchlich-bildungsbürgerlichen Traditionsverband den Vortritt zum Altar gewährt.» – Klüger, genauer, überlegener hätte man die Dummheit der Transformatoren nicht benennen können: nämlich ganz von der Sache her.

Es kam das letzte – oder das vorletzte – Jahr. Nochmals, letztmals, ein weiter Bogen mit den Leitmotiven: Kirche, Historie, Literatur, die Stadt Rom, dazu Kür und Chronik von Tag zu Tag, alles gehalten und getragen durch die Scharfsicht des Referenten. Am 3. Januar 2004 über Glaube und Kultur in päpstlichen Erlassen, am 24. Januar ein Nachruf auf den Theologen Jan Milic Lochman, im Februar eine Hommage zum 100. Geburtstag des Schauspielers Ernst Ginsberg, der schon den Gymnasiasten und Studenten fasziniert hatte, am 15. März ein Nekrolog auf Kardinal Franz König, und so fort. Hanno schrieb, was man von ihm erwartete oder auch verlangte, aber er schrieb auch nach und mit eigenem Geschmack, es kam wohl immer auch auf eine für ihn und für uns animierte Mischung an, er hätte vermutlich von Rhythmus gesprochen, das darf man auf jeden Fall gelten lassen.

Ausflüge in die Vergangenheit: Am 21. Februar mit einem aus persönlichen Anschauungen gewonnenen Feuilleton über den Zürcher Philosophen Hans Barth, der in bedrängten Zeiten Redaktor im Feuilleton der NZZ gewesen war, bevor er – das war 1946 – an die Universität Zürich berufen wurde. («Man muss gesehen haben, wie wutentbrannt er aus einem Hörsaal stürmte, nachdem Gerhard Ritter in einem Vortrag über die Ursprünge des Nationalsozialismus eine allzu direkte Linie von Nietzsche zu Hitler gezogen hatte.») Oder nochmals, ein letztes Mal über Golo Mann, diesmal aus Anlass der Biografie von Urs Bitterli. – Der Biograf hatte die Vorlage geliefert; nun durfte Helbling darauf eingehen und – endlich? – auch sagen, was ihm doch seit der frühen Lektüre der Texte Golo Manns nicht verborgen geblieben sein konnte: dass dieser Hochbegabte «mit dem hoch empfindlichen Bewusstsein einer Randexistenz» als Historiker gar nicht zu selten auch etwas als Dichter und Nachdichter in Erscheinung getreten war. «Schon in seinem frühen Buch über Friedrich von Gentz gerät der Autor ein paarmal, im späten Werk über Wallenstein gerät er immer wieder ins Dichten.» Wie anlässlich der Schrift über Burckhardts Antisemitismus: eine Art von «retour confessant», nicht wirklich ein Wagnis mehr, es auszusprechen; aber zur Zeit der Rezension dieses «Wallenstein» wäre es doch kaum denkbar gewesen, dessen Verfasser auch für seine Fabulierfreude zu loben; es hätte nicht der «courtoisie» entsprochen, der man sich damals auch und gerade in Zürich gegenüber dem Sohn des grossen Manns befleissigte.

Golo Mann also, oder Harry Graf Kessler in seinen Tagebüchern, oder der Briefwechsel zwischen Carl Zuckmayer und Gottfried Bermann Fischer, oder – im Oktober dieses Jahres – Karl Barth in seinen Briefen, oder Heinrich Mann in seinen Protokollen aus dem Exil, oder Benedetto Croce in seinen Aufzeichnungen, oder Gottfried Benn im brieflichen Austausch mit Thea Sternheim: Das alles bildete einen längst solide etablierten Zusammenhang und Zusammenhalt kultureller Verständigung, sogar eine Form von Hauptgeschichte des Geists vom 19. in das 20. Jahrhundert, eine stofflich höchst bedeutsame und inzwischen nun doch auch immer mehr in Vergessenheit geratende Sammlung und Ordnung, worin sich Helbling als einer der Letzten, die damit auch noch gelebt hatten, so gut auskannte wie inzwischen wenige noch. – Am 29. Mai erinnerte Hanno mit einem grösseren Aufsatz an Katharina von Siena; eine Art von Kurzfassung von Gedanken, die im Buch aus dem Jahr 2000 niedergelegt waren. («Vergegenwärtigen wir uns kurz ihr ‹Programm›. Es besteht aus vier Punkten: Rückkehr des Papstes von Avignon nach Rom; Reform des

Klerus; Friede in den italienischen Staaten (Städte) mit dem Papst und untereinander; Rückeroberung des Heiligen Landes. Die Postulate scheinen zusammenzuhängen: Nur von Rom aus lässt sich Italien (und um Italien geht es für Katharina) die Disziplin des Klerus wiederherstellen; nur ein Papst, der die kirchliche Ordnung erneuert hat, kann die weltlichen Mächte mit sich und miteinander versöhnen; nur mit den endlich vereinten Kräften wird man die Ungläubigen besiegen.») – Am 30. Juli erschien Hannos Nachruf auf den Historiker Joseph Rovan. Am 4. Oktober folgte der Nekrolog auf den Freund und Gefährten Robert Leuenberger, der am 2. Oktober im Alter von 88 Jahren gestorben war. Die Lücken wurden grösser.

Es war Robert Leuenberger, dem Helbling sein allerletztes Opus widmete: 2004 erschien im Theologischen Verlag Zürich ein kleines Werk des Titels *Port-Royal* über die Zisterzienserinnen-Abtei Port-Royal, die zu Beginn des 17. Jahrhunderts das Zentrum jansenistischer Reformbewegungen war, dann aber von Louis XIV. unter Mithilfe der Jesuiten in den Untergang gezwungen wurde. Hanno führte in das Thema ein und wählte die von ihm übersetzten und kommentierten Texte aus, die so als «Zeugnisse einer Tragödie» (Untertitel) aufschienen.

## Das letzte Jahr

Das letzte Jahr war kein Jahr mehr. Es bestand aus fünf Artikeln. Der erste datierte vom 13. Januar und behandelte Spekulationen zur Papstnachfolge. «Was sagt die allwissende Muschel dazu? Verstünden wir es, wären wir selbst allwissend. So entnehmen wir ihrem Raunen nur eine Jahreszahl. Kardinal Martini ist 1927 geboren; Kardinal Ratzinger auch.» Der letzte datierte zwei Tage vor Hanno Helblings Tod und war wohl schon einige Zeit vorher fertiggestellt worden: nach der Reise nach Venedig, wo Hanno in der Biblioteca Marciana einen neuen Nachlass des venezianischen Dichters Carlo Gozzi (1720–1806) einsehen konnte und wo er sich auch die Erkältung zuzog, die am 8. Februar 2005 in seinen Tod mündete.

Am 4. April publizierten wir – aus dem Archiv – Hannos Nachruf auf Papst Johannes Paul II. Schon am 26. Februar hatten wir in der Beilage «Literatur und Kunst» ein paar Stimmen versammelt, die seiner als einer herausragenden Figur des geistigen Lebens seiner Zeit gedachten. Es schrieben dort Victor Conzemius, Michael Krüger, Hugo Loetscher und Ludwig Schmugge. Eine Vedute von Piranesi diente als Illustration und Inbild zugleich: Sie zeigte die Pyramide des Gaius Cestius, in deren Nähe Hanno Helbling kurz zuvor zu Grabe gelegt worden war.

1 Hanno Helbling als Kind im Engadin, um 1937.

2 Der junge Gelehrte an den Gestaden des Mittelmeers bei Neapel, um 1955.

3  Im Studierzimmer im Zürcher Seefeld-Quartier, um 1963.

4 Offizielles Porträt des Redaktors der NZZ, um 1970.

5  Als Schmiden-Zünfter im Talar mit Barett am Zürcher Sechseläuten, um 1970.

```
Helbling, Hanno. Dr.

187   16. JAN. 195_ "Propyläen-Weltgeschichte". Der      3093   1? MAI 1964 Ricarda Huch. Zum 100. Ge-
      fünfte Band.                                             burtstag. (Bild).
292   23 J'N 1964 "Die Kirche und die Kirchen".         3175   27 JULI 1964 Wagner-Inszenierungen in
      Zwei Vorträge in Zürich.                                 München und Bayreuth.
392   30 JAN 1964 Der Dichter und der Papst.            3193   2? JULI 1964 Festaufführungen im Cuvillié
467   -4. FEB. 1964 Interpretationen zum Konzil. Eine          Theater. Gluck, Mozart, Richard Straus
      Tagung in München.                                3198   2? JULI 1964 Eine Schrift von Hubert Jedi
602   17. FEB. 1964 Europäische Geschichte im Jahr-     3321   -? AUG 1964 Erinnerung an Pius II.
      tausendspiegel. Zu einem Buch von Oscar           3340   11 AUG 1964 Papst Paul VI. und die Refor
      Halecki.                                                 des Katholizismus.
935   4 MRZ 1964 Die Basler Leichenrede (Studie         3419   17 AUG 1964 In der Oper. Münchner Notize
      von Rolf Hartmann).                               3440   17 AUG 1964 Staat und Kunstinstitute.
058   17. MRZ 1964 "Das Konzil". (Buch von Mario        3459   21 AUG 1964 Zum Thema "1914".
      von Galli und B. Moosbrugger).                    3479   22. AUG. 1964 "Heinrich IV." Aufführung im
500   10 APR 1964 Das Konzil und die christliche               Rahmen der Internationalen Musikfest-
      Kirche.                           I.                     wochen Luzern.
513   20 APR. 1964     "        "        " (Schluss)    3756   1? SEP. 1964 "Propyläen-Weltgeschichte".
646   17. APR. 1964 Aufzeichnungen eines Papstes.              Der sechste Band.
      Johannes XXIII.: "Il Giornale dell'Anima".        3828   15 SEP 1964 Feierliche Eröffnung der
763   24. APR. 1964 Bedeutende Fortschritte der                neuen Konzilsession. (Weitere Artikel
      Konzilsarbeit.                                           siehe Auslandkartei: Katholizismus).
981   .8 MAI 1964 Vom Mythos zum Understatement.        4021   25. SEP. 1964 Notstand für Aventicum (WE/
      Schweizer Geschichte im Spiegel der Expo.                Bilder).
295   13 MAI 1964 Die ökumenische Bedeutung Cal-        4108   1. OKT. 1964 "Gedenkblatt für Johann Buch-
      vins. Vortrag von Fritz Blanke in der                    mann."
      Wasserkirche.                                     4351   15. OKT. 1964 Europa-Betrachtung. (Zu einig
469   -7 JUNI 1964 Nachtrag zu Taylor.                         historisch-politischen Schriften.
689   2? JUNI 1964 Papst Paul VI. - das erste Jah
```

**6** Erste Karteikarte des Verzeichnisses sämtlicher Artikel in der NZZ in deren Archiv.
*Quelle: NZZ*

7   Hanno Helbling im Massmantel, im Gespräch mit Katharina Mommsen. Tagung der Deutschen Akademie für Sprache und Dichtung, um 1982.
*Foto: © Peter Peitsch/peitschphoto.com*

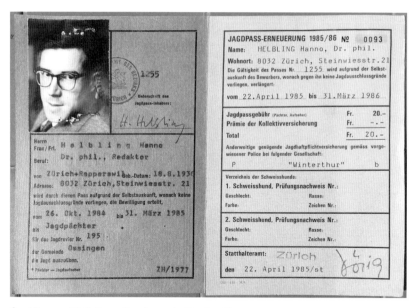

**8** Hanno Helblings Jagdpass inklusive Erneuerung.
*Quelle: Christina Viragh*

9  Hanno Helbling entspannt: um 1980.

**10** Seitwärts dabei: SWR-Kritikertreffen in Baden-Baden 1978, v. l. n. r. Hanno Helbling, Peter Laemmle, Jörg Drews, Wolfgang Werth, Günther Schloz, Friederike Fecht, Michaela Lämmle, Adolf Muschg, Heinrich Vormweg, Marcel Reich-Ranicki, Rolf Becker, Rolf Michaelis, Ulrich Greiner, Stephan Reinhardt, Aurel Schmidt.
Kniend: Lothar Baier, Elisabeth Endres, Jürgen Lodemann, Hans Christoph Buch.
*Foto: © Isolde Ohlbaum*

11　Anlässlich der Übergabe eines Übersetzerpreises in Italien, um 1980.

2 sp.
16 Times [Die Saat der Träume und der Täuschungen]

2 sp.
9 spal.-k. [Zum Anfang von «A la recherche du temps perdu»]

10 k. [Von Hanno Helbling]

2 sp.
8/9 k.
einzet. [Ob es möglich – ob es sinnvoll wäre, einen

«Führer» durch das Romanwerk Prousts, durch die

labyrinthische «Suche nach der verlorenen Zeit»

anzubieten? Das könnte einigermassen in Wider-

spruch treten zur Intention des Verfassers, den

Leser an Träumen und Täuschungen des erzählenden

«ich» teilnehmen zu lassen. Was sich erst nach

vielen hundert Seiten klären wird, sollen wir es

**12** Erste Manuskriptseite eines Aufsatzes für die Beilage «Literatur und Kunst» der NZZ über Marcel Prousts *À la recherche du temps perdu*, 1985. Quelle: NZZ

**13** Hanno Helbling/Marcel Reich-Ranicki/Ulrich Greiner:
beim SWR-Kritikertreffen in Baden-Baden 1978.
*Foto: © Isolde Ohlbaum*

**14** Norbert Miller/Hanno Helbling: Aufgenommen bei der Tagung der Deutschen Akademie für Sprache und Dichtung in Budapest 1998.
*Foto: © Isolde Ohlbaum*

15 Hanno Helbling mit Hund. Pisa, im Rahmen des Petrarca-Preises für Jan Skácel, 1998.
*Foto: © Isolde Ohlbaum*

# Hanno Helbling – Artikel aus der NZZ

Die vorliegende Auswahl ist nicht nur subjektiv und zugleich aufschlussreich. Sie wirft einen Blick auf Texte, die einerseits für die Biografie, anderseits für das Denken Hanno Helblings bedeutsam sind. Helbling liess eine Reihe von Artikeln aus der NZZ in zwei Essay-Bänden erscheinen (*Unterwegs nach Ithaka. Essays, Reisebilder und Feuilletons*, 1988; *Sichtweite. Historisch-literarische Versuche*, 1995). Die hier abgedruckten Proben werden zum ersten Mal in Buchform veröffentlicht.

## Gedenkblatt für Federico Chabod

*In den frühen Fünfzigerjahren hatte Hanno Helbling am Istituto Italiano per gli studi storici in Neapel studiert und war dort auch bei dem Historiker Federico Chabod (1901–1960) in die Lehre gegangen.*

An diesem 14. Juli sind zehn Jahre vergangen seit dem Tod des italienischen Historikers Federico Chabod. Sein Werk ist ein Torso geblieben. Seine Gestalt lebt in der Erinnerung ganz und fest umrissen fort, wie sie sich Freunden, Schülern in den Zeiten seines Wirkens eingeprägt hat.

Es kam vor, dass man ihm in einer der Gassen der Altstadt Neapels begegnete, wenn man am Morgen dem «Istituto Italiano per gli studi storici» zustrebte. Es regnete meistens in jenem Winter, man kam mühsam voran zwischen tiefen Pfützen und im Gewimmel durchnässter, hastiger Menschen. An einer Ecke konnte er auftauchen, seinen grossen Hund an der Leine, der wie er selbst mehr Bewegung, mehr freien Raum gebraucht hätte, als es hier gab; er überragte das drängende Volk und wirkte geniert, und man spürte, dass man ihn nur eben grüssen, nicht stehenbleiben durfte, dass er sich ungern in so fremder Umgebung betreffen liess ...

Oder er trat den Spaziergang an, wenn die Studenten schon an der Arbeit sassen. Er kam aus den Wohnräumen und durchquerte das Institut, den geheizten Saal, wo man sich hinter Büchern verschanzt hielt und aufstand, wenn er hereinkam – so eilig aufstand, dass meistens irgendwelche Blätter zu Boden fielen. Dann sah er sich um, freundlich-verwundert, ein wenig timide, und für den Rückweg wählte er die sehr enge Terrasse, die vor den Fenstern vorbeiführte, und ersparte uns so eine nochmalige Ehrenbezeugung ...

An Nachmittagen versammelte man sich zum Unterricht: Vorlesung und Seminar in einem. Chabod sass uns gegenüber hinter einem Tisch, die Lampe dicht neben sich, sodass seine scharfen, grossen Gesichtszüge noch gesteigert hervortraten, aber auch der Prozess des Nachdenkens, des gewissenhaften Formulierens und Nuancierens in steter, feiner Bewegung zu sehen war – und interpretierte einen Text. Er las eine Stelle vor, blätterte weiter, setzte die Brille bald auf, bald legte er sie beiseite, um uns anzusehn: geduldig und ironisch, weil wir den springenden Punkt offensichtlich noch nicht entdeckt hatten. Dann entschloss er sich, uns ganz einfach zu sagen, worauf es ihm ankam. Er beugte sich vor, so weit, dass auch der Sessel nur noch auf den Vorderbeinen stand, hinter denen er seine Füsse eingehängt hatte, und zielte mit aufgestütztem Unterarm gegen uns, als hätte er einen Wurfpfeil in der erhobenen Hand. «Das ist nun eben», sagte er; und die für einen Augenblick noch zusammengepressten Lippen entliessen den Begriff, der durch das Textbeispiel eine überraschende, neue Farbe und Fülle gewonnen hatte.

Er konnte sich mit dem Autor, den er erläuterte, identifizieren – momentweise, scherzweise. Vasari in Ravenna: er teilte uns mit, dass von den Denkmälern der Stadt das Grab des Theoderich einer kritischen Betrachtung allenfalls standhalte. «Ma il resto!» stöhnte er und bedeckte die Augen, und wir sahen den «Rest», Mosaiken und Bauten, im barbarischen Abgrund zwischen Zerfall und Wiedergeburt der Antike versinken. Aber nun stand er auf, warf die Rolle ab und trat vor den Tisch, um uns mit Fragen in Sachen der Renaissance zu-

zusetzen, mit methodischen Fragen zumeist; denn Chabod war – wie alle bedeutenden Historiker – zwar nicht *einer* Methode verschworen, doch er drängte darauf, dass man jederzeit wisse, *welcher* man sich bediene ...

Es wurde spät über solchen Lektionen. Die Überlegung, ob es zum Abendessen im Studentenhaus reichen würde, behelligte uns eine Zeitlang und erwies sich bald als beruhigend gegenstandslos; man würde sich auf dem Heimweg einen «calzone ripieno» kaufen (und über diesen Namen nicht weiter nachdenken). Dann, plötzlich, zog Chabod das «Lucky Strike»-Paket aus der Tasche, und während er eine Zigarette anzündete, leitete er mit einer Frage zur freieren Unterhaltung über, die sich ebensowohl um ein Fussballspiel wie um eine Mozart-Aufführung drehen konnte. Doch auch jetzt blieb das Gespräch geordnet, keiner liess sich gehen, und eine halbwegs vorlaute Bemerkung wurde auf Chabods liebenswürdig-drohendes «Come dice?» hin nicht wiederholt. Es gab in seiner Gegenwart keine Médisance; und sein Vorrecht war es, dann und wann einen populären Ausdruck in die Konversation zu mischen.

Sein Vorrecht auch, im Restaurant bei irgendeiner kleinen Fête gegen Mitternacht ein Lied anzustimmen, das man leise, murmelnd fast, um an den Nebentischen niemanden zu stören, mitsang. Ein oberitalienisches Lied natürlich; denn was immer der Mezzogiorno an ihn herantrug, ob Folklore oder Gesellschaftliches, hitzige Schüler oder unpünktliche Kollegen, begegnete Chabods amüsierter Distanz. Er war am Höhepunkt seiner Laufbahn an die Universität von Rom und an das Institut in Neapel gelangt; aber wenn er vom Partisanenkampf in den Alpen, von der Befreiung des Aostatals, seiner Heimat, erzählte, dann kam die eigentliche Zugehörigkeit, kam die historisch-kulturelle Bindung zum Ausdruck. Seine Arbeit hat immer wieder, und besonders noch in den Jahren vor seinem Tod, der Geschichte von Mailand gegolten und über sie hinaus den europäischen Umrissen, die ihr die Politik Karls V. gab.

Grosse Umrisse – sorgsam ergründete Kernzone: das Prinzip seiner Studien suchte er auf die Schüler zu übertragen. Die nationale Begrenzung sollte sich auflösen, die Fühlung mit dem lokalen, personellen Detail sollte stärker werden; Wirtschaft, Staat und Gesellschaft sollten in ihren weiträumigen Wechselwirkungen, aber zugleich in ihren Eigengesetzlichkeiten hervortreten; Geistesgeschichte sollte nicht nur den eigenen Filiationen, sondern den Berührungen mit sozial- und politisch-historischen Realitäten folgen ...

Ein anspruchsvolles Programm, über dem so verschiedene Leitbilder wie Lucien Febvre und Friedrich Meinecke standen. Und doch wirkte es möglich und einheitlich, dank dem Mann, der es vorbrachte und der ihm Schritt für Schritt gefolgt ist, ein hartnäckiger und begeisterter Forscher, ein Deuter und Darsteller, ein Lehrer und ein Herr. *NZZ, Feuilleton vom 14. Juli 1970, Morgenausgabe Nr. 320*

## In jedem Fall psychosomatisch

*Im Frühjahr 1971 war Max Frischs Schrift* Wilhelm Tell für die Schule *erschienen und hatte sogleich kontroverse Reaktionen ausgelöst.*

Max Frisch hat einen – seinen – Tell geschrieben. «Wilhelm Tell für die Schule» heisst das Büchlein. Für welche Schule bleibt ungewiss wie noch manches: zum Beispiel, ob es sich da um Geschichtsschreibung oder um Geschichtsparodie handelt; dass es sich um Literatur jedenfalls nicht handelt, muss man der mehr als kunstlosen Prosa entnehmen.

Die Tell-Sage wird hier aus der Gessler-Perspektive erzählt: als das fatale Erlebnis eines «dicklichen Ritters», der sich im reichsfreien Uri «im Ausland» befindet, weil er «habsburgischer Beamter» ist (wenigstens auf Seite 9; auf Seite 14 ist er dann «Reichsvogt»). Die Tell-Sage; Frisch scheint aber von der Voraussetzung auszugehen, dass ihr Bericht historisch zu nehmen sei oder (dergleichen lässt er gern offen) für historisch genommen werde.

Sein Gewährsmann ist Karl Meyer, der im Buch «Die Urschweizer Befreiungstradition», 1927, als letzter versucht hat, die späte chronistische Überlieferung zu den Anfängen der Eidgenossenschaft als authentisch zu erweisen. Von der modernen Kritik an dieser Überlieferung hat Max Frisch nichts gehört oder (das bleibt wieder offen) nichts hören wollen. Und er muss wohl behaupten, «eine Vogt-Tötung bei Küssnacht stehe kaum in Frage», um hinzufügen zu können: «Dass es sich dabei um eine rühmliche Tat handelte, wird heute noch in der schweizerischen Volksschule gelehrt.» Nur totale Kritiklosigkeit kann zu *seiner* Kritik den Hintergrund bilden.

Kritik ist freilich ein grosses Wort. Frisch konstatiert, dass die Innerschweizer 1291 «keine Verpflichtungen gegenüber einem Völkerverein», was immer das damals gewesen sein könnte, eingingen – und dass James Schwarzenbach 1970 ebenso denke. Er findet die Innerschweizer 1291 unangenehm selbstgerecht – selbstgerecht auch, «wie die Schweiz sich im Zweiten Weltkrieg meint verhalten zu haben». Er hat gemerkt, dass die Innerschweizer 1291 die Freiheit als Unabhängigkeit verstanden, «d. h. es geht nicht etwa um die Freiheit des Arbeitnehmers» – und so noch heute, «vgl. Generalstreik 1918, wo unsere Armee gegen die sozialistische Arbeiterschaft eingesetzt wurde».

Solche Erhellungen eines ziemlich grossen historischen Zusammenhangs stehen in Anmerkungen, die immer wieder die Geschichte vom dicklichen Ritter unterbrechen – auch mit Zitaten, auch mit so unmittelbar einleuchtenden Sacherklärungen wie: «Hepatitis (Gelbsucht) kann durch einen Virus hervorgerufen werden, ist aber in jedem Fall ein psychosomatisches Phänomen ...» Was sich vielleicht wirklich nur auf die Gelbsucht (Hepatitis) bezieht; und eine optimistische Lesart wäre dann, Frisch habe in parodistischer Absicht einen pseudogelehrten Apparat aufgezogen.

Parodistische Absicht? Allenfalls wäre sie an einer Spur Heiterkeit zu erkennen. Aber wie sehr man auch horcht, man hört nicht das Lächeln eines Ironikers, nicht das Grinsen eines Satirikers, nur das Kichern eines Banausen.

*NZZ, Feuilleton vom 16. Juni 1971, Mittagausgabe Nr. 274*

## Ideologisierung, Entideologisierung, Reideologisierung

*Es handelt sich hier um den fünften Artikel einer Reihe «zeitgemässer Bemerkungen» zu Herausforderungen der damaligen Gegenwart.*

Man muss gar nicht so alt sein, um das alles schon erlebt zu haben: Ideologisierung, Entideologisierung, Reideologisierung des kulturellen Lebens. Solche Vorgänge prägen sich natürlich von Land zu Land sehr verschieden aus. Der «sozialistische Realismus» hat sich als Forderung an die sowjetischen Künstler über Jahrzehnte hin kontinuierlich erhalten. Das bisschen Tauwetter, damals unter Chruschtschew, befreite die Schriftsteller kaum vom Zwang zu parteikonformer Aussage. Dass auch Musik gesellschaftsbezogen im marxistisch-leninistischen Sinn zu sein habe, ist russischen Komponisten immer wieder von neuem klargemacht worden. Solche Stetigkeit fehlt im Westen.

Die Personen der Handlung könnten noch leben; Matura in einer Schweizer Privatschule, Ende der dreissiger Jahre; ein deutscher Experte wacht über den Reifegrad, den «draussen» das Abitur verlangt. Der Prüfling (aus deutschem Adel) referiert über Sozialtheorien; der Experte unterbricht mit der Frage, wer denn aber die sozialen Probleme in der Praxis gelöst habe. «Adolf Hitler»: Die Antwort war leicht und ging doch nicht leicht von den Lippen. Zehn Jahre danach half sie keinem mehr durchs Abitur.

Es ging aber von jener Sprachregelung ein teils lähmender, teils beflügelnder Einfluss auf alle möglichen geistigen Aktivitäten aus. Für die Lähmung sorgten Institutionen wie die Reichsschrifttumskammer; beflügelt wurde der Widerspruch in der Emigration und im kulturellen Leben der freien Gebiete. Wobei es sich als kaum möglich erwies, der Ideologie ganz unideologisch entgegenzutreten. Das unbeirrbare «business as usual», mit dem Benedetto Croce im faschistischen Italien liberale Philosophie trieb, war eine Ausnahme. Die ungeschriebene Regel verlangte nach Gegenpositionen, die rationale und emotionale Strebungen vereinigte und verteidigte. In der Schweiz wurde ein historisches Bewusstsein aufgearbeitet, das die genossenschaftlichen Wurzeln der ältesten Demokratie und den föderalistischen Aufbau eines vornationalen Staatswesens vergegenwärtigte. Gleichzeitig war ein bürgerliches Publikum gern bereit, zwischen zwei «Wehropfern» den Verfasser der «Mutter Courage» zu feiern; und das Kabarett «Cornichon» verschmolz helvetische Bodenständigkeit mit sozialistischer Gläubigkeit.

Wer in den Nachkriegsjahren zu studieren begann, konnte das Rüstzeug der «geistigen Landesverteidigung» im Musée imaginaire der Schweizer Geschichte verschwinden sehen. Das Pendel schlug nach der Seite des unpolitischen Gestaltens und Denkens aus – hier wie auch anderswo. Während sich der ost-westliche Gegensatz rasch und gründlich verfestigte, bot eine Vielfalt geistiger Unternehmungen innerhalb eines eben erst wiedergewonnenen grösseren Freiheitsraums vorerst reichlichen Diskussionsstoff. Der Pluralismus, von dem man nachmals zu reden begann, wurde einstweilen praktiziert. Es gab Heideggerianer, Barthianer, Jungianer, wie es ehedem Wagnerianer gegeben hatte; es gab solche, die sich für Paul Claudel entschieden oder für Gide, Partei nahmen für oder gegen Picasso (seine Bilder), für oder gegen Carl Orff (seine Opern). Blieben die Marxisten, die immer schon wussten, was von einer Sache zu halten war, denn sie hatten ihre Kategorien. Das flösste manchmal Respekt ein und wirkte oft etwas langweilig.

Wann hat sich das Pendel auf den Rückweg gemacht? Eines Tages war unser Tun und Treiben zu harmlos geworden. Wir hatten es offensichtlich nicht genug «hinterfragt». Wir waren nicht engagiert genug, oder wir waren es, ohne davon zu wissen. Indem wir uns noch zu bilden vermeinten, stärkten wir das Beharrungsvermögen einer repressiven Gesellschaft. Als Historiker hatten wir Mythologie verfertigt, als Theaterbesucher waren wir sozialen Tabus verhaftet geblieben. Wir waren die nützlichen Idioten eines Systems – und obendrein des falschen.

Eine neue Sprachregelung breitete sich im Kulturbetrieb aus. Ihre Hauptparole lautete: «Man kann doch nicht mehr ...» Das in sich geschlossene Kunstwerk, die fertige Leistung hielt nicht mehr stand: vor Ansprüchen, die sich auf experimentelle Offenheit, Improvisation und (vor allem) Kommunikation richteten. Kommunikation im

Vorfeld der Gestaltung, als «Werkstattgespräch», wie es nicht wenigen Schauspiel-Inszenierungen zu edlem Scheitern verholfen hat; Kommunikation mit dem Publikum, das alle mögliche Arten einer wenigstens vorgespiegelten Beteiligung am künstlerischen Geschehen aus bisher passiv betrachtender Haltung herauslocken solle. Der Umgang mit Klassikern, wo er nicht streng gemieden wird, tritt unter das Zeichen der Verfremdung, wenn nicht der höhnischen Entstellung: denn man kann ja nicht mehr ...

Oder doch? Refugien tun sich auf, wo man anscheinend noch kann – vielleicht muss, denn wie will man zum Beispiel eine Verdi-Oper «zur Diskussion stellen» oder die Wiener Staatsgalerie verfremden? Damit ist freilich das Stichwort «Museum» gegeben. Die Kunst (aller Gattungen), die heute Säle füllt oder sonstwie «rentiert», wird nicht zu Unrecht als museal bezeichnet, insofern sie sich aus der Vergangenheit her konserviert und einem offenbar vorwiegend konservativen Publikum (aller Altersstufen) gefällt. Der experimentellen Offenheit tritt hier, namentlich im Bereich der Musik, ein Höchstmass an Perfektion, dem Werkstattgespräch das bedingungslose Diktat des Stardirigenten entgegen.

Die Sprachregelung, die einem solchen Kulturbetrieb mit ihrem «Man kann doch nicht mehr ...» auf den Leib rückt, beruht nicht nur, nicht in erster Linie auf künstlerischen Kriterien; sie entspringt ja einem gesellschaftlichen Engagement. Was ihr zufolge nicht möglich ist und nur in der Wirklichkeit trotzdem noch stattfindet, ist der Ausdruck des Spätkapitalismus, des Spätbürgertums. Die Polemik gegen den kulturellen «Konsum» gilt den sozialen Verhältnissen, die ihn noch aufrechterhalten. Die Avantgarde versteht sich weiterhin nicht nur kunstkritisch in ihren Aussageformen, sondern gesellschaftskritisch in ihren Aussagen selbst. Sie strebt ideologische Erziehung an, und ihre Antwort auf die Frage nach definitiven Lösungen ist so einfach wie die jenes reichsdeutschen Experten, auch wenn sie nun «Marx und Freud» lautet. Schlägt das Pendel einmal zurück, wird eine Heilslehre mehr der Vergangenheit angehören.

*NZZ, Feuilleton vom 16. März 1973, Morgenausgabe Nr. 125*

# Denkender Darsteller der Geschichte. Zum fünften Band des Burckhardt-Werks von Werner Kaegi

*Diese magistrale Rezension ist viel mehr als nur das Referat eines grossen Werks. Hier gibt sich Hanno Helbling zwar einerseits dem «courant normal» seiner Profession hin, anderseits denkt und schreibt er selbst als Historiker.*

Etwas mehr als ein Vierteljahrhundert ist vergangen, seit der erste Band des Werks «Jacob Burckhardt. Eine Biographie» von Werner Kaegi erschien. Der Verfasser, der jetzt den fünften – und zweitletzten – Teil dieser Arbeit vorlegt, ist in der Zwischenzeit nicht als hauptamtlicher Burckhardt-Biograph tätig gewesen, so untrennbar auch für die Öffentlichkeit sein Name mit dem des grossen Baslers verknüpft bleiben wird. Er war zugleich Burckhardts Nachfolger – im Abstand von zwei Generationen – als akademischer Lehrer; und dies konnte seinen vollen Sinn nur erreichen, wenn und weil ihm das Wirken an der Universität die erste und wichtigste aller Aufgaben war. Wie für Burckhardt: der in den achtundzwanzig Jahren seines in doppelter Bedeutung historischen Lehramts dem Unterricht, und so dem gesprochenen Wort, den Vorrang vor publizistischen Absichten gab.

Um die selben achtundzwanzig Jahre geht es hier noch einmal, wie schon im vierten Band, wo das letzte von Burckhardt selber herausgegebene Buch – die «Geschichte der neueren Baukunst» – besprochen und die äusseren Lebensereignisse in diesem Zeitraum, vor allem die Reisen, dargestellt sind. Die Grundlage bildet das gleichfalls schon dort entwickelte Amtsverständnis, bildet der Lehrauftrag, wie er Burckhardt gestellt war und von ihm erfüllt worden ist. Als Thema aber stellt sich nun das «Vorlesungswerk», die Interpretation der Geschichte Europas vom Spätmittelalter bis in die Revolutionszeit, wie sie sich der Dozent erarbeitet hat. Durch den «Wald» der Manuskripte legt Kaegi «einige Schneisen». Er erschliesst so, dem Leser «vorblätternd», eine Hauptleistung Burckhardts, die sich editorisch nicht erfassen lässt und die doch den «Weltgeschichtlichen Betrachtungen» erst ihren Platz am Rand eines sehr viel grössern

Gesamten und diesem Gesamten den Schwerpunkt gibt, den Kaegi bezeichnet, wenn er sagt: «Burckhardt ist im Ganzen eben doch kein Geschichtsphilosoph, sondern ein denkender Darsteller der Geschichte geblieben.»

Wer sich in die früheren Bände vertieft hat, ist wohlvorbereitet auf die hilfswissenschaftliche Akkuratesse, mit der er auch hier an das Material herangeführt, in die Geheimnisse seiner zeitlichen Schichtung eingeweiht wird. Die Aufschlüsselung des oft wiederholten, immer sich selbst revidierenden Umgangs mit dem historischen Stoff beginnt bei Papier und Wasserzeichen, beim Unterschied zwischen frühern und späteren Einschüben, Einlagen in ein Urmanuskript, das über die Jahre hin auf ein Vielfaches anschwillt – und dem auch ein noch älteres «Zeddelchen» aufgeklebt sein kann ... Umgang mit dem Stoff: er gibt sich in Datierungen zu erkennen, aus denen hervorgeht, wie weit der Professor es dieses und jenes Mal bis Semesterschluss brachte; wesentlicher in der Streichung eigener Sätze oder in Randglossen: wenn er zu 1801 geschrieben hatte: «Die Notwendigkeiten, welche Thiers um das Concordat herum malt, sind reine Imagination», und später dazusetzt: «hm? nicht so ganz!»

Breiter und deutlicher als solches Selbstgespräch ist die Auseinandersetzung mit den Autoren angelegt, die Burckhardt zum Teil höchst ausgiebig exzerpiert – die Verächter der «Sekundärliteratur» müssten sich wundern – und die er mit zustimmenden oder kritischen Bemerkungen kommentiert (Quinet: wie weit wohl bei den Terroristen «der Wahn einer baldigen Herrschaft der Gerechtigkeit auf Erden» gegangen sei; Burckhardt: «Gar nicht so weit, citoyen Quinet!»), vor allem aber durch eigene Betrachtungen nuancierend ergänzt. Schon hier wird die Entschlüsselung seiner Notizen zur historiographischen Aufgabe. Der Leser soll einen Begriff vom geistigen Standort des exzerpierten Autors, von seiner wissenschaftlichen und publizistischen Bedeutung in der eigenen Zeit und im Urteil Burckhardts erhalten; er muss verstehen können, wie sich gerade *dieses* historische Thema gerade in *dieser* Deutung gerade für *Burckhardt* darstellen musste. Der Leser soll aber auch von den Büchern hören, die Burckhardt nicht exzerpiert und doch sicher gelesen hat (angefangen beim ‹Esprit des lois›); und die wichtigsten von den Werken seiner Zeit, die er nicht gelesen, von denen er vielleicht nicht gewusst hat («Krieg und Frieden») gehören mit in das Bild.

Nimmt man noch dazu, dass Burckhardts Aufzeichnungen über fünfeinhalb Jahrhunderte europäischer Geschichte ihr Relief nur erhalten, in ihrer Eigentümlichkeit nur ersichtlich werden, wenn der Leser zumindest das Stichwort erhält zu der jeweils besprochenen Situation, Entwicklung oder Begebenheit, so bleibt nur die Frage, wie denn wohl jemand dieses Werk – und im besonderen diesen Band – hätte schreiben dürfen, ohne als Burckhardt-Biograph zugleich Universalhistoriker zu sein. Von den knappen Porträts wichtiger Anreger (Eduard von Hartmann, Onno Klopp, Constantin Frantz), die nicht eben als allbekannt gelten können, bis zu der Skizze, die einen Zusammenprall des Historikers mit dem Vorverständnis, dem Vorurteil seines Publikums einordnet und erklärt (der Calvin-Vortrag); alles findet man beigebracht, was der Durchleuchtung eines fürs erste doch dunklen und wirren Textbestands dient.

Kaegi hat den Stoff – oder sein Referat über den Stoff – so geordnet wie Emil Dürr einst die «Historischen Fragmente»: eine, wie man nun erfährt, verschwindend kleine, aber staunenswert zielsicher getroffene Auswahl aus dem Vorlesungsmaterial. Nämlich chronologisch, in der Absicht, dem biographischen Rahmen «eine Geschichte Europas von 1250 bis 1888, gesehen mit den Augen Jacob Burckhardts» einzufügen. «Bis 1888», nicht weil die Lehrtätigkeit sich auf «Zeitgeschichte» erstreckt – oder auch nur den Wiener Kongress noch erfasst hätte. Sondern das «Erlebnis der Gegenwart» reiht sich als letzter Hauptteil des Bandes, der nun hauptsächlich auf Briefen des älteren Burckhardt beruht, der Auseinandersetzung mit dem «Zeitalter der Revolution» bruchlos an; Burckhardt selber hat am Semesterbeginn 1871 diese historische Einheit hervorgehoben: «Alles bis auf unsre Tage ist im Grunde lauter Revolutionszeitalter und wir stehen vielleicht erst relativ an den Anfängen oder im zweiten Akt.»

Im «Gesamtbau» des Vorlesungswerks – es fällt auf, wie oft sich bei Kaegi hier Architektur-Metaphern einstellen – kommen zunächst

*Denkender Darsteller der Geschichte*

die Polaritäten zur Geltung, in denen sich das moderne vom mittelalterlichen Europa, die freiheitlich orientierte Kleinstaatenwelt des Abendlands vom despotischen Reichswesen des Orients abhebt. Dann tritt Burckhardts kritisch gebrochenes Verhältis zur Leistung der Reformatoren zutage, sein Widerstand gegen die triumphalistische Betonung ihrer Notwendigkeit, in den sich die Skepsis gegenüber den eigenen Zeitläuften mischt. Seine Darstellung des «konfessionellen Zeitalters» spiegelt die fortwährende Diskussion mit Ranke, dem grossen Lehrer, und «das nie abbrechende Gespräch mit den katholischen Historikern seines Jahrhunderts», sie zielt aber letztlich über die religiös-kulturellen Prozesse hinaus auf den Punkt, den er früh bezeichnet hat mit dem Wort: «Hauptschöpfung der neueren Geschichte: der Grossstaat.»

Europa wird nun zum Schauplatz «einer früher unerhörten Vielartigkeit des Lebens» und eines Austrags der Kräfte, die der Kampf nicht zerstört, sondern erhält in einer «Discordia concors» – die doch nicht alle Erscheinungen auffängt: Cromwell nicht, die «fürchterlich unästhetische Persönlichkeit», die Burckhardt in ihrer Jugend «aus Flegelei und Erweckung und später aus Furchtbarkeit und Erweckung» gemischt findet; und die Terreur der Revolution nicht: «Für ihn», sagt Kaegi, «gab es keine Vergoldung der Guillotine.» Wie denn bei Burckhardt, im Gegensatz eben zu Ranke, die Zusammenschau nicht auf Harmonisierung hinauslaufen *musste*. Die wirtschaftlich-soziale Entwicklung der Neuzeit – «Europa wird das Raspelhaus für alle fünf Weltteile ... Das notwendige Grosskapital und die zunehmende Wenigkeit der über ihr Schicksal verfügenden Menschen» – hat er als grossartig, aber auch als beklemmend empfunden, und die Beklemmung hat ihn bei der Analyse des staatlichen und gesellschaftlichen Lebens seiner Gegenwart nie verlassen. Revolution und Cäsarismus als historisch-politischer Hintergrund; vierter Stand und Militarismus als «die beiden Klammern der Zange» im modernen System ... Man versteht wohl, was Kaegi meint, wenn er schreibt: «Burckhardt war ein Schwarzseher. Aber was er sah, war eben zuweilen schwarz.»

Indessen fehlt gerade in den Schlusskapiteln des Bands, was so naheläge: eine Überbetonung des «Prophetischen» bei Jacob Burckhardt. Wie sehr auch Kaegi – mit Recht – die Hellsicht mancher Bemerkungen hervorhebt (wobei doch auffällt, dass das von Burckhardt Erahnte oft erst in einer übernächsten Phase und nach einer geradezu gegenläufigen Entwicklung eingetroffen ist): die volle Vertrautheit mit allen Äusserungen lässt ihn auch feststellen, dass Burckhardt gründlich daneben geraten war. Und warum nicht? Das Wesentliche liegt nicht in den Voraussagen, sondern in der Betroffenheit durch Geschichte und Gegenwart, im Pathos der Zeitkritik und im Aufspüren der Grundverhältnisse, wie es die Vorlesungsnachschrift eines Burckhardt-Schülers bezeugt, wenn sie festhält, wie der Lehrer im Zusammenhang mit Napoleon «jenes Urmysterium von der Einwirkung eines Menschen auf einen anderen» ansprach. Es sind solche Worte, die Werner Kaegi so durchaus recht geben in seiner pointierten Aussage: «Burckhardt lebte nicht für die ‹Wissenschaft›, sondern für die Erkenntnis.» Und es ist diese Art der Vertiefung in das Geschichtliche, die eine Haltung jenseits von «Pessimismus» und «Optimismus» ermöglicht, wie Burckhardt sie ausdrückte in seiner «Bitte ans Schicksal: um Pflichtgefühl für das jeweils Vorliegende, um Ergebung in das Unvermeidliche und – wenn die grossen Fragen der Existenz auf uns zukommen – um klare, unzweideutige Stellung derselben; endlich um soviel Sonnenschein für das Leben des Einzelnen, als nötig ist, um ihn bei der Erfüllung und der Betrachtung der Welt munter zu halten.»

*NZZ, Beilage «Literatur und Kunst», Sonntag, 14. Oktober 1973, Nr. 476*

## Eine ungeliebte Autorin?

*Anfang 1974 druckte die Feuilleton-Redaktion der NZZ als Fortsetzungsfeuilleton den Roman* Eine ungeliebte Frau *von Hedwig Courths-Mahler nach. Niemals zuvor und nie mehr danach war das Echo aus der Leserschaft auf dieses Genre so stürmisch. Hanno Helbling holte zur Erklärung aus.*

Für einmal sind die «zahllosen Briefe», die auf Redaktionen sonst *nicht* eintreffen, *doch* eingetroffen: ausgelöst durch den Abdruck des

Romans «Eine ungeliebte Frau» von *Hedwig Courths-Mahler* in unserem Romanfeuilleton.

Eine Zwei-Phasen-Reaktion: zuerst lauter Entsetzen; dann eine Gegenbewegung doppelter Art, nämlich zugunsten der Zeitung, weil sie aus Beweggründen, die man ihr freundlicherweise zugestand oder zuschrieb, den Roman gebracht habe – und zaghafter, zugunsten des Romans selbst, der doch gar so übel auch wieder nicht sei.

Das Entsetzen, zuerst, galt der Wahl eines Texts – wie versichert wurde – eindeutiger Reputation durch ein sonst – wie man unfroh zugab – reputierliches Blatt. Sogar schleuderte (wie einst David) Hans Habe in mehreren Blättern, die wir ohne falsche Bescheidenheit weniger reputierlich finden, einen Kieselstein auf unser «hochgestochenes Feuilleton», das sich so weit vergass ... Was Hans Habe seinerseits für das literarische Niveau von Zeitungs- und anderen Lesern getan hat und tut, möchten wir nur gefragt haben; denn er gilt als streitlustig, und wir sind es nicht.

Man setze also voraus, dass die Millionenauflagen, zu denen es Hedwig Courths-Mahler mit ihrer belletristischen Massenproduktion einmal gebracht hat, unseren Eltern oder, je nachdem, Grosseltern – oder, je nachdem, unserer eigenen Jugend – das Zeugnis schlechten Geschmacks ausstellen. Eine Verirrung, zum Glück vorüber; ersetzt, ohne Zweifel, durch andere; die man ja aber doch auch vermeiden, wenn nicht bekämpfen sollte. Und nun allein um der kaum erst eintretenden historischen Verklärung, um des heutzutage so schnell entstehenden Antiquitätswerts willen einen solchen Text wiederaufzutischen – «kann sich das», so fragte man uns, «die NZZ leisten?»

Ja, Leute; sie kann. Und dies aus vier Gründen. Erstens, jene Millionenauflagen sind ein Faktum, über das nachzudenken niemandem schadet; und das Nachdenken vollzieht sich, soll es seinen Namen verdienen, nicht in der Form, dass man sagt: «Gott behüte – Courths-Mahler»; sondern es nimmt seinen Ausgangspunkt bei der Lektüre. Zweitens, die Lebhaftigkeit und selbst Heftigkeit mancher Leserreaktion zeigt, dass es um die Tatsache des Courths-Mahler-Erfolgs nicht *nur* antiquarisch bestellt ist; sondern dass sich die Bedeutung der Trivialliteratur in ihm spiegelt – besonders klar und scharf spiegelt, weil hier das Urteil seit Jahrzehnten gemacht ist; während der Leser sich anderes, Heutiges, eher gefallen lässt unter der Bedingung, noch nicht genau wissen zu müssen, wie trivial es wohl sein mag.

«Leisten» kann man sich, drittens, den Abdruck eines Courths-Mahler-Romans doch am ehesten dann, wenn man sonst nicht gerade im dringenden Verdacht steht, literarische und überhaupt kulturelle Erscheinungen höheren Niveaus zu vernachlässigen. Und schliesslich, viertens, wer möchte denn eigentlich den Beweis dafür antreten, dass Hedwig Courths-Mahler nicht gewusst habe, wie man einen Roman schreibt?

Soviel zum Entsetzen. Die Gegenreaktion haben wir, motu proprio, hier gleich selber zusammengefasst. Bliebe, um der Vollständigkeit willen, noch festzuhalten, dass einige Leser vermuteten, die Redaktion habe sich mit dem Abdruck von «Eine ungeliebte Frau» einen Spass erlaubt. Wir erröten.

*NZZ, Feuilleton vom 5. April 1974, Morgenausgabe Nr. 160*

## Ostern für Weltchristen

*Ein «typischer» Helbling unter seinen vielen Leitartikeln zu Ostern und zu Weihnachten. Etwas sperrig, mit untergründiger Freude am polemischen Spiel, dazu überraschungsreich «dialektisch».*

«Alle Stimmungen des Evangeliums schweben nur wie ferne, weisse Sehnsuchtswolken über allem wirklichen Tun unserer Zeit.» Ein Satz von Friedrich Naumann, vor sechzig Jahren geschrieben. Es hat sich nichts geändert seither – an der «Bewusstseinslage», die mit dem Satz bezeichnet ist; oder an der Weigerung der Theologie, einen solchen Befund zu akzeptieren. Tatsächlich kann eine Theologie, die nicht in unmittelbar Nähe zu ihrer Selbstpreisgabe geraten will, auf dergleichen nicht eingehen; und man hat zwar vor einigen Jahren erlebt, wie sich Theologen von Gott zu verabschieden suchten; aber den eigenen Abschied zu nehmen haben auch sie nicht riskiert.

Es braucht jedoch Anstrengung und Gewalt, damit klargelegt

wird, dass der Glaube, in dem wir uns an das Evangelium halten, *gerade nicht* vom wirklichen Tun unserer Zeit zu trennen ist. Dieses «gerade nicht» war schon immer ein vorherrschendes Stilelement im theologischen Schrifttum. Unsere seelische Struktur, unsere geistige Ausrichtung, unsere Lebenslage mögen uns einen Zugang zur christlichen Botschaft freigeben – wir können sicher sein, dass es gerade nicht der richtige Zugang ist. Wir sollen gegen den Strich glauben; was uns allenfalls leichtfiele, hat kein Verdienst.

Tun wir uns also Gewalt an. Lassen wir uns sagen, dass Ostern gerade nicht der festliche Aufbruch aus den Begrenzungen des Lebens, aus den Gesetzen des Sterbens, aus dem Verhängnis ist. Versuchen wir zu begreifen, dass gerade auch Auferstehung «unbequem» ist oder wenigstens so genannt werden muss. Wahrheit hat unbequem zu sein; wir sollen gerade auch am Feiertag weder sitzen noch liegen können. Benutzen wir Ostern dazu, konfliktbewusster zu werden. Bedenken wir, dass sich gerade in «allem wirklichen Tun unserer Zeit» entscheiden muss, ob Christus umsonst gelebt hat, umsonst gestorben ist.

Melden wir uns aber – bei allem Respekt vor solchem Kanzellatein – mit einer bescheidenen sprachlichen Beobachtung zu Wort. «Umsonst gelebt?» und «umsonst gestorben?» – das muss sich tatsächlich entscheiden; wenn auch von einem Zusammenhang her, den wohl «unbequem» gross finden könnte, wer sein Konfliktbewusstsein auf die Dimension eines Wahlfachs eingeschliffen hat. Aber «umsonst auferstanden?» – das ist eine Frage, die spürbar schon von den Wörtern her keinen Sinn ergibt.

Warum soll uns das wundern? Wir waren ja geneigt, in unserer Osterfeststimmung die Kategorie der Vergeblichkeit für überwunden zu halten; und bereit, sie im wirklichen Tun unserer Zeit wieder anzuerkennen; also gerade die Trennung zu vollziehen, die nicht bestehen kann vor dem Anspruch, mit der ganzen Wahrheit des Evangeliums jeden Tag konfrontiert zu sein. Wie aber, wenn wir ganz einfach zugäben, dass wir solchem Anspruch nicht genügen und solche Konfrontation nicht leisten? Und wenn wir noch einen Schritt weiter gingen: wenn wir meinten, dass unter anderem auch dieses Unvermögen konstitutiv sei für die Glaubenssituation der Gegenwart?

Es gibt im Christentum eine Einrichtung, von der man annehmen könnte, dass sie einer solchen Lage entspreche: das Kirchenjahr. Seine Ordnung führt uns immer wieder den Weg, auf dem sich die Wahrheit ins Werk gesetzt hat; sie lässt uns einen Prozess nachvollziehen – dort, wo er sich das erste und einemal vollzogen hat: in der Zeit. In der Zeit, die nun unsere Zeit ist, mit ihrem wirklichen Tun, das uns den Zugang zur christlichen Botschaft bald schwerer, bald etwas leichter macht. Auf diesem jährlich wiederholten Weg, in diesem Prozess verhalten wir uns nicht jedesmal gleich. Ostern kann in einem Jahr vorbei sein, ohne dass wir viel davon begriffen haben; wir verstehen und vertragen bald etwas mehr, bald weniger Wahrheit, und gewiss nicht alle auf einmal.

Versuche, dem «abzuhelfen», werden pausenlos unternommen. Das Angebot an Katechismen war nie so gross; man hat sich nie solche Mühe gegeben, uns mit unserem Glauben zusammenzubringen. Auf die verschiedensten Weisen, aber stets «unverkürzt» soll die Botschaft «in unsere Zeit hineingestellt» werden. Man wolle uns das Christsein nicht leicht machen, versichert man uns; erklärt uns dann aber, wie wir uns das Unvorstellbare zurechtlegen können, um in den Besitz einer natürlich unbequemen Wahrheit zu kommen. Das Wort «Rationalisierung» wird dabei unter allen Umständen vermieden.

Und in der Tat, wenn wir zum wirklichen Tun unserer Zeit gerade nicht mehr Distanz gewinnen und es samt seinem «umsonst?» oder «nicht umsonst?» als *den* Ort sehen wollen, an dem unser Glaubensverständnis sich täglich, und täglich gleich, in ein möglichst ernsthaftes, pflicht- und konfliktbewusstes Christsein umsetzen *muss* – dann ist uns mit Katechismen gedient, die uns lehren, was wir «auch heute noch» glauben *müssen*. Wir dürfen uns immer das Buch aussuchen, das uns den Anschein des Unverkürzten am besten vermittelt.

Was wir aber – noch, oder schon, oder wieder – glauben *können*, das entscheidet sich anderswo. Es entscheidet sich einmal vielleicht *gerade doch* darin, dass uns das Kirchenjahr, eines bestimmten Tages, heranführt an den festlichen Aufbruch aus den Begrenzungen des Lebens, aus den Gesetzen des Sterbens, aus dem Verhängnis. Ostern – eine «Stimmung des Evangeliums ... über allem wirklichen Tun unserer Zeit». Warum sollte Gott nicht durch Stimmungen zu uns reden können? Warum sollte es nicht eine Glaubenssituation geben, die uns *diesen* Zugang zur christlichen Botschaft noch am ehesten freihält? Freuen wir uns, dass wir die fernen, weissen Wolken noch sehen.     *NZZ, Kopfblatt vom Samstag/Sonntag, 17./18. April 1976*

## Wider die Gegner von Feindbildern

*Ein Feuilleton mit unverkennbarer Handschrift: nicht sofort zugänglich, aber mit Wirkung in die Tiefe; dazu auch ein kaum verdecktes Zwiegespräch mit Max Frisch.*

Wir setzen als bekannt voraus: dass es nicht leicht sei, die eigenen Feinde zu lieben. Sofort fragt er sich aber, wieviel Erfahrung wir eigentlich haben auf diesem Gebiet. Mindestens der bewussten Erfahrung steht doch zunächst entgegen, dass man Feinde nicht wirklich zu haben glaubt; Feinde, die man dann – aber wie? – zu lieben versuchen müsste. Eher verhält es sich so, dass wir jemanden keineswegs lieben und dennoch erstaunt sind, wenn uns bedeutet wird, zwischen ihm und uns herrsche ein Zustand, der ihm selbst oder andern als Feindschaft erscheine.

So im personalen Bereich: auf den vielleicht einwirkt, dass unsere Ablehnung unpersönlicher oder uns doch persönlich nicht zugänglicher Grössen ja auch keine Folgen hat; man kann ein Feind des Zigarettenrauchens oder des Walfangs sein, ohne dadurch in feindschaftliche Verhältnisse zu geraten, und auch zum Feind des Präsidenten von Chile kann man sich (ausserhalb Chiles) erklären, ohne damit feindschaftliche Gegengefühle auf sich zu ziehen. Bei Herrn X.Y., dem man in Z. auf der Strasse begegnen kann, soll das dann plötzlich anders sein ...

Schon von da her muss einleuchten, dass es weit günstiger ist, sich Feind*bilder* zu halten, als wirkliche Feinde zu haben. Weder riskieren wir bei einem Feindbild, dass uns gemeinsame Bekannte mit ihm zusammenbringen, noch auch hätte es Sinn und Verstand, von uns zu erwarten, dass wir es lieben. Erklären wir uns beispielsweise zum Feind aller Bürokratie, so verpflichtet uns das keineswegs, Bürokraten zu lieben, denn wir haben ja nichts gegen sie. Auch machen wir uns, solange wir nicht ins Einzelne gehen, mit unserer Bürokratie-Feindschaft keinen Menschen zum Feind; denn wer hält sich schon selbst für einen Bürokraten.

Freilich, der Schritt vom Feindbild zum Feind ist manchmal schnell getan. Konstruieren wir: ein Linksintellektueller – nein, das ist kein guter Anfang; man könnte noch denken, der Linksintellektuelle sei selber das Feindbild. Konstruieren wir also: *jemand* hat etwas gegen reiche Leute und gibt dieser allgemeinen Abneigung freimütig Ausdruck. Er wird sich kaum Feinde machen. Wirklich reich ist immer erst der noch Reichere; keiner fühlt sich betroffen. Oder er – jemand – sagt: die Banken. Auch nicht schlimm. Es können höchstens die Grossbanken gemeint sein, und da wieder nur die Hauptverantwortlichen, und die lassen sich womöglich nicht ungern ein wenig dämonisieren; sind es im übrigen schon gewohnt.

Aber man werde um einen Hauch zu konkret. Man sage: die Leute «vom Zürichberg» – und der Feindschaft Anfang ist gemacht. Ein Berg voller Leute ist «sensibilisiert», um nicht zu sagen verärgert; sei es nur wegen der offenkundigen Ungerechtigkeit, mit der unser Jemand den Zürichsee ausschliesst aus seinem Feindbild; ... Kunststück; der wohnt ja in K. (Anfangsbuchstabe einer Zürichsee-Gemeinde); in einer Villa. Übrigens ärgern sie sich vielleicht auch am See ... wie wenn bloss die am Berg etwas hätten.

Aber sollen wir uns wegen solchen Inkonvenienzen die Feindbilder etwa verleiden lassen? Das sei ferne. Unpersönlich und vor allem unbestimmt zu bleiben, das ist reine Übungssache. Eine verfeinerte Feindbild-Technik wird uns instand setzen, Zeitgenossen in Rage zu bringen und dann mit hochgezogenen Brauen zu sagen: Ach ... Sie fühlen sich betroffen. Denn wir hatten nur ganz allgemein gesprochen; aber wenn sich einer mit unserem Feindbild identifizieren will, bitte sehr, selber schuld (und ein Grund, ihn zu lieben, ist das schon gar nicht).

Vor allem: Ohne den «confort intellectuel» der Feindbilder würden die Moralisten arbeits- und brotlos. Erstens müssten sie selber sich Feinde halten – richtige, echte, denen man auf der Strasse begegnet, und man weiss zwar, dass man sie lieben sollte, aber nicht, ob man sie grüssen kann – und müssten darauf gefasst sein, nach Beweisen gefragt zu werden für alles, was sie über diese Feinde behaupten. Zweitens könnten sie ihrerseits uns nicht mehr vorwerfen, wir seien an Feindbildern orientiert. Drittens wären sie selber nicht mehr das Feindbild einer Gesellschaft, in welcher man mit realen Feinden nichts Rechtes anfangen kann. – So gesehen, ist die Mahnung eines Moralisten, auf Feindbilder zu verzichten, ein Akt der Selbstverleugnung, wie er kaum unter Freunden vorkommt.

*NZZ, Feuilleton vom 18. November 1976, Nr. 271*

## Hitlers Enkel

*Am 18. Oktober 1977 war der deutsche Wirtschaftsfunktionär Hanns Martin Schleyer von Terroristen der deutschen Roten-Armee-Fraktion (RAF) ermordet worden. Hanno Helbling lieferte eine brillante Analyse der Herkunft dieses Gesinnungsverbrechertums.*

Man sucht nach Erklärungen für ein politisch-ideologisch gemeintes Verbrechertum, das unter dem Titel «Revolution» auf die Szene gekommen ist, hier aber bald den Kontakt mit irgend nachzuvollziehenden Zielvorstellungen – die eine «Realutopie» nicht ausgenommen – verloren hat. Die Aufgabe, ein solches Phänomen zu erklären, ist schwer, aber sie ist nicht ein-, nicht erstmalig.

Man hat von «geistigen Vätern» gesprochen. Gemeint waren Philosophie- und Theologieprofessoren, Schriftsteller, «Linksintellektuelle». Nun ist geistige Mitverantwortung schwer zu fassen, und die scheinbar einfachste Art, ein paar Schuldige zu ermitteln, bringt zuletzt doch nichts Sicheres bei. Das Moment der intellektuellen Verführung gehört ins Bild, es gehört aber in jedes Bild, aus dem nicht Lehr- und Pressefreiheit verbannt sind. Marcuse hat in Amerika, Sartre hat in Frankreich den Wunsch nach «Gesellschaftsveränderung» theoretisch genährt, und aus den Unruhen von 1968 sind solche Anstösse natürlich nicht wegzudenken. Sie haben jedoch in diesen zwei Ländern nicht dazu geführt, dass führende Männer – Vatergestalten – des Staats und der Wirtschaft erschossen, entführt und die Obrigkeiten mit Morddrohungen unter öffentlichen Druck gesetzt wurden.

Belletristische Verklärung politischer Kriminalität; ein journalistisches Alles-verstehen-Können, dem dann der Schrecken folgt über Dinge, die zu verstehen doch anstössig sein könnte; Wohlwollen, geäussert von der akademischen «Warte» einer ethisierenden Edelkritik am Nicht-Idealstaat: dergleichen ist nicht das Erbe von Vätern. Das sind Geschenke von geistigen Onkeln und Tanten.

Sollte man von den leiblichen Vätern sprechen? Sie haben keine Revolution gepredigt, im Gegenteil. Sie gehören zu der Generation, die nach 1945 möglichst schnell möglichst viel Normalität zurückhaben wollte. 1945: ein magisches Datum, eine Trennungsmarke zwischen denen, die im Dritten Reich und im Krieg dabei waren und auf diesen Teil ihres Lebens zu reagieren hatten, als er vorbei war – und ihren Kindern: den Kindern ihres hastig wiedergewonnenen Wohlstands und ihrer Freiheit in Gesellschaft und Staat. Freiheit und Wohlstand, das war ein wirkliches Vätererbe: das aber nun bei einem nicht so ganz kleinen Teil der Kinder dem Hohn, der Verachtung und der Verneinung anheimfiel.

Noch bewegen wir uns im Rahmen des Begreiflichen. Eine Demokratie, die nicht mit praktischer Selbstverständlichkeit, sondern mit wortreich-grundsätzlichem Eifer gehandhabt wird, kann ein stimmungsmässiges Misstrauen auf sich ziehen. Ein «Wirtschaftswunder», das als Ergebnis imponierender Leistung nicht nur genutzt, sondern auch gefeiert wird, kann sich verdächtig machen. Und hier, unter anderem, hat die neomarxistische Verführung und Vergiftung ansetzen, der Widerspruch von Erben und Schülern einen neuen ideologischen Radikalismus annehmen können.

Aber der Neomarxismus, dessen Stärke in seiner beliebigen Anwendbarkeit auf alle Geschichte und auf jede Gesellschaft liegen soll, ist mit den irrationalen Momenten der deutschen Situation doch selber nicht fertiggeworden. Auch die Lehrer wurden schliesslich verspottet, ihre Theorien gingen im zynischen Spiel mit Schlagwörtern unter. Das «Lerninteresse» der Gesellschaftsveränderer flaute ab; in den Extremfällen, um die es jetzt geht, wandte es sich den kriminalistisch-technischen «Details» der Veränderung zu.

Mit den «irrationalen Momenten» soll nun nicht einfach das gemeint sein, was wir nicht (oder lieber nicht) mehr begreifen. Sondern die Steigerungsformen jenes Misstrauens gegenüber Wohlstand und Freiheit in Deutschland: Steigerungsformen, die eben nicht rational, das heisst nicht aus einem besonderen Mass von Vertrauensunwürdigkeit der wirtschaftlichen Verhältnisse und der politischen Institutionen erklärt werden können. Woraus aber sonst? Das von den Vätern errungene und den Kindern übermittelte oder angebotene Erbe setzt eine Trennung voraus, wir nannten sie schon. Was «unter» 1945 lag, sollte nicht eingehen in die kommende, bessere Zeit. Darum musste sich, was nachher kam, mit flachen Wurzeln begnügen.

Und darum war während Jahren von «unbewältigter Vergangenheit» viel die Rede; zu viel, als dass nicht auch Überdruss entstanden wäre an einem unglücklich gewählten Begriff (denn wir haben die Vergangenheit nicht zu bewältigen, es genügt durchaus, dass wir mit ihr leben). Trotzdem wusste und weiss man ungefähr, was gemeint war. Die 1945 tatsächlich vollzogene Bewältigung oder Überwältigung der Vergangenheit hat sich spätestens 1968 als trügerisch erwiesen. Wir sagen «trügerisch»; die revolutionäre Jugend sprach von Betrug – und zugleich von Faschismus, womit sie den unterschlagenen, unterdrückten Teil ihrer Erbschaft meinte. Sie glaubte oder behauptete ihn in den Institutionen der Bundesrepublik zu entdecken. Da war er nicht; sie aber wollte ihn sehen.

Alsbald wurde den protestierenden und vom Protest zu Gewalttaten übergehenden Studenten auf den Kopf zugesagt, was sie seien: «Linksfaschisten». Das hiess, sie bildeten eine Linksopposition, nicht im Staat, sondern gegen den Staat, und sie bekämpften ihn mit eben den faschistischen Methoden der Demagogie, des Zwangs und des Terrors, dessen sie ihn zu Unrecht bezichtigten. Von «Nationalsozialismus» war dabei nicht die Rede, von keiner Seite: denn das Hitlerreich wird nach marxistischem Schema unter die Entartungsformen des Kapitalismus eingereiht – Imperialismus, Faschismus – und damit auch seiner besondern, deutschen Erscheinung entkleidet.

Gerade dies aber konnte den Prozess nur erleichtern, der sich als ambivalente Wiederanknüpfung zu erkennen gibt. Das Vätererbe wird verworfen, als stammte es aus der Zeit, unter die doch der nachdrücklichste Schlussstrich gezogen war. Eben so wird der Schlussstrich aufgehoben; der behauptete Widerpart – der «faschistische Bonner Staat» – öffnet die Tür zum verbotenen Arsenal einer Kampfweise, die sich in der angeblichen Abwehr gegen Unterdrückung und Bedrohung erneuert; und in der letzten Konsequenz dieser Umkehrung treten die Mörder in der Rolle von Ermordeten auf. Nicht «Hitlers Kinder», wie gesagt worden ist, machen noch einmal die Unmenschlichkeit zum Gesetz; sondern Hitlers Enkel.

*NZZ, Auslandteil vom 1. November 1977, Nr. 256*

## Seitenthema

*Mit diesem Feuilleton erfüllte sich Hanno Helbling einen lange gehegten Wunsch: Er schrieb über seinen Hund, der eine Hündin war, die der Rasse Golden Retriever zugehörte und auf den passenden Namen Hazel getauft war. Hazel war damals wohl etwa vier Jahre alt.*

Melde mir, Muse … meinen Hund? Geht nicht. Was soll sie denn aber melden? Er liegt unter dem Schreibtisch, vor meinen Füssen. Könnte auch stehen: zu meinen Füssen? Eitelkeit, die sich in der Präposition verrät. Jedenfalls, er ist der Nächstliegende; braucht wohl tatsächlich gar nicht gemeldet zu werden.

Mit einem Seufzer hat er sich niedergelassen, schwer und endgültig; würde aber sofort wieder hochkommen, wenn ich aufstünde; so dass ich wohl eine Jahreszahl, einen Namen auf sich beruhen lasse, um nicht durch einen Gang zum Büchergestell den Frieden zu stören. Später nachschlagen; alles auf einmal …

Denn ich kann es ihm nicht erklären. Bleib nur, ich komme gleich wieder ...: schon zu kompliziert. Befehlen, ja; auf den Ruf: *Warten*, würde er (nicht sehr lang) liegen bleiben; aber ungern, unglücklich, weil er nicht mein Gleichwiederkommen, sondern einzig sein Bleibenmüssen begriffe. Erhebt er sich aber, um hinter mir her zu trotten, so lässt er in dieser Bewegung einen Vorwurf mitschwingen: wo man es sich doch gerade bequem gemacht hatte ...

Der Wunsch, dabeizusein, beherrscht ihn ganz und gar. Sein Gehorsam wird ernstlich nur auf die Probe gestellt, wenn sein (menschliches) Rudel sich trennt und er einem kleineren Teil folgen muss. Nie würde er im Zimmer einen distanzierteren Beobachtungsposten gegenüber der sitzenden Gruppe beziehen. Mitten hinein legt er sich; wenn möglich über ein paar bekanntere Füsse. Nur den Kontakt nicht verlieren; nur selber nicht verloren gehen.

Im Schlaf, unter dem Schreibtisch beginnt er leise zu winseln, in kurzen Stössen, und alle vier Läufe geraten in zuckende Bewegung. Träumend jagt er; und ich wünsche ihm, dass er die Beute fasst. Enten, vermute ich. In leichtem Morgennebel sehe ich ihn am Ufer stehen, vor dem Schilf, dessen Herbstfarbe seine eigene ist; aufmerksam, sprungbereit. Natürlich wäre er fabelhaft «abgeführt» und würde die gefallenen Vögel behutsam im Fang tragen, ohne Umstände fahrenlassen. Aber in *seinem* Traum ist er selbstständiger, rast mit wehendem, flatterndem Fell und Behang hinter dem niedrig fliegenden Entenpaar her, bis es quakend im Teich niedergeht, unbedroht durch den stürmischen Verfolger, der nun bockstill am Uferrand aufgepflanzt steht, sich mit weit ausschwingender Rute am Rauschen und Spritzen des Wassers freut und gar nicht ans Schwimmen denkt. Im Traum – wenn der so verläuft wie eine oft wiederkehrende Szene in der Wirklichkeit; was aber niemand wissen kann.

Ein verspielter Jäger; dem Fachmann ein Greuel. Hätte ich ihn, da kein Flugwild uns zusteht, auf geworfene Stöckchen abrichten sollen? Es ist bei halbherzigen Versuchen geblieben. Wir langweilten uns. Wir genierten uns. Man begegnet auf vielbegangenen Wiesenflächen, welche «Allmend» genannt werden, Männern und Hunden, die der Erziehung obliegen. Die Hunde versuchen so auszusehen, als sei das

Gehorchen ein Hauptspass für sie. Die Männer versuchen so auszusehen, als gehorchte man ihnen auch sonst. Wir verweilen nicht bei dem Anblick. Ungelehrig strolchen wir weiter; bis eine tief und langsam abstreichende Krähe für Abwechslung sorgt.

Kennen wir uns? Hier bleiben Rätsel stehen, und es bleibt eine Spur von Tragik. Der Wunsch, verstehen oder erraten zu können, was der andere will, gleitet ab, immer wieder. Gewiss, die Beobachtung – gegenseitig – hilft uns ein Stück weit: Ein bestimmtes Verhalten zeigt an, was als nächstes beabsichtigt ist; und weil jeder weiss, dass der andere weiss, was gemeint ist, können wir Signale austauschen. Aber *warum* – aus welchem innern Zusammenhang das Verhalten, die Absicht entsteht: das erklärt die Beobachtung nicht, und die Nachahmung – sie zwar einseitig – offenbart die rührendsten Missverständnisse. Einen Teil von dem, was im Hund vorgeht, kann man notdürftig lernen. Von dem, was für Hundebegriffe im Menschen vorgeht, erfährt man so gut wie nichts.

Das hat freilich sein Gutes. Unter welchen Bedingungen wäre sonst denkbar, dass der eine am Schreibtisch sitzt und der andere sich darunter legt und dass beide so auf ihre völlig verschiedenen Rechnungen kommen? Ich sage ein paar Worte zu ihm, und er klopft mit dem Schwanz auf den Fussboden. Hat er verstanden? Verstehe ich? Gleichviel; es ist alles in Ordnung.

*NZZ, Feuilleton vom 27. April 1978, Nr. 97*


## «In Piazza»

*Ein «Reiseblatt» und mehr: ein wenig Erotik, ein wenig Stadtgeschichte, ein wenig Charakterkunde und ein wenig Hommage an Venedig; was einen bedauern lässt, dass Hanno Helbling keine Tagebücher hinterlassen hat.*

Natürlich haben mehrere junge Männer das Mädchen erspäht, das allein über den Markusplatz ging und sich vor dem «Florian» hinsetzte – ohne sich umzublicken, abweisend, unzugänglich. Und nur einem gelingt es, die Beziehung doch herzustellen: er hält ihr seinen

Photoapparat hin und bittet sie, auf ihn abzudrücken. Eine kleine Dienstleistung; und vielleicht merkt das Mädchen wirklich nicht gleich, wie freundschaftlich dieser Gestus schon in sich selber sein wird. Jemanden aufnehmen ... Er aber, einnehmend, stellt sich zur Schau, und sie knipst so eifrig, wie wenn *seine* Eitelkeit *ihre* Schwäche wäre.

Den Kindern, die vor die grosse schwarze Kamera gebracht werden, schüttet man Maiskörner in die hohle Hand, so zeigt dann das Bild sie in einem Wirbel von Tauben. (Niemand hat je die Spatzen von San Marco erwähnt, die über die Cafétische hüpfen und soviel sachlicher sind.) Für Aufnahmen ungeeignet ist dort das Kind, das mit zuckenden Gliedern und verzerrten Gesichtszügen dicht vor der Mutter herwankt und für jeden Schritt einen leichten Anstoss braucht.

Wieder ein anderes Kind erscheint im porösen Stein eines Kapitells an der Fassade des Dogenpalastes. Rings um die Säule läuft eine Geschichte: zuerst unten der Mann, das Mädchengesicht oben im Fenster; später legt er ihr die Hand auf den Scheitel, ein Heiratsgestus; dann kommt das Kind dazu, und am Ende stehen der Mann und die Frau hinter einem Sarg.

Es gibt einen «Ponte del Cristo o del Tentator»; «Christus oder der Versucher» als Brückenname, das ist viel Theologie auf einmal. Nicht weit davon kommt man zum «Ponte del Perdono»; das ist besser und einfacher.

Im Restaurant ein junges Paar, kultivierter Eindruck. Sie vielleicht Engländerin, eine weiche, etwas wässrige Physiognomie, er schwarzhaarig, dunkelhäutig, unruhig. Der Unterschied zwischen den beiden wird am deutlichsten, wenn der Kellner an dem Serviertisch in ihrer Nähe für andere Gäste beschäftigt ist: sie schaut mit heiter-kopfschüttelnder Bewunderung auf die guten Dinge, die sie *nie* mehr hinunterbrächte; er, keine Spur von Belustigung: nur besorgte Aufmerksamkeit und ein Unglücksgefühl, weil die andern wohl besser bestellt haben.

Am Nebentisch, ein älteres Paar. Amerikaner; schwere, goldgeschmückte Fäuste. Er probiert einen Wein und sagt mit hasserfülltem Gesicht: «It's very sweet – *you* will like it.»

Nur eines von den Bronzepferden steht jetzt auf der Brüstung über den Domportalen; eines ist in London zu sehen; die beiden andern? Sie waren so oft und so weit zu viert unterwegs; einzeln reisen sie wohl noch weniger gern. Die Fassade wirkt leer, als wäre sie für die Pferde berechnet. Die Flaggen schwingen in der Dämmerung hin und her vor den Toren wie weite Gewänder schwankender Frauen. Man hört sprechen, nie weiss man genau, wo die Stimmen herkommen, der Hall treibt sie auf dem Platz umher. Es ist kühl geworden, anderswo würde man nicht mehr im Freien sitzen.

Wie lange noch? Venedig hat keiner zur «ewigen Stadt» erklärt. Doch während sie unterging, sind andere, viele, in Schutt und Asche gesunken. Während sie immer noch untergeht, werden andere mutwillig zerstört, durch den Fortschritt. Ein wenig Untergang scheint das beste zu sein, was einer Stadt widerfahren mag. Die Kinder sehen sie, die Enkel werden sie sehen: das ist, gemessen an manchem andern, nicht schlecht. *NZZ, Feuilleton vom 18. Oktober 1979, Nr. 242*

## Neuste Mode

*Im Schatten des seit 1979 neu entflammten Wettrüstens zwischen den Supermächten: eine Glosse im Stil von Karl Kraus – und also auch deshalb noch gegen die vielen Pathetiker unter den Skribenten gerichtet.*

Prominente Schriftsteller teilen jetzt mit, dass sie nicht mehr schreiben werden. Wenn sie es ernst meinen, so ist diese Mitteilung das letzte, was man von ihnen gehört hat. Von nun an blicken sie nur noch «stumm/auf dem ganzen Tisch herum», wie die Mutter in der Geschichte vom Zappel-Philipp.

Ja, und warum denn das? Umweltschutz: den Papierverbrauch senken, weniger Bäume der Literatur opfern; das liesse sich hören, wird aber nicht gesagt. Oder: keine Ideen mehr; ausgeschrieben; das wäre, wie sagt man doch, «glaubwürdig»?, wird aber auch nicht gesagt. Nein, es ist wegen des Atomkriegs. Wenn der nämlich ausbricht, und alles wird zerstört, Bücher und Leser, dann – nur schon der Gedanke. Keine Nachwelt, hat kürzlich einer geklagt, wenn ich auf keine Nachwelt mehr rechnen kann, bitte schön, wozu soll ich dann noch schreiben? oder so ähnlich.

Dreifache Selbstüberschätzung. Erstens, man betrachte ein Bücherregal, das sich bei einem Leser von durchaus achtbarem Geschmack vor fünfzig Jahren gefüllt hat. Von wegen Nachwelt. Die grosse Katastrophe müsste sehr bald kommen, damit wirklich viele Autoren um die Nachwelt betrogen würden, auf die sie sonst hätten rechnen dürfen. Warum nicht in aller Bescheidenheit für Leute von heute arbeiten?

Das tut nämlich, zweitens, der Dachdecker auch. Ein Schriftsteller mag an der Zukunft verzweifeln, aber wenn es hereinregnet, dann bestellt er jemanden, der – wie im günstigsten Fall er selbst – sein Handwerk gelernt hat, und der soll flicken; und ob der Dachdecker findet, es lohne sich noch (der Atomkrieg usw.), das ist dem Schriftsteller einerlei.

Und drittens drängt ein Vergleich sich auf: mit Lysistrate. Man erinnert sich, die Spartanerin. Sie überredete die Frauen der Stadt, mit ihren Männern erst wieder zu schlafen, wenn – ach, da gerät der Vergleich schon ins Wanken. Die Spartaner mussten nur irgendeinen Frieden beschwören, und der Bett-Streit ward wieder aufgehoben. Heute müssten Dinge geschehen, höchst wünschbare, eigentlich notwendige, aber sehr schwer zu verwirklichende – und zur Belohnung und weil dann mit Nachwelt wieder zu rechnen wäre, dürften wir jenes achte oder fünfzehnte Buch eines Autors, der nicht mehr schreiben wollte, *doch* lesen. Das soll ein Druckmittel sein?

Ein Gegenvorschlag: man garantiere das Überleben der Menschheit, und wir verzichten dafür auf neun Zehntel der gegenwärtigen und der künftigen Literatur. *NZZ, Feuilleton vom 19. April 1984, Nr. 93*

# Wiedererwachen. Eine Schreibübung

*Im August 1985 musste sich Hanno Helbling im Zürcher Universitätsspital einer schweren Operation am Herzen unterziehen. Einige Tage stand es danach zwischen Leben und Tod. Der folgende Text, noch auf der Intensivstation verfasst, gab darüber – und über weiteres – Bericht. Später meinte der Autor, diese Schreibübung habe ihn im Diesseits behalten.*

In einer Stadt des mittleren Westens erwachte ich am späten Nachmittag im August mit gemischten Gefühlen. Schlug ich die Augen auf – was beim Erwachen nicht leicht zu vermeiden ist –, so erkannte ich ohne Verwunderung und mit geringem Vergnügen, dass ich mich in einer Klinik befand. Schloss ich sie aber, so war ich im Walde. In einem landläufigen Mischwald, Fichten und Buchen, mit erfreulich verlaufenden Wegen durch üppiges Unterholz.

Ich hatte nicht immer die Wahl. Ich sah – oder hörte – mich oft genötigt, die Spitalszene in Betracht zu ziehen; anfangs durch Fragen wie: «Kennen Sie mich?», als ob sich der Arzt seit dem Morgen hätte verändern können; «Wissen Sie, dass Sie operiert worden sind?», als ob man aus anderen Gründen in einem Wachsaal läge. Da schloss ich schon lieber die Augen und erging mich weiter im Walde.

Dann aber wünschte man auch zu wissen, wie ich mich fühle, und mit der blossen Auskunft, dass ich mich ganz so abgründig miserabel noch nie gefühlt habe – es sei denn, man liesse mich sogleich wieder in den Wald –, kam ich nicht weg. Ich wurde aufgefordert, bestimmte Körperteile irgendwie zu bezeichnen; wenigstens sprechen konnte ich nicht, das war eine grosse Hilfe. Das grüne Refugium blieb in Reichweite.

Und doch, man will sich ja auch umsehen. Vor Halluzinationen war ich gewarnt. Die nachlässig in Plasticsäcke gewickelten Köpfe, die in flachen Metallköpfen auf Regalen gereiht standen, waren einfach schlechter Geschmack, und zwar mein eigener. Komplizierter stand es mit den Knaben und Hunden. Es berührte mich sympathisch, dass sich die Ärzte von kleinen Jungen begleiten liessen, und geradezu als Wohltat empfand ich, dass fast jedem Besucher ein Dalmatiner, ein Labrador oder ein reizend verspielter, durchaus noch nicht wächterlicher Dobermann folgte. Hier war jedoch Vorsicht am Platze. Bei näherem Zusehen, schon auf den zweiten Blick war der Knabe, der Hund verschwunden. Gewitzigt durch diese Erfahrung, bemühte ich mich, das kaum sichtbare Wedeln meines eigenen Hundes so beiläufig wie möglich zur Kenntnis zu nehmen. Wenn er wirklich neben mir lag, dann nur unter der – harten – Bedingung, dass ich nicht auf ihn achtete.

Grosse Unannehmlichkeiten bereitete mir ein Herr, der schräg hinter dem Kopfende meines Betts sass. Er war die Diskretion selbst. Wandte ich mich um, so verriet nur das Wehen des Vorhangs oder das Baumeln des Ambu-Beutels am Beatmungsgerät, dass er sich soeben entfernt hatte. Sah ich nicht hin, so bestand seine Anwesenheit in vornehmer Zurückhaltung. Er wippte ein wenig mit dem übergeschlagenen Bein oder rückte seine Krawatte zurecht. Das waren nichts weiter als Demonstrationen gegen den verwahrlosten Zeitgenossen, der beim Zähneputzen neben die Schüssel spuckte, seine Getränke und Speisen zum Mund brachte, wie's gerade kam, und ungeniert rülpste. Mir wäre wohler gewesen, wenn er offene Kritik geübt hätte: «Wo glauben Sie, dass Sie sind, mein Herr? Vielleicht im Hofbräuhaus?» Aber nein: kein lautes, kein leises Wort. Übrigens fand er zuletzt eine anmutige Form, sich zu verabschieden. Er sass in seinem Schlafrock aus orientalischer Seide am Fenster und war für dies eine Mal eine Frau. Lange zögerte ich, bevor ich hinschaute. Ein leises Rauschen – und fort. Er kam, sie kam nie wieder.

In der fünften oder sechsten Nacht verwandelte sich der Wald auf entsetzliche Weise. Er wurde bunt – so bunt, wie ich nie geträumt hätte; aber träumte ich? Das ist bei 40 Grad Fieber schwer zu entscheiden. Aus den Bäumen wurden kämpfende Dämonen; ihr Krieg hing mit mir zusammen, aber dies kam nicht sichtbar zum Ausdruck. Man könnte sagen, die bunten Teufel kämpften mir etwas vor und überliessen es mir, den Zusammenhang herzustellen. Ich begriff aber wenig; es glückte mir nicht einmal, die Parteien auszumachen. Fest stand für mich nur, dass ich einer solchen Vorstellung nie mehr beiwohnen wollte; schon diese eine war zuviel für mich; sie sollte aufhören, so schnell wie möglich und unter welcher Bedingung auch immer.

Tatsache ist, dass man an solchen Orten, in solchen Tagen stirbt; unter Umständen mehrmals. Ob auch der Tod hinzukomme («eintritt», wie es richtig heisst), die Frage gehört nicht hierher. Sie ist ausschlaggebend für das menschliche, das soziale Umfeld, für das Lebens- und Persönlichkeitsbild des Betroffenen. Sie ist ausschlaggebend für ihn selbst, solang er noch jene Arbeit leisten, mit diesen Menschen zusammensein, Venedig noch einmal sehen, den «Tristan» noch einmal hören möchte. Gerade auch der Wunsch, zu Hause und nicht im Spital zu sterben, bezieht sich auf den Tod als Form des Lebensendes, nicht auf den Vorgang des Sterbens selbst.

«Il n'y a pas la mort», hat Malraux geschrieben: «il y a moi qui meurs.» Das musste in dieser Radikalität einmal behauptet sein. Und immer noch dient es der Unterscheidung: zwischen dem, was wir als Teil der Gestaltung, auch Stilisierung der irdischen Existenz betrachten und mit Vorsicht betreiben können; und dem, was uns wiederfahren mag. In einer Stadt des mittleren Westens.

*NZZ, Feuilleton vom 9. September 1985, Nr. 208*

## Gescheiterte Aufklärung?

*Am 10. Mai 1986 hielt Max Frisch an den Solothurner Literaturtagen eine Brandrede: Am Ende der Aufklärung warte das Goldene Kalb. Hanno Helbling replizierte – einmal mehr mit der gedanklichen Umsicht des aufgeklärten Zeitgenossen.*

Max Frisch ist gefeiert worden; mit Recht. Welcher Autor hätte bessere Prosa geschrieben, in der Schweiz, im letzten halben Jahrhundert. In Solothurn hat der Gefeierte sich bedankt, der 75jährige, bei Kolleginnen und Kollegen; seine Rede erreichte auch eine weitere Öffentlichkeit.

Es ist eine pessimistische Rede; denn Frisch stellt fest, es bleibe für ihn «kein Zweifel daran, dass die Aufklärung, das abendländische Wagnis der Moderne, weiterum gescheitert ist». Weiterum, das heisst dem Zusammenhang nach nicht nur, die Aufklärung sei nicht überall hin durchgedrungen, sondern sie habe auch da sich nicht durchgesetzt, wo sie anfänglich zu Hause war, unter anderem in der Schweiz.

Darüber lässt sich reden; fragt sich nur, wie. Max Frisch hat vor Jahren ein Büchlein veröffentlicht, «Wilhelm Tell für die Schule», worin er gegen ein Schweizer Geschichtsbild vom Leder zog, das es tatsächlich – leider – einmal gegeben hatte; er tat aber so, als gelte es immer noch und müsse nun endlich bekämpft werden. Man fühlt sich an jenen Text erinnert, wenn Frisch heute meint: «Gefragt ist Patriotismus, aber nicht der unsere, sondern Patriotismus aus dem Album, wo Berge sich erheben.»

Trifft er damit wirklich die Stimmung, oder eine vorwiegende Stimmung des Jahres 1989? Er schildert den Schweizer Bürger als zuversichtlich, als fortschritts- und technologiegläubig und hört ihn sagen: «Vernünftig ist, was rentiert.» Und er erklärt: «Man wünscht keine Zweifel, sondern Nostalgie ...» Wenn sich aber in der Nostalgie doch einiger Zweifel verbärge? Oder wenn beispielsweise die Umweltgefährdung nur von den einen bagatellisiert, von andern aber sehr ernst genommen würde?

«Patriotismus, aber nicht der unsere»: es klingt, als wäre es Frisch eher unwillkommen, wenn andere Schweizer auf ähnliche Weise patriotisch dächten wie er, nämlich kritisch, besorgt und noch immer der Aufklärung nachhängend. Wenn auch ein wenig besser *à jour*. Der Generalstreik, die Wirtschaftskrise, das Treiben gegen Konrad Farner, die Polemik gegen Karl Barth könnten als Grundlage der Gesellschaftskritik und der Zeitdiagnose ein wenig veraltet sein.

«Vieles ist schief gelaufen», sagt Frisch; nun, das kann man wohl sagen. Und angriffig, wie er es sagt, könnte wohl einer – was aber sehr dumm wäre – zur Verteidigung des Gesamtzustands antreten, den er infrage stellt. Warum aber sollte man für ein unreflektiertes Profitdenken, für Ausbeutung und Naturschäden eintreten? Oder für die Guillotine, die der Aufklärung nicht förderlich war? Oder für den Gulag, an dem sie auch wieder scheiterte? Oder für Folterungen, durch die sie verhöhnt wird? Man könnte, Frischs Liste verlängernd, den Terror anführen; die Aufklärung ist auch in ihm nicht erkennbar.

Was man verteidigen möchte, ist die Aufklärung selbst, da, wo Frisch sie eigentlich sehen müsste, auf die Gefahr hin, auch zu sehen, dass sie sich in seinem Gesamtbild von Staat und Gesellschaft nicht so recht einordnet. Es ist einiges auch «gerade gelaufen» in den Jahrzehnten, die zwischen Frischs entscheidenden Eindrücken und unserer Gegenwart liegen. In der Sozialgesetzgebung ist der «Aufstand der Reichen gegen die Armen», gab es ihn je, zum Erliegen gekommen. Das Frauenstimmrecht ist eingeführt, die Ausnahmeartikel sind abgeschafft – steckt nicht auch darin ein wenig Aufklärung? Nicht lange nachdem Karl Barth politisch perhorresziert wurde, ist Wirtschaftsethik, zum Beispiel im Zürich der Banken, zu einem höchst angesehenen Fach geworden. Und der Jargon der «geistigen Landesverteidigung» lebt fast nur noch in Zitaten Max Frischs fort.

Grund zum Optimismus? Grund zu differenziertem Reden, welches ein Kernstück der Aufklärung ist.

*NZZ, Inlandteil vom 13. Mai 1986 Nr. 108*

## Der Welthistoriker. Zum 100. Todestag Leopold von Rankes

*Am 23. Mai 1986 jährte sich Leopold von Rankes Todestag zum hundertsten Mal. Helbling, der extensiv und intensiv über den grossen Historiker geschrieben hatte, gab mit diesem Essay einen ebenso souveränen wie dichten Überblick über das Werk und die Persönlichkeit Rankes.*

In der deutschen Bildungsgeschichte steht – oder stand – der Name Rankes für die Geschichtsschreibung neueren, wissenschaftlichen Gepräges schlechthin. Als der Historiker 1886 starb, mit 90 Jahren, fast erblindet, doch mitten aus der Arbeit an seiner «Weltgeschichte», gaben seine Schüler und die Schüler seiner Schüler über das ganze Sprachgebiet hin an Universitäten und Instituten den Ton an. Einzelne Fachgenossen bestritten zwar eine fortdauernde Autorität des Meisters und vertraten neue Methoden, ein neues Geschichtsbild, doch zu breiter Geltung sind solche Aussenseiter – Karl Lamprecht wäre als wichtigster zu nennen, dann Oswald Spengler, später Kurt Breysig – in der akademischen Welt nicht gelangt. Die «Historische Zeitschrift», während vieler Jahrzehnte das massgebende Organ der deutschen Geschichtswissenschaft, ist der Rankeschen Grundlinie über zwei Weltkriege hin treu geblieben; Körperschaften wie die Historische Kommission bei der Bayerischen Akademie der Wissenschaften haben das Erbe bis in unsere Zeit bewahrt. Eine wirkliche, weitgreifende Neuorientierung ist allenfalls unter dem Einfluss der Französischen Schule der «Annales» zustande gekommen. Die deutschen Historiker selbst haben viele Varianten zu Rankes Denken hervorgebracht, aber keine Alternative mehr, seit sie unter seiner eigenen Führung den Einbruch marxistischer Lehre lange Zeit abgewehrt hatten.

Es gibt für solche Kontinuität verschiedene Erklärungen, die doch miteinander in Zusammenhang stehen. Eine äussere: Ranke ist 1795 geboren; seinem Sarg folgt, als Doktorand, Friedrich Meinecke, der bis 1954 lebt und arbeitet: rund 130 Jahre bestimmendes, prägendes Wirken in einem Forschungsbereich, an der Spitze der Zunft, im selben Berlin, von zwei Männern geleistet; mit allem, was das für die Besetzung von Lehrstühlen, für die Förderung von Studien und Publikationen bedeutet. Zum anderen aber steht Ranke und stehen die Nachfolger auf dem festesten Boden, den das deutsche Geistesleben hat bieten können: auf dem Boden des Humanismus, des Protestantismus und des Idealismus; sie stehen so zugleich *für* eine Haltung – gegenüber der Geschichte im weitesten Sinn: gegenüber der Zeit –, deren Wert und Sinn während eben dieser 130 Jahre unmittelbar einsichtig waren.

«Fürsten und Völker» hat Ranke in seinen frühen Arbeiten die Partner des geschichtlichen Zusammenarbeitens genannt. Auf der Höhe des Schaffens zieht er die Hauptlinien in einem Aufsatz nach, dem er den Titel «Die grossen Mächte» gibt. In der Auffassung wie in der Erzählweise war er anfangs konkreter; persönliches Schicksal konnte in den Vordergrund treten, Szenen wurden geschildert, Stimmungen evoziert. Später wird die Darstellung sparsamer, die Reflexion erhält weit breiteren Raum, die Momente des Geschehens sind direkter und abstrakter gezeichnet. Das psychologische Interesse geht dabei nicht verloren, eher das biografische. Wollen und Handeln der Einzelnen bleiben die wesentlichen Energiequellen; aber der Vorgang, in dem sich die Energien begegnen, verbinden oder bekämpfen, wird intensiver beleuchtet als ihr Entstehungsprozess.

Gleichzeitig mit der ersten Anlage seit seiner historischen Gesamtvorstellung gewinnt Ranke die besondere Grundlage seiner kritisch-gestaltenden Arbeit. Er wird – nicht als erster, aber am nachhaltigsten – von den venezianischen Gesandtschaftsberichten beeindruckt. Sie halten gewissermassen die Mitte zwischen den Texten von Chronisten und Memorialisten, die ein zwar anschauliches, aber unzuverlässiges Bild der Vergangenheit bieten, und den urkundlichen Zeugnissen, deren Objektivität meist keine lebendige Vergegenwärtigung schafft. Die venezianischen Relationen haben das Eigentümliche, dass sie minuziöse Beobachtung des gesellschaftlichen Treibens an Höfen und in Hauptstädten mit scharfsinniger, meist unparteilicher Analyse politischer Auseinandersetzungen und Pläne verbinden, ungemeine Personalkenntnis mit genauer Einsicht in die Willensbildung an einem Machtzentrum. Wie weit sich nun Ranke von der Art und vom Stil dieser Quellen hat beeinflussen lassen, wie weit er sie darum so gern benutzte, weil sie ihm von vornherein entsprachen, ist schwer auszumachen. Jedenfalls vermitteln sie und vermittelt Ranke ein Bild des Geschehens, in dem die Politik der Regierungen dominiert. Nicht nur auf die frühen Werke, auf die erste Meisterleistung, «Die Römischen Päpste in den letzten vier Jahrhunderten», trifft das zu; sondern auch und noch mehr für die späteren Arbeiten, die nur selten mehr dem mediterranen Bereich gelten und wesentlich auf anderen als venezianischen Quellen beruhen. Es ist doch derselbe Typus der Information, den Ranke bevorzugt, dieselbe Akzentuierung, die er daraus übernimmt. Er hat in diesem Sinn stets hauptsächlich offizielle Geschichte geschrieben.

Dazu stimmt, dass er sich in den meisten, in den wichtigen Büchern auf die Spanne zwischen 1500 und 1800 beschränkt hat. Wenn er hier zwar den sozialen und wirtschaftlichen, auch den kulturellen Erscheinungen nicht in dem Mass gerecht wurde, wie man es heute fordert, so blieb er damit nur im Rahmen der Geschichtswissenschaft seiner Zeit, den er sonst kräftig erweitert hat. Aber vor allem ist seine Methode und Anschauung insofern jenen drei Jahrhunderten angepasst, als es wirklich die politischen Absichten und Aktionen der Regierenden waren, die damals den «Gang der Dinge» weitgehend bestimmten. Aus diplomatischen Akten, aus Erlassen und Briefen, aus Denk- und Streitschriften gewann er da die authentische, aber auch unmittelbar sprechende Dokumentation; von ihr war der Weg zur Erzählung noch weit genug, dass der Stoff gründlich durchgeformt wurde, aber leicht und sicher zu finden. Rankes Darstellungen sind durchweg mit der grössten Akkuratesse gearbeitet, und sind doch verhältnismässig rasch entstanden.

Die Periode, an die er sich vorzugsweise hielt, endet mit der Französischen Revolution – ein Epocheneinschnitt, den Ranke in Publikationen gelegentlich, in seinen Vorlesungen öfter behandelt hat. Er ist seinem weltpolitischen Aspekt vielleicht eher gerecht geworden als irgendein anderer Historiker. Die innere Dynamik des grossen Ereignisses jedoch spiegelt sich in seinen Betrachtungen nicht. Eher als die Tatsache, dass er mit Selbstverständlichkeit Monarchist war – ohne aber gerade den französischen Königen viel Sympathie entgegenzubringen –, spielt dabei seine im ganzen Werk spürbare Harmonisierungstendenz die entscheidende Rolle. Eine Tagebuchnotiz hält als «Unterschied zwischen revolutionär und historisch Gesinnten» fest, «dass jene die eben vorherrschenden Dinge zur unbedingten Wahrheit machen wollen …, diese dagegen die immer fortwaltende ideale Doktrin des welthistorischen Geistes anerkennen, deren Macht und Zukunft sie vertrauen». So hat er das Extreme und das Absolute teils gedämpft, teils vermieden. Zu Napoleon ist ihm «nichts eingefallen» … Nach der anderen Seite, in die Zeit vor 1500, hat er immer wieder ausgegriffen, und seine «Weltgeschichte» reicht bis ins Spätmittelalter. Indessen wird hier das Ungenügen einer Fürstengeschichte unmittelbar, die zwar vom Aufbau des Lehensystems, auch vom Volk als dem allgemein tragenden Grund redet, aber kaum von den Motivationen und vom Wandel jener Strukturen. Das Kollektiv-Unterschwellige – soll man sagen: das Elementare? – blieb Ranke fremd. Nicht ganz zu Unrecht haben ihn schon Zeitgenossen einen Ireniker gescholten, womit sie nicht nur seine ausgleichende Darstellung der Geschichte, sondern zugleich seine persönliche Abneigung gegen Konfrontationen im Sinn hatten.

Seine Kritiker sind aber oft bei der gesellschaftlich-politischen Seite seines Welt- und Zeitbilds stehen geblieben. Wenn sich Ranke gleichsam von Haus aus im Einklang, im Einverständnis mit geltender Ordnung befand, so verriet er damit gewiss *auch* die Gabe der Anpassung und Geschmack an der eigenen gesicherten Position. «Der Sinn der monarchischen Formen ist, dass der rechte Mann an die rechte Stelle komme», hat er einmal erklärt: Er fand den Satz an sich selbst bewahrheitet. Seine autobiographischen Aufzeichnungen lassen erkennen, dass er durch sein ganzes Leben hin einen sinnvollen Plan sich erfüllen sah. Das milde Glück seiner spät geschlossenen Ehe, die Übereinstimmung mit seinen Brüdern, dann mit den Kindern, das Gleichmass der Arbeit, das Wachsen der Schule, fragloses Ansehen: Alles schloss sich zur Beglaubigung zusammen. Man muss scharf hinhören, um die leise Entfremdung zu registrieren, in die sein innerer Weg vom romantisch-bürgerlichen Patriotismus zum konservativen Europäertum doch geführt hat. Nicht dass er den «Socialismus» verwarf – der lag ohnehin ausserhalb seiner Sphäre –, aber dass er sich liberalen wie nationalistischen Auffassungen verschloss, gab seiner Haltung unvermerkt auch Züge einer stillen Opposition.

Jenes grundsätzliche Einverständnis mit dem Lauf der Welt entspringt nun aber nicht dem Zeitgefühl, sondern dem Geschichtsverständnis Rankes. An seinen Sohn Otto schreibt er im Jahr 1873: «Die historische Wissenschaft und Darstellung ist ein Amt, das sich nur mit dem priesterlichen vergleichen lässt, so weltlich auch die Gegenstände sein mögen, mit denen sie sich eben beschäftigt. Denn die laufende Strömung sucht doch die Vergangenheit zu beherrschen und legt sie eben nur in ihrem Sinne aus. Der Historiker ist dazu da, den Sinn jeder Epoche an und für sich selbst zu verstehen und verstehen zu lehren. Er muss nur eben den Gegenstand selbst und nichts weiter mit aller Unparteilichkeit im Auge haben. Über alledem schwebt die göttliche Ordnung der Dinge, welche zwar nicht geradezu nachzuweisen, aber doch zu ahnen ist. In dieser göttlichen Ordnung, welche identisch ist mit der Aufeinanderfolge der Zeiten, haben die bedeutenden Individuen ihre Stelle: So muss sie der Historiker auffassen. Die historische Methode, die nur das Echte und Wahre sucht, tritt dadurch in unmittelbaren Bezug zu den höchsten Fragen des menschlichen Geschlechtes.»

Die göttliche Ordnung, identisch mit der Aufeinanderfolge der Zeiten – das ist ebenso wohl eine theologische Erklärung der Geschichte wie eine geschichtliche Entfaltung der Theologie. Es geht aber Ranke nicht um eschatologische Vertiefung oder Zuspitzung, nicht um heilgeschichtliche Kategorien; auch das würde ja «den Gegenstand selbst» übersteigen. Die historischen Kräfte sind nicht «zu definieren, unter Abstraktionen zu bringen», nur «anschauen, wahrnehmen kann man sie; ein Mitgefühl ihres Daseins kann man sich erzeugen». Über solchem Mitgefühl vergisst der Historiker nicht den erkannten Zusammenhang, die «Aufeinanderfolge der Zeiten», oder den geahnten göttlichen Plan; aber er möchte sich selber vergessen: «Ich wünschte, mein Selbst gleichsam auszulöschen und nur die Dinge reden ... zu lassen.» Entscheidend ist bei diesem freilich unerfüllbaren Wunsch die Überzeugung, dass der Weltlauf nie in eine Agonie, nirgends ins Ausweg- oder Bodenlose führt; dass der Betrachter sich auf jede Erscheinung einlassen kann, im Vertrauen auf ihr historisches Lebensrecht und auf ihre Ergänzung, allenfalls Überwindung in der nächsten Konstellation oder «Konflagration» der weltgeschichtlichen Kräfte.

Blickt man nur auf die Titel von Rankes Werken, wie wohl manche getan haben, so glaubt man, eine Sammlung von Nationalgeschichten vor sich zu haben. Das ist nicht der Fall. Ranke hat mehrmals festgehalten, dass für die Staatswesen der neueren Geschichte die «Nationalität» eine innere Kraft bedeute, die ihnen notwendig sei. Aber er lehnte es ab, ihr den Sinn geschichtlicher Autonomie zu geben, den die populären Lokalhistoriographen des 19. Jahrhunderts, etwa Heinrich von Treitschke, bedenkenlos unterstellten. «Die Nationen», sagt Ranke in der Vorrede zur Weltgeschichte, «können in keinem anderen Zusammenhange in Betracht kommen, als inwiefern sie, die eine auf die andere wirkend, nacheinander erscheinen und miteinander eine lebendige Gesamtheit ausmachen.»

Die Ausrichtung auf eine Gesamtheit, auf eine Weltkultur nach dem Mass des damaligen Universalismus, beherrscht die historische Darstellung einzelner Länder und Völker, aber auch speziellere Studien; Ranke ist nie hinter eine bestimmte Weite der Thematik zurückgegangen und hat das Detail nur als Baustein zum grösseren Ganzen betrachtet. Gerade darin liegt wiederum ein wesentliches Moment seines so nachhaltigen Fortwirkens; er hat eine Geschichtswissenschaft gelehrt, die ihrem Wesen nach Überblick über das Überblickbare ist.  *NZZ, Feuilleton vom 23. Mai 1986, Nr. 116*

## Vermittelte Künste. Zur Erinnerung an Willi Schuh

*Der Musikwissenschafter Willi Schuh (1900–1986) war während Jahrzehnten auch der überragende Leiter des Musikreferats im Feuilleton der NZZ. Am 27. Februar 1988 fand zu seinen Ehren ein Gedenkkonzert in der Zürcher Tonhalle statt. Hanno Helbling hielt folgende Ansprache.*

Der Erzähler in Marcel Prousts Romanwerk «A la recherche du temps perdu» berichtet, wie er nach Albertines Flucht zuerst der noch lebenden, dann der toten Geliebten nachgeforscht hat. Manches ist ihm dabei zu Ohren gekommen, über die Zeit vor seiner Verbindung mit ihr, wie über die Jahre prekärer Zusammengehörigkeit, da er hartnäckig, aber umsonst versucht hatte, Albertines Existenz zu ergründen. Das ihm nun Zugetragene hat ihn gequält, weil es einerseits zu bestätigen schien, dass sie wirklich ein erotisches Doppelleben geführt hatte, und weil es anderseits doch nicht recht fassbar wurde. Das Rätsel, das sich dem Verdacht entzogen hatte, liess sich auch durch die nachträgliche Überführung nicht lösen; denn da war es nun nicht mehr ein Rätsel des Verhaltens, sondern das Rätsel einer Person, die sich nicht mehr erschliessen konnte und an der das Vergessen sein stilles Zerstörungswerk schon begann.

Und doch ist Albertine ihrem Freund noch einmal ganz gegenwärtig geworden: in zwei Bildern des Malers Elstir, die er zu sehen bekam, Bildern, auf denen in einer üppigen Landschaft badende Mädchen dargestellt waren. In jeder dieser Szenen nahm eine der Badenden eine Haltung an, in der sich die ganze Albertine kundtat. Der Erzähler beschreibt sie genau, und doch hat erst fünfzig Jahre nach dem Erscheinen des Texts der Musikkritiker Willi Schuh in Prousts literarischen «Abbildern» zwei Gemälde Renoirs erkannt.

Was war ihm Albertine und was er ihr? Soviel man wusste, hatte Schuh mit einer Dissertation über Formprobleme bei Heinrich Schütz promoviert. Von da zu Renoir und Proust führt kein gerader Weg. Es sei denn, man läse in das Wort «Formprobleme» einen so universalen Sinn hinein, wie ihn sich Willi Schuh im Lauf der Zeit erarbeitet hat; der Weg wird dann etwas gerader, aber nicht kurz.

Die allgemeinste Richtung war ihm freilich gegeben, von Anfang an. Wer über Musik schreibt, über welche auch immer – unter der einen Bedingung, dass es wirklich die Musik selbst ist, von der er spricht –, beginnt schon mit seinem ersten Wort zwischen Form-Arten zu vermitteln. Was man hilflos genug die «Sprache der Musik» nennt, muss er in die Sprache der Sprache übertragen. Dafür steht ihm ein Stück weit die Terminologie der Musikwissenschaft zur Verfügung; in ihr kann er die besondere Beschaffenheit einer Komposition namhaft machen, er kann sie im Rahmen fachsprachlicher Verständigung charakterisieren.

Aber früher oder später muss er die eigentliche Übersetzungsarbeit in Angriff nehmen. Und eher früher als später, wenn er nicht nur von Werken, sondern auch von Interpretationen, von Aufführungen zu reden hat. Das war die Aufgabe Schuhs während fast eines halben Jahrhunderts: mitzuteilen, was er gehört hatte. Und zu urteilen, selbstverständlich. Aber wenn das Urteil nachvollziehbar sein sollte, dann musste der Leser eine Vorstellung von dem gedeuteten Werk und von der Deutung des Werks gewinnen. Er musste hören oder zu hören glauben und, war er dabeigewesen, das Gehörte wiedererkennen.

Musik evozieren durch sprachliche Mittel; zu denen das Vokabular der Lehre und der Praxis weiterhin zählt: solang man es für allgemein verständlich halten kann – oder will. Schuh setzte manches voraus; sogar griff er manchmal noch hinter die Bezeichnungen zurück und setzte ein Notenbeispiel in seinen Text. Aus Analysen von Werken Strawinskys, die er den Lesern – nicht nur der «Schweizerischen Musikzeitung», sondern auch der «Neuen Zürcher Zeitung» – vorlegte, spricht akademische Strenge. Da sollte man sehen, dass nur die sachkundigste Aufmerksamkeit der Komposition zu folgen vermöge.

Und diese demonstrative Strenge, einerseits dazu bestimmt, den Zeitungsmann vor dem Verdacht einer vordergründigen Kunstbetrachtung zu schützen, konnte anderseits zu Polemik werden, wo die Hauptsache in Gefahr geriet, die Bewahrung der musikalischen Substanz im Medium der Sprache. Wohlverdienter Züchtigung verfielen da Germanisten, die um Hofmannsthals Texte klagten, weil Richard Strauss sie mit Tonschwällen übergossen habe. Schuh wies ihnen nach, dass sie die «Rosenkavalier»-Musik für undifferenziert hielten, weil ihnen die spezifischen Differenzierungsmittel der Tonkunst weder bekannt noch vernehmlich waren. Literarisches Reden über Musik – das war das Gegenteil der Vermittlung, die er betrieb.

Er hat aber die Kapitel in Thomas Manns «Doktor Faustus» bewundert, wo lange und eindringlich von Beethovens Spätwerk und dann von Adrian Leverkühns «nur gedachten» Kompositionen die Rede ist. Hier sah er ein literarisches Verfahren, das von der einfachen Metapher bis zur doppelt gespiegelten Anekdote kein Mittel der Umsetzung und der Veranschaulichung ungenutzt lässt, legitimiert durch die Kennerschaft des Verfassers (oder seiner Gewährsleute). Hier war nichts übersprungen; die sprachliche Wiedergabe liess sich zurückverfolgen bis zu dem Notenbild einer – ob nun realen oder erdichteten – Partitur.

Veranschaulichung: schon das Wort verrät, dass die übermittelnde Sprache, kaum hat sie ihre Arbeit begonnen, in andere Bereiche der Sinnlichkeit ausgreifen muss. Das geschieht ganz natürlicherweise, wenn tiefe Töne «dunkel» genannt werden, wenn von Klangfarben und ihren Kontrasten geredet wird oder wenn Schuh von der «verzehrenden Klangsüsse» in der Schlussszene von «Elektra» spricht.

Wer Musik nicht nur analysieren, sondern auch evozieren will, muss versuchen, sie «vor Augen zu führen», und muss sie spüren lassen.

Schuh hätte feststellen können, dass es-Moll auf Es-Dur folgt, wenn die Marschallin im ersten Akt des «Rosenkavaliers» singt: «... und gibt mich auf um einer andern willen»; er sagt aber: es-Moll, zu dem sich «das Es-Dur verdüstert». Er erinnert den Leser an jene «im silbern schimmernden Klang der Flöten, Soloviolinen, der Celesta und der Harfe heranschwebenden Akkorde», die «Silberrosen-Akkorde, die Strauss (gegen Ende des dritten Akts) über die Reprise der kindlich-heiteren G-Dur-Melodie streut». Diesen musikalischen Moment setzt er in Beziehung zu Hofmannsthals Regievorschrift, dass hier Mondschein einfalle, und meint: «... das Silberlicht bildet die genaue optische Entsprechung eines akustischen Phänomens.» Er hat also sichtbaren Erscheinungen und Vorgängen ihren Namen entlehnt, um ein hörbares Geschehen fasslicher werden zu lassen, aber der Klangcharakter war vor der Benennung schon da und verlangt aus sich selbst heraus nach dem namensgleichen Gegenstück in der Sphäre der Anschauung.

Er sei «Augenmensch in fast ebenso ausgeprägtem Masse wie Ohrenmensch» gewesen, sagt Schuh einmal von Richard Strauss; und zu den Motiven des Liedzyklus «Lebendig begraben» von Othmar Schoeck merkt er an, sie seien «mit den Augen des Malers gesehen» – aber sie werden, so fährt er fort, «mit den suggestiven Mitteln einer nie ins Illustrative abgleitenden, sondern in der Substanz selbst bildhaften Musik ... beschworen». Denn der Ablehnung einer Literatur, die das Klanggeschehen bloss stimmungshaft oder erzählend umspielt, entspricht ein Misstrauen gegenüber tönender Textbegleitung, die nicht bis zum Inwendigen der Sprache und nicht auf den Grund der dichterischen Vision dringt.

Durch Strauss wie durch Schoeck hat sich Willi Schuh zu einer Auseinandersetzung mit Kunstwerken führen lassen, die von fern an die Reflexionen Lessings über die Gegensätze und über Vermittlungen zwischen den Gattungen anklingen. Das «transitorische Schöne», in das die Dichtung ein ruhendes Bild verwandelt, verwirklicht sich auch im musikalischen Ablauf, und die Nahtstellen zwischen den

Ausdrucksformen sind vielleicht nirgend so deutlich wie in der Oper. Einen «namenlosen Tanz» hatte Hofmannsthal von Elektra gefordert, noch ohne an eine Vertonung des Dramas zu denken. Diese Namenlosigkeit ist der Raum für die Strausssche Musik geworden, die der Dichter eine «Sprache über die Sprache» genannt hat.

Wenn Lessing von dem gemässigten Ausdruck im Bildwerk spricht, das zwar Leiden, aber nur in den Grenzen des Schönen, darstellen könne, und von dem ungemessenen Ausdruck, dessen die Erzählung fähig sei, weil sie das Leiden nur vermittelnd zeige, so vollzieht sich im Übergang von den Worten zur Musik eine ähnliche Steigerung expressiver Aussagekraft. Die Entstehungsgeschichte der Oper «Daphne» lasse erkennen, sagt Schuh, «mit welcher beinahe gewaltsamen Intensität» sich Strauss eines Texts bemächtige und ihn umforme, «sobald er – was meist blitzartig geschieht – erspürt hat, dass sich seine eigenen Ideen und musikalischen Vorstellungen in die gegebene Stoffwelt hineinprojizieren lassen». Nun wird «die Natur ... zum tönenden Wunder», das «Ineinanderspielen von Apollinischem und Dionysischem zum klangsinnigen Ereignis», und der Mythos der trennenden Vereinigung zwischen Gottheit und Menschenkind hebt ein musikalischer «Ureinfall» über «alles psychologisierende ‹Tondichten›» weit hinaus.

«Prima le parole, dopo la musica?» Der Streit um den Vorrang der einen vor der anderen Kunstart verstummt vor der Evidenz einer Symbiose, die nur noch dem Kenner die Spuren wechselseitiger Anregung zeigt. Und auch dieser Kenner hat wohl die Impulse, die bald von der einen, bald von der anderen Seite zur Entfaltung des Werks führten, abwägend beurteilt; doch gerade durch den Einblick in das Strausssche Schaffen ist Schuh immer wieder auf die Bedeutung der dramaturgischen Arbeit gekommen, die der Musik und den Worten ohne Rücksicht auf Prioritäten zu gemeinsamer Wirkung verhelfen muss.

Augenmensch fast ebenso wie Ohrenmensch, die Kennzeichnung könnte auch für Willi Schuh selbst gelten. Und sie bestätigt sich nicht allein darin, dass die Vereinigung von sichtbarem und hörbarem Geschehen in der Oper, im Musikdrama ihn zeitlebens beschäftigt hat. Er ist der Beziehung Beardsleys zu Wagner, Wagners zu Renoir, Renoirs zu Zola nachgegangen: das Pariser Kulturleben zwischen dem «Tannhäuser»-Debakel und den Triumphen der Ballets russes, zwischen Impressionismus und Symbolismus hat er nach seinen künstlerischen Zusammenhängen wie nach seinen gesellschaftlichen Verästelungen durchforscht.

Und gerade in diesem Bereich, im Umgang mit Themen, zu denen er sich durch persönliche Vorliebe führen liess, machte sich wiederum seine methodische Strenge geltend. Die historischen Verbindungen, die er aufspürte, dienten ihm nicht zu theoretischen Konstruktionen. Aus Freundschaft und selbst aus Parteigängerschaft unter Künstlern las er nicht Artverwandtschaft heraus. Im Gegenteil legte er Wert auf stilistische und auf gattungsbedingte Differenzierung und hob die Schranken hervor, die dem wechselseitigen Verständnis zwischen Musiker und Maler, zwischen Maler und Dichter gesetzt sind. Vielleicht waren es eben die Trennungslinien im Gesamtbild des Kunstschaffens, die ihn faszinierten, so wie ihn auch das Zusammenspiel von Nähe und Ferne im menschlichen Verhältnissen immer wieder bewegt hat. Schon in der frühen Schrift über Judith Gautier und Richard Wagner tritt Schuhs biographisches Interesse unverkennbar zutage.

Es war aber die Form des Essays, des Briefkommentars, der dokumentierten Studie, in die sich seine historischen, philologischen und biographischen Untersuchungen am leichtesten fassen liessen. Seine Arbeitsweise bestand im Kern aus Fragen und Antworten, Ermittlung und Auskunft. Sein Werkzeug war der notierende Stift, nicht der breite Pinsel.

«Formprobleme»: wer sich ihnen einmal zugewandt hat, findet sie überall; und er hat sie selbst. Das «transitorische Schöne», das der Musikschriftsteller, der Theaterkritiker auffangen will und festhalten sollte, droht ihm jedenfalls aufs neue zu entgleiten, und er darf auch nicht glauben, es komme in seiner Formulierung zur Ruhe und nehme festen Bestand an. Was er gestern gehört hat, klingt heute verwandelt nach, und wieder ein anderer Ton wird morgen durch seine Aufzeichnung gehen. Willi Schuh hat unter dem täglichen Neubeginn dieses Prozesses bisweilen gelitten – hat unter der Zeitung gelitten, die aller Verewigung spottet. Aber im tieferen war er wohl einverstanden mit dem dauernden Provisorium, in das die Betrachtung des Kunstwerks verwiesen ist. Was über den Musiker, über den Dichter gesagt wird, hat bloss vorübergehende Geltung. Doch umgekehrt, «das, was vergänglich ist, bewahrt sein Lied».

Der Erzähler der «Recherche» ist nie an ein Ende gekommen, solang er das Rätsel Albertines zu ergründen suchte. Alles Forschen und alle Auskünfte zeigten ihm nur, wie viele Gesichter eine Person haben kann. Das Ganze und Eine, zu dem er immerfort unterwegs war, er hat es einzig im Bild finden können – in einer «Sprache über Sprache», die das Namenlose zur Anschauung bringt.

*NZZ, Beilage «Literatur und Kunst», Samstag/Sonntag 5./6. März 1988, Nr. 54*

## Schuld ohne Sühne

*Dieser Leitartikel erschien aus Anlass der Revision, die das Sowjetregime im Frühling 1990 im «Fall Katyn» vorgenommen hatte: indem Stalins Schuld am Massenmord polnischer Offiziere durch den NKWD zwischen April und Mai 1940 eingestanden wurde – eine überraschende und relativ einmalige Ehrlichkeit im Gefolge von «1989».*

Vor nahezu einem halben Jahrhundert sind im Wald bei Katyn, nicht weit von Smolensk, mehr als viertausend polnische Offiziere ermordet worden; etwa doppelt so viele sind um die gleiche Zeit in Russland «verschwunden» – man kann nicht daran zweifeln, dass sie das gleiche Schicksal erlitten haben.

Die Täter kennt man nicht – wenn man als Täter die Männer bezeichnet, die den Mordbefehl an den Gefangenen vollzogen und dann, soweit sie den Krieg überlebten, nach Möglichkeit schweigen; ob die polnisch-russische Historiker-Kommission im Lauf ihrer dreijährigen Ermittlung versucht hat – ob es ihr gelungen ist –, an einzelne dieser Exekutoren heranzukommen, wird man vielleicht eines Tages erfahren.

Wer die politische Verantwortung für die Untat trug, weiss man – wusste jeder, der es wissen wollte, seit die im Februar 1943 von deutschen Truppen entdeckten Massengräber in gründlicher, wohlkontrollierter Expertenarbeit untersucht worden waren. Die sowjetische Regierung aber hat es bis vor ganz kurzem nicht wissen wollen.

Was Stalin, was Leute wie Beria und Merkulov einst verbrochen haben – man kann nicht gut sagen, die Sonne habe es an den Tag gebracht. Durch das Eingeständnis, dass Massenmorde tatsächlich von denen begangen worden sind, die man längst als die Schuldigen kennt, ändert sich heute nichts mehr; jedenfalls nicht an der Rechnung, die nun seit einem halben Jahrhundert offen und nicht zu begleichen ist.

In Polen aber ist das Bekenntnis des Kreml zu «seiner» Urheberschaft an jenen Gräueln so aufgenommen worden, dass man doch glauben muss, es bringe eine Veränderung. Die einen erklären sich «befriedigt», ja «glücklich» darüber, den anderen scheint es noch ungenügend, und dies namentlich deshalb, weil da von «Wiedergutmachung» nicht die Rede sei.

Solche Wertungen sind nur im Kontext der heutigen Beziehungen zwischen Polen und der Sowjetunion zu verstehen. Dass Moskau die Wahrheit über Katyn mehr als vierzig Jahre lang leugnete und sich dann noch eine Zeitlang über sie ausschwieg, war ein Zeichen von Präpotenz; es bedeutete, dass der Stärkere zu bestimmen hat, was als wahr gelten soll. Durch den Verzicht auf ein solches Diktat – dadurch, dass der zwar immer noch Stärkere eine Wahrheit eingesteht, die ihn «schmerzt» – erhält das zwischenstaatliche Verhältnis einen partnerschaftlichen Zug.

Was die sowjetische Führung betrifft, so wird ihr «Schmerz» wegen Stalins Schuld an den Kriegsverbrechen, wie sie bei Katyn verübt worden sind, freilich gemildert durch die nun nicht mehr nur zeitliche, sondern auch ideologische Distanz, die sich zwischen die damalige und die jetzige Führung gelegt hat. Es könnte ganz wohl von dieser Distanznahme herrühren, dass man von «Wiedergutmachung» in der Tat nichts gehört hat. Bei allem Schmerz – das waren andere ...

Nie hätte die Regierung der Bundesrepublik Deutschland im

Rückblick auf die Verbrechen des Nationalsozialismus so sprechen dürfen. Und die Regierung der DDR hat *nie anders* gesprochen, obwohl sie nicht weniger auf bisherigem Territorium des dritten Reichs – und auf dem bisherigen Volk nur deshalb nicht gründete, weil sie nicht demokratisch gewählt war; was den Gegensatz zum voraus- und untergegangenen Regime nicht vertiefte. Noch «eigenere» Vergangenheit steht dort indessen seit der Entdeckung stalinistischer Liquidationen zur «Bewältigung» an.

Im westlichen Deutschland jedenfalls wurde nach 1945 Schuld gesühnt, Wiedergutmachung geübt; wobei man über den Grad der Unvollkommenheit, mit der dies geschah, viel zu sagen wusste und sich darüber immerhin einig war, dass Geschehenes nicht ungeschehen gemacht und je nach der Lage der Dinge mehr oder weniger leicht vergessen, verwunden, verziehen werden kann.

Im Fall von «Katyn» dagegen stellt man nun fest, dass es möglich ist, Geschehenes geschehen zu machen – und dass von einem solchen Akt etwas ausgehen kann; schwer zu sagen, was. Einem aussenstehenden Betrachter hätte es doch wohl genügen können, dass der historische Sachverhalt einwandfrei geklärt war: die Ausrottung der polnischen Führungsschicht war das Werk Stalins und seiner Helfer, ob das in Moskau zugegeben wurde oder nicht, machte keinen Unterschied.

Ein Gefühl der Genugtuung lässt sich trotzdem nicht abweisen. Einerseits liegt ein, wenn auch abstraktes Moment der Gerechtigkeit darin, dass die sowjetische Politik in der verhängnisvollen Phase des Zusammenspiels mit Hitler und der Vernichtungsstrategie in Polen jetzt endlich «an Ort und Stelle» objektiv gesehen und gewertet wird. Andererseits dokumentiert die heutige sowjetische Führung, dass sie sich eine wahrere Vorgeschichte leisten kann, als sie vor der Perestroika möglich gewesen wäre – gerade weil sie von Stalin abrückt; ob nun in der Richtung auf einen «reineren» oder auf einen realeren, was auch heissen würde: humaneren (was auch heissen würde: weniger leninistischen) Kommunismus.

Aber der Hauptgewinn der Erklärung Moskaus ist nicht für den historisch-politischen Beobachter, sondern für Polen bestimmt. Nicht allein deshalb, weil sich die Grossmacht bei einem Nachbarstaat für das Unrecht entschuldigt, das eben doch sie ihm einst angetan hat. Sondern vor allem auch, weil dieses Schuldbekenntnis – spät zwar – die Opfer aus der Anonymität befreit, in die das Verbrechen an ihnen gehüllt war, und die auch sie selbst überschattete; so, dass sie jetzt erst im eigenen Land als die Märtyrer verehrt werden können, die sie für ihr Volk immer waren. Schuld ohne Sühne – aber von nun an mit einiger Würde zu tragen.

*NZZ, Frontseite vom Samstag/Sonntag 21./22. April 1990, Nr. 92*


## Die tiefen Häuser. Von römischen Spaziergängen

*Ein klassisches Feuilleton in der Art von Franz Hessel oder Walter Benjamin, und manchmal fühlt man sich auch an die Prosa der Tagebücher von Ernst Jünger erinnert ...*

Man geht einmal «um den Block»: der Ausdruck kann nicht in Rom erfunden worden sein. In anderen Städten bilden vier, sechs, neun Häuser, die zwischen vier Strassen stehen, einen Block, sie sind «angebaut» oder «freistehend», sie können dicht aneinander stossen oder zwischen sich, vor allem auf ihren der Strasse abgewandten Seiten, Raum für Gärten offen lassen. Das gibt es hier auch, in den älteren Wohnquartieren, die ausserhalb der Aurelianischen Mauer an das «centro storico» grenzen.

Wer aber in der Altstadt herumgeht, muss sich in andere Strukturen einleben. Zuerst glaubt er festzustellen, dass alles Stein ist; nur auf Dachterrassen sieht er grünende und blühende Pflanzen. Über ungleiches Pflaster, gewellten Asphalt bahnt er sich seinen Weg zwischen stehenden Wagen, knatternden Motorrädern und Fussgängern, die nicht vorwärtskommen – die Römer müssen reden, die Fremden wollen schauen. Dieser sein Weg (aber hat er ein Ziel?) führt ihn selten geradeaus, und er führt an Fassaden entlang, die fast fugenlos ineinander übergehen.

Man hat sich vielleicht etwas vorgenommen. Auf die Engelsburg loszusteuern, ein Stück also parallel zum Tiber, den man aber nicht sieht, dann nach links ... Nur beschreibt jetzt die Strasse einen leichten Bogen nach rechts, und die Korrektur, die man anbringen will, indem man sich bei der nächsten Kreuzung zuerst nach links, dann wieder halb rechts wendet, kann zu drastisch oder zu schwach sein; ausserdem hat der Tiber inzwischen seine Richtung geändert ... Früher oder später steht man auf einem Platz, den man keineswegs angepeilt hat.

Das macht nichts. Man ist unterwegs an dunklen kleinen Werkstätten vorbeigekommen – an den Werkstätten, deren Verschwinden beklagt wird, die sich jedoch erstaunlich zäh halten, vor allem natürlich die, denen das Antiquitätengeschäft zur Arbeit verhilft, während die Schuster oder die Buchbinder tatsächlich selten werden und im Zentrum den Boutiquen weichen müssen wie anderswo auch und schon lange. Und als man in eine dieser Werkstätten hineingeschaut hat, ist der Blick auf ein Fenster in der Rückwand gefallen, und durch dieses Fenster ist er ins Helle und Grüne gegangen.

Oder am Eingang zu einem düster aussehenden Restaurant hängt ein Schild, das einen «giardino interno» in Aussicht stellt, und an nichts würde man in dieser engen Gasse zwischen hohen, fast schwarzen Hauswänden weniger denken als an einen Garten. Es ist noch lange nicht Essenszeit, aber neugierig ist man immer; man geht hinein, folgt einem langen, in dunkelgelber Ölfarbe gehaltenen Gang, vom Küchenpersonal angestarrt, weil man einerseits vollständig bekleidet, also kein reisender Nordländer, aber mit dem italienischen «orario» offenbar doch nicht vertraut ist; und wenn man sich fragt, warum man das Haus nicht schon längst auf der anderen Seite wieder verlassen hat, tritt man tatsächlich in einen hofartigen Garten oder einen gartenartigen Hof; Efeu an den Mauern, Bougainvilleen (nach Duden so geschrieben) und Sonnenschirme über den Tischen ...

Oder man schaut ganz einfach durch irgendein Haustor und sieht: ein Durchgang, links und rechts ein Treppenhaus, dann ein Hof, ein weiterer Durchgang, ein Garten, und hinter der Gartenmauer beginnt dann vielleicht, oder endet, eine Liegenschaft, deren Eingang nicht leicht zu finden wäre. Weil von der Strasse, auf der man steht, zunächst nur ein paar Sackgassen wegführen, danach aber links wie rechts Querstrassen, die in stumpfen Winkeln abgehen ... Nicht nur entfremdete Familienpaläste, auch Miethäuser sind schon im 18. Jahrhundert so angelegt worden; eines der frühesten an der heutigen Via del Plebiscito als Teil des Palazzo Doria Pamphili, der nach und nach um fünf Höfe herum gebaut worden ist.

Die Magie von Rom lässt sich nicht auf dies oder das «zurückführen». Ohne Zweifel hat sie eine vertikale Dimension: dass Untergründiges, Heraufdringendes hier eine Rolle spielt, braucht man kaum zu sagen. Aber auch die im horizontalen Sinn tiefen, hintergründigen Häuser haben viel mit der besonderen Stimmung der Stadt zu tun. Ihr langer Atem: dass sich im Hochsommer die Kühle in ihnen noch hält und im Winter die Wärme; dass in einem Hof voller Orangenbäume die Früchte nie auszugehen scheinen. Ihre Verzweigungen, die man sich vom Portier erklären lässt: Scala B, Interno 14 ... Ihre unzähligen Nebenräume, Rumpelkammern, Ausgänge in die Hinterhöfe anderer Häuser und in Gärtchen, deren Grundriss kaum grösser ist als der eines Lichtschachts.

Städtisch dies alles? Vor hundert Jahren hat man versucht, durch den Bau des Corso Vittorio Emanuele II, durch ein «sventramento», einen Aufbruch der alten Substanz, Rom auf die Höhe einer europäischen Metropole zu bringen; jetzt zeigt eine Ausstellung im Museo Barracco, mit welch hochgemuter Brutalität man vorging dabei; andere Untaten folgten. Aber das andere, Alte – das Dörfliche hat sich im Gassenwerk des alten Rom gehalten: die ausladend-einholende Gebärde: als müsste immer das Nötigste in dem einen, möglichst vielem und vielen dienenden Haus beisammen sein; gleich wie der Laden gleich um die Ecke ein Dorfladen ist, in dem man vom Brot bis zur Zahnpasta findet, was man ungefähr braucht; ein «supermercato» auf dreissig Quadratmetern? Bald sieht man, dass hinter dem Laden ein Lagerraum liegt, und merkt, das von dort aus ein Gang in die Tiefe des Baus führt: zu einer Backstube, deren Wohlgeruch nie bis zum Eingang ins Labyrinth dringt. Wenn aber vor dem Haus die Strasse aufgerissen wird, kann man des Nachts auf dem Heimweg den Henkel einer Amphora finden ...

*NZZ, Feuilleton vom 21. Juli 1997*

# Erdbebenkunde

*Am 26. September 1997 wurde die Region Umbrien-Marken von zwei mittelstarken Erdbeben erschüttert, die 11 Todesopfer, 126 Verletzte und 25 000 Obdachlose forderten. Unser Feuilleton reagierte – mit Hanno Helblings Stimme – grundsätzlich.*

Die Hitze, sagt Ristoro d'Arezzo in seiner «Composizione del mondo» (1282; die Lebensdaten des Autors sind nicht bekannt) –, die Hitze dringt in den Erdboden ein und nimmt seine Feuchtigkeit auf, so dass sie zu dampfendem Wind wird; will sie die Erde dann wieder verlassen und stösst sie dabei auf den Widerstand der harten Oberfläche, so hebt und senkt sie den Erdboden und lässt ihn erzittern. Ähnlich erklärte Albertus Magnus, an Aristoteles anknüpfend, das Erdbeben durch einen «ventus subterraneus», einen unterirdischen Wind.

Als Dante sich anschickt, den Acheron zu überqueren («Inferno», am Ende des dritten Gesangs), ist er gewarnt: Charon, der Fährmann, wird sich auflehnen, da sich ein Lebender in die Höhle vorwagt. Und doch raubt ihm, was nun geschieht, die Sinne; er sinkt um «come l'uom che 'l sonno piglia», wie einer, den der Schlaf übermannt. Denn «la buia campagna», das dunkle Land, erbebt: «La terra lagrimosa diede vento»; der Wind eben, von einem roten Lichtstrahl begleitet, bricht aus der feuchten – tränengesättigten – Erde.

Nicht lange danach (am Ende des fünften Gesangs) wird der Dichter von neuem das Bewusstsein verlieren, diesmal nicht durch ein Naturereignis, sondern durch ein Menschenschicksal erschüttert. Nachdem ihm Francesca da Rimini von ihrer und Paolos sündiger Liebe und ewiger Strafe erzählt und geklagt hat, überwältigt ihn das Mitleid, und er bricht zusammen, nicht wie ein Schlafender jetzt, sondern «così com'io morisse», als ob er stürbe; «e caddi come corpo morto cade» – «und ich fiel hin als fiele eine leiche», wie Stefan George richtig, aber nicht schön übersetzt hat.

Die Steigerung mag anzeigen, dass das Los der Verdammten den Zeugen noch tiefer trifft als die Schrecknisse, die auf ihn selber eindringen. Aber man darf es mit dieser Unterscheidung nicht zu genau nehmen. Je mehr der Wanderer sich den himmlischen Sphären nähert, desto enger verbinden sich auch Naturerscheinung und Seelenbewegung. Im «Purgatorio» (XX/XXI) bebt die Erde ein zweites Mal – und Dante spürt einen Kälteschauer, «qual prender suol colui ch'a morte vada», wie einer, der zur Richtstatt geführt wird – hier aber begleitet die Erschütterung den Aufstieg eines Verstorbenen aus dem Fegefeuer, und sie wird mit dem Erdstoss verglichen, der die Insel Delos bei der Geburt des Apollo und der Diana heimsuchte. Nichts, so erklärt Vergil seinem Schützling, kann gegen die «religione della montagna», gegen die ordensmässige Verfassung des Purgatorio, des (Läuterungs-)Berges geschehen: nichts – so kann man ergänzen – fällt aus dem Rahmen des Heilsgeschehens.

Darum wird im «Paradiso» (VII, 48) das Erdbeben nur noch erinnert und nun in das Innerste der Heilsgeschichte gerückt; beim Tod Christi tut sich der Himmel auf, weil die Menschheit von der Schuld Adams durch ein Werk der Gerechtigkeit und – zugleich – des Erbarmens gereinigt wird; die Erde aber erzittert wegen der Untat, die an Jesus verübt wird: «ch'a Dio ed a' Giudei piacque una morte; per lei tremò la terra e 'l ciel s'aperse».

Was bleibt von alledem? Welcher «religione», welcher Regel oder Verfassung gehorcht die Naturgewalt, deren Wirken inzwischen erkannt, auf seine wahren Ursachen zurückgeführt ist? Besteht ein Zusammenhang zwischen der Richtigkeit unserer Erdbebenkunde und unserer nun (fast) zweifelsfreien Einsicht, das nicht wir gemeint sind, wenn wir nachts erwachen und das Zimmer sich ein wenig hin und her bewegt – während nicht weit von uns die Häuser zusammenstürzen? Die Annahme ist nicht unbegründet, aber zu einfach. Auch die mittelalterliche Theorie hätte zugelassen, dass man von den Menschen absah. Auch mit der Lehre von dem eingesperrten Wind war die Idee vereinbar, dass die Erde beben könnte, ohne dass es unsereinen gäbe. Umgekehrt verhindert keine wissenschaftliche Erklärung der Naturvorgänge, dass sich jemand einen theo-kosmologischen oder eben heilsgeschichtlichen Reim auf sie macht.

Ob man etwas nicht will oder ob man nicht darauf kommt, ist schwer zu unterscheiden. Es scheint jedenfalls, dass es im Mittelalter niemandem einfiel, die Menschen aus der Schöpfung wegzudenken. Damit aber hing es wohl zusammen, dass Naturereignisse nach damaliger Vorstellung auf die menschlichen Bewandtnisse gleichsam gemünzt sein konnten – vielmehr, gar nicht anders konnten, als in irgendeiner Weise auf sie bezogen zu sein; ob man diesem Bezug eine mythologische oder eine theologische Wendung oder, wie Dante in seiner sowohl antikischen wie scholastischen Welt-Anschauung, die eine zugleich mit der anderen gab.

Mehr als wahrscheinlich ist, dass heute noch da und dort (und nicht nur im Bereich der Naturreligionen) einem Erdbeben die Bedeutung eines wie immer gemeinten Fingerzeigs beigemessen und ein höherer Wille in ihm verspürt wird. Auffällig ist auch, dass der Katastrophe in Umbrien heftige Anklagen regionaler Instanzen gegen die Regierung in Rom folgten, Anklagen, die gemäss rationaler Lesart verspäteten oder ungenügenden Hilfeleistungen galten, die aber unbewusst eine, wenn nicht mehr himmlische, dann eben irdische Obrigkeit für das Unglück verantwortlich machten. Vermenschlichung also, die sich aus dem Schwinden der göttlichen Autorität erklärte?

Aber gerade an diesem Punkt – an der Stelle, wo vom «Verlust der Transzendenz», von «Säkularisierung» die Rede sein müsste – bricht sich die Überlegung: nicht nur an ihrer Banalität; sondern am ungeminderten Fortbestand des Schreckens. Das ist der Kern dessen, was Dante zu sagen hat, wenn er vom Erdbeben spricht: dass er zu Tode erschrocken ist. Nicht aus Gründen der Transzendenz; er wusste aus dem Alten Testament (3. Reg. 19, 11–12), dass der Herr nicht im Sturm, nicht im Erdbeben, nicht im Feuer ist; sondern im Flüstern eines Windhauchs wird seine Stimme vernehmlich. Er erschrak nur, weil der Boden unter seinen Füssen wankte; und aus keinem anderen Grund erschrecken auch wir. Er wurde ohnmächtig: seine Ohnmacht vor einem Naturgeschehen überwältigte ihn. Und wenn er noch tiefer erschrak – von noch tieferer Ohnmacht befallen wurde –, da ihm ein menschliches Schicksal vor Augen trat, verhielt sich sein Lebensnerv so, wie es auch unserer humanistisch geprägten Seelenverfassung entspricht. Das Diesseits hat ihm keinen festeren Boden gewährt

*Erdbebenkunde*

als seine Wanderung durch Infernum, Purgatorium und Paradies. Und keine «religione» hat seither der Existenz einen sicheren Grund bereitet. *NZZ, Feuilleton vom 10. Oktober 1997*

# Lebensstoff – Fragment einer Autobiografie

*Es handelt sich bei diesem Text um das Fragment einer Autobiografie, die in den letzten Jahren in Rom entstand, dann aber keine Fortsetzung mehr fand. Wir danken Christina Viragh für die Erlaubnis zur Publikation.*

## Dorf

Ein langer Korridor verband die beiden «Häuser» des Internats. Auf seinem schwarz-weiss gewürfelten Steinboden hallten die Schritte. Aus der Finsternis hallten sie, gleichmässig lauter und lauter unter den Tritten eines Bischofs, der unsichtbar blieb, aber näher und näher kam, als violette Riesengestalt gleich erscheinen musste. Nur fort, in die Wohnung zurück, schweissgebadet unter der Bettdecke noch verfolgt von dem dröhnenden Gang. Doch draussen vor dem Fenster entstand nun ein Farbenspiel aus Blitzen, die sich zu einer Gestalt verbanden; mit wilden Gebärden und wutverzerrtem Gesicht näherte sich eine Hexe und konnte im nächsten Augenblick – «Hast du wieder geträumt?» fragt die Mutter, die nicht weiss und nie wissen wird, wer mit der Hexe gemeint ist, so wenig wie sich der Vater in dem Bischof erkennen würde; man hat ja selber noch keine Ahnung.

Sepp besorgte im Winter wie im Sommer die Plätze, auf denen Eishockey oder Tennis gespielt wurde. In den Zwischenzeiten hatte er sonst im Hotel gearbeitet, wo er aufräumte, aber auch abräumte, bis er einmal nach leichter verbüssten Straffällen ins Gefängnis gesteckt wurde; so sei er «kriminell geworden», berichtete er. Mit seinem sehr guten Fernglas konnte er im Hochwinter sehen und zeigen, wie die Gemsen ein Stück weit über die Felsen herabkamen, auf ein Schneefeld, das aber im Schatten lag; denn die Sonne liebten sie noch bei der strengsten Kälte nicht. Am späten Nachmittag war Sepp im Gemüsekeller des Internats anzutreffen, wo er mit zwei Kumpanen beisammen sass; es roch nach dem Wein, den sie tranken, nach dem Lauch und den Rüben, dem Kohl und dem Mangold in den Gestellen. Wenn sie ein Feuer anzündeten, gab es Streit, weil Baron Lanfranchi, wie er sich nannte, Benzin hineingoss, und Peider, der wirklich so hiess, ihn heftig zurechtwies.

Höchstens im Sommer kamen Touristen ins Dorf; im Hotel logierten Handlungsreisende und ehemalige Schüler, die der Ort noch anzog, Mütter von jetzigen Zöglingen, die ihre Söhne besuchten; seltener und kürzer ein Vater. Die Gemeinde sträubte sich gegen den Bau eines Skilifts; der Aufstieg wurde mit Fellen unter den Brettern zurückgelegt. Am «Idiotenhügel» unterrichtete Toni, der nicht nur Skilehrer war, sondern auch Bergführer und eigentlich Uhrmacher. Eines Abends begegnete er auf dem Heimweg der eigenen Pendule sowie anderem Mobiliar seines Hauses, das von einer Lawine erfasst worden war. Er erzählte das, mehr verwundert als verärgert, in der Gaststube des Hotels, wo der «Junge» und der «Alte» aus dickwandigen Gläsern getrunken wurden; «Pfiff» hiessen die grösseren, «Herrgöttlein» die kleineren. An den Winterabenden sassen dort früh die Bauern, die man tagsüber gesehen hatte, wenn sie Schweine, die in Panik quietschten, auf einen Lastwagen zutrieben oder mit kleinen Pferdeschlitten den Mist aus ihren Ställen aufs Feld führten und über der Schneedecke ausstreuten.

Man kannte den Zehnder mit den zu kurzen Hosen, den reichsten der etwa neunzig Gross- und Kleinbauern. Man kannte den Wieser, einen verschlagenen Gastwirt, Aussenseiter als Katholik, aber dominierend als Küchenchef, der das Dorf mit Gems- und Murmeltierpfeffer versorgte. So kamen die älteren Tiere zu den Jägern zurück, die ihm ihre Beute gebracht hatten; die jüngeren tischte er seinen Gästen auf. Man kannte Joggi, den Coiffeur, der auch kein Einheimischer war, aber trank wie zwei Alteingesessene; gegen Abend tat man gut daran, ihn nicht mehr aufzusuchen. Sein grosser Tag kam in der Osterwoche, wenn sich Dolfi, der Bäcker, der noch an einem Holzofen arbeitete, den einjährigen Bart abnehmen liess. Man kannte den katholischen Pfarrer, der eine Banane verheissen hatte, «wenn du dich von mir taufen lässt»; die Antwort: «Bananen haben wir auch», empfand er als schnippisch.

Und man hatte Johannes gekannt vor jenem Tag, an dem er sich weigerte, beim Schneeräumen auf dem Dach des Internats ein Seil umzubinden, und in den Hof stürzte, wo er dann schreiend lag, nach seiner Mutter rief, bis der Arzt kam und ihm eine Spritze gab. Da er nun sterben konnte, eilte der Arzt in die Wohnung herauf und verlangte einen Cognac. Johannes war nicht ganz bei Trost gewesen, und einmal war es ihm passiert, dass er seiner Schwester ein Kind machte. Dieses Vergehen drückte ihn so schwer, dass er nicht wagte, zur Beichte zu gehen; er kam auf den Gedanken, sich wenigstens dem reformierten Pfarrer anzuvertrauen; der aber sah keine Möglichkeit einer geistlichen Hilfe, er verwies den Sünder an die Bezirksanwaltschaft.

Im Theatersaal des «Grossen Hauses» kam, unregelmässig und bei wechselnder Besetzung, ein Streichquartett zusammen. Der Badearzt des benachbarten Kurorts spielte Cello, als erster Geiger stand oft ein ehemaliger Musiklehrer zur Verfügung, der die vermögliche Mutter eines Schülers hatte heiraten können und nun eine Stradivari mitbrachte, und als Bratschist stiess einmal der berühmteste aller Physik-Professoren dazu, der Deutschland verlassen hatte und nach Amerika unterwegs war; es sei den Pultnachbarn seltsam zumute gewesen in seiner Gesellschaft, sagte die Mutter, die zweite Geige gespielt hatte.

In den Fels hinter dem «Kleinen Haus» waren «Fives-courts» gehauen worden, hohe Nischen für einen einsam geübten Sport; da wurde ein harter kleiner Ball in wechselnden Richtungen gegen die Wände geschlagen, wieder aufgefangen, zurückgeschlagen. Fast nur den Vater hörte man dort trainieren, ihn aber immer öfter, so wie er nun auch stundenlang auf der Terrasse allein hin und her ging. Lehrer begannen einander zu meiden; die Deutschen blieben mehr und mehr unter sich, vor allem die jüngeren. Das Internat hatte seit langem das Recht, das im Reich massgebliche Abitur abzunehmen. Dafür musste es eine bestimmte Zahl deutscher Lehrer anstellen, und zu den Prüfungen reiste aus Berlin ein Experte an. Den Besitzern der Schule waren die vielen deutschen Zöglinge wichtig; um auf die Abiturberechtigung nicht verzichten zu müssen, wollten sie von der Gefahr einer politischen «Zellenbildung» nichts hören. Spannung, dann Zwietracht griff auch auf die Schüler über. Der Berliner Experte fuhr Schlittschuh und fiel auf die Nase, sodass im Eis noch tagelang eine Blutlache sichtbar blieb. Darüber freuten sich viele; zuvor jedoch hatte der Vater einen Lieblingsschüler aus Lübeck im Examen über die «soziale Frage» reden lassen, bis der Experte ihn unterbrach: wer denn nun aber die soziale Frage gelöst habe. Hilfloser Blick des Kandidaten auf den Vater, der ihn achselzuckend frei gibt. Er nennt den Namen, besteht so die Prüfung und kommt danach schluchzend in die Wohnung gelaufen.

Es lag an dem wärmenden Duft der Lärchen- und Föhrennadeln im Wäldchen gleich unter dem «Kleinen Haus». Es lag an den fliegenden, springenden, krabbelnden Insekten, die vertraut und verstörend zwischen den hohen Gräsern über den Weg kreuzten; an den Wurzeln, über die man stolperte; an den feucht-kühlen Stellen im Schatten eines zerfallenen Pavillons; an dem Hitzeschwall, wo es hinaufging am baumlosen Hang zu einer näheren, einer höheren Hütte auf der Suche nach Alpen- und Wiesenblumen: nach Soldanellen, die schon an den Rändern der Schneeflächen wuchsen, nach den kleinen und den grossen Enzianen, nach Schwefel- und Pelzanemonen. An den Rufen der Häher im Arvengehölz und an den Murmeltierpfiffen zwischen den Felsen.

Es lag daran, dass man in der Sicherheit eines glücklichen Traums an den hohen Gittern um die frisch mit rotem Sand bestreuten, gewalzten und weiss markierten Tennisplätze hinaufklettern konnte, höher und immer höher, bis nur noch kleine Figuren dort unten standen. Dann sich umwenden und ihnen das Zeichen geben: «Ich komme» – loslassen – aufgehobenen Armen entgegenfliegen. Auch an dem Tagtraum einer Nacht konnte es liegen: dass Stimmen zu hören waren, die erzählten, wie der Papa eines Schülers von seiner Geliebten erschossen worden war im Hotel und wie man den Toten, damit er nicht störte, aufgestellt hatte in der Doppeltür zwischen ihrem und seinem Zimmer. Es lag daran, dass immer wieder das ovale Etikett aufleuchtete, roter Sonnenuntergang über blauem Meer und SAN REMO in Grossbuchstaben, wenn der geschundene Lederkoffer ins Auto gestellt wurde vor einer Passfahrt nach Süden. Es lag an dem Halbschatten neben dem Cricketplatz jenseits des Flusses, wo man dem Hin und Her des noch kaum verstandenen Spiels zusah, das ein alter Engländer, für andere als sportliche Gegnerschaften nicht ansprechbar, dirigierte. An den Abenden in der Werkstatt, wo die friedfertigen Schüler gemeinsam zimmerten, oder im Labor des jungen Chemielehrers, der harmlose Experimente vorführte und von dem man nicht wusste, dass er «Gauleiter» werden sollte. Es lag an den Namen; Brüder aus Abessinien hiessen Rahimtullah Abdullah Rahimtullah, Sadrudin Abdullah Rahimtullah, Ibrahim Abdullah Rahimtullah; neben dem Jüngsten, der Jahrzehnte später, fett geworden und mit schwerem Gold behängt, zu Besuch kommen wird, sass man im «Vorkurs», um Schreiben und Rechnen zu lernen, und der Abessinienkrieg wurde auf einem Schachbrett mit roten und weissen Figuren gespielt, bis die italienische Armee (weiss) aufgerieben war.

Es lag an Momenten der Heimkehr im Dunkeln, das die Sternbilder scharf hervortreten liess in der dünnen Luft. «Nimmt der Mond ab oder zu?» «Zu.» «Woran siehst du das?» – denn richtig zu raten genügte nicht. Es lag an den Bergen: Wie sie dastanden, jeden Morgen von neuem, nie gleich wie am vorigen Tag und doch gleich für die Zukunft. Oft hörte man sagen, sie seien bedrückend; rührte das aber nicht daher, dass sie nicht angeschaut, nicht als Personen erkannt wurden? Wo sie doch Namen trugen: d'Esan, Mezzaun, Vaüglia ... Sie seien, hiess es, alle gleich hoch; dabei stand einer aufgerichtet, kahl und rötlich, ein anderer lagerte breit und grün neben ihm, ein dritter sah schräg zwischen ihnen hindurch; wechselhaft im Schatten und im Licht, im Spiel der Wolken, unbewegt nur in der Selbstverständlichkeit ihres Daseins.

An all dem lag es, dass man dann wusste: Die Welt geht unter. Aus einem Schulzimmer sah man den Vater herauskommen, kaum hatte die Stunde begonnen, bleich. Die Klasse hatte ihn mit dem in Deutschland verordneten Gruss empfangen. In der Dorfstrasse führte der Traum ein Stück weit über Gitterstäbe; man sah zwischen ihnen auf kleine, eng beieinander liegende Menschen hinab, die sich schwach, wie kaum mehr lebende Fische bewegten. Über sie weg und beinahe auf ihnen zu gehen, erregte ein schauerliches Gefühl, das von den Füssen bis in die Schultern emporstieg, sich im Wachen noch fortsetzte, den Tag auf Ekel und Angst einstimmte. Im nasskalten Frühling roch das Eis auf den Gassen, wenn es unter Nagelschuhen zersprang, nach Kuhmist, nach Wein und nach saurer Milch. Der Schnee am «Idiotenhügel» war schwer, das Skilaufen mühselig, wie Toni zugab; so stand man herum und schaute der Mutter zu, die schwunglos bergab kam, dann schrie jemand «Hinlegen». Droben am Berg erschien eine Wolke, die sehr geschwind wuchs und näher kam, Luft vor sich her stiess und Bäume aufwirbelte. Was man nicht sah und erst später erfuhr, war der Tod zweier Frauen, die mitgewälzt und von der Staublawine direkt auf den Friedhof gebracht wurden.

Vom Dorf aus hatte sich das Leben in weiten Kreisen erkennen lassen. Das bronzene Ochsengespann, das auf einem Fenstersims stand, war aus Burma gekommen. Von den Gütern eines Schweizers in Ungarn kehrten der Vater und die Mutter nach langen Sommerwochen zurück – der Schüler, der dort aufgewachsen war, zieht fünfzig Jahre später eine Photographie aus der Tasche, die ihn auf einer von vier Rappen gezogenen Kutsche zeigt; jetzt ist er Aufseher in einem Spielsalon. Und in Sanssouci residierte noch immer der Kronprinz, dessen Söhne und Neffen im Internat auf das Abitur warteten; er hatte für den Vater einen kolorierten Stich signiert, auf welchem Friedrich der Grosse eine Parade abnimmt; der Aufenthalt im Königsschloss wurde als ungemütlich geschildert. An einem langen Abend erzählte der frühere Musiklehrer von seiner Flucht aus einem russischen Kriegsgefangenenlager, die ihn quer durch das Revolutionsjahr von Sibirien heim nach Estland geführt hatte. Unmerklich begann der Erdkreis einer Ruinenlandschaft zu gleichen.

War es Trotz? Die Perle in der Krawatte des Vaters, sein herrenhaft-anspruchsvolles Betragen, das ihm Respekt, nicht nur willigen, eintrug – wollte daraus seine Auflehnung gegen den Untergang sprechen, spielte zugleich ein Standesbewusstsein aus kleinstädtischer

Vorzeit hinein? Es entstand um den Vater ein Lebensstil-Horizont, eine Bildungs- und Ordnungsprovinz, die fürs erste massgeblich blieb.

## Stadt

Der erste war der Heizer. In der Dunkelheit hörte man ihn, durch die Röhren das Haus hinauf, wie er an dem Rost rüttelte, dann Kohlen aufschüttete. Das Geräusch seines Tuns bannte die Geister der Nacht; dem kurzen Erwachen folgte ein beruhigter Schlaf. Wir sahen ihn nie; höchstens traf ihn der Vater an, wenn er von einer halbmilitärischen Übung zurückkam; dann weihte ihn der Mann in seine politischen Erwägungen ein. Ob die Deutschen die Russen angreifen würden, könne er ihm «nicht positiv sagen». Im Sommer arbeitete er auf einem Dampfschiff.

Der Milchmann kam in der Dämmerung. Das Klappern der Hufe kündigte ihn an; sein Wagen fuhr lautlos, auf Gummireifen, durch die vom Schnee bepuderte Strasse. Dann hörte man ihn den Kessel aus dem Kästchen nehmen und aus einer grossen Kanne die Milch hineingiessen; einem Heft entnahm er, ob man Butter oder Rahm brauchte, und legte oder stellte das Gewünschte neben den Kessel. Er liess sich am letzten des Monats bezahlen; man hatte ihm eingeschärft, auch dann nicht zu klingeln; das Dienstmädchen lag auf der Lauer.

Das Pfeifen des Bäckerjungen kündigte eine letzte Frist vor dem Aufstehen an. In einem Drahtkorb auf dem Gepäckträger seines Fahrrads lagen Papiersäcke, flüchtig adressiert, mit der je vereinbarten Zahl frischer Brötchen. Sie waren immer noch frisch, als das Amt für Kriegsernährung verfügt hatte, das Brot dürfe nicht mehr am Backtag verkauft werden. Vor Gericht berief sich der schuldige Chef auf die Bäcker-Ehre; doch wies man ihm nach, dass er Nährwert verschleudert hatte. Der Junge pfiff weiter, solange sich das Geschäft einen Austräger leisten konnte.

Auf dem Schulweg begegnete man, kurz vor oder nach dem Postboten, dem Gemüsemann. Er zog seinen flachen Wagen selbst an einer der Deichseln, hielt vor den Häusern, rief seine Ware aus, und die Hausfrau oder ihre Gehilfin trat durch das Gartentor auf die Strasse, um «Randen» oder «Wirz» (auch «Kabis») oder die ersten «Kefen» zu kaufen. Das Dienstmädchen stammte aus Norddeutschland; um aber nicht aufzufallen, vermied sie es, von roten Rüben, Wirsing und Zuckererbsen zu sprechen; auch wäre sie schwerlich verstanden worden. Die Auswahl war beschränkt, die Jahreszeit schrieb sie vor; dafür hatte jedes Gewächs seinen Geruch.

Den dunkelroten Kastenwagen der Metzgerei zog ein Pferd. Der Kutscher folgte der Liste der Kundschaft, die telephonisch bestellte. Wenn man der Mutter zugehört hatte, wusste man aufgrund von Zutaten – «Brät» oder Mark oder Schinken –, was sie im Sinn hatte. Blut- und Leberwürste gab es manchmal am Mittwoch; Würste auch am Freitag, ausser man hätte das Automobil des Fischgeschäfts kommen lassen. War am Samstag neben dem allwöchentlichen Putzen die Monatswäsche angesagt, trug der Kutscher drei Pfund Rindfleisch («mit Bein») herauf. Das Dienstmädchen, die Putzfrau und die Waschfrau assen unter erregten Konfessionsgesprächen am Küchentisch.

Locker in der Reihe erschienen das Fuhrwerk des Eismanns, der die in Jute eingeschlagenen, tropfenden Barren die Treppe herauf zum Kücheneingang trug und in die Speisekammer bugsierte, und das blecherne, gelb gestrichene Handwägelchen des alten «Hüpen»-Manns, welcher still und fein, immer mit steifem Hut und in schwarzem Anzug, seine gerollten Oblaten heranschob, zerbrechliches Backwerk, in Sachsen und Franken «Hipplein» genannt. Bei seinem Konkurrenten in der Altstadt gab es ausserdem Waffeln zu kaufen, und wer ein Waffeleisen mit dem ererbten Hauszeichen besass, konnte dort zur Weihnachtszeit heraldisch backen lassen.

Am Montag nach der Wäsche arbeitete im Souterrain die «Glätterin». Ein offenes Feuer brannte inmitten eines Gestells, auf dem sechs Bügeleisen angeordnet waren. In kurzen Abständen wechselte die Frau ein erkaltendes aus; das neue fuhr zischend und dampfend über ein besprengtes Tisch- oder Leintuch. Rückwärts, tiefer in den Hang hinein und ein paar Stufen niedriger, lagen die Kellerräume, wo sich der süssfade Duft der Boskoop-Äpfel mit dem Erdgeruch der Kartoffeln mischte. Der Weinvorrat lag unter Verschluss und wurde vom Vater verwaltet.

Dreimal täglich brachte eine alte Frau die Zeitung: Morgen-, Mittag- und Abendausgabe, dünne Blätter zumeist. Die erste dieser Ausgaben hatte man schon am späten Abend des Vortags auf der Strasse oder im Restaurant kaufen können, die zweite kam kurz nach dem Frühstück, die dritte nach dem Mittagessen, und nach dem Tee gab es keine; Radio Beromünster sprang um halb acht mit Nachrichten ein. Bei wichtigsten Ereignissen wurde in der Stadt ein Extrablatt ausgerufen.

Die Strasse war ungefährlich und still, sie wurde noch sicherer, aber nicht stiller, als Autofahrer – mit Ausnahme der Ärzte – kein Benzin mehr bekamen. Kinder, die sonst in den Gärten gespielt hatten, bildeten Gruppen und Kampfparteien. Auch konnte man nun von den höheren Villenvierteln herab mit einem Leiterwagen zu zweien durch die rechtsufrige Innenstadt bis zum Fluss fahren. Man sass Rücken an Rücken, der Vordermann lenkte mit gekreuzten Beinen die vorstehende Deichsel, in der rechten Hand hielt er die Kurbel der Bremse; auf Stellen, wo es zwischendurch ein wenig bergan ging, musste man mit der grössten Geschwindigkeit zusteuern; kam gerade dann eine Strassenbahn, war das Unternehmen für einmal gescheitert; murrend ging man ein Stück weit zu Fuss.

Die Fahrt konnte bei der Rathausbrücke enden, die aber Gemüsebrücke genannt wurde; nur der Vater legte Wert auf ihren offiziellen Namen, weil er ihr Kommandant war – er musste sie in die Luft sprengen, wenn «die Deutschen kamen». Die Händler dort, die auch Blumen verkauften, galten als teuer; man gab den Marktleuten den Vorzug, die Dienstag und Freitag morgens am See ihre Stände aufreihten. In der Nähe begann fast an jedem Dienstag, halb zehn Uhr, die öffentliche Hauptprobe des Tonhallekonzerts; Einkäufe konnte man da in der Garderobe lassen, oder das Dienstmädchen war mitgekommen und brachte die Ware vom Markt nach Hause.

Die Musik klang am Morgen anders als am Konzertabend. Sie hallte in dem kaum halbvollen Saal; man hörte entspannter, nicht abgelenkt durch das Auftreten der Abonnentengesellschaft. Die Künstler spürten die wachere Bereitschaft des Publikums. Auch spürte sich die Stadt genauer in den Stunden, da nicht sie zur Geltung kommen musste; sie überliess sich dem, was geschah.

Unterwegs zur Schule trafen sich die Kinder, hatten sich an Strassenecken verabredet, schlossen sich der Lehrerin an, die weither durch die Stadt gezogen kam und ihr Gefolge zu sammeln schien, das sie hart und gerecht behandelte. Später kam man zu einem der alten Lehrer, die wieder gebraucht wurden, weil viele der jüngeren Kräfte beim Grenzschutz standen. Er besuchte erkrankte Schülerinnen und Schüler, einen Blumenstrauss in der Faust für die Mutter; es wurde vermutet, dass er dabei mit Auswahl verfuhr, so wie er auch wusste, welche Kinder zu fördern sich lohnte; wer aufs Gymnasium «gehörte», ergab sich für ihn aus der Herkunft.

Auf dem Pausenplatz musste man sich einem starken Burschen auf den Rücken oder auf die Schultern setzen und über seinen schlecht riechenden Kopf hinweg auf einen anderen Reiter laut schreiend einschlagen. Wer zu den Feinden gehörte, erfuhr man von Tag zu Tag; oft fand sich die Übermacht von gestern als bedrängte Minderheit wieder. Bei den Mädchen ging es gesitteter zu, aber von einer Gruppe verstossen zu werden, konnte grausam sein. Ein Kind schien bedrückt, und man raunte, sein Vater sei arbeitslos geworden; man ging ihm aus dem Weg.

Ein alter Tapezierer, der mit seiner Frau in einem etwas ungewöhnlichen Häuschen wohnte und arbeitete, wurde als Feind erkannt. Ein paar Buben erklärten ihm den Krieg, schrien und sangen vor seinem Fenster, klingelten und rannten weg, warfen mit Steinen nach seinen Blumentöpfen, bis ihm ein Kunde zu Hilfe kam, einen der Täter fing und nach seinem Namen fragte; der nannte zwar einen anderen, aber der Vater des Denunzierten machte dem Spuk ein Ende. Jetzt wusste niemand, wer gegen den alten Mann etwas haben konnte, und man vergass ihn sofort; das Häuschen, an dem man weiterhin täglich vorbeikam, wurde nicht mehr beachtet.

Sammel- und Tauschgegenstände kamen auf, mehrten das Ansehen ihrer Besitzer, konnten über Nacht ihren Wert verlieren; noch eben hatte man Vogelfedern mit Bergkristallen bezahlt, und da hatte nun einer die meisten und schönsten, aber keiner mehr drehte sich um nach ihnen. Auch das Prestige, das alle möglichen Fähigkeiten hervorriefen, schwankte; wer Klavier spielen konnte, wer mit den Ohren zu wackeln oder Molche zu fischen verstand, wurde eine Weile bewundert, dann traf es den Goldhamsterzüchter. Ein Mädchen, das ein neugeborenes Nachbarkind vorführen durfte, gelangte zu fast einwöchigem Ruhm.

Klugheit und Dummheit wurden gleichermassen geduldet. Sagte ein sonst guter Schüler etwas Falsches, freute sich die Klasse, während der Lehrer sich selber blossgestellt fühlte; im umgekehrten Fall staunte und strahlte man, dem Lehrer jedoch erschien der glückliche Fund als nicht standesgemäss. Sichtbarer Fleiss galt unter den Buben als ehrenrührig; rügte der Lehrer schlechtes Betragen, halfen die Mädchen mit Missfallenszeichen nach. Wenn ein Knabe mit einem Mädchen «ging», gerieten seine männliche und ihre weibliche Würde zugleich in Gefahr. Dass ihre Eltern sich kannten, galt als mildernder Umstand für beide.

Die Mütter besprachen solche Verbindungen, gerührt und belustigt; manche von ihnen waren im selben Quartier aufgewachsen, im selben Schulhaus unterrichtet worden; sie erinnerten sich und einander an einen ersten «Schulschatz», den sie als Inhaber einer Papeterie noch kannten, oder man hatte nie mehr von ihm gehört. Nun waren ja auch gewisse Familien weggezogen, andere neuerdings zugewandert; fast als sollte nicht alles beim Alten bleiben. Der Knabe aber, der den Mut fand, seine Freundin bis in ihren Garten zu begleiten, traf im Sommer dort Damen beim Tee, und die Kinder bekamen Himbeersirup, und jemand sagte: «Ich habe deine Mutter gekannt, als sie *so* klein war.»

Die Professoren hatten Gattinnen; Schriftsteller hatten Frauen, wie oft nur vermutet wurde, sodass unklar blieb, ob es richtig war, sie «unbekannterweise» grüssen zu lassen. Die Schriftsteller besuchten den Vater, und manchmal war einer beim Abendessen noch da. Zur Mutter kamen Bekannte, die Instrumente mitbrachten, nach dem Essen; Weingläser und Backwerk standen bereit «für nachher». Die

Mutter gehörte zu der Pianisten-Generation, die gelernt hatte, bei hochgezogenen Schultern in die Tasten zu greifen. Das sah man nicht, wenn man unter dem Flügel sass, um zuzuhören und vergessen zu werden.

Professoren und andere Notabeln wurden eingeladen, nach längerer Beratung über Wen-mit-wem und Ist-es-an-uns. Vor dem Essen wurde Cinzano gereicht, und die Gattinnen fragten, ob man gerne zur Schule gehe; Älteren antwortete man mit Ja, Jüngeren mit Nein. Die Herren fragten, was man werden wolle. «Ich weiss es noch nicht» (schüchtern und freundlich aufblickend) galt als kluge Antwort. «Lass dir nur Zeit.» Dann kam noch «Was liest du?» Mit «Die Turnachkinder» – bald «im Sommer», bald «im Winter» – war auch das abgetan, und die Erwachsenen gingen zu Tisch.

Mitunter wurde man ausgesandt, ein Buch zu bringen oder zu holen, freundschaftlich nachbarschaftlich in der Wohnung eines Kritikers und Redaktors, eines kleinen Herrn, der auf einem hellen, weichen Teppich herumlief, als Botenlohn einen Franken bereit hielt und sich den zwar angedeuteten Wunsch, bald wieder allein zu sein, doch nur stockend erfüllte; indessen begnügte er sich mit einer sachten Berührung am Oberarm, an der Schulter. Den Haushalt besorgte ihm seine alte Mutter mit einem streng gehaltenen Dienstmädchen («unsere Magd»); doch ging er viel in Gesellschaft, wo er als Einzelgast bei Frauenüberzahl willkommen und als Erzähler von Anekdoten aus der literarischen Sphäre beliebt war. In der Wohnung unter der seinen bellte ein Dackel, und ein leichter Dunst von Stachelbeermarmelade lag in der Luft.

Die Gerüche. Jedes Treppenhaus hatte den seinen: Blumentopferde oder ein Gebäck, worin Zimmet und Ingwer sich mischten, oder die säuerlich-kalte Ausdünstung eines Rollstuhls, der hinter der Haustür stand. Man wusste, wo man war: hier wohnte die Tante, zu der man die Grossmutter begleitete nach einem Spaziergang ins Arboretum, zu den Sukkulenten oder zur Voliere; die Tante mochte tot sein, so wie sie auf ihrem Plüschsofa sass und matt nach Alter und Eau de Cologne duftete; Olga nannte man sie, oder die Strasse hiess so. Ihr Gatte war schon als Vizedirektor gestorben, sein Bruder hatte länger gelebt und war Generaldirektor geworden, und seine Witwe wohnte weit oben am Berg, wo man nur noch den Aufschlag der Tennisbälle und das Zirpen der Rasensprenger vernahm.

Dann wieder mitten in der Stadt, wo man im Büro des blinden Onkels den Hund abholen konnte zu einem kurzen Gang über den nächsten baumbestandenen Platz. Er war ein Arbeitstier; mit allem einverstanden, ohne zustimmende Anhänglichkeit, und erlaubte noch kaum einen ersten Blick auf die weite Landschaft der Hundeseele (es sei denn durch Zeichen, die man noch nicht zu lesen verstand). Wurde er ins Konzert mitgenommen, liess er sich achtlos von den Garderobenfrauen verwöhnen; während man in der Pause nicht wusste, ob man an dem Onkel vorbeigehen könne, der vielleicht spürte, dass man ihn anschaute, oder später erfuhr, dass man da gewesen war. Darüber, dass er nicht sah, konnte man nicht mit ihm sprechen; es gehörte sich nicht. Solche Verbote säumten den Weg durch die Stadt.

Bei einer Schwester des Vaters in einer kleineren Nachbarstadt lebten Kaninchen, die man – als Feriengast – nach dem Frühstück im Gewächshaus besuchte; eins von ihnen wurde zum besondern Freund ernannt, und man durfte mit ihm durch den Garten spazieren. Zu der Villa hatten Tiere keinen Zutritt, auch die Katze nicht, die der Onkel hielt, in stillem Einvernehmen mit der Köchin, die sie vor dem Dienstboteneingang fütterte. Er wieder liess sich gern durch die «Wildnis» begleiten, wie er den Teil des Gartens nannte, den die Aufteilung in Blumenbeete und Gemüserabatten verschont hatte; und gegen Abend konnte man ihn «im Geschäft» abholen, in einem Prunkbau der Zwanzigerjahre, wo man von einem livrierten Angestellten zu der Doppeltür des in poliertes Nussbaumholz gekleideten Raums geführt wurde, in dem der alte Mann hinter schweren Vorhängen seine unsichtbare und lautlose Arbeit verrichtete.

Ein anderer Onkel lebte in einem ländlichen Herrenhaus, das von zwei Bernhardinern bewacht wurde, und auch ihn konnte man im Büro besuchen. Da sass er an einem kleinen Tisch, der aus einem Bahnhof-Wartesaal stammen mochte und auf dem nur ein blecherner Aschenbecher stand; darüber brannte eine nackte Glühbirne, der Rolladen des einzigen Fensters war heruntergelassen. Der Onkel rauchte Brissago und dachte nach; er liess sich gern, aber nur kurz unterbrechen; dass seine Umwelt nicht sicher war, ob Forschungsarbeiten so entstehen, störte ihn nicht. Seine Hünengestalt und sein Jähzorn rieten zur Vorsicht; doch war er Wachs in den Händen seiner Frau; man wusste, dass ein Gipfel in den Anden nach ihr hiess, den er als erster und allein bestiegen hatte.

So fing man an, mit Lebensformen vertraut zu werden, die einander fremd sind, und man begann zu spüren, dass die Stadt wohl Geborgenheit meinte, aber ein Ort der Unsicherheit war: Etwas sei «anders», bedeutete Unbehagen, geahnte Bedrohung; Anekdoten, die man erbeutet, Erscheinungen, die man sich eingeprägt hatte, galten als Zeugnisse einer «Mentalität», die «nicht die unsere» war. Und was man von früher her aufbewahrte, wer hätte es hören mögen. Man behielt es für sich.

## Provinzen

### I

Wann erwacht man? Ich galt als frühreif, bin also spät (wenn überhaupt) zu mir selbst gekommen. Als «aufgeweckt» gilt, wer im Schlaf lernt. Und wer keinen Anlass hat, an der Richtigkeit oder am Nutzen dessen zu zweifeln, was ihm vorgemacht wird, hält sich nur schon durch Nachahmung über Wasser. Warnende Zeichen erkannte ich erst hinterher: dass ich schwierige Aufgaben der Differenzialrechnung lösen konnte, ohne zu ahnen, worum es da geht; ich hatte mir eingeprägt, *wie* es geht. Oder jemand bemerkte: «Das hätte dein Vater auch sagen können», was wohl meistens als Kompliment gemeint war und jedenfalls mir so erschien.

Man ist unter solchen Lebensbedingungen nicht allein. Mitschüler, denen ich ihre Physikarbeit abschrieb, liessen sich von mir die nächsten zwanzig Zeilen des «Phaidon» übersetzen, auf dem Gang vor dem Klassenzimmer, wo lächelnd und still, wie man Schläfer nicht stört, der Griechischlehrer an uns vorüberschritt. In dieser Zeit ging der Krieg zu Ende, und eines Tages wollte der Deutschlehrer wissen, was wir von einem soeben publizierten Gedicht Werner Bergengruens hielten; es stand darin, die Katastrophe habe den «Herzschild des Abendlandes» getroffen – womit nicht das «Dritte Reich», aber allerdings Deutschland gemeint war. Da wurde nun hin und her geredet, bis einer von uns, der Guggenheim hiess und der Sohn einer bedeutenden Historikerin des Judentums in der Schweiz war, aufstand, um uns bleich vor Wut die Leviten zu lesen: ob wir von Auschwitz noch nichts gehört hätten. In der Tat, es zeigte sich, dass wir kaum erst den Namen des Orts kannten.

Wer so aufwächst, sieht die Welt von ihrer Immer-schon-Seite. Bergengruen, der damals in Zürich lebte, war gelegentlich bei uns zu Gast, etwas herrenreitermässig auftretend, amüsant erzählend; mit seinem historischen Bekenntnis fiel er aus der Rolle des distanzierten, überlegenen Causeurs; so wie ein anderer literarischer Hausfreund, Edzard Schaper, seiner betrachtsam raunenden, auch ins Schalkhafte spielenden Konversation untreu wurde, indem er das Geheimnis seiner Agententätigkeit in verschiedenen Diensten lüftete und den katholischen Glauben annahm.

Dies alles ging zu weit und nährte den Verdacht, dass die Zeit aus den Fugen sei. «Herzschild des Abendlandes» schrieb man nicht, Spion war man nicht, und katholisch konnte man sein, aber nicht absichtlich werden. Wir waren immer liberal, sagte mein Vater, und das hiess, *mit* der Kirche habe *man* nie etwas zu tun gehabt. Eine Bibel war vorhanden und auf einem Regal mit «vermischten» Büchern zu finden. Kam die Rede auf sie, wurde ihr ein hoher ästhetischer Rang zuerkannt; sie konnte neben Homer bestehen. In unserer Lebensordnung war von ihr nichts zu merken, ausser dass auch da jene sechs Gebote, an die der reiche Jüngling erinnert wird, zu den Verbindlichkeiten gehörten. Demnach durfte ich ebenso wenig lügen wie beim Essen zum Wasserglas greifen, wenn ich den Mund nicht abgewischt hatte.

Meine Generation – bescheidener gesagt: mein ungefährer Jahrgang im Gymnasium – war nicht ausdrücklich oppositionell gestimmt. Die Mischung von Moral und Protokoll, mit der man uns traktierte, nahmen wir entgegen; nicht kritiklos, nicht ohne Ironie, wir fragten gelegentlich nach, warum denn etwas sich «nicht gehört» und wer eigentlich «man» sei, der dies oder das nicht tut. Die meisten von uns konnten damit auf Verständnis rechnen bei Eltern, die «auch einmal jung» gewesen waren; zum Beweis dieser ohnehin nicht bestrittenen Tatsache wurden Photographien gezeigt, auf denen die Leute für unsere Begriffe nicht jung, sondern altmodisch aussahen und doch so etwas wie Lebensfreude erkennen liessen. Daher das Gefühl, eine privilegierte Existenz fortzusetzen: Die soeben überstandene Kriegszeit lag zwischen gesicherten Abschnitten unserer privaten, aber modellgetreuen Sozialgeschichte.

So bildeten sich die Spannungen – unvermeidlich, wie sie doch waren – in einer Stille aus, die uns über ihr Mass und über den Schaden, den sie anrichten konnten, im Ungewissen liess. Meine Eltern und ich wohnten damals in einem Vorort am See. Mein Vater, der jetzt an der Schule, die ich «besuchte», ein hochangesehener Lehrer war (so dass ihm zwar alles, was mich betraf, hinterbracht werden, mir aber nichts Ernstes passieren konnte), fuhr wie ich mit der Bahn hin und her, und zwar in der dritten Klasse, weil er Wert darauf legte, für sich nichts Besseres als für seinen Sohn in Anspruch zu nehmen. Merkte er nicht oder wollte er nicht merken, dass mich seine Begleitung genierte? Ich fühlte mich beaufsichtigt (und war es insofern, als eine seiner Regeln besagte, dass «man» die Hausaufgaben nicht erst in der Eisenbahn macht); ich fürchtete seine kleinen Zusammenstösse mit Passagieren, die er zu besserem Benehmen anhalten wollte; und ich merkte, dass mein Umgang mit anderen Knaben einen unechten Zungenschlag annahm, wenn er dabei war. Im Lauf der Zeit begann ich dann auch, in seinen Berichten über das eigene Tun und Können ein Hochgefühl wahrzunehmen, auf das nun allerdings meine Generation als ganze empfindlich reagierte. Wenn es ein Merkmal gab, das damals den Unterschied zwischen Vätern und Söhnen fassbar machte, war es das *understatement,* das wir pflegten und mit dem wir die Umwelt auf die Probe stellten. Wer sich inszenierte, fiel bei uns durch; wer Anführungsstriche nicht hörte, mit denen wir grosse Worte versahen, – wer Parodien eines affirmativen Sprachgebrauchs zum Nennwert nahm, wurde nicht ernst genommen. So setzten wir uns freilich selbst dem Vorwurf des Snobismus aus; ich bin ihm später, im Verkehr mit wirtschaftlichen oder staatlichen Autoritäten bescheidener Herkunft, wieder begegnet. Nicht nur die Altersklassen, auch die Gesellschaftsschichten verstanden einander, zum Teil mit Absicht, schlecht.

Die politischen Meinungsverschiedenheiten hielten sich meist an und nahmen dramatische Formen an. Ein Mitschüler schwärmte für Stalin, vielleicht um die Begeisterung für Hitler, die sein Vater an den Tag gelegt hatte, zu kompensieren oder, im Zeichen des Personenkults, zu kopieren; niemand nahm es ihm übel, und unseren Spott ertrug wiederum er mit Gleichmut. Mein bester Freund in der Klasse war Marxist, und das nahm man ernst, weil es auf gründlicher oder jedenfalls eifriger Lektüre beruhte, und es war auch lustig, weil der Geschichtslehrer bei dem Thema in Rage geriet. Ich selbst zog meinen Nutzen aus den Kenntnissen und aus den damals noch unbürgerlichen Ansichten meines Freundes (er ist dann ein rechter Pfarrherr geworden), und angenehm berührte mich die gute Aufnahme, die er mitsamt seiner Ideologie bei meinem Vater fand.

Denn bei aller Irritation durch jene Hausmischung von Protokoll und Moral konnte ich an meinen Eltern doch ein tiefer begründetes Stilgefühl ausmachen, für das es im Ernstfall nicht auf die genehme «Einstellung» ankam, sondern darauf, dass Person und Überzeugung zusammenstimmten. Ein Bruder meiner Mutter, Walter Lesch (die Eltern meines Vaters hatten sich nicht leicht an den balkanischen Namen ihrer Schwiegertochter gewöhnt), stand als Gründer und Leiter des Kabaretts «Cornichon» in dem Ruf, Kommunist zu sein – er war es auf eine wortgetreue, für Parteizwecke ungeeignete Weise. Ich erinnere mich, wie er in einer Aufführung von Pirandellos «Die Riesen vom Berge» mit einem mal, als einziger unter den Zuschauern, zu lachen begann: an der Stelle, wo gesagt wird, die «Riesen» seien unter dem Druck ihrer Leistungen nicht nur gross und stark, sondern auch starrsinnig und «ein bisschen tierisch» geworden. Das passte zu dem Widerwillen gegen Erfolgsmythen, der damals aufkam und allmählich Distanz zu der «Aktivdienstgeneration» (so wie in Deutschland zu den Helden des Wiederaufbaus) entstehen liess. Nicht alle Eltern waren intelligent und sensibel genug, diesen Vorgang gutzuheissen oder zu tolerieren; und nicht jeder hatte einen Onkel, dem er das Lachen abhören konnte; doch zählte es wohl zu den Privilegien der paar Jahrgänge meiner Gymnasialzeit, dass wir nicht in die Rolle einer Anti-Generation gedrängt wurden. Die Spannungen blieben persönlich und konnten immerhin anstrengend sein.

Sie klangen ab (und ich kam eines Tages darauf, dass ich auf die Frage, ob ich mit Carl H. verwandt sei, antworten konnte: «Das ist mein Vater», statt «Ich bin sein Sohn», was mir peinlich war); sie klangen ab in dem Mass, wie mir selbst bewusst wurde, dass auch ich etwas konnte und tat und mich nicht mehr von vornherein unterlegen fühlen musste; – wie ich gleichzeitig spürte, dass mein Vater zur Überzeugung gekommen war, ich sei «auf dem rechten Weg»; – und wie es keinen Zweifel gab an seiner unbedingten Solidarität. Das Vertrauen auf diese Solidarität blieb mir wichtig; es unterschied sich von der oberflächlich-liebevollen Übereinstimmung mit meiner Mutter, die der Versuchung, mich gesprächsweise vor andern ein wenig blosszustellen, nicht ungern nachgab; im hohen Alter wurde sie geradezu tückisch, und wenn dann gesagt wurde, das sei «nicht mehr sie», fragte ich mich, ob nicht ein Charakterzug, der schon immer zu einer Person gehört hat, oft erst bei nachlassender Selbstkontrolle zum Vorschein kommt.

Vertrauen, Solidarität und «auf dem rechten Weg» gesehen werden: gute Voraussetzungen – wofür? Es gab da eine gemeinsame Sorge; denn nicht nur mir, sondern auch meinen Eltern machten die Folgen und mehr noch die Spuren einer Kinderlähmung zu schaffen, die mich in meinem dritten Lebensjahr befallen hatte. Würden mich meine immer deutlicher hervortretenden Deformationen zum Aussenseiter stempeln – gab es Berufe, für die ich nicht präsentabel genug aussah – war ich bei der Annäherung, später, an Frauen nicht entschieden im Nachteil? Erfahrung hat dann allmählich gezeigt, dass solche Fragen nicht unbegründet und die Antworten doch meist beruhigend waren. Fürs erste aber hatte die Besorgnis zur Folge, dass als der «rechte Weg» der vorgezeichnete Weg erschien, auf den ich so rasch wie möglich gelangen sollte und wollte, um festzustellen, wie ich mit meinen Behinderungen zurecht kam.

Vorgezeichnet war der Weg durch eingeschränkte Begabung und angeborene Zugehörigkeit zu einem akademisch-literarischen Milieu. Ich hätte als Karikatur des Produkts einer Schule gelten können, die es auf «Allgemeinbildung» abgesehen hatte. Ich verstand nichts von Mathematik, Physik, Chemie, Biologie und Geographie; ich fand keinen Zugang zu den modernen Fremdsprachen und langweilte mich unaussprechlich im Geschichtsunterricht (was teilweise nicht nur an mir lag – und teilweise doch, denn wer hiess mich einen Romanisten oder einen Historiker für unzumutbar erklären, nur weil ich wusste, dass es viel bessere gab). Ich begann eine anspruchsvolle Beziehung zur deutschen Sprache einzugehen, und indem ich lateinische oder griechische Verse zu übersetzen versuchte, kam ich auf die Anfangsgründe des analytischen Lesens, das dann meine Hauptbeschäftigung blieb. Das war alles; aber dank einem ausgezeichneten Gedächtnis und dank der Fähigkeit, mich in Prüfungen aus der Affäre zu ziehen, genügte es.

Nur durfte nichts dazwischen kommen. Was «nebenher» ging, war erfreulich und notwendig, von ersten kammermusikalischen Versuchen (ich spielte Cello, nicht gut, nicht auffällig schlecht) zu stundenlangem Rudern in der an unserem See geübten volkstümlichen Variante, bei der man stehend die gekreuzten Stangen nach vorn stösst, vermutlich ein Fischerbrauch. Doch ich hatte kaum das Gymnasium hinter mir, als ich einem französischsprachigen Schweizer Schriftsteller, Robert Crottet, helfen musste, die von ihm teils gesammelten, teils – wie er mir gestand – erfundenen Legenden der Skolt-Lappen zu übersetzen. Rührend dankbar für meine Arbeit, die von Fehlern strotzte, lud er mich ein, ihn für ein Jahr nach Nordfinnland zu begleiten. Ich dachte nicht einmal darüber nach, was er sich von dieser gemeinsamen Unternehmung versprechen mochte. Es stand ohnehin fest, dass ich mir einen solchen Aufschub nicht leisten konnte; ich musste mein Studium unverzüglich beginnen. Was wirklich verlorene Zeit ist, wusste ich damals noch nicht.

## II

Was ist Provinz? Man sollte eher fragen: Wer? In ein und derselben Stadt können Menschen leben, die ihren ererbten Biotop mit aggressiver Borniertheit gegen Fremde und Fremdes verteidigen, und solche, die sich von ihrem Standort aus umsehen, an manchem Gefallen finden, an anderem nicht, und gern da zu Hause sind, wo sie ihren Denkwegen nachgehen können. Am Ort liegt es nicht. Provinz ist überall, weil man immer von eingeschworenen Eingesessenen hören kann, wie es ist und auch sein muss, weil es immer so war. Und Provinz ist nirgends, weil man stets Leute findet, die zu freier Erwägung der Dinge aufgelegt sind. Die Universität, meinte ich, müsste sie finden helfen. Mein erster Eindruck war aber verwirrend. Die Studierenden kamen von vielen Seiten zusammen, und so gewährten sie Einblick in alle möglichen Verhältnisse und Voraussetzungen; doch die Bereitschaft, zu ihren Verhältnissen eine kritische Distanz zu gewinnen und ihre Voraussetzungen einem ungewohnten intellektuellen Klima auszusetzen oder anzupassen, war bei den meisten gering. Sie kamen, um den Lehrgang zu durchlaufen, der sie in der angestammten und für sie weiterhin massgeblichen Ordnung beruflich voran bringen sollte. Ich fand, es sei nicht eben viel mit ihnen anzufangen. Leichte Anzeichen von Entwurzelung unterschieden sie immerhin von der einheimischen Elite, die ihrer Laufbahn fraglos gewiss zu sein schien.

So blieb ich fürs erste auf eine Konstellation angewiesen, die dem bisherigen Personenkreis glich; wobei ich in dem Romanisten und Psychologen Vincent Lunin und in dem Germanisten Beda Allemann die wohl wichtigsten Freunde meiner Studienzeit und auch einer viel späteren Lebensphase fand; jener mir weit voraus an Menschenkenntnis, dieser an philosophisch-literarischem Wissen und Verstehen. Und überdies änderte sich die Stimmung der gemeinschaftlichen Arbeit unter dem Einfluss des weiblichen Elements, das uns in der Schule kaum spürbar gefehlt hatte, doch nun umso spürbarer eine neue Stimmung in unseren Gedankenaustausch hineintrug. War aber der Kreis, den wir ohne Umstände bildeten, wie es das Stilgefühl eben ergab, nicht auch so etwas wie eine Provinz?

Es gibt, wie ich nun festzustellen hatte, eine passive Exklusivität. Wir schlossen uns nicht ab, doch das Verhalten mancher Studenten deutete darauf hin, dass sie zu uns keinen Zugang fanden; sie überliessen uns einem, wie ihnen wohl vorkam, verwöhnten Treiben, hielten Distanz und betrachteten wohl den unleugbaren Vorsprung, den Schule und bildungsgewohntes Milieu uns verschafften, als ungerechten und unüberbrückbaren Standesunterschied. Es fiel aber auf, dass ausschliesslich Männer sich so verhielten, während Frauen solche Trennlinien nicht beachteten; dafür hielten sie uns auf dem Laufenden über das Klima bei den «Kommilitonen» (das Wort kam wirklich noch vor). Von einer Studentin, mit der ich später lange Zeit verheiratet war, erfuhr ich, dass man sie vor der frivolen Gruppe dringend gewarnt, doch nichts Näheres über Art und Grad ihrer Gefährlichkeit mitgeteilt habe.

Unser Zusammenhalt in dieser übrigens locker gefügten Gruppe war unter anderem eine Form der Selbsthilfe. Das Geschichtsstudium jener Zeit kam ohne schulmässige Strukturen aus; man schrieb sich ein, besuchte die Vorlesungen, nahm an ein paar Proseminarien teil oder übersprang sie, hielt ein paar Vorträge in Seminarien, vereinbarte mit einem gewogenen Professor ein Dissertationsthema, lieferte nach schicklicher Frist seine Arbeit ab und doktorierte. Die «akademische Freiheit», die uns in dieser formlosen Form gewährt wurde, nutzten wir zu kreuz und quer ausgreifender Lektüre und selbstverliebten Gedankenspielen, von denen wir immerhin merkten, dass sie der wechselseitigen Kontrolle bedurften. Anders als die Germanisten, die von Emil Staiger in die Hermeneutik eingeführt wurden, mussten die Historiker ohne methodische Unterweisung auskommen; wir versuchten sie durch das Studium von Werken aus der «Annales»-Schule – Lucien Febvre, Marc Bloch, Fernand Braudel – zu ersetzen und blieben doch bis zuletzt ein Debattierclub von Autodidakten.

[...]

Herr Giordano liess sich mit «Commendatore» anreden; wie er zu dem Titel gekommen war, wusste niemand, und seine zahlenden Gäste ergingen sich in Vermutungen, die nicht viel Respekt verrieten.

In seiner Pension auf dem Vomero lernte ich frieren und merkte auch sonst, dass ich ein allzu behütetes Leben geführt hatte, bevor es mich im Spätherbst 1953 nach Neapel verschlug. In meiner Erinnerung regnet es dort fast immer, man drängt sich mit Schirmen und nassen Mänteln in die Funicolare zur Altstadt hinunter, tritt auf dem Weg über schadhaftes Pflaster in sehr viele Pfützen, bis man das Tor des Palazzo Filomarino erreicht und über hohe Treppenstufen zum zweiten Stockwerk hinaufsteigt, wo Benedetto Croce sein langes Leben verbracht und zuletzt das Institut eingerichtet hat, das Federico Chabod jetzt leitet. Die Erinnerung muss Korrekturen hinnehmen. Nun scheint die Wintersonne in das Zimmer auf dem Vomero, ich sitze so warm wie nur möglich gekleidet am Tisch und höre während der Arbeit den mir noch ganz unverständlichen Singsang der Strassenhändler unter dem Fenster. Oder ich packe an einem schönen Nachmittag meine Papiere zusammen und gehe nach Capodimonte hinüber, wo ich zwei Stunden im Garten der Villa «La Fiorita» verbringe; hier ist es die Aussicht auf den Vesuv und den Golf, die mich von der Arbeit ablenkt.

In Italien unterscheidet man zwischen *stranieri* – Fremden, die sich vorübergehend, vielleicht auch oft, hier aufhalten – und *forestieri*, integrierten Dauergästen. Die Meuricoffre (ursprünglich Mörikofer, protestantische Thurgauer Kaufleute, die im achtzehnten Jahrhundert nach Lyon und von dort nach Neapel gezogen waren) lebten seit Generationen in Capodimonte, residierten da auf einem Landsitz der späten Renaissance in stiller Selbstverständlichkeit als Herrschaften ohne genealogische Ansprüche, aber der Aristokratie von Neapel mindestens ebenbürtig an lokalhistorischem Wissen, an Vertrautheit mit Kunst und Sprache und Volkskultur ihrer dritten Heimat. In der Adventszeit wurde ein *presepe* aufgebaut, eine figurenreiche «Krippe», die wohl ebenso alt wie das Haus war und von einem Meister der Schnitzerei und der Kulissenphantasie stammen musste. Die alljährliche Herrichtung dieser Kostbarkeit hätte ein Staatsakt sein können; aber ich hatte noch nie eine dermassen zwanglose, unrituelle Weihnachtsvorbereitung erlebt; oft, wenn ich später sah, wie eifrig *stranieri* italienisches Brauchtum kopierten und mit einem Sprung über die

Stufe der *forestieri* hinweg einem Kleinleute-Provinzialismus verfielen, musste ich an die Villa in Capodimonte denken.

Dem Gast des «Istituto Italiano per gli studi storici» wurde der Zugang zu einem Lebensmuster leicht gemacht, das mir in manchem als Konzentrat der bisherigen Ordnung erschien. Wir waren etwa zwanzig Schüler und drei oder vier Schülerinnen (als ich Jahrzehnte später als Dozent wiederkam, hatte das Verhältnis sich umgekehrt); das Universitätsstudium lag hinter uns, und das bedeutete, dass wir wissen mussten, wie die Arbeit nun weiterging. Oder wir hätten es wissen müssen. Ich war aber nicht der einzige, dem seine bisherige Ausbildung wenig Sicherheit bot und viel Ratlosigkeit mitgab. Es ging denen am besten, die das Jahr in Neapel benutzten, um nach den Ratschlägen Chabods ihre Doktorarbeit noch einmal zu überdenken, zu ergänzen oder zu erweitern, wenn möglich im Hinblick auf die Publikation in der Schriftenreihe des Instituts. Daneben hatten sie den Kopf frei für ihre Passionen, unter denen die politischen, fachlichen, auch sehr persönlichen Auseinandersetzungen in der Gruppe an erster Stelle standen. Und eine Gruppe in der Gruppe bildeten die etwa zehn Kumpane, die nach den ersten zwei Monaten in ein soeben eröffnetes Studentenhaus ziehen konnten, wo wir mit einem mal in den Genuss eines vergleichsweise luxuriösen Komforts von voraussichtlich kurzer Dauer und eines verlässlich zeitlosen Ausblick auf den Golf, auf Capri und den Vesuv kamen.

In meinem kalten Logis auf dem Vomero war ich mit der Abschrift eines frühmittelalterlichen Textes beschäftigt gewesen. Im Lauf des Winters geriet ich in den Bann eines spätmittelalterlichen Themas, das mich seither nicht mehr losgelassen und sich in scheinbar weit auseinander liegende Arbeiten eingemischt hat. Die theologische und philosophische Geschichtsdeutung – ob man sie nun durch das dreizehnte und vierzehnte oder durch sonst ein Jahrhundert verfolgt – zwingt als Gegenstand der Betrachtung (nicht nur indirekt, wie jeder Gegenstand, sondern unmittelbar) zur Rechenschaft über die Betrachtung selbst: über die eigene historische Methode. Da aber hatte ich ein Manko mit mir nach Neapel gebracht. Ich war bis dahin etwa klug genug geworden, um auf die Frage «Warum studieren Sie

Geschichte?» eine undeutliche Antwort geben zu können und um zu wissen, dass man über die Fussnoten in der Sekundärliteratur zu den Quellen gelangt (allerdings nur zu den dort schon benutzten). Mit diesem Notvorrat an Reflexion und Metier wäre ich blamiert gewesen, hätten mich nicht meine mangelhaften Italienisch-Kenntnisse abgeschirmt. So liess man gelten, dass ich zweifellos hörenswerte Auffassungen derzeit noch nicht auszudrücken verstünde. Tatsächlich brauchte ich Zeit, um von dem Gebrauchs-Italienisch, das ich gelernt hatte, in das akademische Idiom einzudringen, das im Palazzo Filomarino gesprochen wurde.

Warum und worin waren die anderen, oder viele andere, mir voraus? Sie wussten, welche Rolle ihnen als Intellektuellen zufiel in einer Gesellschaft, die das «Geistesleben» (ein Wort, das wir nördlich der Alpen nicht mehr ohne Anführungsstriche gebrauchten) ernst nahm: weil es für die Überwindung des Analphabetismus einstand, den man hier noch in der Urform vor sich hatte. Wer wissenschaftlich arbeiten konnte, war an einem Prozess beteiligt, der das Land und den Staat voranbrachte; er war privilegiert – oder er wurde, was dasselbe ist, dafür gehalten – und fühlte sich mehr oder minder verpflichtet, sein Tun zu dem allgemeinen Zustand in Beziehung zu setzen. Er trieb also, wenn er Geschichte studierte, nicht Vergangenheitskunde, sondern Politik und mochte zwar handwerklich noch ein Anfänger sein wie ich auch, aber seine Behandlung des historischen Stoffs folgte einer Tendenz, die mir entweder fehlte oder nicht bewusst war. So befand ich mich unversehens in einem Spannungsfeld, wo nicht nur Meinungen und Methoden, sondern auch Überzeugungen und Parteien einander ins Gehege kamen; übrigens ganz im Sinn Benedetto Croces, der zwar von manchen Schülern erbittert abgelehnt wurde, der aber die Einheit von Denken, Forschen und Handeln gelehrt und jahrzehntelang praktiziert hatte.

Das Spannungsfeld war so weit wie Italien und, zehn Jahre nach dem Ende des Faschismus, so kleinteilig wie die Binnenstruktur der konkurrierenden Parteien. Regionale Unterschiede, wenn nicht Gegensätze, traten am wenigsten bei den Kommunisten, am deutlichsten bei den mehr oder weniger christlichen Demokraten hervor; wobei – vermutlich mit Rücksicht auf den entschieden laizistischen Geist des Hauses – katholische Frömmigkeit nur verhalten zum Ausdruck gebracht oder blasphemisch kaschiert wurde: dies vor allem von einem kalabresischen Grossgrundbesitzer, der sich indessen auch auf dem Weg ins Bordell nicht von der zum Andenken an seinen längst verstorbenen Vater getragenen schwarzen Krawatte trennte. Als tonangebende Erben Croces traten die Liberalen auf; doch hatten sie einen schweren Stand gegenüber der gut trainierten Dialektik des linken Flügels und – schmerzlicher – gegenüber der Ironie, mit der Chabod ihren Gesinnungseifer bedachte; für ihn nämlich gab es nur zwei Kriterien: Antifaschismus und Intelligenz. Ich erkannte erst später, wie dieses Auswahlprinzip unsere Gruppe konstituiert hatte. Kandidaten, die von vormals regimetreuen oder fachlich unbedeutenden Lehrern zur Aufnahme in das *Istituto* empfohlen waren, hatten keine Chance; schon weil für Chabod ein Faschist ohnehin kein ernstzunehmender Historiker sein konnte. Er selber genoss als einstiger Partisanenführer, als erster Präsident der Autonomen Region Aostatal und nun auch als Ordinarius an der Universität Rom ein erdrückendes Prestige; landesweiter Überblick und Einfluss machten es ihm leicht, den Nachwuchs nach seinem Gutdünken zu fördern und in Neapel auf künftige Tätigkeiten vorzubereiten. Indem er dabei auf eine gleichmässige Berücksichtigung der Regionen achtete, brachte er ausserdem einen Lieblingsgedanken ins Spiel, auf den er oft zurückkam: dass Italien wesentlich aus dem Wettkampf der Städte und Kleinstaaten hervorgegangen sei.

Er hätte ein akademischer Grosstyrann sein können; in Deutschland wäre er es möglicherweise geworden. Dass er es nicht war, konnte man oft schon erkennen, wenn man sich dem Institut näherte. In Begleitung – oder eher: als Begleiter – eines uralten Schäferhundes, der während der *Resistenza* sein Gefährte gewesen war, ging oder stand der hochgewachsene Mann im Gewimmel der Einwohner, auf die er leicht verlegen hinuntersah. Kehrte er von dieser Andeutung eines Spaziergangs zurück, vermied er den Weg durch die Räume des Instituts und gelangte über den schmalen Innenbalkon vor den Fenstern zur Hofseite in sein Arbeitszimmer, wo Bobby sich für den Rest des Tages unter dem Schreibtisch niederliess. Als ich Chabod dort zum erstenmal gegenübersass (er hatte mehrere Bücher weggeräumt, um mich über den Tisch hinweg sehen zu können), gestand ich ihm eine sprachliche Ratlosigkeit, in die ich geraten war, als ich der Sekretärin des Instituts gesagt hatte, ich beschäftigte mich mit der «Geschichtsphilosophie» des dreizehnten Jahrhunderts. Als Croce-Leser, hatte sie erklärt, wisse ich doch (nur war ich damals kein Croce-Leser), dass *storia* (sie meinte aber wohl *storiografia*) und *filosofia* ein und dasselbe seien. «Sie beschäftigen sich also», sagte Chabod, «mit dem *pensiero storico* – mit dem Geschichtsdenken – *del Dugento*»; was erstens hiess: Mach dir Croces wegen keine Sorgen, und zweitens: Unsereiner sagt noch *Dugento* und nicht *Duecento* wie die gewöhnlichen Leute. An zwei Nachmittagen unterrichtete er uns in Textanalyse – führte uns abwechselnd einen Abschnitt aus Machiavellis *Discorsi* und ein Kapitel aus einem französischen Geschichtswerk des neunzehnten Jahrhunderts vor, Quinet oder Guizot: kommentarlos zuerst, nur durch Akzentuierung des Lesens sein Mitgehen oder ein inneres Sich-Sträuben verratend. Er sass hinter einem langen Tisch, die Füsse in die Vorderbeine des Sessels eingehakt, den er nach hinten kippen und wieder zurückfallen liess, während wir in drei Reihen auf unseren Stühlen unbeweglich verharrten, unter uns blau-gelbe Majolikaplatten, über uns dunkle Deckenbalken, in der Ecke des kleinen Saals ein gefährlich heisser, seither verschwundener Ofen. Nach etwa einer Stunde stand Chabod auf, kam um den Tisch herum, zündete eine Zigarette an – eine Lucky Strike, für die er als wahrscheinlich einziger Mensch in Neapel den amtlich verordneten Preis zahlte – und sagte oder fragte: *Allora* ... Was meint ihr? Man tat gut daran, sofort etwas zu meinen; was immer es war, das Gespräch kam in Gang und dauerte meistens etwa zwei Stunden.

Was lernten wir so? Dass die historische Methode darin besteht, jeden von der Überlieferung herangetragenen Satz um- und umzuwenden: seinen Bezug zu schon vorhandener Information, seine bildungs-, wissens-, glaubensmässigen Voraussetzungen, seinen Anspruch an Leser-Adressaten, seine Rücksicht auf erwünschte oder gefürchtete Mitleser, seine Temperatur, seine unwillkürliche oder bewusste rhetorische Form zu erkunden. Chabod hatte in Deutschland studiert, als dort «das Verstehen» Schule machte – Erkenntnistheorie, gesalbt mit ein paar Tropfen metaphysischen Öls; respektvoll erwähnte er diese Richtung, aber er brauchte sie nicht. Worauf es ankam, war die Einsicht, dass keine Methode auf ungenaue Fragen antwortet und dass die Fragen umso näher an die Antwort heranführen, je genauer sie gestellt werden. Kontrollierte Eklektik könnte man das Verfahren nennen.

Die Provinzen, oder ihre Grenzen, überschnitten sich. Im Studentenhaus bildeten wir eine überregionale Insel, die sich von der Masse der vorwiegend kalabresischen Insassen abhob und bei den Mahlzeiten nicht selten gehässig glossiert wurde. Als einige von uns in Spoleto an einer Tagung des Studienzentrums für mittelalterliche Geschichte teilnahmen, wurden wir mit leicht parodistischem Wohlwollen als Musterschüler aus dem Palazzo Filomarino willkommen geheissen von italienischen Professoren, die ihrerseits sicher sein wollten, dass ihre Kollegen aus anderen Ländern sie ganz ohne Herablassung ernst nahmen. Einig waren sich die Akademiker in ihrer Geringschätzung der Politiker: solcher, die den Anlass benutzten, um als Vertreter der Region aufzutreten, und anderer, die aus Rom anreisten, um mit der überlegenen Teilnahme nationaler Würdenträger *questa nobile terra Umbra* zu preisen – ein Zuspruch, der seine Empfänger zur Weissglut brachte.

[...]

Mittags rannte man – ein Jahr später – durch Schnee und Matsch hinüber zur Kantine der Bayerischen Staatsgalerien. In acht Minuten hin und zurück, einschliesslich Essen (Suppe, ein Stück Fleisch, ein Knödel), war die Rekordzeit; während man sich setzte, sagte Herr Opitz: *Speisen* (für «Wünsche wohl zu speisen»), beim Aufstehen sagte er: *Haben* (für «Wünsche wohl gespeist zu haben»). Danach sass man wieder nebenan in dem ehemaligen Parteigebäude an der Arcisstrasse, wo die *Monumenta Germaniae Historica* vorläufig untergebracht waren; Herr Weigle zog eine Schublade seines Schreibtischs so weit heraus, dass er seine Füsse hineinstecken konnte, lehnte sich zurück und schlief zwanzig Minuten; die anderen vier kochten und tranken inzwischen Kaffee. Ich gehörte als Stipendiat aus der Schweiz nur halb zu ihnen. Der mittelalterliche Text, den ich edieren wollte – ein Projekt, das ein Kollege dann zum Scheitern brachte, um es an sich zu nehmen und nie damit fertig zu werden –, diente mir auch als Vorwand, beim Wiederaufleben Münchens zuzuschauen und Liebhabereien weiter zu pflegen. Der alte Musiklehrer, der jetzt mit seiner reichen Frau am Ammersee lebte, besass ausser seiner Stradivari auch ein sehr gutes Cello, auf dem ich mitspielen konnte, wenn sich an den Wochenenden eine «Besetzung» für Trio oder Quartett ergab. Bürgertum mit Musiktradition, kultivierte Menschen mit der Gewohnheit, den Blick zur Seite wandern zu lassen, wenn die Rede auf eine noch sehr nahe Vergangenheit kam – die Sicherheit kehrte zurück, sobald jemand anfing, von der russischen Gefahr zu orakeln –: das Milieu hätte mir von Haus aus nicht fremd sein müssen und war es doch; auch spürte ich, dass man mir meine politische Unbefangenheit ein wenig verargte.

Vielleicht musste ich von Italien kommen, um eine bewusst hierarchische Mentalität in dieser neuen Umgebung auffällig zu finden; das gemeinsame Kriegserlebnis hatte die Klassen und Schichten einander kaum angenähert; es mochte zum Wiederaufbau gehören, dass die Über- und Unterordnungen von neuem hervortraten. Wer aus dem Osten kam, musste nicht nur «alles», sondern auch viel verloren haben, um in der gesellschaftlichen Rangordnung einen angemessenen Platz zu finden; anderseits stiess man auf Misstrauen, wenn man jetzt reicher war als zuvor. Im akademischen Bereich dominierten die Spitzen von einst, sofern ihnen keine tätige Teilnahme am Kulturwesen des Dritten Reichs nachgesagt wurde. Friedrich Baethgen, Präsident der *Monumenta*, gehörte zu ihnen, ein vornehmer alter Herr, den wir «Endkaiser» nannten und den ich in einer Seminarübung über Dantes Briefe bewundern lernte. Einer seiner Nachfolger, als solcher noch unerkannt, fiel unter den jüngeren Forschern durch seinen hellwachen Tatendrang auf; eben erst hatte er im Ruinenschutt mit dem Pressluftbohrer hantiert; man konnte voraushören, dass seine Energie ihm zu einer beträchtlichen Karriere verhelfen würde. Andere hatte ihr Schicksal zum Stand des gelehrten Beamten bestimmt, der wichtigste Arbeit leisten und vom dümmsten Professor gesnobt werden kann.

Aber weit unter diesen «Kärrnern» und noch unter den Studienräten waren die Schriftkundigen eingestuft, die man in Italien dank ihrer Bildung auch ohne wissenschaftlichen Leistungsnachweis zur kulturellen Elite rechnet. Als ich später eine Ausstellung in Aachen besuchte («Karl der Grosse – Werk und Wirkung»), kam ich auf dem Weg zu einer Presse-Orientierung an einem sehr jungen Assistenten vorbei, der empört war, weil er wegen *Journalisten* seine Tätigkeit unterbrechen musste; er betonte das Wort mit ekelverzerrtem Gesicht und stiess, da er meinen Blick auffing, nochmals hervor: *Journalisten*. Ich zweifelte nicht daran, dass *Juden* auch so geklungen hatte. Die Menschen hassen einander, das war mir zu dieser Zeit nicht mehr neu; hier aber kam es mir vor, als hassten sie sich kategorienweise; und ich begann mich zu fragen, ob das nicht eine Besonderheit provinziellen Lebens sei – und blosser Zufall, dass ich in Deutschland darauf kam.

Dazugehören: das Wort kann eine Unmöglichkeit oder eine Selbstverständlichkeit meinen, aber in den meisten Fällen drückt es eine Frage aus. Denn bei näherem Zusehen – und das nähere Zusehen liegt in der Absicht dieses Berichts wie auch sonst meines Tuns – erscheint das Leben des Einzelnen als ein Versuch, sich *mit* dem Unmöglichen und *im* Selbstverständlichen einzurichten: als ein Versuch, der nur gelingen kann, solange gründlich und ehrlich überprüft wird, wie unmöglich das Unmögliche und wie selbstverständlich das Selbstverständliche ist. Als ich nach dem Münchner Jahr die Chance erhielt, meine Arbeit über den von Chabod so getauften *Pensiero storico del Dugento* in Rom zu Ende zu führen (es wurde ein wenig gelesenes, mir aber lieb gebliebenes Buch mit dem Titel «Saeculum humanum» daraus), war ich verheiratet, konnte mich also, dank der Aufnahme in eine angesehene Zürcher Familie, von der Befürchtung, ein Aussenseiter zu bleiben, einigermassen befreit fühlen.

Das «einigermassen» galt auch für mein Dazugehören, das also keine Unmöglichkeit, aber bei weitem keine Selbstverständlichkeit war und jedenfalls Anpassung voraussetzte. In einem festgefügten Milieu entsteht um die neu hinzukommende Person eine Stimmung bedingter Toleranz, die Erwartung mit vorläufiger Abwehr verbindet. Eine paradoxe Situation kann daraus entstehen, in die mich denn auch mein Drang nach einer gesellschaftlich gefestigten Existenz geradewegs führte. Die Anpassung konnte weder weltanschaulichen Grundfragen noch dem allgemeinen Lebensstil gelten, dafür waren die Unterschiede nicht gross oder deutlich genug; soweit sie bloss Riten und Bräuche betraf, fiel sie mir fürs erste nicht schwer; und wo sie bedeutete, dass ich nun mein Scholarendasein mit einer verlässlich geregelten Berufstätigkeit zu vertauschen hatte, musste ich einsehen, dass dies auch meinem eigenen, schon viel früher geweckten Sicherheitsbedürfnis entsprach. Das hinderte mich nicht daran, meine weitgehend freiwillige Anpassung im Lauf der Zeit doch als ein Opfer zu empfinden, wozu mir der Nachdruck, mit dem die Sippe an Sprach-, Denk- und Lebensgewohnheiten festhielt, zwar Anlass bot; indessen hätte ich kaum ein fassbares Gegenprogramm vorweisen können.

Ich hatte es da mit einer allgemein-bürgerlichen Existenzbedingung zu tun. Die Gesellschaft erwartet von einem jungen Menschen, dass er «zuerst einmal zeigt, was er kann». Wenn es ihm dann gelungen ist, massgebliche Personen vom Wert seiner Leistungen zu überzeugen, wird ihm das Recht eingeräumt, in einem engeren oder weiteren Kreis auch selber den Ton anzugeben; bis dahin fällt ihm die Rolle des Mitmachers zu. Die Frage ist aber, wieviel eigenen Ton er «bis dahin» noch aufbringen – ob er sich schliesslich von seiner Umgebung durch etwas anderes abheben wird als durch die eine oder andere Skurrilität. Als meiner freien Gelehrsamkeit eine letzte Frist gewährt wurde, stand mir eine Anstellung in einem Zürcher Verlag schon bevor, aber «was ich könne», brauchte ich vorerst nur mir selber zu zeigen; denn zu einer Karriere konnte ich mit meiner *Dugento-Arbeit* nicht antreten, und daran, dass ich mitunter einen Artikel für das Feuilleton der Neuen Zürcher Zeitung schrieb, erkannte man bis auf weiteres wenig mehr als gewichtlose Anzeichen von Protektion und Talent.

In Rom aber konnte ich mich nun im Grenzbereich dreier Provinzen umsehen. Ich kam wieder in Kontakt mit italienischen Fachgenossen, die sich auf dem langen, beschwerlichen Weg zu einem Lehrstuhl befanden und sich mit Beiträgen zu einem Lexikon oder als Hilfskräfte in einem Archiv, einer Redaktion, einer politischen Organisation über Wasser hielten. Es lag wohl an der beträchtlichen Dauer und an der prekären Basis einer akademischen Laufbahn, dass der kameradschaftliche Verkehr ausser Haus (das meist noch das Elternhaus, in anderen Fällen eine sehr vorläufige Unterkunft war) vor sich ging. Wir trafen uns zum Essen in einfachen Restaurants, und in wissenschaftlichen Instituten verschiedener Länder hörten wir uns Vorträge an, um beim anschliessenden Empfang über das Buffet herzufallen. Da immer wieder jemand jemanden mitbrachte, lernte man viele Kollegen kennen und konnte nach kurzer Zeit meinen, man lebe in einem grossen Freundeskreis, worin man sich aber täuschte; denn nach ebenso kurzer Zeit fiel den einen auf – und den anderen fiel nicht einmal auf –, dass sich diese oder jene Person nicht mehr blicken liess, und wer das eigentlich gewesen war, wusste dann niemand so recht.

In den Gesprächen, die da geführt wurden, kamen nur wenige nichtitalienische Namen vor. Diskutiert wurden Hochschul-, Kultur-, Parteipolitik, neue Filme, umstrittene Forschungsthesen und die eigene Arbeit: die meistens mit fernerer oder näherer Vergangenheit einer Region, Provinz oder Stadt befasst war, in seltenen Fällen von politischer Theorie oder Staatsphilosophie handelte und so allenfalls auf französische oder angelsächsische, aber – mit Ausnahme von Hegel und Marx nach Anleitung Croces – fast nie auf deutsche Quellen Bezug nahm. Dass ich meinte, zwischen historischer Methode und Existenzphilosophie eine Verbindung herstellen zu können, fand man apart, aber nicht verwendbar. Texte moderner italienischer Dichter, auf die ich mich hätte berufen können, las ich erst später; auch kannten meine Freunde sie so wenig wie ich. Aber mit einem von ihnen war ich an einem Regensonntag zum Abendessen verabredet, und da ich zuvor einen Film von Luchino Visconti mit dem Titel *Vaghe stelle dell'Orsa* gesehen hatte, fragte ich ihn, ob das ein Zitat sei. «Du solltest dich schämen», sagte er. «Das ist der Anfang eines – und vielleicht des schönsten – Gedichts von Giacomo Leopardi.

Morgen gehst du in eine Buchhandlung und kaufst seine *Canti*.» Das tat ich, und nachdem ich *Le ricordanze* gelesen hatte, begann ich sie zu übersetzen; es wurde daraus eine Beschäftigung, die ich nie mehr losgeworden bin.

Eine angrenzende, anders begrenzte Sphäre betrat man, wenn man im Deutschen Historischen Institut zu tun hatte, wo jüngere und auch altgediente Forscher an verschiedenartigen Quelleneditionen arbeiteten. Für die meisten von ihnen standen Archiv und Bibliothek des Vatikans im Mittelpunkt ihrer Tätigkeit; sie fühlten sich angezogen vom Dunstkreis der römischen Kirche und liebten es – Protestanten wie Katholiken –, ihre Vertrautheit mit der halb fremdartigen Lebensform der geweihten Gelehrten zum Ausdruck zu bringen. So kamen sie mit einem schmalen Ausschnitt der italienischen Gesellschaft in Berührung; mit einem anderen durch den unvermeidlichen Umgang mit Beamten und Kellnern; in Einzelfällen ergaben sich Kontakte mit «eingeborenen» Forschern, mit Eigentümern von Kunstwerken oder Privatarchiven. Die öffentlichen Veranstaltungen des Instituts – damals noch am Corso Vittorio Emanuele, in der früheren Wohnung des ersten Direktors – dienten der wechselseitigen Information seiner Mitglieder und seiner Gäste, Professoren aus der Heimat; ich kann mich an einen Vortrag des evangelischen Kirchenhistorikers Hanns Rückert erinnern, der dazu bestimmt war, Martin Luther und seine Lehre den «Römern» zu erklären; doch waren es ausschliesslich deutsche Kollegen katholischer Konfession, die so in den Genuss einer zweistündigen und höchst eindrücklichen Skizze der Wittenberger Reformation kamen.

Die offensichtliche Beschränkung ihres Verkehrs auf den nationalen Rahmen hinderte diese *forestieri* nicht daran – erleichterte es ihnen vielmehr –, sich mit Rom tief verbunden zu fühlen. Beim abendlichen Zusammensein in einer «Grotta Azzurra», bei Pizza und Vino dei Castelli, gingen die italienischen Redensarten über den Tisch hin und her; wie vielen ein wörtlicher, ein sakraler und ein obszöner Sinn innewohnt, hätte der Wirt wohl am einen oder anderen Beispiel erläutern können; der aber lächelte gleichmässig und beharrlich und überliess seine Gäste den Freuden der Kennerschaft.

## III

Wir lebten in einem Dorf: Das sich seither, also seit einem halben Jahrhundert, gründlich und doch nicht von Grund auf verändert hat. Man ging über die Strasse, um sich in einem Geschäft mit der Aufschrift «Oli e Vini» einen halben Liter Chianti in die mitgebrachte Flasche giessen zu lassen. Im Restaurant gab es keinen Kaffee; der Kellner wurde in eine Bar geschickt und brachte die Tässchen herüber. Der Metzger verkaufte Kalb- und Rindfleisch, in einem anderen Laden fand man Geflügel und Eier, Kaninchen und Lamm, in einem dritten Schweinefleisch, Wurstwaren und Konserven. Die Strassennamen, die sich auf Handwerk und Ware bezogen, stimmten schon damals kaum mehr mit dem Angebot überein, doch die Berufsgruppen erschienen noch deutlich verteilt; man brauchte nach einem Buchbinder oder Flickschuster nicht lange zu fragen. Auf die Vorzüge des Supermarkts hatte der Papst zwar schon hingewiesen, die Ewige Stadt aber war noch von ihnen verschont geblieben. Die Viertel hatten ihre kleinen Märkte, wo man alles bekam, was man für den Alltag brauchte.

Die Enkelin der Vermieterin hiess Fede und glich einer Nachtschattenpflanze; sie trug eine Strickjacke, die so farblos war wie sie selbst, sass in der Küche, wo es etwas weniger kalt war als sonst in der Wohnung, und las. Warf man einen Blick auf ihr Buch – es war immer dasselbe –, erschrak man zuerst; denn da standen in Fettdruck derb kirchenfeindliche und geradezu gotteslästerliche Sätze; man meinte einen Satanskatechismus zu sehen. Die Texte aber, die auf die Leitsätze folgten, dienten nicht ihrer Begründung, sondern ihrer Widerlegung. *Wenn ihr hört ..., dann antwortet* hiess die Weisung, die an heranwachsende Verteidiger des rechten Glaubens erging. Fedes Eltern waren im inneren Dienst des Vatikans tätig; der Vater galt als ein Sohn des vorwiegend weltlich gesinnten Gabriele d'Annunzio – was vielleicht stimmte; im Schatten von Sankt Peter hat sich schon manche schwer einzuordnende Existenz geborgen. Der Enkelin eines Dichters, dessen Werk in einer «Nationalausgabe» erschien, und einer verarmten Kleinbürgerin, die ihre Zimmer vermietete, stand eine geistliche «Berufung» bevor; unter einigen Ordensgemeinschaften würde sie wählen können; doch schien ihr Lebenskreis nicht weniger klar umschrieben als der einer Hausfrau, die jeden Morgen in ihrem Rione zum Markt geht.

Hier galt die Zugehörigkeit als selbstverständlich; weder umgab sie sich mit dem Schein einer freien Entscheidung, noch spielte sie mit der Möglichkeit, eine fremde Umwelt für sich in Anspruch zu nehmen. Mag sein, dass ich daraus die eine oder die andere Lehre zog; vorläufig vielleicht nur die eine, die auch im Kino zu haben war: dass man den Provinzialismen Italiens mit einer typisierenden Mischung von Kritik und Verklärung, wie sie zu jener Zeit in vielen Filmen abgewandelt wurde, nicht beikam. Und ebenso wenig mit «historischen Gründen» – ein Begriff, der mir damals und dort schon verdächtig wurde. Wer nämlich das Dazugehören selbstverständlich nennt, spricht nur die Definition nach, die das provinzielle Lebensgefühl sich selbst gibt, und wer «aus historischen Gründen» sagt, fügt bloss dem «selbstverständlich» ein «schon immer» hinzu. Ich bin seither vierzig Jahre lang oft in Italien gewesen und lebe seit zehn Jahren in Rom; was ich da lernte und was mir noch einfällt, wird in den weiteren Bericht über meine Erfahrungen einfliessen.

# Editorische Nachbemerkung

Es existiert kein offizieller Nachlass Hanno Helbling. Das Überschaubare, das an Dokumenten noch vorhanden ist, liegt einerseits bei der Familie in Zürich, anderseits bei Hanno Helblings zweiter Frau, Christina Viragh, in Rom (dort insbesondere die Konvolute der Artikel für die NZZ). – In den Archiven der NZZ findet sich die geschäftliche Korrespondenz zwischen den Jahren 1973 und 1992. Sie umfasst etwa 3000 Briefe teils knappen, teils ausführlicheren Inhalts. Das inhaltliche Schwergewicht bilden die Briefwechsel zu theologischen, religiösen und kirchlichen Fragen, in denen Helbling immer gründlich und zum Thema argumentierte. Persönliches scheint selten auf: Anders als sein Vorgänger Werner Weber pflegte der Nachfolger fast durchgehend eine sachliche Grundtonart, die allerdings hie und da ironisch unterlegt wurde. Die private Bibliothek ging nach Helblings Tod an das Istituto Svizzero in Rom, wo sie auch heute noch lagert.

# Bibliografie

## Werke

- *Leopold von Ranke und der historische Stil. Zürcher Beiträge zur Geschichtswissenschaft.* Herausgegeben von Leonhard von Muralt. Band 16. Zürich 1953.
- *Goten und Wandalen. Wandlung der historischen Realität.* Zürich 1954.
- *Saeculum Humanum. Ansätze zu einem Versuch über spätmittelalterliches Geschichtsdenken.* Istituto Italiano per gli studi storici. Nella sede dell'istituto. Napoli 1958.
- *Schweizer Geschichte.* Zürich 1963.
- *Tage in Venedig. Fotografien von Gotthard Schuh.* Zürich 1965.
- *Das zweite vatikanische Konzil – ein Bericht.* Basel 1966.
  *Umgang mit Italien. Gestalten, Gedanken.* 10. Oltner Liebhaberdruck. Olten 1966.
- *Die evangelischen Christen und das Konzil.* Würzburg 1967.
- *Kirchenkrise. Eine Skizze.* Basel 1969.
- *Der Mensch im Bild der Geschichte.* Berlin 1969.
- *Dauerhaftes Provisorium. Kirche aus der Sicht eines Weltchristen.* Zürich 1976.
- *Kaiser Friedrich II.* Olten 1977.
- *Bücher, die Geschichte machten.* Zürich 1978.
- *Politik der Päpste: Der Vatikan im Weltgeschehen 1958–1978.* Berlin 1981.
- *Die Zeit bestehen. Europäische Horizonte.* Zürich 1983.
- *Eine Bürgerfamilie im 19. Jahrhundert. Sozialgeschichtliche Streiflichter.* 148. Neujahrsblatt zum Besten des Waisenhauses Zürich. Zürich 1985.
- *Erinnertes Leben. Marcel Proust auf der Suche nach der verlorenen Zeit.* Frankfurt 1988.
- *Unterwegs nach Ithaka. Essays, Reisebilder und Feuilletons.* München 1988.
- *Sichtweite. Historisch-literarische Versuche.* Zürich 1995.
- *Arrigo Boito. Ein Musikdichter der italienischen Romantik.* München 1995.
- *Das Mittelalter im Geschichtsbild Jacob Burckhardts.* Bulletino dell'Istituto Storico Italiano per il Medio Evo e Archivio Muratoriano No. 100. Rom 1997.
- Rhythmus. Ein Versuch. Frankfurt 1999.
- *Jahrtausendwende.* Vontobel Schriftenreihe. Zürich 2000.
- *Katharina von Siena: Mystik und Politik.* München, 2000.
- *Port Royal. Zeugnisse einer Tragödie.* Zürich 2004.

# Herausgeber

- *Leonhard von Muralt. Der Historiker und die Geschichte. Ausgewählte Aufsätze und Vorträge.* Herausgegeben von Fritz Büsser, Hanno Helbling und Peter Stadler. Zürich 1960.
- *Jacob Burckhardt: Staat und Kultur. Eine Auswahl.* Herausgegeben und mit Nachwort von Hanno Helbling. Zürich 1972.
- *Otto von Bismarck: Aus seinen Schriften, Briefen, Reden und Gesprächen.* Auswahl und Nachwort von Hanno Helbling. Zürich 1976.
- *Religionsfreiheit im 20. Jahrhundert.* Reihe «Texte und Thesen», Band 94. Herausgegeben von Hanno Helbling. Zürich 1977.
- *Liberalismus – nach wie vor. Grundgedanken und Zukunftsfragen.* Herausgegeben von Willy Linder, Hanno Helbling, Hugo Bütler. Zürich 1979.
- *Zweihundert Jahre Neue Zürcher Zeitung, 1780–1980.* Herausgegeben von Alfred Cattani, Hanno Helbling. Zürich 1980.
- *Querschnitt. Kulturelle Erscheinungen unserer Zeit.* Herausgegeben von Hanno Helbling und Martin Meyer. Zürich 1982.
- *Vermittlungen. Kulturbewusstsein zwischen Tradition und Gegenwart.* Herausgegeben von Hanno Helbling und Martin Meyer. Zürich 1986.
- *Die Kirchen der Dichter. Wo Literatur zum Bekenntnis wird.* Herausgegeben von Hanno Helbling. München 1987.
- *Die Grosse Revolution. 1789 und die Folgen.* Herausgegeben von Hanno Helbling und Martin Meyer. Zürich 1990.
- *Französische Dichtung. Von Corneille bis Gérard de Nerval. Zweisprachige Ausgabe.* Herausgegeben von Hanno Helbling und Federico Hindermann. München 1990.
- *Nachdenken über die Schweiz. Perspektiven und Visionen.* Herausgegeben von Walter Schiesser, Gerhard Schwarz und Hanno Helbling. Zürich 1991.
- *Die Jagd: Mythos, Metapher, Motiv.* Eine Anthologie. Herausgegeben von Hanno Helbling. Frankfurt 1993.
- *Jacob Burckhardt: Bilder des Ewigen. Ein kulturgeschichtliches Lesebuch.* Herausgegeben von Hanno Helbling. Zürich 1997.
- *Angelo Clareno: Historia septem tribulationum ordinis minorum.* Herausgegeben und eingeführt von Hanno Helbling. Rom 1999.
- *Jacob Burckhardt: Immer nur das Interessante. Ein Lesebuch.* Herausgegeben von Hanno Helbling. Mit einem neuen Geleitwort von Volker Reinhardt. Darmstadt 2015.

# Übersetzungen

- Jacques Prévert: *Der kleine Löwe*. Bilder von Ylla. Übersetzt von Hanno Helbling. Zürich 1950.
- John Harris: *Schwarz und Weiss*. Roman. Übersetzt von Hanno Helbling. Zürich 1956.
- Ekkehard IV.: *Die Geschichten des Klosters St. Gallen*. Übersetzt und erläutert von Hanno Helbling. Köln 1958.
- Benjamin Constant: *Adolphe. Cécile*. Zwei Romane. Aus dem Französischen von Max Hölzer und Hanno Helbling. Frankfurt 1963.
- Giacomo Leopardi: *Gesänge, Dialoge und andere Lehrstücke*. Übersetzt von Hanno Helbling und Alice Vollenweider. Mit einem Nachwort von Horst Rüdiger. München 1978.
- *Lebe meinem Lied. Lyrik des 19. Jahrhunderts in vier Sprachen*. Ausgewählt und übertragen von Hanno Helbling. Frankfurt 1982.
- William Shakespeare: *Die Sonette*. Englisch – Deutsch. Übertragung und Nachwort von Hanno Helbling. Zürich 1983.
- Giacomo Leopardi: *Das Gedankenbuch. Aufzeichnungen eines Skeptikers*. Auswahl und Übersetzung von Hanno Helbling. Mit einem Nachwort von Alice Vollenweider. München 1985.
- Charles Ferdinand Ramuz: *Vier Romane*. Aus dem Französischen von Hanno Helbling und Yvonne und Herbert Meier. Zürich 1986.
- Eugenio Montale: *Gedichte 1920–1954*. Übertragen von Hanno Helbling. München 1987.
- Ugo Foscolo: *Letzte Briefe des Jacopo Ortis*. Roman. In der Übertragung von F. Lautsch (1847) durchgesehen von Hanno Helbling. München 1989.
- Giuseppe Ungaretti: *L'Allegria. Die Heiterkeit. Gedichte 1914–1919*. Italienisch – Deutsch. Übertragen von Hanno Helbling. München 1990.
- Charles Ferdinand Ramuz: *Der Bursche aus Savoyen*. Übersetzt von Hanno Helbling. Zürich 1990.
- Dino Campana: *Orphische Gesänge. Canti Orfici*. Übertragen von Hanno Helbling. Mit einem Essay von Barbara Villiger Heilig. München 1995.
- Mario Luzi: *Wein und Ocker. Gedichte italienisch und deutsch*. Auswahl, Übersetzung und Nachwort von Hanno Helbling. Stuttgart 1998.
- Giorgio Caproni: *Gedichte. Italienisch und deutsch*. Auswahl, Übersetzung und Nachwort von Hanno Helbling. Stuttgart 1990.
- Giambattista Basile: *Das Märchen der Märchen. Das Pentamerone*. Nach dem neapolitanischen Text von 1634/36 vollständig neu übersetzt und erläutert von Hanno Helbling u. a. Herausgegeben von Rudolf Schenda. München 2000.
- W. H. Auden: *Aus Shakespeares Welt*. Aus dem Englischen und mit einem Nachwort von Hanno Helbling. Zürich 2001.
- W. H. Auden: *Anhalten aller Uhren. Gedichte*. Englisch – Deutsch. Aus dem Englischen von Hanno Helbling. Zürich 2002.

- Fabio Pusterla: *Solange Zeit bleibt / Dum vacat*. Italienisch – Deutsch. Herausgegeben und übersetzt von Hanno Helbling. Zürich 2002.
- Charles Ferdinand Ramuz: *Derborence*. Aus dem Französischen von Hanno Helbling. Mit Illustrationen von Peter Emch. Zürich 2003.
- Marcel Proust: *Der gewendete Tag*. Aus dem Französischen übersetzt von Christina Viragh und Hanno Helbling. Nachwort von Christina Viragh. Frankfurt 2004.

## Literarische Werke

- *Helen und ich. Eine Geschichte*. Frauenfeld 1971.
- *Die Beiden*. Roman. Zürich 1982.
- Elena Santi (Pseudonym): *Marcellus der Inselmönch. Fragment eines Romans*. Zürich 1987.
- *Tristans Liebe*. Abendstücke. München 1991.

# Personenregister

Adenauer, Konrad 26
Alioth, Max 182
Allemann, Beda 43, 143
Anders, Günther 121
D'Annunzio, Gabriele 170
Aquin, Thomas von 159
Ariès, Philippe 92
Arnaldi, Girolamo 149, 151
Aron, Raymond 132
Aschinger, Franz Eduard 25
Augustinus 70
Bach, Johann Sebastian 141
Bachmann, Ingeborg 108
Bänninger, Otto 90
Barth, Hans 34, 56, 204
Barth, Karl 86, 205
Beck, Marcel 34, 43
Beethoven, Ludwig van 140
Beierwaltes, Werner 161
Benn, Gottfried 205
Bermann Fischer, Gottfried 205
Bismarck, Otto von 41, 56, 66, 173, 180f.
Bitterli, Urs 205
Blake, William 191
Bloch, Marc 174.
Personenregister
Adenauer, Konrad 26
Alioth, Max 182
Allemann, Beda 43, 143, 298
Altmann, Rüdiger 330
Amiel, Hénri-Frédéric 334
Anders, Günther 121
Aquin, Thomas von 159
Ariès, Philippe 92
Aristoteles 275
Arnaldi, Girolamo 149, 151

Aron, Raymond 132
Aschinger, Franz Eduard 25
Auden, W. H. 316
Augustinus 70
Bach, Johann Sebastian 141
Bachmann, Ingeborg 108
Baethgen, Friedrich 306
Bänninger, Otto 90
Barth, Hans 34, 56, 204
Barth, Karl 86, 205
Basile, Giambattista 316
Beardsley, Aubrey 268
Beck, Marcel 34, 43, 328
Becker, Rolf 218
Beethoven, Ludwig van 140, 265
Beierwaltes, Werner 161
Benn, Gottfried 205
Bergengruen, Werner 293
Beria, Lawrentii 270
Bermann Fischer, Gottfried 205
Bismarck, Otto von 41, 56, 66, 173, 180f., 315
Bitterli, Urs 205
Blake, William 191
Bloch, Marc 174, 299
Blumenberg, Hans 102, 145
Bobbio, Norberto 194f.
Bodmer, Daniel 137, 158
Boito, Arrigo 168–171, 314
Boito, Camillo 170
Böll, Heinrich 109
Bondy, François 17
Bonham Carter, Violet 120
Bonstetten, Viktor von 189
Borchardt, Rudolf 201
Borchers, Elisabeth 121
Born, Nicolas 97

Böschenstein, Bernhard 75
Bossuet, Jacques Bégnigne, 53
Bracher, Karl Dietrich 198
Brahms, Johannes 140
Braudel, Fernand 128, 174, 299
Brecht, Bertholt 231
Brentano, Clemens von 198
Breitbach, Joseph 135
Breitenstein, Andreas 153
Bretscher, Willy 15, 22, 24, 25, 27 f., 29, 70 f., 44, 46
Breuer, Marcel 104
Breysig, Kurt 258
Briner, Andres 26, 85, 127, 140 f.
Bruno, Giordano 161
Buch, Hans Christoph 218
Bucheli, Roman 154
Buchmann, Johannes 238
Buffon, Georges-Louis Leclerc de 78
Buhofer, Ines 144, 325, 328
Bullock, Allan 133
Bultmann, Rudolf 43
Burckhardt, Carl J. 122, 134 f.
Burckhardt, Jacob 12, 39, 52, 60, 66, 68, 70, 78 ff., 83, 85, 100, 113 f., 116, 162, 181 f., 197, 201, 205, 233–237, 314 f., 327, 334
Burda, Hubert 144, 334
Burkhard, Paul 139, 327
Busch, Wilhelm 334
Büsser, Fritz 315
Bütler, Hugo 131, 315
Calvin, Jean 235
Calvino, Italo 109
Campana, Dino 143, 190, 316
Campanella, Tommaso 177
Capua, Raimund von 192
Carl August von Weimar 41
Carter, Howard 155
Casaroli, Agostino 107
Cassiodor 39
Cattani, Alfred 24, 129, 315
Cavour, Camillo Benso di 198
Chabod, Federico 40, 42, 67, 118, 129, 164, 225 ff., 300 ff., 307
Chardin, Teilhard de 103
Chateaubriand, François-René de 39, 122

Cervantes, Miguel de 333 f.
Chruschtschew, Nikita 230
Churchill, Winston 190
Cioran, E. M. 102
Citati, Pietro 167
Clareno, Angelo 315
Claudel, Paul 121, 281
Claussen, Cornelius 172
Constant, Benjamin 101, 118, 167, 190, 316
Conzemius, Viktor 207, 330
Corneille, Pierre 315
Courths-Mahler, Hedwig 82, 237 ff.
Croce, Benedetto 172, 230, 300, 302 ff., 309
Crottet, Robert 297
Cusanus, Nicolaus 161
Däniker, Gustav 112
D'Annunzio, Gabriele 170, 311
Dahn, Felix 39
Dante 16, 42, 191, 275 ff., 306
Danto, Arthur C. 11 f.
D'Arezzo, Ristoro 275
Deleuze, Gilles 100
Deuchler, Florens 172
Diggelmann, Walter Matthias 336
Döhnhoff, Marion 134
D'Ormesson, Jean 91, 330
Drewermann, Eugen 172
Drews, Jörg 218
Dreyfus, Alfred 184
Duchhardt, Heinz 327
Dürrenmatt, Friedrich 92, 116 f., 130 f., 179, 203
Duse, Eleonora 161, 168–171
Eickhoff, Ekkehard 193
Ekkehard II., Markgraf 131
Ekkehard IV. von St. Gallen 41, 316
Elias, Norbert 36
Eliot, T. S. 40, 42
Enzensberger, Hans Magnus 190
Erasmus, Desiderius
Ernst, Fritz 137, 158
Esch, Arnold 203
Eyck, Erich 173
Febvre, Lucien 174, 228, 299
Fecht, Friederike 218
Federspiel, Jürg 75

*Personenregister*

Fellini, Federico 197
Fest, Joachim 172
Feuerbach, Anselm 142
Feurer, Catharina 138
Feurer, Joseph Conrad 138
Fleischanderl, Karin 335
Fiore, Joachim von 172, 191
Fortuny y Marsal, Mariano 120
Foscolo, Ugo 316
Frantz, Constantin 235
Freud, Sigmund 232
Frick, Gerhard 34
Friedrich Barbarossa 93
Friedrich II. 93, 159, 171, 193, 314
Friederich der Grosse, 284
Frisch, Max 20, 29, 70 ff., 81, 88, 103, 11, 117, 121, 132, 179, 188, 228 ff., 242, 255–257, 329, 334
Fueter, Eduard 137
Fugger, Anton 156
Furgler, Kurt 128
Gadamer, Hans-Georg 102
Galilei, Galileo 103
Gasser, Manuel 75
Gentz, Friedrich von 56, 205
Giacosa, Giuseppe 161
Gibbon, Edward 39
Gide, André 231
Ginsberg, Ernst 204
Glinka, Michail 169
Gloor-Meyer, Walther 140
Gluck, Christoph Willibald 169
Goepfert, Herbert G. 329
Goethe, August von 152
Goethe, Johann Wolfgang 68, 128, 161, 169, 193
Goldhagen, Daniel Jonah 202
Goldmann, Lucien 43
Goldoni, Carlo 170
Gombrich, Ernst 102
Goretta, Claude 75
Gorki, Maxim 128
Gozzi, Carlo 206
Gramsci, Antonio 152
Grass, Günter 92
Green, Julien 89
Greiner, Ulrich 218
Grendelmeier, Marianne 140

Groër, Hans Hermann 185
Grotius, Hugo 39
Grüninger, Robert 116
Guattari, Félix 100
Guggenbühl, Adolf 332
Guizot, François 304
Guttenberg, Enoch zu 77, 83. 143, 177
Gysel, Werner 128, 140, 144, 151, 325, 328 f.
Haag, Herbert 334
Haas, Wolfgang 125 f., 129
Habe, Hans 238
Habli, Abdelkader 327
Habli, Silvia 327
Habermas, Jürgen 69, 124
Hafter, Rudolph P. 25
Hagmann, Peter 127, 154
Handke, Peter 203
Harris, John 44, 316
Härtling, Peter, 97, 109
Hartmann, Eduard von 235
Häsli, Richard 14, 75, 85, 154
Haydn, Joseph 140 f.
Hazel (Hund) 94, 247 ff.
Hegel 38, 93, 197, 309
Helbling-Gloor, Barbara 22, 44, 77, 140, 147, 151, 327
Helbling, Carl 19, 32, 129, 138, 296
Helbling, Franz Joseph Diethelm 138
Helbling, geb. Lesch, Gertrud Hermine 32, 138
Helbling, Justus Amand Konrad 32
Helbling, Monica 33, 139
Helbling, Niklaus 44, 77, 140, 147, 151
Helbling, Regine 44, 77, 114, 140, 147, 151, 326
Helbling, Ursula 44, 77, 140, 147
Herder, Johann Gottfried 39
Hersch, Jeanne 84
Herzen, Alexander 66
Hesse, Hermann 190
Heym, Stefan 97
Hildesheimer, Wolfgang 333
Hindermann, Federico 315
Hitler, Adolf 92 f., 133, 194, 230, 244–247, 271, 295
Hofmann, Gert 103, 115, 128
Hofmannsthal, Hugo von 72, 141, 265 ff.

Hohl, Reinhold 75
Hölderlin, Friedrich 64, 78
Hölzer, Max 316
Homer 293
Huch, Ricarda 47, 52
Hughes, Peter 123
Hugo, Victor 16
Hürlimann, Thomas 177 f.
Hurni, Ferdinand 26, 30, 140
Huxley, Aldous 65
Ibsen, Henrik 170
Imbach, Josef 201
Ingold, Felix Philipp 175
Jacobi, Hansres 14, 18, 26, 85, 133, 326
Jean Paul 104
Job, Jakob 35
Johansen, Hanna 97
Johannes XXIII. 19, 49, 52, 56
Johannes Paul I. 95
Johannes Paul II. 95 f., 97, 101, 104, 107 ff., 156, 159, 162, 164 f., 175, 179, 185 f., 191, 195, 203, 207
Jüngel, Eberhard 102, 186, 336
Jünger, Ernst 14, 92, 103, 162
Kaegi, Werner 21, 60, 79 f., 198, 201, 233–237, 327 f.
Kaltenbrunner, Gerd-Klaus 333
Karajan, Herbert von 113
Karl der Grosse 93, 193, 307
Karl V. 193, 196, 227
Katharina von Siena 171, 191–193, 205, 314
Keats, John 152
Keel, Daniel 75
Keiser, César 75
Keller, Gottfried 53, 126, 138
Keller, Luzius 131
Keller, Theo 330
Kemp, Friedhelm 143
Kerr, Alfred 117
Kessler, Harry Graf 166, 205
Kiesinger, Kurt Georg 61
Kirsch, Sarah 115
Klopp, Onno 235
Köhler, Andrea 153, 159
König, Franz 204
Konstantin der Grosse 42, 193

Kornfeld, Eberhard W. 75
Korrodi, Eduard 15, 70, 155, 178, 326
Koselleck, Reinhart 184, 195
Krockow, Christian von 190
Krüger, Michael 144, 207, 325
Küng, Hans 63, 69, 96, 202, 336
Labiche, Eugène 97
Laemmle, Peter 218
Lämmle, Michaela 218
Lampedusa, Giuseppe Tomasi di 176
Lamprecht, Karl 257
Lee, Belinda 152
Leibniz, Gottfried Wilhelm 53
Leinsdorf, Erich 156, 331
Leisi, Ernst 113, 123, 332 f.
Lenz, Hanne 144
Lenz, Hermann 103, 144
Leopardi, Giacomo 84, 107, 120, 134, 149, 165, 187, 309, 316, 329
Lesch, Bernhard Robert 138, 327
Lesch, Hermine Elisabeta 138, 327
Lesch, Walter 33, 138, 295, 327
Lessing, Gotthold Ephraim 266 f.
Leuenberger, Robert 144, 206
Leuenberger, Theodor 328
Levebvre, Marcel 85–87, 114, 126, 132
Linder, Willy 29, 315
Linsmayer, Charles 335
Lochman, Jan Milic 204
Loetscher, Hugo 75, 128, 140, 143, 165, 207, 335
Louis XIV. 206
Lübbe, Hermann 11, 140
Luchsinger, Fred 15, 17, 20 ff., 26 ff., 29, 45, 74, 84, 95, 326, 330
Luhmann, Niklas 107
Lunin, Vincent 298
Luther, Martin 37, 310
Lüthy, Hans A. 140, 155
Lüthy, Herbert 184
Luzi, Mario 316
Machiavelli, Niccolò 66, 164, 195, 304
Magnus, Albertus 275
Mainberger, Gonsalv 329
Maissen, Thomas 326
Mallarmé, Stéphane 163, 165
Malraux, André 98
Man, Paul de 125

*Personenregister* 321

Manganelli, Giorgio 103
Mann, Erika 120
Mann, Golo 39, 69, 121 f., 128, 140, 190, 205
Mann, Heinrich 205
Mann, Thomas 17 f., 32, 68, 83, 89, 90, 94, 101, 123, 130, 134, 138, 157 f., 166, 175, 189 f., 193, 265
Manz, Caspar 25
Marcuse, Herbert 57, 61, 244
Marées, Franz von 152
Marmontel, Jean-François 39
Marquard, Odo 83
Martini, Carlo Maria 206
Marx, Karl 56, 232, 309
Matheson, William 93
Matt, Béatrice von 71, 110 f., 127, 132, 153, 179, 329
Matt, Peter von 134, 203
Mattioli, Aram 201
Meckel, Christoph 109
Meier, Herbert 75, 316
Meier, Yvonne 316
Meinecke, Friedrich 78, 228, 258
Meister Ekkehard 42, 161
Mendelssohn-Bartholdy, Felix 140
Menn, Barthélemy 142
Merkulow, Wsewolod N. 270
Mettler, Eric 17, 26, 45, 107, 140
Meyer, Conrad Ferdinand 90, 122, 326, 334
Meyer, Ernst 43
Meyer, Karl 228, 329
Michaelis, Rolf 218
Michaux, Henri 115
Milingo, Emmanuel 200
Miller, Norbert 222
Molière, Jean-Baptiste 97
Montale, Eugenio 121, 124, 143, 149, 176, 316, 335
Montesquieu 39, 129
Montesquiou, Robert de 167
Morgenstern, Christian 123
Moro, Aldo 94
Mozart, Wolfgang Amadeus 140
Müller, Albert 24, 44
Müller, Johannes von 43, 133
Müller, Kurt 29

Muralt, Leonhard von 16, 34, 36, 43, 173., 180, 314 f
Muschg, Adolf 97, 116 f., 123, 188, 218
Musil, Robert 202
Napoleon Bonaparte 260
Naumann, Friedrich 239
Nerval, Gérard de 315
Nicolson, Harold 60, 189 f.
Nietzsche, Friedrich 78, 159, 190, 205
Nizon, Paul 75, 109, 117, 132
Nolte, Ernst 124
Novalis 161
Oftinger, Karl 336
Ohlbaum, Isolde 325
Oplatka, Andreas 14, 17 f., 30, 72, 85 f., 91, 151
Orelli, Giorgio 75
Orff, Carl 231
Ortega y Gasset 53, 116
Otto I. 93
Otto III. 196
Panardo, Jole 144
Pasolini, Pier Paolo 165
Paul VI. 49, 52. 55. 59, 62 f., 69, 79, 93, 106, 109, 189
Paulus 163 f
Pelosi, Pino 165
Peter der Grosse 85
Perlman, Itzhak 141
Petrarca, Francesco 69, 161, 189
Peyer, Hans Conrad 137, 182
Pfaff, Carl 128
Pflanze, Otto 180
Pfürtner, Stephan 71
Picasso, Pablo 231
Pirandello, Luigi 52, 165, 176, 295
Piranesi, Giovanni Battista 142, 150, 207
Pius XII. 52, 54, 106, 193 f., 202
Plessner, Monika 334
Plessner, Helmuth 78
Plotin 161
Pollock, Jackson 142
Popper, Karl R. 36
Poulet, Georges 116
Pourtalès, Guy de 335
Prévert, Jacques 43, 316
Prokop 39

Proust, Marcel 18, 20, 84f., 87, 89, 92, 101, 120f., 127, 128, 130, 131, 144, 148, 167, 193f., 263f., 314, 326, 330
Pusterla, Fabio, 317
Queneau, Raymond 115
Quinet, Edgar 234, 304
Raddatz, Fritz J. 115
Raeber, Kuno 103, 179, 203
Raffalt, Reinhard 197
Rahner, Karl 69, 336
Ramspeck, Jürg 75
Ramuz, Charles Ferdinand 90, 123, 316f., 335
Ranke, Leopold von 16, 34–39, 41, 61, 70, 73, 78, 83, 87, 93, 121f., 142, 167, 257ff.
Ranke, Otto von 261
Ratzinger, Joseph 55, 85, 120, 177, 197, 206
Reagan, Ronald 110
Reich-Ranicki, Marcel 91, 98, 103, 115, 134, 202f., 218, 221
Reinhardt, Stephan 218
Reinhardt, Volker 203, 315
Reinhart, Johann Christian 152
Renan, Ernest 78, 155
Renoir, Auguste 127, 264ff.
Rhonheimer, Martin 149
Richter, Hans-Werner 97
Ricoeur, Paul 43
Rilke, Rainer Maria 104
Ritter, Gerhard 204
Ritter-Santini, Elena 121, 144
Roeck, Bernd 198
Rovan, Joseph 206
Rückert, Hanns 310
Rüdiger, Horst 316
Saint-Simon, Duc de 85
Sainte-Beuve, Charles-Augustin 91, 155, 330
Salis, Jean Rudolf von 69f., 174f., 200
Salisbury, Johannes von 148, 327
Santi, Elena (Pseudonym für Hanno Helbling) 118, 131, 148, 331, 338
Sartre, Jean-Paul 72, 244
Sauer, Edith 329
Schader, Angela 133, 154

Schaffner, Jakob 334
Schaper, Edzard 293
Schelldorfer, Kurt 78
Schelling, Friedrich Wilhelm Joseph 161
Schenda, Rudolf 197, 316
Schiera, Pierangelo 327
Schiesser, Walter 315
Schifferle, Alois 114
Schillebeeckx, Eduard 63, 336
Schindler, Alfred 137
Schindler, Dietrich 122
Schirrmacher, Frank 125
Schlegel, August Wilhelm 56
Schlegel, Friedrich 39, 43
Schloz, Günther 218
Schmid, Karl 86, 91, 132, 198f., 334
Schmidt, Aurel 218
Schmidt, Helmut 110
Schmugge, Ludwig 207, 326
Schneebeli, Robert 137
Schnitzler, Arthur 133
Schoeck, Othmar 266
Schönborn, Christoph 185
Schubert, Franz 140
Schütz, Heinrich 264
Schuh, Gotthard 330
Schuh, Willi 48, 72, 122, 127, 263–269, 326
Schwarz, Dietrich W. H., 197
Schwarz, Gerhard 315
Schwarz, Urs 45
Schwarzenbach, Cyrill 26, 45
Seewald, Peter 177
Semper, Gottfried 152
Shakespeare, William 113f., 149, 169ff., 198
Shelley, Percy Bysshe 152
Siedler, Wolf Jobst 329
Silone, Ignazio 196
Sixtus V. 150
Sloterdijk, Peter 112
Sombart, Nicolaus 176
Sonderegger, Stefan 75
Sontag, Susan 203
Späth, Gerold 109
Spengler, Oswald 258
Stadler, Peter 17, 34, 56, 143, 335
Staël, Germaine de 101

Staiger, Emil 14, 34, 58, 299, 326
Stalin, Joseph 124, 133, 269 ff.
Stamm, Rudolf 149, 151
Starobinski, Jean 102, 116
Stauffer, Karl 90
Stauffer, Paul 134
Stein, Peter 172
Steiner, George 116 f.
Stendhal, 66
Sternberger, Dolf 92, 103, 144
Sternheim, Karl 97
Sternheim, Thea 205
Stierle, Karl Heinz 189
Strauss, Botho 203
Strauss, Richard 17, 72, 127, 141, 256 ff.
Strawinsky, Igor 265
Strehler, Giorgio 165
Streiff, Eric 45
Strehler, Giorgio 165
Sura, Sabine 325
Sustar, Alois 334
Szondi, Peter 75
Tacitus 169
Tavel, Hans Christoph von 172
Theoderich der Grosse 226
Thiers, Adolphe 234
Thomas von Aquin 78
Toqueville, Alexis de 113
Toscanini, Arturo 169
Toynbee, Arnold 39, 43, 53
Treitschke, Heinrich von 41, 262
Trovatello (Hund) 149
Tschechow, Anton 172
Turina, Marko 119
Tütsch, Hans E. 25, 45, 61
Ungaretti, Giuseppe 143, 149. 159
Vallotton, Félix 142
Vasari, Giorgio 226
Verdi, Giuseppe 168, 198
Villiger Heilig, Barbara 133, 153, 159, 316

Viragh, Christina 26, 131, 147 f., 150 f., 177, 182, 317, 325
Visconti, Luchino 309
Vogelsanger, Cornelia 328
Vogelsanger, Peter 332
Vollenweider, Alice 120, 316
Vonderach, Johannes 125
Von der Crone, Brigitte 151, 325
Vormweg, Heinrich 218
Wackernagel, Hans-Georg 174
Wagner, Richard 61, 69, 109, 113, 141, 159, 169, 268
Wagner, Thomas 122
Waiblinger, Wilhelm 152
Wallenstein 69, 205
Weber, Bernadette 325
Weber, Carl Maria von 169
Weber, Werner 13–18, 20, 22 f., 25, 27, 29, 53, 58, 71, 73, 79, 81, 88, 90, 95, 102, 108, 142, 148, 155, 158, 179, 313, 331
Wehler, Hans-Ulrich 124 f., 202
Wehrli, Max 14
Weiss, Albert 331
Weiss, Richard 174
Welti, Jakob 15
Wenzel, Uwe Justus 153, 159
Werth, Wolfgang 218
Widmer, Urs 155
Wieser, Theodor 45
Wilhelm II., 176, 190
Wille, Ulrich 138
Wolf, Christa 83, 90 f., 98 f., 103, 110, 123, 129, 179
Wysling, Hans 175
Zelger, Franz 23
Zelger-Vogt, Marianne 18, 23, 91, 103, 127, 154
Zizola, Giancarlo 179
Zola, Emile 268
Zuckmayer, Carl 205
Zwingli, Huldrych 137

# Danksagung

Der Verfasser dankt für Hinweise, Hintergrundgespräche sowie archivalische und technische Hilfeleistung: Frau Christina Viragh (Rom), Frau Regine Helbling (Zürich), Frau Dr. Ines Buhofer (Luzern), Frau Dr. Brigitte von der Crone (Zürich), Frau Isolde Ohlbaum (München), Herrn Prof. Andreas Oplatka (Zollikon), Frau Sabine Sura (Zollikerberg), Herrn Pfarrer Werner Gysel (Männedorf), Herrn Michael Krüger (München). Besonderen Dank hat sich Frau Bernadette Weber, NZZ, damit verdient, dass sie dem Verfasser ein vollständiges Konvolut von Hanno Helblings Artikeln zusammenstellte.

Dieses Buch wurde unterstützt durch die Ulrico Hoepli-Stiftung in Zürich. Auch dafür herzlichen Dank.

# Anmerkungen

1 Das Verhältnis zwischen Hanno Helbling und Hermann Lübbe blieb dauerhaft freundlich. Helbling bewunderte den scharfen Intellekt des liberalen Philosophen, und dieser freute sich über das Gastrecht, das er im Feuilleton der NZZ über viele Jahrzehnte genoss.
2 Wie mir erst während der Abfassung dieses Buches Helblings Tochter Regine Helbling Gerster berichtete, habe der Vater dann abends am Familientisch erzählt, er habe einen Neuen eingestellt, der zwar einen Bart trage, was ihm bekanntlich wenig schmecke, doch sonst einen guten Eindruck hinterliess. Helblings späterer Versuch, sich ebenfalls einen Bart wachsen zu lassen, scheiterte nach ein paar Ferienwochen; eine Ähnlichkeit zu Proust in seinen letzten Jahren wollte sich nicht einstellen.
3 Emil Staiger war kraft seiner Bedeutung und Autorität über lange Zeit der Königsmacher für Berufungen an die Philosophische Fakultät I der Universität Zürich. Erst mit dem sogenannten Zürcher Literaturstreit von 1966/67, als Staiger eine Kontroverse um die Geltung der zeitgenössischen Dichtung auslöste, begann sein Einfluss zu schwinden, hielt aber an seiner Alma Mater immer noch so weit vor, dass der Vorschlag, für Werner Weber das Ordinariat für Literaturkritik einzurichten, problemlos durchkam.
4 Eduard Korrodi (1885–1955) promovierte 1912 an der Universität Zürich über Conrad Ferdinand Meyer und war von 1914 bis 1950 als Nachfolger von Hans Trog Chef des Feuilletons der NZZ.
5 Dazu: Thomas Maissen: *Die Geschichte der NZZ 1780–2005.* Zürich 2005.
6 Gleichzeitig erhielt auch Hansres Jacobi das sogenannte Zeichnungsrecht, das zuvor nur Werner Weber und der für Musik zuständige Redaktor Willi Schuh besassen, wie damals dem Impressum der NZZ zu entnehmen war.
7 Auf der Seite, die wir kurz nach Hanno Helblings Tod als Gedenkblatt in der Beilage «Literatur und Kunst» eingerichtet hatten, berichtete der Mediävist Ludwig Schmugge von einer geplanten Habilitation zum Thema der Gallusviten, die aber über eine Forschungsskizze in der Schweizerischen Zeitschrift für Geschichte (12, 1962) nicht hinausgekommen sei. NZZ, Beilage «Literatur und Kunst» vom 26. Februar 2005, S. 69.
8 Hanno Helbling: *Tristans Liebe. Abendstücke.* München 1991.
9 Eigentlich: Friedrich Wilhelm Luchsinger, genannt Fred Luchsinger, geboren 1921 in St. Gallen, gestorben 2009, 1981 ausgezeichnet mit dem Grossen Bun-

desverdienstkreuz, 1985 mit dem Freiheitspreis der Max Schmidheiny-Stiftung an der Universität St. Gallen.

10 Fred Luchsinger, der streng darüber wachte, dass immer nur «gekürzelt» wurde, verstiess freilich einmal selber und mit vollem Bewusstsein gegen dieses Gesetz, als er den Nachruf auf seinen universitären Lehrer Werner Kaegi vom Juni 1979 im Feuilleton mit vollem Namen signierte: *Fred Luchsinger*. Beim Morgenkaffee sinnierten Hanno und ich noch länger über diese Metamorphose, und während Helbling den Grund darin zu erkennen glaubte, dass Luchsinger hiermit das Gastrecht des Feuilletons honorieren wollte, hielt ich es – vermutlich realistischer – mit der These, dass er sich davor fürchtete, mit der Signatur des Kürzels nicht überall gleich erkannt zu werden.

11 Erschienen als 148. Neujahrsblatt zum Besten des Waisenhauses Zürich 1985 im Kommissionsverlag Beer AG in Zürich. – Damals noch durften die Neujahrsblätter der «Gelehrten» auch einmal nur 32 Seiten – und ein paar Abbildungen aus den Familienalben der Helbling – aufweisen.

12 Bernhard Walter Lesch (1898–1958), Hanno Helblings Onkel mütterlicherseits, war ein Sohn des Kunstmalers Bernhard Robert Lesch und dessen Frau Hermine Elisabeta geb. Ranschenbach. Er promovierte in Germanistik an der Universität Zürich und trat später mit Lustspielen und Komödien – auch am Zürcher Schauspielhaus – in Erscheinung. Er inszenierte zwei Spielfilme, war 1933 Mitbegründer des Cabaret Cornichon, verfasste viele Chansons und wurde schliesslich berühmt mit dem Text zur *Kleinen Niederdorfoper* von Paul Burkhard (1951).

13 In der NZZ-Korrespondenz ist ein kurioses Dokument erhalten geblieben: Das Schreiben eines «Organisators von Jagdreisen» mit Namen Abdelkader Habli, der Hanno mit Datum des 30. Januar 1979 aufgrund einer vorgängigen telefonischen Anfrage ein Programm mit Jagdreisen nach Tunesien offerierte. Die Preise, «wirklich alles inbegriffen», muten nach heutigen Massstäben günstig an, «pro Wildsau, egal welche Art und Grösse», würde eine «Abschussprämie» von hundert Franken verrechnet, der Organisator fügte auch Referenzen hinzu sowie Fotografien (die nicht überliefert sind) und liess das Schreiben von einer Frau Silvia Habli signieren. Meines Wissens kam Hanno weder in die Berge Tunesiens noch zum Schuss, es blieb wohl eine Vision; in Bayern kam es dann ernster: Einmal wurde der Jäger von einer angeschossenen Wildsau verfolgt und konnte sich nur knapp in Sicherheit bringen.

14 Über die Ergebnisse dieser Preisfrage und Hanno Helblings «Ranking» konnte nichts mehr in Erfahrung gebracht werden.

15 Pierangelo Schiera: *Federico Chabod*. In: Heinz Duchhardt (Hg.): *Europa-Historiker. Ein biographisches Handbuch*. Bd.1. Göttingen 2006.

16 Barbara Helbling-Gloor war wie ihr Mann ausgebildete Historikerin mit dem Schwerpunkt Mediävistik. 1956 legte sie im Verlag Fretz & Wasmuth ihre vom Zürcher Historiker Marcel Beck betreute Dissertation *Natur und Aberglaube im Policraticus des Johannes von Salisbury* vor, einen Text von knapp 120 Seiten Umfang. Becks Studienreisen führten seine Schüler – und unter ihnen auch Bar-

bara und Hanno Helbling – durch Deutschland und Italien und waren zu ihrer Zeit bekannt für gesellige Atmosphäre.

17  Helbling erzählte oft, dass der hauptsächliche Beweggrund seines Vaters, das Lyceum Alpinum Zuoz mit einer Stelle am Zürcher Realgymnasium zu vertauschen, darin bestanden habe, dass seit den späteren Dreissigerjahren in Zuoz und unter gewissen Schülern ein Heldenton des Nazismus aufgekommen sei. – Zum Verhältnis zwischen Vater und Sohn gewann ich Näheres, als mir Helbling zum Tod meines eigenen Vaters im Dezember 1997 kondolierte. «Mein Vater ist vor mehr als dreissig Jahren gestorben, und immer noch unterhalte ich mich täglich mit ihm, denke mir seine Fragen aus, die ich zu beantworten suche, und die Antworten, die er auf meine Fragen gibt. Mit solchen Beziehungen wird man nie ‹fertig›, und über sie nachzudenken ist ohnehin besser als jeder doch nur vermeintliche Abschluss.» (Brief vom 19. Dezember 1997 aus Rom)

18  Johannes Buchmann war Professor am kantonalen Realgymnasium Zürich gewesen und hatte Unterricht in modernen Sprachen gegeben. Manche Schüler hatte er zu Privatissima versammelt: «An langen Abenden wurde der Umgang gepflegt mit den Texten: Wort und Buchstabe; und wurden Platten aufgelegt, Raritäten aus England, Musik der Romantiker, bis die Pfeifenrauchwolken zu dicht und die Gläser zu leer waren.» (NZZ vom 1. Oktober 1964, Abendausgabe Blatt 3, Nr. 4108)

19  Für die Theologin Ines Buhofer, die Helbling seit den frühen Siebzigerjahren als freie Mitarbeiterin im Feuilleton für theologische und religiöse Themen beschäftigte, war Hanno vor allem an den intellektuellen Herausforderungen interessiert: Er sei fasziniert gewesen von den Aufgaben der Hermeneutik, das Dogma selbst habe ihn deutlich weniger beschäftigt. (Gespräch vom Oktober 2018)

20  Das Verhältnis zwischen dem Basler Ordinarius und Helbling blieb zeitlebens höflich und von gegenseitiger Achtung geprägt. Hanno erwies dem Älteren stets die Ehre seiner Statur. 1972 etwa war im Zürcher Manesse-Verlag Helblings Auswahl aus Jacob Burckhardts Schriften unter dem Titel *Staat und Kultur* erschienen. Im Mai 1973 schrieb Werner Kaegi, dass er das Nachwort zu der Anthologie «mit grossem Genuss» gelesen habe. Am 15. Mai antwortete Helbling aus der Redaktion und bekannte: «Ich hatte seinerzeit mit mir gekämpft, ob ich Ihnen das Manesse-Bändchen schicken sollte, und mich schliesslich doch nicht getraut, dieses Eulenküken gleichsam auf den Stufen der Akademie auszusetzen. Um so mehr freut es mich natürlich, dass Sie an meinem Nachwort Gefallen gefunden haben.» (Briefe NZZ)

21  Die Freundschaft mit Werner Gysel, dem Theologen und Pfarrer zuerst in Oberrieden und seit 1977 am Zürcher Grossmünster, begann fünf Jahre nach dem Beginn der Synode 72 und trug auch Früchte in der Zusammenarbeit rund um die sogenannte «Zürcher Disputation», an welcher auch der Professor Theodor Leuenberger sowie die Theologinnen Ines Buhofer und Cornelia Vogelsanger mitwirkten. Helbling war auf die geistige Vorbereitung der Pro-

jekte eingeschworen, während andere an den organisatorischen Aufgaben arbeiteten. (Gespräch mit Werner Gysel vom März 2019)
22 Werner Weber hatte sich damals nicht öffentlich zu Frischs Schrift geäussert. Nachdem er aber zwei Briefe des Münchner Germanisten Herbert G. Göpfert erhalten hatte, worin dieser nach Reaktionen auf den «Wilhelm Tell» in der NZZ gefragt hatte – er war in den Vorbereitungen eines Seminars zum Thema an der Universität München –, antwortete ihm Weber mit Datum des 24. April 1972 und schrieb unter anderem: «Rezension über Frischs ‹Tell›-Buch: Da gestehe ich Ihnen: Ich konnte ein Lächeln nicht verkneifen, als ich Ihren Brief las, dass Sie über so etwas ein Seminar halten möchten. Ich nehme an, Sie wissen, wie dieses Büchlein entstanden ist, aus welchem Zusammenhang es hergeholt worden ist. Lassen wir das. Mich meinerseits hat es seinerzeit ein bisschen ‹beelendet›, dass sich ein Mann vom Range Max Frischs so etwas zum 60. Geburtstag schenkt. Ich habe seinerzeit bei Karl Meyer doktoriert; so darf ich sagen: Diese Sache kenne ich. Und weil ich Sie kenne, konnte ich, wie gesagt, ein Lächeln über Ihr akademisches Unternehmen nicht ganz verkneifen. Aber das ist ja uninteressant.» (Briefe NZZ)
23 Danach war das Arbeitsverhältnis zwischen dem Chef und Beatrice von Matt nicht immer ganz reibungslos. Aber bereits am 23. Januar 1980 hatte Helbling in einem Brief an den Verleger Wolf Jobst Siedler diesen lobend auf sie aufmerksam gemacht: «Ein sehr gescheites Frauenzimmer, nicht berühmt vorläufig, aber klug und arbeitsam.» (Briefe NZZ)
24 Fast idealtypisch ein Einsätzer vom 24. Oktober 1984 an den Philosophen und ehemaligen Dominikaner-Pater Gonslav K. Mainberger, der Helbling einen Text zur Publikation mit dem Hinweis zugesandt hatte, dass es sich beim Thema dieses Textes redaktionell um Hannos «Jagdgrund» handle. «Lieber Herr Mainberger, nicht weil es mein ‹Jagdgrund›, aber weil es der Ihre doch offenkundig nicht ist, schicke ich Ihnen Ihren Text über Wilhelm den Marschall zurück.» Ende. (Briefe NZZ)
25 In einem Brief vom 17. Dezember 1976 an Edith Sauer in Wien brachte Helbling Passion und Leiden des Übersetzers, aber auch seine Faszination für Leopardi knapp zum Ausdruck. «Ich bin seit wir uns damals in Parma trafen zwei- oder dreimal in Rom gewesen – immer irritiert durch die Mischung von wachsendem Verfall (der ‹Lebensqualität›) und unentwegter Grossartigkeit. Harmonisieren lässt sich das nicht. Als nächstes italienisches Reiseziel schwebt mir Recanati vor, wo ich die Leopardi-Bibliothek besuchen sollte, denn ich habe nach zwölfjähriger Arbeit ein etwas verrücktes Unternehmen zum Abschluss gebracht: die Uebersetzung der ‹Canti› in deutsche Verse. Jetzt habe ich noch die Erläuterungen zur deutschen Ausgabe, die bei Winkler erscheinen soll, nachzuliefern.» (Briefe NZZ)
26 Nachdem die in Deutschland erscheinende *Una-Voce-Korrespondenz* dieses Feuilleton nachgedruckt hatte, reagierte Helbling mit Zorn. Der verantwortliche Redaktor hatte ohne Einverständnis des Verfassers Namen und Ort des Klosters – Fontgombault – preisgegeben. Schon am 11. Dezember 1975 schrieb

Helbling auf die Anfrage des ehemaligen Rektors der Handelshochschule St. Gallen, Theo Keller, um welches Kloster es sich in dem Text handle, folgende Zeilen: «Besten Dank für Ihre Zeilen vom 2. Dezember. Der Abt des betreffenden Klosters – ein wegen seiner konservativen Anschauung sehr exponierter Mann – exponiert freilich nicht zuletzt auch gegenüber *noch* konservativeren Gruppen – hat mich gebeten, den Namen des Konvents nicht bekanntzugeben. Ich habe aber festgestellt, dass besonders kundige Leser eine französische Abtei des Benediktinerordens vermuten. Das könnte ich nicht dementieren.»

27 «Ich selbst bin einigermassen wiederhergestellt, nachdem ich von einem Unfall her ziemlich übel zugerichtet war. Ich hoffe es in absehbarer Zeit wieder einmal nach Luzern zu bringen und würde mich dann natürlich bei Ihnen melden.» (Brief an den Theologen Victor Conzemius vom 30. April 1976, Briefe NZZ)

28 Aus Anlass dieses Feuilletons meldete sich der Jurist Rüdiger Altmann mit Datum des 8. Juni 1977 brieflich bei Chefredaktor Fred Luchsinger und schrieb unter anderem: «[…] ist es möglich, dass der Verfasser dieser Glosse übersehen hat, dass das Bild des ‹Elfenbeinernen Turmes› aus dem Hohen Lied Salomonis stammt und von dort aus auch in eine der grossen Anrufungen des römischen Rituals der Marianischen Litanei aufgenommen worden ist: ‹Du Elenbeinerner Turm!›. Das alles bekräftigt die Meinung des Glossators, dass der Vorwurf, man befinde sich in einem Elfenbeinturm, verräterisch ist für den, der ihn erhebt.» – Helbling antwortete am 15. Juni: «Dass die Metapher in der erotischen Sprache des Hohen Liedes und – auf Maria bezogen – in der mauretanischen Litanei erscheint, war mir bekannt. Aber als Bild einer geistigen Behausung erscheint sie wohl wirklich erst bei Sainte-Beuve, und daher erschien es mir unnötig, in meiner Glosse die sakrale Vorgeschichte des Wortes mit einzubeziehen. Sie haben aber gewiss sehr recht, wenn Sie darauf hinweisen, dass eben diese Vorgeschichte, die Sainte-Beuve natürlich kannte, ein weiterer Beweis für den nicht pejorativen Sinn seiner Bemerkung ist.» Solche Korrespondenzen waren damals noch – beinah – gang und gäbe …

29 Jean d'Ormesson antwortete darauf mit einem kleinen Billet des Danks, sprach aber in der Anrede die «Chère Madame Hanna Helbling» an, was Hanno sehr amüsierte. (Dokument nicht überliefert)

30 Die schönste Hommage an diese Stadt, die er, wiederum auf den Spuren Prousts, regelmässig als einen von Magie erfüllten Ort erlebte, leistete er bereits 1965, als er die Texte zu einem Fotoband verfasste, den Gotthard Schuh unter dem Titel *Tage in Venedig* im Zürcher Verlag Ex Libris vorlegte. Das schön gemachte Buch bezaubert noch immer – oder erst recht – für eine Zeit, in welcher der Massentourismus auch die Serenissima kaputtschlägt. Als ihn Hans Rascher aus Küsnacht um Auskünfte im Zusammenhang zu diesem Projekt bat, erhielt er folgenden Hinweis: «Von dem Venedig-Buch ist mir eigentlich nur noch in Erinnerung, dass ich mich mit Gotthard Schuh entsetzlich herumgezankt habe deswegen.» (Brief vom 29. September 1975, Briefe NZZ)

31 Der Dirigent Erich Leinsdorf, der regelmässig auch in Zürich und mit dem hiesigen Tonhalle-Orchester auftrat, schrieb Helbling am 7. September 1980 aus New York. Leinsdorf war höchst beunruhigt, ja «einigermassen entsetzt». «Wir sahen in der Schweiz die letzte Bastion der bürgerlichen Kultur (in ihrer feinsten Form) und was da scheinbar an die Oberfläche kommt, ist ein weiterer Abschnitt unseres globalen Problems.» Leinsdorf war gerade Mitglied des National Council for the Arts geworden und wollte in dieser Funktion auch möglichst viele Informationen über die Zürcher Vorkommnisse. Hanno antwortete am 26. September und bestätigte, dass dies bereits veranlasst sei. Dann fuhr er fort: «Im Unterschied zu den Unruhen nach 1969 handelt es sich diesmal weitgehend um eine Krise, die aus lokalen Gegebenheiten entstanden ist. Unsere Stadtverwaltung hat es während vieler Jahre versäumt, ein brauchbares jugendpolitisches Konzept zu entwickeln [...] Die Vernachlässigung der Jugendprobleme rächt sich jetzt, wobei natürlich die spontane und berechtigte Unzufriedenheit ausgenützt und aufgeheizt wird von Gruppen, die es auf ‹Gesellschaftsveränderung› abgesehen haben und die Terrorszene auch bei uns etablieren möchten. Ich glaube nicht, dass dies gelingen wird, aber ein gefährliches Spiel ist hier jedenfalls im Gange. Ich möchte, was mein Ressort betrifft, in nächster Zeit einmal etwas gründlicher untersuchen lassen, wie sich die Jugendlichen zum kulturellen Angebot verhalten.» (Briefe NZZ)

32 Weber war Mitglied der Deutschen Akademie für Sprache und Dichtung seit 1961 bis zu seinem Tod (2005) und erhielt 1967 den Johann-Heinrich-Merck-Preis für literarische Kritik.

33 Es ist bis heute üblich, dass sich die neu gewählten Mitglieder mit einer kurzen Rede vorstellen. Daraus: «Von meinen Vorfahren habe ich die Gewohnheit übernommen, mit den ‹bestehenden Verhältnissen› unzufrieden zu sein, aber kaum etwas zu ihrer Verbesserung beizutragen. Ein geborener Kritiker? Ich hätte Kunstrichter werden sollen, oder Kunst-Scharfrichter. Ich hätte Autoren in den Staub werfen und aus dem Staub wieder aufheben, hätte Dichterinnen erfinden und wieder abschaffen können. Männer hätten mich gefürchtet und gehasst, Frauen mich angstvoll geduldet. Aus der Herrlichkeit ist nichts geworden.» – Oder fast nichts: denn ein halbes Alter Ego hatte Hanno ja mit der fiktiven Elena Santi tatsächlich geschaffen, wenn auch nicht wieder abgeschafft. Und dass ihn, Herrlichkeit hin oder her, manche fürchteten, andere dulden mussten, war auch nicht nur rein ironischer Traum geblieben. – Die Dank- und Vorstellungsrede findet sich auf der Website der Deutschen Akademie für Sprache und Dichtung im Verzeichnis der Mitglieder.

34 Ein besonders eindringliches Echo erfuhr das Buch aus dem Kloster Engelberg. Am 22. Dezember 1982 schrieb dessen Prior, Pater Albert Weiss, an den Verfasser: «Sehr geehrter Herr Redaktor, vielleicht kann ich Ihnen eine kleine Weihnachtsfreude machen, wenn ich Ihnen mitteile, dass gegenwärtig Ihr Buch ‹Die Politik der Päpste. Der Vatikan im Weltgeschehen 1958–1978› bei uns im Kloster bei Tisch vorgelesen wird. Das Buch überzeugt durch umfassende Dokumentation und ausgewogenes, objektives Urteil.» (Briefe NZZ)

35 Ein interessantes Zeugnis seiner Unbestechlichkeit zwischen vielen Fronten – und hier nun zwischen den Katholiken und den Zürcher Protestanten – gab Hanno Helbling mit einem Antwortschreiben vom 19. September 1982 auf einen Leserbrief des damaligen Pfarrers am Zürcher Fraumünster, Peter Vogelsanger, in welchem Vogelsanger das Thema eines möglichen Bischofs für Zürich aufgegriffen und als Gefahr für den Zürcher Protestantismus insbesondere auch «in allen öffentlichen Repräsentations- und Prestigefragen» benannt hatte. Hanno replizierte auf den Argwohn des prestigebewussten Pfarrers unter anderem so: «Drittens, Sie sprechen von Triumphalismus, Repression, Anti-Ökumenismus der katholischen Kirche und des jetzigen Papstes; solche Äusserungen sind heute üblich und bis zu einem (für mich nicht sehr hohen) Grade verständlich. In Ihrem Brief begegnet mir aber zum ersten mal, dass sich jemand für dieses Urteil auf mich beruft. Natürlich müssen Sie, was ich gelegentlich schreibe, weder zitieren noch glauben; aber ich werde ungern als Zeuge angerufen für Meinungen, die ich nicht bestätigen kann.» Und dann: «Viertens, die ‹Zwinglistadt›. Natürlich hat jeder von uns am Ende den Kreis, in dem er verstanden und auch ein klein wenig unterstützt wird. Aber was ich in der Zürcher Verwandtschaft, in der Zunft, in allen möglichen Gesellschaften an ahnungslosen Vorurteilen über (und gegen) die katholische Kirche höre – was gerade jetzt wieder in der Zürcher Fakultät, und gerade von jüngeren Theologen in ihr, getönt wird, das zerstört die Illusion dann wieder. Wir sind aufs Grosse gesehen nicht weit gekommen, die Meinung der Mehrheit in unserer Kirche ist nach wie vor die des Protestantischen Volksbunds und nicht die des Ökumenischen Arbeitskreises. Und da könnten – fünftens – ausgerechnet wir den Katholiken vorwerfen, dass *sie* sich zu wenig geändert haben.» – Eine Antwort Vogelsangers ist nicht überliefert. (Briefe NZZ)

36 Die Beziehung zu dem Anglisten Ernst Leisi blieb wechselvoll. Nachdem Leisi als Berater in Sachen Sprache und Stil bei Shakespeare überflüssig geworden war, weil die Sonette übersetzt waren, gab es keine starken Gründe mehr, seinen nicht selten egozentrischen Begehrlichkeiten unverzüglich entgegenzukommen. Das witzigste Dokument eines etwas durchzogenen Kontakts stammt vom 4. Oktober 1992. Leisi hatte Hanno ein Exemplar seines *Sprach-Knigges* geschickt, mit der Bitte, dieses Buch des Plädoyers für gesittete Umgangsformen zu rezensieren. Nach der Lektüre war Helbling nicht begeistert – und antwortete mit einem Brief, der zuerst Positives anmerkte, dann aber deutlich wurde. «Weniger wohl fühle ich mich, sowie dieser Diagnose der positive Rat, also gleichsam die Therapie gegenübertritt. Wie kommt es, dass ich nicht einen der Sätze, die da zur mündlichen oder schriftlichen Lösung eines Problems vorgeschlagen werden, über die Lippen oder aus der Feder brächte – ja, noch mehr, dass ich mir niemanden vorstellen kann, der so spräche oder schriebe? Einen – freilich nur indirekten – Fingerzeig gibt mir der Hinweis auf Adolf Guggenbühls ‹Schweizer Knigge›, den ich vor 45 Jahren gelesen habe und bei dem ich eigentlich schon genau so feststellte, dass er alle möglichen Unarten völlig richtig erfasst, dann aber Ratschläge erteilt, die man (die ich) überhaupt

nicht orten kann. Wenn ich mir das Milieu vorstellen will, in dem man sich so richtig und so taktvoll und so aufmerksam benimmt, komme ich nicht weiter als zu einer Familie Pfäffling, von der ich in meiner Jugend gelesen habe, oder zu der Mann-Frau-Tochter-und-Sohn-Gruppe, die auf dem Deckel des Märklin-Steinbaukastens abgebildet war.» – Das war nun nicht mehr mit den Insignien des Feuilleton-Chefs geschrieben, weshalb mir Hanno eine Kopie dieses Briefs zukommen liess und auf ein Blatt handschriftlich hinzufügte: «Da Du wahrscheinlich der nächste bist, der von Freund Leisi hören wird, schicke ich Dir eine Briefkopie, die den Stand der Dinge deutlich macht. Er wird beleidigt sein, aber das macht nichts.» (Privatarchiv Martin Meyer)

37 Auf diese Glosse antwortete auch der Schriftsteller Wolfgang Hildesheimer, der schon von Martin Walser auf sie aufmerksam gemacht worden war. Mit Brief vom 19. Mai 1984 aus Poschiavo wollte Hildesheimer ein paar Statements korrigiert haben – jedenfalls was seine Person in dem von Hanno beschriebenen Spiel betraf. So kümmere ihn der denkbare Atomkrieg überhaupt nicht. «Bomben und Raketen sind mir völlig gleichgültig, wir brauchen sie auch gar nicht, höchstens dazu, schrecklichere und langsamere Katastrophen zu verhindern, nämlich dass sich in vierzig Jahren die Menschheit um das fünffache vermehrt haben wird ... Das Hauptargument war, dass mich am Schreibtisch das Entsetzen packt und ich das Gefühl habe, ich schriebe über eine Welt, die nicht mehr existiert. Das habe ich in den letzten beiden Büchern getan, und nun habe ich kein Thema mehr, will auch keines. Mit herzlichen Grüssen und dem Versprechen, auf mich als Autor verzichten zu dürfen bin ich Ihr Wolfgang Hildesheimer.» (Briefe NZZ)

38 Das war nicht alles. Am 6. April 1995 hatte der Publizist Gerd-Klaus Kaltenbrunner aus Kandern mit brennender Neugier so gefragt: «Sind inzwischen die Werke von ELENA SANTI in italienischer oder vielleicht sogar in deutscher Sprache erschienen? Haben Sie sich über diese Autorin ausser in dem Artikel vom 12. Januar sonst noch irgendwie geäussert? Für eine gelegentliche Nachricht wäre ich sehr dankbar.» – Hanno antwortete am 26. April aus der Redaktion: «Das Romanfragment ‹Der Inselmönch› soll im Herbst beim Verlag Werner Classen in Zürich erscheinen. In Italien hat sich bisher keine Publikationsmöglichkeit ergeben. Ich selber habe von ihr noch einige Gedichte übersetzt, aber ich weiss nicht recht wo und wie ich sie publizieren könnte.» (Briefe NZZ) – Da hatte der Mystifikator in der Rolle auch des Lyrikers gleich noch eins draufgesetzt. Als aber eine Assistentin am Institut Benjamin Constant der Universität Lausanne mit Brief vom 12. November 1990 ebenfalls mehr wissen wollte, kam Hanno schliesslich nicht mehr umhin, Klartext zu reden. Er antwortete schon nächsten Tag, vielleicht gar eine Spur erschrocken, mit der vollen Wahrheit: «Ihre direkte Frage verdient eine direkte Antwort: Elena Santi hat nie existiert. Ihr Romanfragment stammt von mir selbst, und was ich in meinen Vorbemerkungen schreibe, ist reine Erfindung.» (Briefe NZZ)

39 In diesem Sommer und vor der Operation las er – ausdrücklich auch im Sinne einer geistigen Vorbereitung auf alle Eventualitäten – nochmals den *Don Qui-*

*chote:* eine subtile Relativierung aller irdischen Mühsal im Reflex von Weltliteratur und zugleich ein für ihn selbst testamentarischer Akt.

40 Mit Brief vom 6. November 1987 entschuldigte er sich bei Monika Plessner dafür, dass er zu lange nichts habe hören lassen. «Vieles und Schwieriges hat in den letzten Jahren bewirkt, dass ich meine Korrespondenz vernachlässigt und Freunde aus den Augen verloren habe, u. a. eine Krankheit, bei der es während längerer Zeit um Leben und Tod ging. Nun kann ich, frei nach Wilhelm Busch, sagen: ‹Mit der Zeit wird alles heil, nur die Seele hat ihr Teil›.» (Briefe NZZ)

41 Preise für den Übersetzer folgten seit den Achtzigerjahren mit schöner Kontinuität. Helbling erhielt – ebenfalls 1987 – als erster in Asolo den von Hubert Burda gestifteten Petrarca-Übersetzerpreis und neben weiteren 1997 auch den Prix lémanique de la traduction.

42 Unter den Gratulanten, die sich schriftlich meldeten, traten hervor: der Erzbischof von Ljubljana, Alois Sustar, der zuvor auch Generalvikar des Bistums Chur gewesen war und damals mit Helbling im Rahmen ökumenischer Projekte sowie der Bischofssynode zusammenspannte (Brief vom 22. November 1989) und der Tübinger Theologe Herbert Haag, der am 21. November schrieb: «Zu meiner grossen Freude habe ich von Ihrer Ehrenpromotion in Freiburg gelesen, und ich beglückwünsche Sie dazu sehr herzlich. Ich könnte mir keine sinnvollere Anerkennung Ihrer jahrzehntelangen, geduldigen, aber auch überlegenen Bemühungen um den Brückenschlag zwischen den Konfessionen vorstellen.» (Briefe NZZ) Pointe: Helbling erhielt die Ehrenpromotion wie gesagt nicht für diese Bemühungen, sondern für seine Arbeit als Historiker.

43 Aber mehrere Leser doch: Tilo Klaiber aus Tübingen, Thomas Geiser aus Herzogenbuchsee (mit ein paar kritischen Anmerkungen zur Arbeit des Übersetzers) und der Mediziner Christoph Baumann aus Zürich legten ihrerseits Übersetzungsvorschläge vor. Im Briefarchiv der NZZ haben sich keine Antworten Helblings auf diese tapferen Versuche gefunden.

44 Immer noch lesenswert: Karl Schmids *Unbehagen im Kleinstaat* mit dem Untertitel *Untersuchungen über Conrad Ferdinand Meyer, Henri-Frédéric Amiel, Jacob Schaffner, Max Frisch, Jacob Burckhardt* aus dem Jahr 1963 mit zahlreichen Beobachtungen über das Leiden von Dichtern an der Grösse beziehungsweise der Kleinheit ihres Landes.

45 Nachdem ihn den Brief eines Lesers erreicht hatte, der sich über Anlage und Aussage dieses Leitartikels heftig beschwerte, fand Helbling nochmals Gelegenheit, seinen Standpunkt klarzumachen. «… auf die Feststellung, dass mein Bettagsartikel ‹der nichtssagendste Leitartikel der NZZ› in den letzten Jahren gewesen sei, habe ich eigentlich nichts zu antworten. Anderen Lesern hat er anscheinend etwas gesagt, aber das kann oder muss Sie weder beruhigen noch beunruhigen. Mit jenen anderen Lesern glaube ich, dass die Aufgabe, in eine multiethnische, multikulturelle Schweizer Identität hineinzuwachsen, eine christliche und vaterländische Gegenwartsaufgabe von grösster Bedeutung ist, aber ich kann diesen Glauben niemandem aufnötigen, und wer sich

lieber an historische Reminiszenzen hält, mag dies tun.» (Brief vom 20. September 1991 an Hans Schudel in Buchs). – Wenig später, am 20. und am 23. November dieses Jahres, erhielt Hanno Helbling von seinem (ehemaligen) Freund, dem Historiker Peter Stadler, zwei lange Briefe, in denen sich dieser äusserst besorgt und mit starken Emotionen über die seiner Wahrnehmung nach zunehmenden multikulturellen Veränderungen bis hin zur Kriminalität zeigte. Eine Antwort ist nicht erhalten. Aber klar wurde, dass die beiden nun politisch endgültig auseinandergetreten waren. Von freundschaftlichen Kontakten scheint danach nichts mehr überliefert zu sein.

46 Mit dem Rücktritt als Chef des Feuilletons endete auch die offizielle Korrespondenz aus der NZZ. Aber bald ersetzte das Internet die meisten physischen Briefe, die, wenn sie trotzdem auf den Tisch kamen, doch fast immer Spannung und Weihe mit sich brachten. Ich habe Helblings Mails nicht archiviert. Es ist nicht auszuschliessen, dass sie aus dem Langzeitspeicher der Computer der NZZ noch hervorgelockt werden können. Aufregende Entdeckungen wären allerdings nicht zu machen.

47 Am 1. Dezember 1987 hatte Helbling auf einen Brief des Literaturvermittlers Charles Linsmayer geantwortet, der ihm angetragen hatte, ein Werk von Guy de Pourtalès zu übersetzen. «Jemand der, wie ich, nur stundenweise zum Übersetzen kommt, kann sich auf einen so umfangreichen Text nicht einlassen. Wenn man da nach einer Woche von 400 Seiten erst vier übersetzt hat, verfällt man in Depressionen. Bei Ramuz ging das noch. Da war wenigstens nach einem halben Jahr wieder ein Romantext abgeschlossen. Auch aus diesem (wenn auch natürlich nicht nur aus diesem) Grund beschäftige ich mich immer mehr und immer lieber mit Lyrik. Da hat man es mit ‹kleinen Portionen› zu tun. So muss ich Sie also um gütiges Verständnis für eine Absage bitten.» – Ein paar Monate später fragte die Wiener Literaturwissenschafterin Karin Fleischanderl an, ob Helbling ihr für eine Sondernummer der Zeitschrift *Wespennest* ein oder zwei Montale-Gedichte in seiner Übersetzung überlassen könne – und zwar im Manuskript mit allen Vorstufen und weiteren Fassungen zwecks Einsichtnahme in den Prozess. Hannos Antwort vom 3. August 1988 fiel ebenso kurz wie vielsagend aus: «Besten Dank für Ihren Brief vom 17. Juli. Ich muss Ihnen leider einen Korb geben, denn ich bewahre meine Manuskripte niemals auf und habe am Ende nur das fertige Buch (manchmal auch dieses nicht).» (Briefe NZZ)

48 Hugo Loetscher konnte sich eine kleine Revanche nicht ganz versagen, als er auf unserer Gedenkseite auf Hanno nach dessen Tod in der Beilage «Literatur und Kunst» auch kurz die literarischen Versuche des Freunds ansprach. «Und die wunde Stelle. Hanno hegte belletristische Ambitionen; aber er musste erfahren, wie man selbst in seinem nächsten Umfeld kaum auf seine Erzählungen oder auf seine Romane zu sprechen kam.» (NZZ vom 26. Februar 2005) – Das wäre auch deshalb nicht ganz einfach gewesen, weil sich die vier schmalen Bände über einen Zeitraum von genau zwanzig Jahren erstreckten (1971 bis 1991).

*Anmerkungen* 335

49 Aperçu: Am 26. Juni 1974 hatte der Zürcher Ordinarius für Privatrecht Karl Oftinger, ein ebenso beschlagener wie gefürchteter Lehrer, Helbling einen Brief des Missfallens geschickt, der sich gegen den damals bekannten Schweizer Autor Walter Matthias Diggelmann richtete. Dieser sei «eines der Hätschelkinder unserer intellektuellen Bourgeoisie. Seine Schriften werden liebevoll besprochen, – auch in der ‹NZZ›, wo, wenn mich mein Gedächtnis nicht täuscht, auch schon Arbeiten von ihm veröffentlicht wurden. Erlauben Sie mir, ein Zeugnis seiner Feder, das im beiliegenden ‹Konzept› (Beilage zum ‹Zürcher Student›) abgedruckt ist, zu übermitteln. Ein Kommentar erübrigt sich.» – Hanno antwortete am 2. Juli, vermutlich reichlich verwundert darüber, dass sich der berühmte Rechtsgelehrte mit solchen Themen beschäftigte. «Wir hatten uns über den Artikel in ‹Konzept› freilich auch unsere Gedanken gemacht. Es kann nicht wundernehmen, wenn die Proben des (übrigens unbestreitbaren) literarischen Talents von Walter Matthias Diggelmann künftig eher in anderen Blättern erscheinen werden als gerade bei uns. Im übrigen steht zu befürchten, dass der Mann einfach dumm ist.» (Briefe NZZ) – Unabhängig davon, wie «dumm» auch der ‹Konzept›-Text gewesen sein konnte: Helbling zog es einfach nicht zur Gemeinschaftswärme der Verfasserinnen und Verfasser schweizerischen Schrifttums, und umgekehrt gab es dort auch keine offenen Arme, die ihn als einen der ihren umschlossen hätten.

50 Im Herbst 1979 hatte der Direktor der Stiftung Praemium Erasmianum in Amsterdam bei Helbling sondiert, welche Theologen allenfalls für die – bedeutende – Auszeichnung der Stiftung infrage kommen könnten. Am 9. November antwortete Hanno Helbling und präsentierte aus seiner Sicht die beiden interessantesten Kandidaten: «Wenn Sie mich fragten, welche Theologen man heute auszeichnen sollte, so würde ich ohne lange Überlegung einerseits Edward Schillebeeckx und auf der anderen Eberhard Jüngel nennen. Der erste hat für mein Gefühl nachhaltiger als Karl Rahner und Hans Küng die theologischen Grundlagen des Katholizismus beeinflusst: nachhaltiger, weil er auf einer historisch kritischen Bibelexegese aufbaut, wie sie sich in seiner Kirche vorher nicht durchgesetzt hatte […] Der evangelische Systematiker Jüngel, Professor an der Universität Tübingen, gehört nicht zu den ‹grossen alten Männern› der Theologie, hat aber mit seinem bisherigen Hauptwerk ‹Gott als Geheimnis der Welt› eine Leistung vollbracht, wie sie seit den grossen Entwürfen von Barth und Bonhoeffer nicht mehr vorgekommen ist […] Die Bücher von Küng (und vor allem auch seine Zeitungsartikel) pflegen viel Lärm auf der Gasse zu machen, aber seine Arbeiten vermitteln doch eher das Bild eines geistesgeschichtlich sehr belesenen Autors, dessen Theologie aber in den Endaussagen banal und substanzarm ist.» (Briefe NZZ) – Die NZZ hatte den Preis – zusammen mit der deutschen Wochenzeitung *Die Zeit* – 1979 erhalten; 1982 wurde dann tatsächlich Edward Schillebeeckx ausgezeichnet.